프로세스 중심의

경영혁신

Management Inovation

김용철 · 우태우 · 이한규 · 김현중 공저

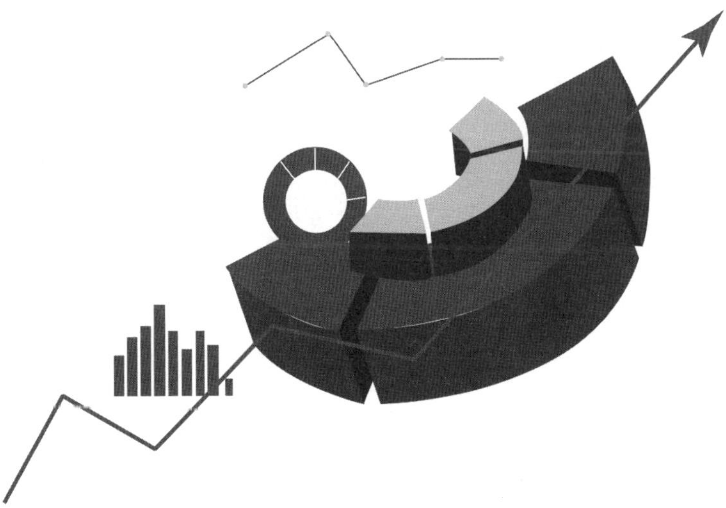

도서출판 서훈

[저자소개]

김용철(경영학 박사)

- 현) 킴스기술경영 대표
- 현) 세명대학교 글로벌경영학부 겸임교수
- 전) 한라중공업/한라 유로 근무
- 실용신안(0432373) : 과일꼭지건조방지
- 실용신안(0406264) : 상하진동볼이 부착된 벨트
- 실용신안(0401845) : 높낮이를 조절할 수 있는 골프 티
- 특허(0514379) : 사과를 이용한 주류제조방법
- 실용신안(0293322) : 폐합성수지와 폐타이어를 이용한 보일러

이한규(공학박사)

- 현) IMC(국제경영컨설팅) 대표
- 현) 경기과학기술대학교 산업경영학과 겸임교수
- 화공기사, 소방설비기사, 산업안전기사 외
- 풍국주정공업(주), 신호유화(주), 숭실대 폐기물자원화 연구센터
- ISO9001/14001/22000/TL9000/HSPM 선임심사위원

우태우(경영학 박사)

- 현) 세명대학교 글로벌경영학부 강사
- 전) (주)선우시스템 근무

김현중(경영학 석사)

- 전)삼화전기
- 영한번역사
- (사)한국학진흥원 감사
- 저서 : 경영관리(2018, 공저), 서훈
  서비스 경영(2018, 공저), 대경

머리말

이 책은 경영혁신을 추진하는 방법을 배우는 학생들과 현장에서 경영혁신을 추진하는 실무자들에게 경영혁신 접근방법에 대하여 저자는 이론적 배경과 실무경험을 접목하여 한 권의 책을 만들려고 노력하였다. 시대의 흐름에 따라 이론 중심보다는 경영 현장에 접목 가능한 실무를 중심으로 경영현장에서 일어나는 이론과 접목하고자 하였다. 특히 대학 강의에 필요한 이론적 배경과 실무를 경영혁신 현장에서 펼쳐지는 현실과 접목 집필하고자 하였다. 특히 우리 경영관리 속의 아직도 남아 있는 일본식 한자 표기 용어는 우리글로 표현하고자 하였다.

그동안 많은 학문이 실용학문으로 변화하여가면서 경영혁신 또한 변화되는 추세에서 경영 이론과 경영혁신 실무를 융합한 교재를 만들려고 노력하였다. 학문적 이론을 바탕으로 경영 실무에 접근하려는 생각을 기반으로 집필하고자 하였지만, 학문적 이론과 경영 실무를 균형 있게 조화하지는 못하였다. 따라서 독자들께서 이론적 배경의 원리를 바탕으로 응용력을 발휘하면 창조적 혁신 실무를 창출할 수 있다고 생각한다. 이러한 기반으로 이 책에서는 먹이를 찾는 방법과 잡는 방법을 제시하고자 하였으며, 먹이를 잡아서 입에 넣어주는 암기식 방법을 벗어나고자 노력하였다.

또한, 이 책을 중심으로 경영혁신을 배우면서 혁신자가 되기 위한 기본지식과 상식을 배양하고 꿈을 현실로 창조하는 혁신자가 될 수 있는 기반을 구축할 수 있도록 기초 경영혁신 이론과 실무를 현장에 접목할 수 있는 아이디어를 창출할 수 있도록 노력하였다. 그동안 저자는 대학에서 연구와 경영현장에서의 실무 경험을 최대한 반영하고자 하였다. 하지만 급변하는 경영현장의 변화를 이 한 권의 책으로 따라잡기는 부족함을 느낀다.

개정판을 내면서 경영환경 변화 예측 방법으로 4차 산업혁명, 융합경영을 추가하였다.

이 책은 제1장 기업의 현재와 미래란 주제로 경영환경 분석 기법을 알아보고 제2장은 4차 산업혁명으로 4차 산업혁명 시대의 추세를 소개하였으며, 제3장은 변화관리로 조직의 변화관리 방법을 소개하였다. 제4장은 식스 시그마 경영 기법, 제5장은 도요타 경영의 혁신 도구를 소개하였다. 제6장은 현장관리로 산업현장 관리 기법 그리고 제7장은 트리즈를 이용한 아이디어 개발 방법, 제8장은 융합경영으로 다양한 기술과 학문을 경영 및 제품에 융합하는 기법을 소개하였다. 제9장은 감동 상품 기획 방법, 제10장은 블루오션 전략을 제11장은 고객만족 경영을 소개하였다. 제12장은 벤치마킹, 제13장은 전략적 제휴, 제14장은 인수합병, 제15장은 스피드 경영을 소개하였으며 제16장은 전사적 품질경영 기법과 부록으로 품질관리 도구를 소개하였다.

그동안 저자들의 연구 자료와 실무경험을 바탕으로 이 책을 만들었으나 책을 집필하면서 일부는 간략하게 내용을 집필하여 구체적인 내용을 볼 수 없는 부분이 있으며, 이론적 배경이 중심이 되어 경영혁신 실무가 부족한 부분이 많이 있다고 생각한다. 향후 독자 여러분들의 충언을 귀담아듣고 받아들여 개정 본은 여러분의 의견을 충분히 반영하여 더 좋은 책이 되도록 노력할 것을 약속드립니다.

이 책이 완성되기까지 도와주신 김 계수 교수님, 송 준기 교수님, 김 진영 박사님, 그리고 모든 것을 물심양면 지원해주신 세명대학교 경영학과 모든 분께 감사드립니다. 또한, 처음부터 끝까지 함께한 도서출판 서훈 고 우용 대표님과 서훈 가족들에게 감사드립니다.

2019년 2월

저자 드림

목차

제1장

기업의 현재와 미래

학습목표

1. 경영전략이란 무엇인가?
2. 경영전략의 특징은 무엇인가?
3. 외부환경 진단이란 무엇인가?
4. 내부 경영분석 방법에는 어떤 것이 있는가?
5. 내부 능력분석에는 어떤 것이 있는가?

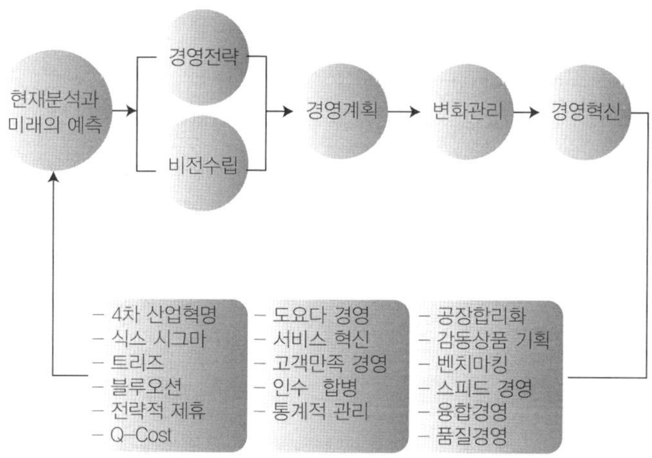

제1절 경영전략의 이해

1. 경영전략의 개념

경영전략은 기업(business organization) 전체의 방향(direction)과 성과(success or performance)를 결정하는 포괄적(overall)이고 결정적(decisive)인 것으로, 전략에 대한 정의는 시대와 환경에 따라, 생각의 주체에 따라 다양한 정의가 있다. 그러나 한번 결정된 전략은 기업에 미치는 영향이 크기 때문에 기업들은 환경 분석을 통해 기업의 성공 변수를 찾고 내부역량을 파악하며, 자원을 효과적으로 배분하는 등 전략을 수립하고 실행하는 과정을 거쳐 기업의 최종 목표와 경쟁우위를 달성해야 한다.

[그림 1-1] 경영전략의 개념 틀

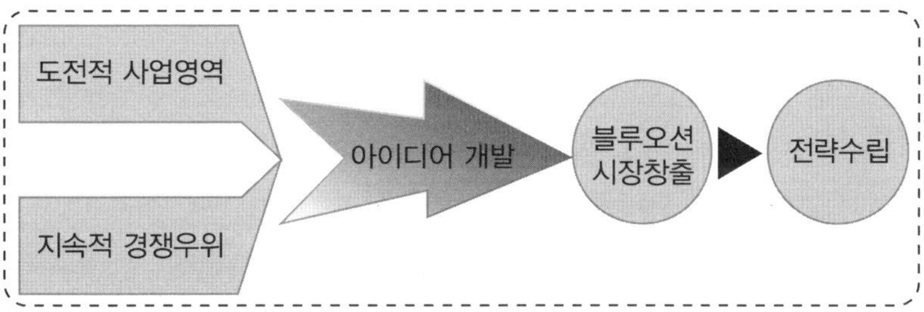

1) 경영전략의 정의

전략경영이란 한마디로 '희소한 경영자원을 배분하여 기업에 경쟁우위를 창출하고 유지해 줄 수 있는 주요한 의사결정'이라고 정의될 수 있다.

만일 기업이 경쟁하지 않아도 좋을 안정된 환경 아래 있거나, 기업이 보유한 경영자원이 무한하다면 전략경영은 불필요할 것이다. 하지만 기업을 둘러싸고 있는 경영환경은 안정적이지 않고 복잡하며, 지속적인 변화를 하고 있다. 이에 대처할 수 있는 기업 내부의 자원도 한정되어 있기 때문에 기업은 결국 생존과 지속적인 성장, 이윤을 창출하기 위해서는 '희소한 자원'을 바탕으로 '선택'과 '포기'의 의사결정을 할 수밖에 없고, 일단 선택된 방향으로 실행을 몰입할 수밖에 없다. 일반적으로 전략경영의 개념은 다음과 같은 의미를 함축하고 있다.

① 조직의 주요 의사결정들에서 나타나는 일관되고 통합적인 유형이다.
② 환경으로부터의 기회와 위협 하에서 조직의 목표 달성을 위한 일련의 행동 및 이에 대한 자원의 배분 양식을 말한다.
③ 현재와 미래의 조직 활동영역에 대한 선택이다.
④ 선택된 활동영역 내에서 경쟁우위를 달성하고 이를 지속해서 유지하기 위한 일련의 활동이다.

[그림 1-2] 경영전략의 의의

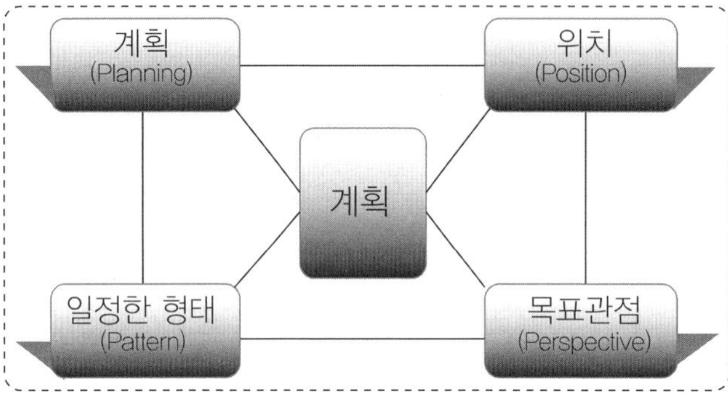

경영전략은 4P(Planning, Pattern, Position, Perspective)로 계획(planning)은 기업의 목표를 달성하기 위한 지침이며, 일정한 형태(pattern)는 경영과정에서 찾을 수 있는 일관성이며, 위치(position)는 경쟁 환경에서 기업의 위치 선정 또는 매개변수이며, 목표 관점(perspective)은 조직원이 공유하고 있는 목표이다.

2) 전략개념의 구성요소

전략개념의 공통적인 요소들은 다음과 같다.

① 사업영역

사업영역은 조직과 환경의 상호작용 정도를 나타내는 것이며, 조직의 사업영역이나 활동영역을 의미한다.

② 자원동원

자원동원은 조직의 목표 달성을 위해 자원이나 능력을 결합하고·배분하는 것을 말한다. 이는 조직의 독특한 능력(distinctive competence)으로 나타나게 된다.

③ 경쟁우위

경쟁우위는 조직의 활동영역과 자원동원에 대한 의사결정을 통해 해당 기업이 경쟁자와 비교하여 보유하고 있는 독특한 경쟁적 위상을 말한다.

④ 시너지

이는 기업의 활동영역 선택과 자원동원을 통해 기업이 추구하는 상승효과를 의미한다. 일반적으로 시너지는 기업 내의 유·무형의 자원들을 공유함으로써 창출된다.

2. 경영전략의 특징

1) 전략적 결정의 특징

전략적 결정의 특징을 한마디로 표현하기는 어렵다. 하지만 전략경영 자체가 기업 전체의 생존의 문제와 직결되기 때문에 그 결정 자체는 영향력이 지대하다고 할 수 있다.

① 선례가 드물다.

전략적인 결정은 그 발생빈도도 적고 그에 대한 내부의 경험과 정보 또한 부족한 경우가 많다. 따라서 누구도 경험하지 못한 사안에 대해 의사결정을 해야 한다.

② 파급효과가 크다(betting the entire company).

전략적인 결정은 선례도 드물거니와 그 규모가 크기 때문에 그 성공과 실패 여부에 따라서 기업 전체에 미치는 파급효과가 매우 크다.

③ 상당한 자원의 재배분(resource reallocation)을 수반한다.

전략적인 결정은 기업이 목적과 방향을 바꿀 잠재력을 가지고 있기 때문에 사업의 정의, 규모, 범위 등에 있어서 중요한 변화를 초래하게 된다. 이것은 자원배분의 방식에 변화를 수반하게 된다.

④ 다른 모든 결정을 통제하고 범위를 정해준다.

전략적인 결정을 하고 나면 그것을 구체화하고 실행하기 위하여 여러 가지 많은 하위 결정들을 내려야 한다. 따라서 하위 결정들은 전략적 결정 때문에 그 범위가 결정되고 조정·통제 된다.

2) 전략경영의 특징

① 전략경영은 경영자 특히 최고경영자의 주요 역할이다.

전략경영은 기업 전체의 목표 설정과 이를 위한 대규모의 자원동원을 필요로 하므로 최고경영자의 주된 임무가 된다.

② 전략경영은 미래지향적이다.

전략경영은 조직의 장기적인 목표 달성을 추구한다. 장기적인 관점에서 미래의 환경을 예측하고 이에 따라 조직의 활동영역을 규정하며 경쟁우위의 획득을 위해 지속적으로 내부능력을 개발하는 등의 노력은 전략경영이 기본적으로 미래의 바람직한 상태를 달성하기 위한 경영과정이라는 점을 나타낸다.

③ 전략경영은 환경 적응, 환경창조의 지속적 과정이다.

전략경영은 조직이 외부환경과 상호작용하는 개방 시스템으로 외부환경에 효과적으로 적응하지 못하면 성장은 물론 생존도 보장되지 못하는 현실을 인식한다. 또한 조직은 새로운 활동영역의 선택이나 기존 활동영역으로부터의 철수 또는 외부환경요인에 영향력을 행사함으로써 자신이 활동할 환경을 선택하거나 창조할 수 있다. 전략경영은 수립과 실행 과정을 통해 완결되는 것이 아니라 환경은 끊임없이 변화함에 따라 변화하는 환경에 지속적으로 적응하기 위해 노력하게 되는데 전략경영은 지속적 과정으로 이해되어야 한다.

④ 전략경영은 통합적이다.

전략경영은 조직의 목표를 달성하기 위해 조직 전체의 관점에서 자원의 개발과 활용을 다룬다. 따라서 제 기능 간의 상호관계와 통합에 초점을 둔다.

⑤ 전략경영은 전략적 계획과 전략적 사고의 조화를 추구한다.

전략경영은 합리적인 계획과 객관적인 분석이라는 요소 외에도 경영자의 통찰력이나 직관을 포함하는 경영과정이다. 전략적 계획에 지나치게 의존하면 비전이나 창의적 발상을 억제하여 오히려 조직을 경직화할 수 있다. 전략적 계획에 따르는 이러한 문제점은 전략적 관점에 근거한 경영자의 통찰력이나 직관과 같은 전략적 사고에 의해 보완될 수 있다.

3) 전략경영의 이점

① 전략경영을 통해 조직의 의사결정이나 행동에 일관성을 기할 수 있다.
② 전략경영은 조직 구성원에게 하나의 사고의 틀이 된다.
③ 전략경영은 조직 구성원에게 특히 경영자들이 외부환경의 중요성을 인식하도록 한다.

3. 경영전략 과정

1) 경영전략의 과정

경영전략이 이루어지는 과정과 순서는 기업의 전략적 의사결정 과정의 논리적 프로세스와 일치하며, 다음과 같다.

첫째, 경영전략을 수립하기 위해서는 현상에 대한 객관적인 분석이 선행되어야 한다. 즉 기업의 외부환경과 내부역량에 대한 체계적인 분석을 통해 외부환경의 기회 요인과 위협 요인, 그리고 기업 내부의 강점과 약점을 파악할 필요가 있다.

둘째, 현상에 대한 객관적 분석이 이루어지면, 몇 개의 전략적 대안을 도출한다. 새로운 전략적 대안을 도출하기 위해서는 기존의 관행이나 고정관념에서 탈피하여 과감하고 혁신적인 사고의 발상을 하는 것이 중요하다. 각 전략적 대안은 예상되는 재무적 효과, 실행 상의 난이도 및 예상되는 위험요인을 평가한 후 최적의 전략 안을 선정한다.

셋째, 선정된 전략 안이 성공적으로 실행되기 위해서는 현장부서의 적극적인 참여하에 세부적인 활동계획이 준비되고, 명확한 책임소재와 일정계획 하에 경영자원의 배분이 이루어져야 한다. 그리고 경영전략의 실행 여부 및 중간결과가 수시로 관리되고 평가될 수 있어야 한다.

경영전략과정을 구체적으로 살펴보면 기업에서 전략이 개발되거나 형성되는 과정과 이 전략들이 조직 내에서 여러 요인과 상호작용하면서 실행되는 과정 및 이에 대한 통제에 이르기까지의 전 과정을 포괄하며 다음과 같다.

(1) 기업의 사명과 목표 설정

경영전략과정의 첫 번째 구성요소는 기업의 사명과 주요 목표를 정의하는 것이다. 기업 사명은 다른 기업과 구별되는 기업의 독특한 존재 의의와 그 활동영역을 규정하는 것이다. 즉, 기업의 사명은 최고경영자의 가치가 반영된 것으로 기업의 제품 시장 영역과 그 활동 범위를 규정하며 이 영역들에서 어떠한 방법으로 어떤 요소에 중점을 두고 기업 활동을 전개하겠다는 의지를 담고 있다. 목표는 기업의 중장기적으로 달성하고자 하는 내용을 보다 구체화한 것이다.

(2) 환경 분석(environmental scanning)

경영전략 과정은 우선 문제의 인식을 위해 환경 분석으로부터 시작된다. 외부환경의 분석을 통해 기업에 주어지는 기회와 위협요소를 파악하고 내부 환경의 분석을 통해 기업의 강점과 약점을 파악하는 과정이다.

기업의 외부환경은 기업에 직접적인 영향을 주는 경쟁자를 중심으로 하는 산업 환경과 넓게는 경제적, 정치적, 기술적, 사회적 환경 등 기업의 운영에 직·간접적으로 영향을 미치는 기업의 거시 환경이 있다.

기업들은 이러한 외부환경을 분석함으로써 기업의 핵심 성공 요인을 알 수 있게 되며 내부 환경의 분석을 통해 보유한 자원과 역량을 파악하고 외부환경의 기회와 위협에 효과적으로 대처할 수 있게 된다.

(3) 전략의 수립(strategy formulation)

전략의 단계(기업전략, 사업전략, 기능별 전략)에 따라 무엇을(what to do) 어떻게(how to do) 할 것인가를 결정하는 것을 말한다.

기업의 목표 설정과 환경 분석이 이루어지면 이로부터 조직의 선택 가능한 전략적 대안들이 도출되며 이러한 대안 분석에 의해 전략 선택이 이루어진다.

(4) 전략의 실행(strategy implementation)

전략을 수립한 이후 수립된 전략을 구체적으로 실행하는 것을 말한다. 실행단계에서는 구체적인 프로그램을 세우고, 거기에 맞는 예산을 책정하며, 구체적인 절차를 수립하게 된다.

(5) 평가와 통제(evaluation and control)

전략을 실행한 후 이를 평가하고 그 성과에 따라서 다음 전략수립에 반영하는 것으로 이는 경영전략과정이 효과적으로 이루어지고 있는지를 점검하여 문제점을 규명하고 이를 개선함으로써 전략목표의 효과적 달성을 도모하기 위한 것이다.

[그림 1-3] 경영전략 프로세스

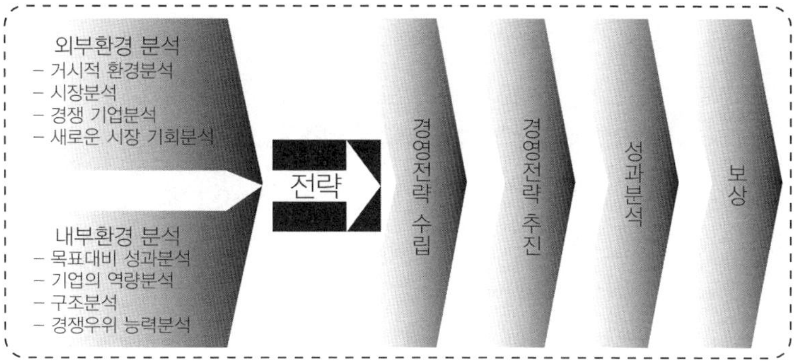

2) 전략의 계층

전략은 분석 수준에 따라 기업전략, 사업부 전략, 기능 전략의 세 가지로 나눌 수 있으며 이는 전략적 의사결정이 이루어지는 조직의 계층에 따른 구분이기도 하다.

경영전략이라는 개념은 기업의 규모나 영리성에 상관없이 원칙적으로 적용할 수 있지만, 이미 기업 기반이 잡혀있고 규모가 큰 대기업과 아직 기반이 잡혀있지 않고 규모가 작은 중소기업은 기업을 운영하는 데 있어서 많은 차이가 있다. 따라서 기업 전체를 상위와 하위단위로 나누어 전략을 살펴봄으로써 다양한 계층에서 추구하는 전략의 개념과 범위, 또는 구성요소를 살펴볼 수 있을 것이다.

(1) 기업전략(corporate strategy)

기업전략은 전사적 전략이라고도 하며 기업 전체가 나아갈 방향을 결정짓는 문제를 다룬다. 따라서 ① 사업을 영위할 영역(제품·시장 영역)을 결정하고, ② 기업 전체의 조직구조를 어떤 형태로 갖출 것인가를 결정짓는다.

또한, 기업 전체를 범위로 하므로 기업전략의 성과측정 기준은 기업 전체의 생존, 성장 혹은 기업 전체의 이윤 등이 된다. 따라서 기업의 추진전략 방향은 다음과 같다.

- 성장전략(growth strategy): 기업을 성장 또는 확장할 것인가
- 안정전략(stability strategy): 안정을 추구하며 현재의 수준을 유지할 것인가
- 축소 전략(retrench strategy): 기업을 축소할 것인가
- 다각화 전략(diversification strategy): 기업을 새로운 제품과 영역으로 다양화할 것인가

(2) 사업전략(business strategy):

경쟁전략이라고도 하며 기업전략이 정한 각각의 사업영역에서 '어떻게 경쟁할 것인가'를 결정짓는 문제를 다룬다. 특정 산업마다 다른 경쟁자와 대면하게 되므로 모든 사업영역에서 같이 적용될 수 없다.

일반적으로 사업마다 핵심 성공 요인이 다르기 때문에 특정 산업이나 시장에서 기업의 제품 혹은 서비스의 경쟁우위를 향상하기 위한 경쟁전략(competitive strategy)을 말한다.

사업전략은 마이클 포터에 의해 '본원적 전략'이라는 개념으로 확립되었으며 경쟁은 본원적으로 낮은 원가로 경쟁할 것인가, 차별화로 경쟁할 것인가 하는 문제를 다룬다고 할 수 있다.

사업전략의 성과측정 기준은 기업전략보다는 더욱 구체적인 것으로 시장점유율, 이윤 등으로 원가전략(저 원가 또는 고 원가전략)과 차별화 전략이 있다.

(3) 기능별 전략(functional strategy):

기능 전략은 사업전략 등 상위 전략을 효과적으로 뒷받침해 줄 수 있도록 각 사업부나 부서에서 각 기능이 얼마나 효율적으로 수행되도록 할 것인가의 문제를 다루고 있다. 기능별 전략의 가장 주된 목적은 자원을 효율적으로 사용하는 생산성 혹은 비용 절감이라 할 수 있다. 기능별 전략이 중요한 이유는 원활한 기능 전략의 수행 없이는 경쟁전략이나 기업 전체의 전략 수행이 어렵기 때문이다. 따라서 기능별 전략으로는 마케팅 전략, 재무전략, 생산전략, 인사전략 등이 있다.

하위전략(마케팅 전략, 생산전략, 인사전략 등과 같은 기능 전략)은 상위전략(어디로 갈 것인가, 어떤 기업이 될 것인가, 어떻게 경쟁할 것인가)의 보조적 전략이다.

제2절 외부환경 분석

1. 외부환경 진단

경영자는 경영전략에 영향을 미치는 요인을 분석하고 진단하는 것이 경영자의 임무 중 하나이다.

외부환경을 분석하고 진단함으로써 기업의 기회 요인을 발견하고, 이러한 전략을 통하여 위협요인을 사전에 분석함으로써 위험을 제거할 수 있다.

기업의 외부환경 분석은 기업의 경영 의사결정 및 경영성과에 미치는 외부요인을 분류하고 외부환경 분석을 통하여 경영에 미치는 현재와 미래의 기회요인과 위협 요인을 찾아내어 경영전략 수립의 기본 자료로 활용한다.

일반적으로 외부환경의 분류는 산업 환경으로 고객, 제품, 자원, 경쟁자, 기술력 등이 있으며, 거시적 환경으로는 정치, 경제, 사회, 문화, 환경 등이 있다.

[그림 1-4] 외부환경 요인

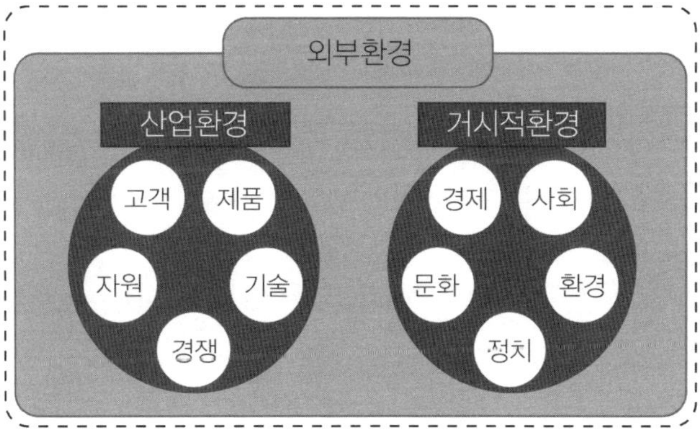

2. 산업 환경진단

1) 고객진단

기업은 본질에서 고객 중심을 통하여 고객을 만족시켜야 기업이 성장하여 나갈 수 있다. 고객 중심 경영이란 고객이 본질에서 추구하는 기본적 욕구를 이해하고 만족시키는 것을 바탕으로 고객만족도 조사하여 목표 고객을 선정하고 이에 맞추어 제품이나 메시지를 차별화하려는 정신을 말한다. 고객만족(Customer Satisfaction)을 추구한다는 것은 고객이 최대의 만족감을 느낄 수 있도록 함으로써 기업은 최대의 장기적 이익을 얻고, 사회적으로는 재화의 최적 분배를 통한 고객의 복리 증진 효과를 추구한다는 것을 의미한다. 마지막으로 고객의 장기적 복리 증진이란 마케팅 활동이 단지 고객의 일시적인 만족에 그치지 않고 그들이 풍요롭고 안전한 생활을 오랫동안 누릴 수 있도록 사회적·생태적·윤리적 문제까지 광범위하게 고려하여 수행되어야 한다는 것을 말한다.

2) 제품진단

제품 개발(product development)은 현재의 고객들에게 새로운 제품을 제공하는 일이 가능한지에 대해 고려하는 것이다. 여기서 새로운 제품이란 현재의 제품에 새로운 기능을 추가하거나, 포장을 바꾸거나, 새로운 상표를 부착하거나, 또는 사용하는 것은 같지만 용도를 다르게 한 것 등을 말한다. 이와 같은 신제품으로 현재의 시장에서 새로운 시장 기회를 발견하기 위해서는 현 제품과 자사 상표에 대한 현 고객의 선호도 및 신뢰성, 현 제품 용도의 한계, 고객들의 제품의 품질 및 가격에 대한 선호도 및 잠재고객의 욕구 충족 등에 대한 분석이 이루어져야 한다.

3) 자원 진단

전략가는 자원과 기술변화를 예측한다. 경영자는 원재료의 가격과 조달에 대하여 장기 추세를 검토하게 된다. 또한, 환율 변동과 자금조달에 대한 미래의 추세를 분석하여야 한다.

인적자원으로 기술 수준의 향상과 수도권으로 생활권 집중으로 숙련된 기술자의 확보가 어렵게 되며 이러한 환경에 따라 근무조건의 향상과 노동비용의 증가를 예측하여야 한다.

4) 경쟁자의 진단

경쟁 환경을 분석하는 데 있어서 시장구조의 변화를 예측하여야 한다. 시장 환경은 매우 빠른 속도로 변화하여 가며 경쟁자 역시 빠른 속도로 시장에 진입하였다 사라진다. 따라서 경쟁사의 동향을 자세히 분석하고 대체상품의 개발을 연구하여 새로운 시장 진출을 추진하여야 한다. 또한, 경쟁 환경에서 경쟁사의 성공요소를 분석하여 새로운 자사의 경쟁 우위를 창출하여야 한다. 경쟁우위의 제품이라 할지라도 신규 모방 업체가 새로이 시장에 진입한다는 것을 명심하여야 한다. 따라서 기업의 핵심 역량과 차별화된 마케팅 전략으로 소비자의 구매력을 유도한다.

5) 기술 동향의 진단

기업의 새로운 기술 개발로 새로운 시장을 창출하였다 하여도 새로운 도전자 기술, 도전 기업, 모방 기업이 위협을 가하게 된다. 따라서 한 제품이 영원한 기업의 효자상품이 될 수 없다.

새로운 제품의 개발은 연구개발, 신제품 개발팀에서 한두 사람의 아이디어로 개발될 수도 있지만, 일반적으로 경영자의 뛰어난 미래 예측능력과 추진력 그리고 지원과 함께 전사원의 혁신 능력을 배양하여 혼연일체가 되어야 새로운 세계에 도전할 수 있다.

새로운 제품을 개발하기 위하여 제조 공정의 변화도 요구된다. 기술은 앞서 가지만, 제조공정의 기술 능력이 후퇴한다면 새로운 제품은 생산할 수 없다. 따라서 새로운 제품을 창조하기 위하여 공정의 혁신, 자재의 혁신, 제품의 혁신, 사람의 혁신이 동반되어야 한다.

〈표 1-1〉 산업 환경진단 주요항목

고객	제품	자원	경쟁	기술
시장구조	제품의 위치	인적자원	시장구조의 변화	신기술개발
소비자 태도	품질 수준	공급자환경	경쟁사 동향	신기술 혁신
판매방법	가격 수준	원자재 동향	성공요인의 동향	공정의 혁신
촉진방법	수명주기	기술자원	신규업체의 동향	제품의 혁신
시장규모	신제품 개발	자금능력	유통경로 동향	자재의 혁신

3. 산업구조 진단

1) 산업구조 분석 목적

현재의 산업 환경 동향의 역동성을 분석하고 자사의 제품 생명주기(life cycle)를 분석하여 산업에서의 핵심 성공 요인을 찾아내는 데 목적이 있다. 또한, 성공요인을 분석하여 경쟁우위의 제품을 개발하고 경쟁에서 핵심역량을 강화하는 방법과 미래 사업 전략을 찾아내는 데 목적이 있다.

[그림 1-5] 사업구조분석 틀

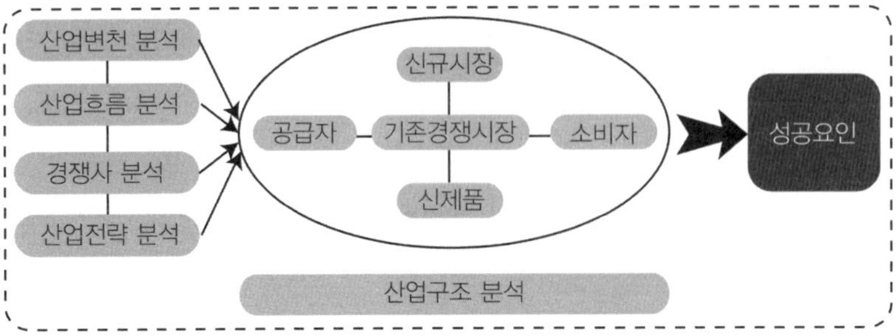

2) 자사의 제품 수명 주기 분석

제품 수명주기는 R.버넌, F.허시, L.T.웰스 등이 주장하였으며, 제품 수명 주기설은 제품의 수명주기를 개발단계, 성숙단계, 표준화 단계로 구분하고 있다. 개발단계에서는 시장이 불확실하고 소비자들의 기호를 알 수 없으므로, 자연히 생산이 소규모가 되나 많은 노동력의 사용으로 독점적인 생산을 한다. 이때는 가격의 고저는 별문제가 되지 않으며, 개발상품의 판매촉진을 위하여 정보수집에 관심을 집중하게 된다. 이 개발단계의 소규모 적인 생산 공정이 성공하여 시장에서 수요가 증대되면, 개발상품은 성숙단계로 들어가게 된다. 이 단계에 이르러서는 상품이 국내 시장을 지배하게 되고, 해외로부터의 주문에 의한 수출도 시작된다. 성숙단계를 지나 대규모 소비단계에 들어서면 상품이 표준화된다. 상품이 표준화되면 외국에서도 그 상품의 개발이 가능해지는데, 외국은 그 개발에 필요한 기술개발비의 절약과 낮은 노동비용에 의한 가격 수준의 차에 의하여 비교우위를 점하게 된다.

만일 운송비를 포함한 거래의 부대비용이 가격 차이보다 크면 상품을 처음으로 개발한 선진국은 자국 시장에서는 생산을 할 수 있으나, 수출은 더 이루어질 수 없다. 그러나 이들 거래의 부대비용을 포괄하고서도 후진국의 가격이 낮다면 선진국은 국내 시장마저도 잠식당하게 되어, 과거와 같은 방법으로는 더 생산을 계속할 수 없게 된다. 이러한 상품의 개발에서 타국으로의 이전까지를 제품 수명주기라고 하며, 이로써 무역을 설명하는 것이 제품 수명 주기설이다. 면직 공업이 영국에서 미국으로, 다시 일본으로, 그 후 한국을 포함한 개발도상국으로 이전하여 오는 과정들을 설명하는 데 적합하다. 이를 도입기, 성장기, 성숙기, 쇠퇴기의 4단계로 구분하는 주장도 있다.

[그림 1-6] 제품 수명주기단계

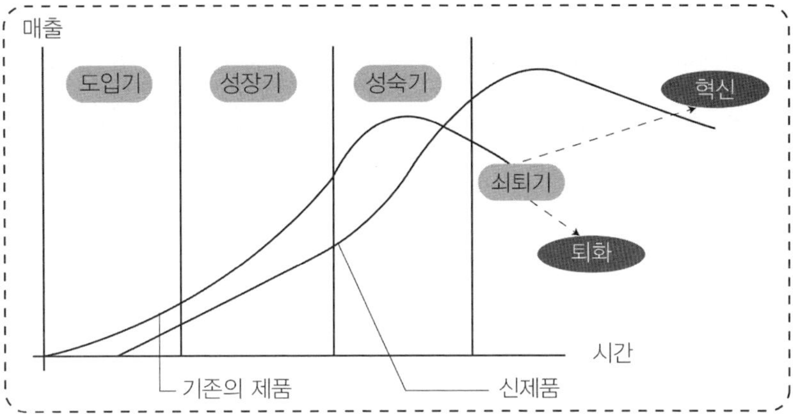

[그림 1-6]에서와 같이 시간의 흐름에 따라 제품의 수명주기는 변하여 간다. 이처럼 변하는 제품 수명 주기에 따라 적절한 정책을 수립하여 제품의 수명주기에 따른 이익 증대 정책을 추진하여야 한다. 따라서 다음의 표에서와 같이 단계별 전략을 요약하였다.

〈표 1-2〉 제품 수명 주기에 따른 경영정책

구분	도입기	성장기	성숙기	쇠퇴기
전략목표	• 신규시장 침투 • 인지도 상승전략	• 가치 확립 전략	• 수익 극대화전략	• 구조조정 • 경영혁신 전략
매출전략	• 매출 확산 전략	• 매출 최고점 지속유지 전략	• 시장에서 우위 전략	• 비용절감 전략
원가전략	• 원가 상승 (다운전략)	• 원가감소 (다운전략)	• 평균원가 유지	• 원가감소 (축소 전략)
경쟁자전략	• 소수경쟁자 대응전략	• 경쟁자 증가에 따른 대응 전략	• 다량의 경쟁자 참여에 따른 전략	• 철수전략 및 대응전략
제품전략	• 품질향상전략	• 품질차별화 전략	• 고품질 및 표준화전략	• 낮은 품질 철수전략
마케팅 전략	• 다양한 광고	• 차별화 광고	• 시장 세분화 광고	• 광고비용 축소

3) 산업 동향 분석

산업 동향을 분석하는 목적은 과거와 현재의 산업 동향 분석 자료를 바탕으로 미래의 동향을 예측하여 이를 바탕으로 전략을 수립하기 위함이다.

산업 동향을 분석하는 활동은 구체적으로 기업 외부의 환경정보를 검토하고 평가하는 것뿐만 아니라 그 결과를 기업 내 핵심 의사결정권자들에게 배포하는 것까지 포함한다. 이러한 분석 활동은 절차상 상당히 큰 비용과 시간을 필요로 하므로 기업은 자사의 현재와 미래에 중대한 영향을 미칠 수 있는 요소들만 추려내어 평가하여야 한다. 산업 동향은 거시적 환경 동향, 고객 동향, 경쟁회사 동향 등이 있다.

산업 동향을 분석하는 절차는 자사의 현재 산업의 일반적인 동향을 파악하여 경쟁우위를 확립하기 위한 전략적 시사점을 찾아내기 위함이다. 또한, 각각의 산업별 특성을 분석하여 반영한다. 산업 동향 분석은 구체적으로 분석하며 수치적으로 표현하는 것이 전략 수립에 유리하다.

〈표 1-3〉 산업동향 분석 사례

구분	분석내용
원자재 동향	국내·외 원자재 수급동향, 원자재 시장의 변동현황
시장 동향	제품의 시장 규모(국내·외), 시장 변동현황, 원가경쟁 구조
기술 동향	현재의 기술수준, 기술개발 속도, 미래의 기술전망
경쟁 동향	경쟁자의 동향, 경쟁의 강도(진입장벽, 경쟁업체의 수)
미래의 전망	제품의 미래전망, 향후 발전 동향
성공요인	경쟁요인(품질, 가격, 서비스, 신제품 개발)

4) 추세분석

추세(trend)는 장기적인 경향을 말한다. 자료상에서 계속적으로 수요가 발생하는 것을 의미한다. 시간 축에 따른 평균의 수요가 구조적으로 증가하거나 감소하는 것을 나타낸다. 이것을 그림으로 나타내면 다음과 같다. [그림 1-7]의 (A)는 시간의 경과에 따라 수요량이 감소하는 상태를 나타낸 것이고 (B)는 수요량이 증가하는 추세를 보인다. (C)는 수요량이 S자 곡선을 보이면서 증가하는 형태이다(김계수, 2003).

[그림 1-7] 일반적인 추세변동

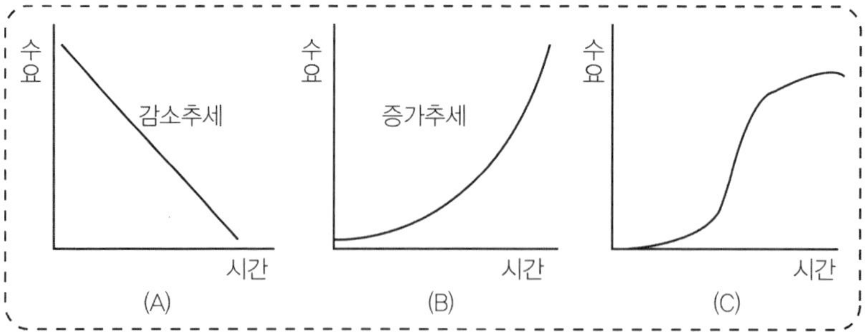

추세 변동은 국민총생산, 인구변동, 수출·입 변동, 기타 경영 및 경제지표와 같이 시간의 흐름에 따라 증가 또는 감소하는 추세를 말한다. 이러한 추세 변동을 분석하는 것은 기업의 매출액 또는 성장성 그리고 시장점유율 등을 비교 분석하여 미래를 예측함으로써 기업전략의 토대를 삼기 위함이다. 일반적으로 추세분석은 3~5년을 분석하여 과거의 자료를 토대로 미래를 예측한다.

〈표 1-4〉 성장률 추세분석

구분	매출액	시장점유율	성장성	인구증가율	경제성장율	비고
D-1년 과거	250억	21%	10%	100	8%	
기준년도(D) 현재	310억	30%	9%	110	11%	
D+1년 예측	360억	35%	5%	115	15%	
D+2년 예측	450억	45%	10%	120	10%	

5) 시장점유율 분석

시장점유율 분석은 사업의 성패 요소가 될 수 있다. 특히 초기의 제품은 객관적인 여러 상황 변수에 따라 시장에서의 위치가 달라질 수 있다. 이러한 시장점유율 분석은 기존 시장의 과거와 현재의 자료를 통하여 시장의 규모를 분석하며 분석에는 유사품, 대체품 등과 같이 기존의 제품 시장에 변화를 줄 수 있는 제품의 동향도 함께 분석한다.

[그림 1-8] 시장에서의 위치정립

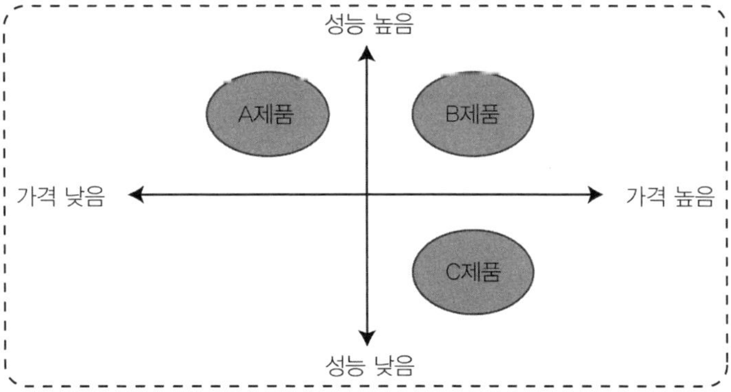

시장점유율은 시장의 특성 및 구조를 분석하여 시장구조를 사전에 파악하여 미래의 불확실성을 예방하고자 한다. 이러한 분석 대상은 유통구조, 유통경로, 동종업계 영업방식, 지역별 시장점유율, 제품 이미지, 경영상태, 생산능력 등도 함께 분석하는 것이 유리하다.

이와 함께 경쟁의 위치를 분석함으로써 경쟁 동향도 함께 파악한다. 경쟁자 분석으로 경쟁자의 경쟁 형태는 어떠한가? 또한, 경쟁자의 목표와 위치는 어디에 있는가? 경쟁자의 강점과 약점은 무엇인가? 등을 비교·분석한다.

[그림 1-9] 시장 기회 분석과 시장 세분화

	현제품	신제품
현시장	시장침투	제품개발
신시장	시장개발	다 각 화

6) 산업구조 분석

산업구조 분석은 M. E. Porter가 주장한 산업의 경쟁 강도와 수익성을 결정하는 다섯 가지 경쟁요인을 분석하여 경쟁전략 수립의 기초 자료로 활용하기 위함이다. 다섯 가지 경쟁요인으로는 첫째, 신규 진입의 위험으로 신규 진입자는 새로운 능력이나 시장점유율을 획득하려는 욕망 및 실질적인 자원을 기반으로 진입하며 신규 진입자에 의하여 수익성은 가격 경쟁력이나 원가 인플레이션 등이 낮아지게 된다. 둘째, 기존 경쟁자 간의 경쟁 강도로 경쟁은 경쟁자들이 경쟁 위치의 개선에 대한 압력이나 그 기회를 찾고 있을 때 일어나며 경쟁 양상은 가격경쟁, 광고/홍보 경쟁, 신제품 출시 등이 있다. 셋째, 공급자의 협상력으로 공급자들은 가격을 인상하거나 품질을 저하하려는 위협으로 협상력을 높이려고 하며 강력한 협상력을 가진 공급자들은 더 이상 원가를 상승시킬 수 없을 정도로 수익성을 잠식할 수 있다. 넷째, 구매자의 협상력으로 구매자는 가격 인하 및 품질향상의 압력을 통하여 경쟁자 간의 수익성을 떨어트리고 있다. 다섯째, 대체재의 위협으로 대체재는 기업이 얻을 수 있는 가격 상한선을 설정케 함으로써 잠재 수익을 제한한다(휴넷경영아카데미, hunet.co.kr, 2014).

[그림 1-10] 산업구조분석 요소

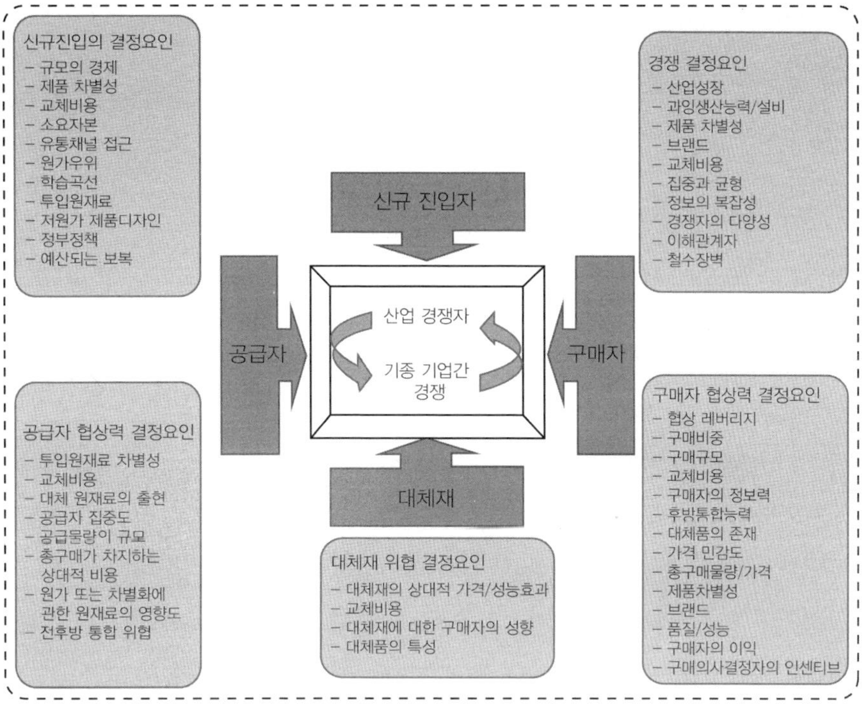

출처 : 휴넷경영아카데미(hunet.co.kr, 2014).

제3절 내부환경 분석

1. 내부 경영분석

1) 내부 경영자원 분석

내부 환경 분석은 기업의 현재 자원 및 능력을 분석하여 미래의 비전을 제시하고 실현방안을 수립하기 위함이다. 내부 환경 분석기법으로 BCG Matrix를 이용하여 자사의 각 분야의 강점과 약점을 파악할 수 있으며 과거와 현재를 비교함으로써 미래의 동향을 분석할 수 있다.

또한, 경쟁 기업의 동향을 분석하여 자사와 비교분석이 가능하며 미래의 전략을 예측할 수 있다. 이와 같은 분석 기법으로 마이클 포터(Michael E. Poter, 1980)는 기업이 산업 내에서 직면하게 될 경쟁 위협을 분석하였다.

[그림 1-11] SWOT분석과 경영전략

		환경	
		기회(O)	위협(T)
조직자원	강점(S)	SO전략 (Maxi–Maxi)	ST전략 (Maxi–Mini)
	약점(W)	WO전략 (Mini–Maxi)	WT전략 (Mini–Mini)

본원적 경쟁전략 모형(generic competitive strategies model)은 경영 수준에서 다양한 구조를 제공한다. 이 모형은 제조, 유통, 서비스 등 모든 분야에서 사용할 수 있기 때문에 '본원적(generic)'이라고 한다. 본원적 경쟁전략은 차별화 전략(differentiation strategy), 원가 주도 전략(cost leadership strategy), 집중화 전략(focus strategy) 등이 있다. 다음 [그림 1-12]는 포터의 본원적 경쟁전략 모형을 나타내고 있다(박영배 외, 2004).

그림에서 수직축은 전략적 표적 차원으로 경쟁하려는 제품 또는 서비스와 관련된 시장의 크기를 말한다. 즉, 특정 세분 시장에서 또는 전체 시장으로 나뉠 수 있다. 수평축은 제품과 서비스에 대한 낮은 원가 또는 차별화로 인식되는 경쟁우위

원천을 의미한다.

■ 차별화 전략

[그림 1-12] 본원적 경쟁전략 모형

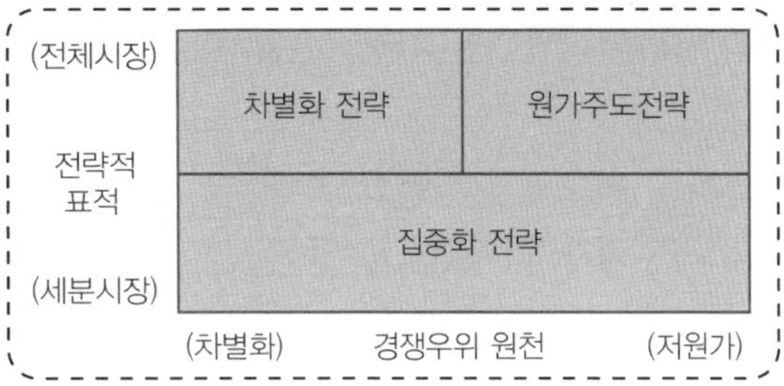

차별화 전략(differentiation strategy)은 고객이 독특성을 인식할 수 있도록 산업 내에서 경쟁할 수 있도록 하는 전략을 말한다. 이 전략은 자동차 산업에서 지배적이다. 예를 들어, 혁신적인 디자인(BMW), 고품질(도요타), 상표 인지도(메르세데스), 고객 서비스(렉서스), 넓은 영업망(포드, GM) 등이다. 차별화의 장기적인 효과성은 경쟁자가 쉽게 모방하지 못하게 하는 데 있다. 경쟁자가 쉽게 모방하면 더 차별화 전략은 의미가 없게 된다.

■ 원가 주도 전략

원가 주도 전략(cost leadership strategy)은 경쟁기업보다 낮은 가격으로 제품과 서비스를 제공하는 것을 의미한다. 이 전략은 지속해서 효율성(단위당 원가절감)에 관심을 둔다. 예를 들면, 규모의 경제를 통한 시설과 장비 이용률을 증대시키고 간접자본투자를 줄이고, 노동집약적인 개인 서비스와 판매 인력을 감축하는 것이 해당한다. 최근 오프라인(off-line) 상의 기존 서점들이 인터넷상에서 서점을 운영하여 낮은 가격으로 서적을 판매하는 것은 원가 주도 전략의 한 예라고 할 수 있다.

■ 집중화 전략

집중화 전략(focus strategy)은 특수한 틈새시장(niche market)이나 특정 지역에서 경쟁하는 것을 말한다. 틈새(niche)는 전문화된 고객 집단(10대, 의사, 연예인) 또는 경쟁자가 간과하거나 무시하는 시장을 말한다. 이 전략이 성공하려면 독특한 이미지나 낮은 원가의 두 가지 특성을 모두 갖춘 제품이 되어야 한다. 10대들에게 독특한 캐릭터 상품을 판매하는 전략은 좋은 예라고 할 수 있다.

2) 총괄 경영자원 분석

BCG 매트릭스는 사업단위별로 시장 전략을 결정하기 위하여 사업부별로 장점을 서로 비교하여 줄 수 있게 하여준다. BCG 매트릭스는 이전에 확립된 경영이론인 경험 곡선 이론과 제품 수명주기 이론을 통합시켰다. BCG 매트릭스는 경험 곡선의 영향으로 인하여 생산량이 증가할 때 단위당 비용이 감소한다는 사실을 밝혔다. 또한, 기업의 총체적 수익성을 극대화하기 위한 가장 확실한 방법은 SBU 포트폴리오의 시장점유율을 극대화하는 것으로 제품 수명주기에서 제시하였던 포트폴리오 매트릭스의 독립변수인 시장점유율 확대와 같은 맥락에 있다.

BCG 매트릭스는 다른 제품과 사업부를 비교하기 위하여 시장 매력도와 경쟁 포지션으로 표기한다. 시장 매력도는 산업 성장률로 측정되며 경쟁 포지션은 산업 내의 가장 큰 경쟁사의 시장점유율에 대한 자사의 시장점유율에 의해 측정된다. BCG 성장 매트릭스는 다음의 그림과 같다.

[그림 1-13] 총괄전략

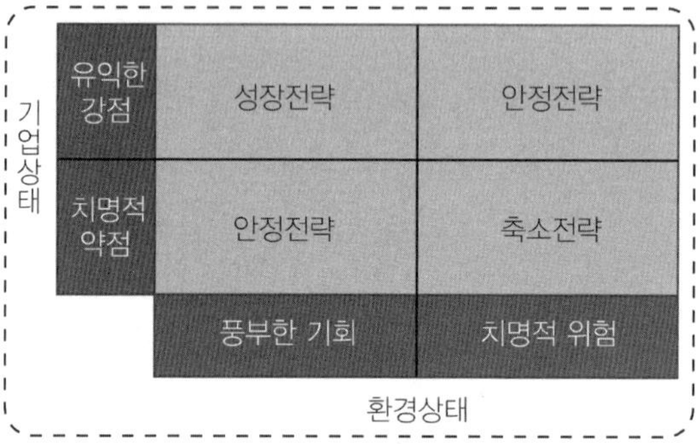

■ **별**(높은 성장률, 높은 시장점유율)

별의 높은 성장률은 대규모 자금 투자가 필요하다. 그러나 이와 같은 투자를 낮추기 위하여 시장 점유율 포지션을 높인다. 그러므로 별은 가까운 장래에 높은 이윤을 창출하고 잠재적으로 강력한 현금흐름을 가능하게 할 것이다. 따라서 별은 궁극적으로 현금 젖소(cash cow)가 될 것이다.

■ **물음표**(고성장률, 낮은 시장점유율)

높은 성장률을 갖는 물음표(Question Marks)는 많은 현금 투자가 필요하다. 이는 낮은 시장점유율이며 비경쟁적 구조를 말한다. 제품이 성숙단계에 접어들면 물음표는 시장점유율을 확대할 수 없다면 개(Dog)가 될 것이며, 반대로 시장점유율이 확대되면 별(Star)의 위치로 올라가 자금 젖소가 된다. 따라서 유망한 물음표에는 시장 확대를 위하여 현금 투자를 그러하지 않은 물음표에는 추가적 투자를 억제할 것을 제안한다.

■ **현금 젖소**(낮은 성장률, 높은 시장점유율)

현금 젖소(cash cow)는 높은 현금흐름을 창출한다. 성숙 시장에 있는 제품은 낮은 현금 투자를 요구하여 현금흐름의 원천이 된다. BCG 매트릭스는 현금 젖소가 현재의 위치를 유지하기 위하여 투자 전략에 의하여 현금을 회수하여 별이나 물음표에 투자한다.

■ 개(저성장, 낮은 시장점유율)

[그림 1-14] BCG 성장매트릭스

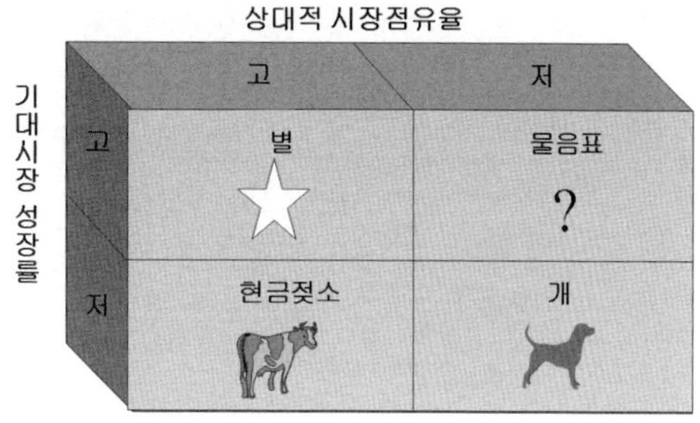

개(Dog)의 낮은 시장점유율은 열등한 위치로 인하여 비경쟁적인 비용구조로 되어 있다. 따라서 수익성이 낮은 시장점유율을 유지하는데 많은 투자를 요구하게 된다. 따라서 개의 위치에서는 틈새시장이나 세분 시장에 집중하거나 적극적으로 현금을 회수하거나 퇴출 또는 서서히 중단시킨다.

이와 같은 BCG 매트릭스와 SWOT 분석을 통하여 기업의 총괄 전략을 수립하기 위한 전략은 그림과 같다.

■ 안정전략

같은 제품 또는 서비스를 같은 고객에게 제공하여 시장점유율을 유지하여 나간다.

■ 성장전략

조직의 활동 수준인 종업원, 매출액을 증가하여 성장 전략을 추진한다. 또한, 사업을 집중화, 수직적 통합, 다각화 전략을 추진한다.

[그림 1-15] 균형 잡힌 사업 포트폴리오 사례

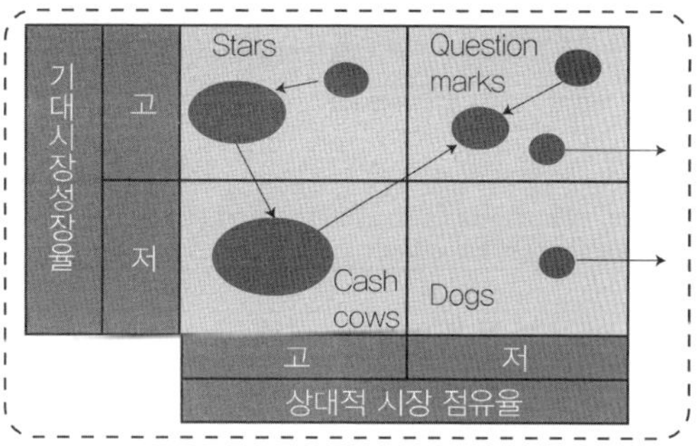

■ 축소 전략

경영 활동 규모와 다양성 감소 전략을 수립한다. 긴급-우회, 양도, 청산 등의 절차를 밟을 수 있다.

2. 내부능력 분석

1) 핵심능력 분석

기업 내부의 핵심 요소를 분석하여 기업의 강점과 약점을 찾아내어 경영전략에 반영한다. 내부능력을 조사하는 방법으로는 전담 팀을 구축하거나 중역의 의견조사를 통하여 구체적으로 수치화하여 작성한다. 내부능력 분석은 영업, 재무, 마케팅, 기획, 기술, 연구개발, 생산, 정보화, 인사조직, 기업문화, 글로벌화 등이 있다.

〈표 1-5〉 경영성과 측정지표

항목	측정항목	측정방법
재무	투자 수익률	주식시장의 투자 수익률 분석
	EVA	세후 순이익-투자자본에 대한 총비용
	수익성	매출액 순 이익률, 자기자본 이익률
	성장성	매출액 증가율, 총자산증가율
	활동성	총 자산회전율
	안전성	자기자본 비율
	주당 정보	주당 순이익, 주당 부가가치
경쟁력	경쟁적 환경	경쟁업체의 진출 동향 및 대응전략
	가격 경쟁	동종업체와 서비스 가격의 우월성 비교
	가격 억제	물가상승 및 업계의 가격 동향 대비 억제율 분석
	해외 시장 진출	해외 진출사업 분석
고객	제약점	비즈니스 산업 내 연구기업의 제약점 분석 및 대응전략 분석
	고객 유지율	고객의 유지율 분포분석
	국내 시장점유율	국내 시장과 비교분석
	브랜드 인지도	사용자의 인지도 설문조사
	브랜드 자산	브랜드 자산의 가치평가
자원	회원수	동종업계와의 회원 수 분석
	접속건수	동종업계의 접속 건수 일별 분석
	마케팅 판매능력	마케팅 경쟁우위 분석
	기술능력	기술 경쟁우위 분석
	재무능력	재무분석
	기업통신 능력	검색 시간 분석(동종업계와 시간 분석)
	인적자원	인적구조, 신규인력 창출, 구조, 차별화
비즈니스 모델	CEO 자질	
	조직학습 능력	
	독창성	동종 기업과 비교 독창성 추출
	수익 창출력	수익모델 유형
	발전단계	비즈니스 발전 단계
연구개발	핵심 사업기능	핵심 비즈니스
	고객지원	고객지원방법의 특징
	시스템	시스템의 특징
서비스 품질	연구개발 능력	연구개발 자원의 특징
	신규사업	신규진출 사업 예상 수익성
	기술능력	보유 기술 능력비교
마케팅	서비스 지향성	서비스 지향성 및 향후 추진 방향
	고객만족도	고객만족도 분석자료 비교
	컨텐츠 품질	콘텐츠품질 분석
	업무품질	업무 프로세스 특징 분석
	시장구조 요인	시장구조분석 후 비교
	시장 외형 요인	시장 외형과 수익성 비교
	시장 잠재력	잠재시장 조사 분석과 진출전략 분석

	성장률	성장률 분석
	수익률	수익성 분석
	잠재 성장률	잠재성장률 분석

2) 경영 전반의 측정지표

경영 전반의 혁신 효과 측정은 기업의 모든 경영 활동을 종합한 것으로서 경영혁신의 각각의 활동 결과를 경영지표와 비교하여 향상성을 측정하는 방법이다.

경영 전반의 측정 결과를 통하여 각각의 부문별 책임을 명확히 할 수 있도록 책임이 반영된 기업의 목표를 설정하여야 한다.

〈표 1-6〉 경영 전반의 측정지표

항목		산출방법	비고
성장성	매출액 증가율	당기매출액 / 전기매출액 × 100	
	부가가치증가율	당기부가가치액 / 전기부가가치액 × 100	부가가치 = 매출액-매출원가
	경상이익률	당기 경상이익 / 전기경상이익 × 100	경상이익=영업이익+영업외수익-영업외비용
	자기자본증가율	당기 자기자본 / 전기자기자본 × 100	
생산성	부가가치율	부가가치액 / 매출액 × 100	
	부가가치생산성	부가가치액 / 종원 수 × 100	동종업계 평균과 비교하여 본다.
	노동생산성	생산량 / 직접 M/H × 100	
	자본 생산성	부가가치액 / 유형고정자산액 × 100	동종업계 평균과 비교하여 본다.
	노동 분배율	총인건비 / 부가가치액 × 100	
	노동장 비율	유형 고정자산 / 종업원 수	동종업계 평균과 비교하여 본다.
수익성	경영자본이익율	영업이익 / 경영자본 × 100	
	매출 총이익률	총이익 / 매출액 × 100	
	공헌이익	공헌이익 / 매출액 × 100	
	자본회전율	매출액 / 자본 × 100	
	영업이익률	영업이익 / 매출액 × 100	
	자기자본 비율	자기자본 / 총자본 × 100	
	고정장기적합률	고정자산 / (자기자본+고정부채) × 100	
	유동비율	유동자산 / 유동부채 × 100	
	경영안전율	손익분기점 매출액 / 당기매출액 × 100	
영업	인당매출액	매출액 / 영업사원 수	
공헌이익		매출액 - 변동비	
제조원가		제조원가 / 생산량	
상품	재고율	평균 재고액 / 매출액 × 100	

3) 연구개발 측정지표

기술변화가 급속화 되고 기업의 연구개발이 중요해짐에 따라 연구개발의 평가과정이 학습의 핵심적인 단계로서 새롭게 주목되고 있다. 또한, 연구개발 활동에서 결과 중심적 접근, 사업부와의 연계 등이 강조되면서 구체적 연구개발 성과평가가 연구 관리의 중요한 쟁점이 되고 있다. 그러나 그동안 연구개발 성과평가는 연구 활동 자체가 불확실성을 가지는 특성으로 인하여 체계적 접근이 이루어지지 못하여 왔으며 최근 들어 연구 성과평가 부문이 연구관리 및 기술 경영분야의 도전적 연구과제가 되고 있다.

〈표 1-7〉 연구개발 측정지표

항 목		산출방법	비고
연구개발 및 설계	신제품 개발건수	신제품 개발 실적 건수	
	특허 및 상표등록	특허, 실용신안, 상표 등록 실적 건수	
	국산화율	국산화 부품 수 / 총부품수 × 100	
	제품 혁신율	3년 이내 개발된 제품 매출액/총 매출액 × 100	

4) 자재 부문 측정지표

외주 및 구매부서의 성과측정 지표는 필요한 시기, 필요한 장소, 적정한 품질의 자재를 공급하고 있는가에 대한 측정지표이다. 외주의 경우 품질, 납기 역시 중요하며 이를 위하여 모기업의 기술 수준에 도달할 수 있도록 기술지도, 경영지도가 필요하다.

〈표 1-8〉 외주, 구매 성과측정지표

항목	산출방법	비고
납기 준수율	납기준수건수 / 납기도래건수 × 100	
불량율	불량건수 / 총 검사건수 × 100	
외주불량율	불량건수 / 검사건수 × 100	
롯트 합격율	불합격 롯트건수 / 검사롯트 수 × 100	
반품율	반품롯트수 / 입고롯트수 × 100	

5) 생산관리 부문 측정지표

생산성(productivity)이란 기업이 경영 활동을 위하여 투자되는 여러 가지 생산요소가 얼마나 효율적으로 활용되었는가를 측정하는 개념이다. 기업의 경영 활동의 결과인 생산량이나 매출액은 생산요소인 노동, 자본, 경영관리 활동 등이 어떻게 결합하여 투입되었느냐에 따라 달라지므로, 생산요소별 생산성의 개념도 중요하다. 그러므로 생산성 측정도 생산요소별로 하고 있다. 즉, 생산량(매출액 또는 생산액)을 특정 생산요소 투입량으로 나누어 구한다. 노동생산성은 생산량을 노동투입량으로 나누고, 자본 생산성은 생산량을 자본투입량으로 나누어 측정한다.

그러나 최근에는 기업경영의 성과를 부가가치 기준으로 측정하는 것이 일반화되어가고 있다. 그 이유는 국내·외 경제 환경의 변화로 경쟁이 치열해지면서 외형, 즉 판매 위주의 경영보다는 원가절감에 의한 경영합리화로 내실 있게 하는 경영에 의해서만이 치열한 국내·외의 경제 환경에서 기업이 생존할 수 있기 때문이다.

〈표 1-9〉 생산관련 측정지표

항목	산출방법	비고
설비투자효율	당기 생산수량 / 유형고정자산 기말장부가 × 1000	
공정이상발생	실제 공정에서 발생된 이상 건수	
생신목표 달성율	생산실적 / 생산계획 × 100	
자동화율	자동화 요소 작업수 / 현요소 작업수 × 100	
부하율	부하시간 / 카렌다 시간 × 100	
양품율	(총생산량 - 공정불량 + 재가공량) /총 생산량 × 100	

6) 보전관리 부문 지표

설비보전(TPM : total productive maintenance) 업무는 특정부서의 고유 업무라는 인식에서 벗어나 전 종업원이 설비의 보전 업무에 참가해 설비고장, 불량, 재해율을 떨어뜨려 기업의 체질을 변화시키자는 기업의 혁신 운동으로 1969년 도요타의 자회사인 닛폰 덴소(일본 전장)에서 처음 시작됐다.

과기 설비보진 입무를 하시 않던 생산부문에서도 설비보전 활동을 벌이는 자주보전 활동, 설비의 불합리나 만성적인 손실을 방지하는 개별 개선 활동, 설비가 고장 나기 전에 진단 기술 등을 이용해 사전에 이를 방지하는 계획 보전활동, 품질보전 활동이 있다. 또 설비를 다루지 않는 사무 간접부문으로 TPM을 확대하는 사무 간접부문 TPM과 설비 초기 관리 활동, 안전·환경보전 활동, TPM 교육훈련 활동 등도 이 운동의 한 부분이다.

〈표 1-10〉 설비보전 측정지표

항목	산출방법	비고
고장도수율	고장정지 횟수의 합계 / 부하시간합계 × 100	
고장강도율	고장정지시간 합 / 부하시간합계 × 100	
MTBF	가동시간의 합계 / 정지횟수	평균고장간격시간
MTTR	정지시간의 합계 / 정지횟수	평균수리복구시간
설비가동성	MTBF / (MTBF + MTTR)	
예방보전달성율	예방보전실시건수 / 예방보전계획건수 × 100	

MTBF : Mean Time between Failure

MTTR : Mean Time to Repair

7) 안전보건부문 측정지표

산업안전보건법 제13조에서는 안전·보건관리가 기업의 생산설비와 일체적으로 운영될 것을 기대하여 사업의 여하를 불문하고 상시 근로자 수 100인 이상의 사업장에는 안전보건관리책임자를 두어야 하는 것을 사업주에게 의무화하여 안전관리자와 보건관리자를 지휘·감독하고 당해 사업장에서의 안전보건에 관한 업무를 총괄 관리시키도록 하고 있다.

〈표 1-11〉 안전보건 측정지표

항목	산출방법	비고
천인율	사상자 수 / 근로자 수 × 100	
도수율	재해건수 / 근로시간수 × 1,000,000	
강도율	근로손실일수 / 근로시간수 × 1,000	평균고장간격시간
재해율	재해건수 / 근로자수 × 100	평균수리복구시간

학습목표 요약

1. 경영전략이란 무엇인가?

희소한 경영자원을 배분하여 기업에 경쟁우위를 창출하고 유지해 줄 수 있는 주요한 의사결정

① 조직의 주요 의사결정들에서 나타나는 일관되고 통합적인 유형이다.
② 환경으로부터의 기회와 위협 하에서 조직의 목표 달성을 위한 일련의 행동 및 이에 대한 자원의 배분 양식을 말한다.
③ 현재와 미래의 조직 활동영역에 대한 선택이다.
④ 선택된 활동영역 내에서 경쟁우위를 달성하고 이를 지속해서 유지하기 위한 일련의 활동이다.

2. 경영전략의 특징은 무엇인가?

1) 전략적 결정의 특징

① 선례가 드물다.
② 파급효과가 크다(betting the entire company).
③ 상당한 자원의 재배분(resource reallocation)을 수반한다.
④ 다른 모든 결정을 통제하고 범위를 정해준다.

2) 전략경영의 특징

① 전략경영은 경영자 특히 최고경영자의 주요 역할이다.
② 전략경영은 미래지향적이다.
③ 전략경영은 환경적응, 환경창조의 지속적 과정이다.
④ 전략경영은 통합적이다.
⑤ 전략경영은 전략적 계획과 전략적 사고의 조화를 추구한다.

3) 전략경영의 이점

① 전략경영을 통해 조직의 의사결정이나 행동에 일관성을 기할 수 있다.
② 전략경영은 조직 구성원에게 하나의 사고의 틀이 된다.
③ 전략경영은 조직 구성원에게 특히 경영자들이 외부환경의 중요성을 인식하도록 한다.

3. 외부환경 진단이란 무엇인가?

외부환경의 분류는 산업 환경으로 고객, 제품, 자원, 경쟁자, 기술력 등이 있으며, 거시적 환경으로는 정치, 경제, 사회, 문화, 환경 등

4. 내부 경영분석 방법에는 어떤 것이 있는가?

1) 내부 경영자원 분석

내부 환경 분석기법으로 BCG Matrix를 이용하여 자사의 각 분야의 강점과 약점을 파악할 수 있으며 과거와 현재를 비교함으로써 미래의 동향을 분석.

본원적 경쟁전략모형(generic competitive strategies model)은 경영수준에서 다양한 주조를 제공한다. 이 모형은 제조, 유통, 서비스 등 모든 분야에서 사용할 수 있기 때문에 '본원적(generic)'이라고 한다. 본원적 경쟁전략은 차별화 전략(differentiation strategy), 원가주도 전략(cost leadership strategy), 집중화 전략(focus strategy) 등이 있다.

5. 내부 능력분석에는 어떤 것이 있는가?

1) 핵심능력분석

기업 내부의 핵심 요소를 분석하여 기업의 강점과 약점을 찾아내어 경영전략에 반영한다. 내부능력을 조사하는 방법으로는 전담팀을 구축하거나 중역의 의견조사를 통하여 구체적으로 수치화하여 작성

2) 경영 전반의 측정지표

경영 전반의 혁신 효과 측정은 기업의 모든 경영 활동을 종합한 것으로서 경영혁신의 각각의 활동 결과를 경영지표와 비교하여 향상성을 측정하는 방법

용어해설

- 경영전략

기업(business organization) 전체의 방향(direction)과 성과(success or performance)를 결정하는 포괄적(overall)이고 결정적(decicivc)인 것

- 성장전략(growth strategy)

기업을 성장 또는 확장할 것인가?

- 안정전략(stability strategy)

안정을 추구하며 현재의 수준을 유지할 것인가?

- 축소 전략(retrench strategy)

기업을 축소할 것인가?

- 다각화 전략(diversification strategy)

기업을 새로운 제품과 영역으로 다양화할 것인가?

- 제품 수명주기

제품의 수명주기를 개발단계, 성숙단계, 표준화 단계로 구분

- 시장점유율

시장의 특성 및 구조를 분석하여 시장구조를 사전에 파악하여 미래의 불확실성을 예방하고자 한다.

- 본원적 경쟁전략

차별화 전략(differentiation strategy), 원가주도 전략(cost leadership strategy), 집중화 전략(focus strategy) 등이 있다.

제2장

4차 산업혁명

학습목표

1. 4차 산업혁명이란 무엇인가?
2. 4차 산업혁명의 새로운 현상은 무엇인가?
3. 4차 산업혁명은 어떻게 변화하였는가?
4. 4차 신업혁명 시대에 산업별 대응전략은 무엇인가?

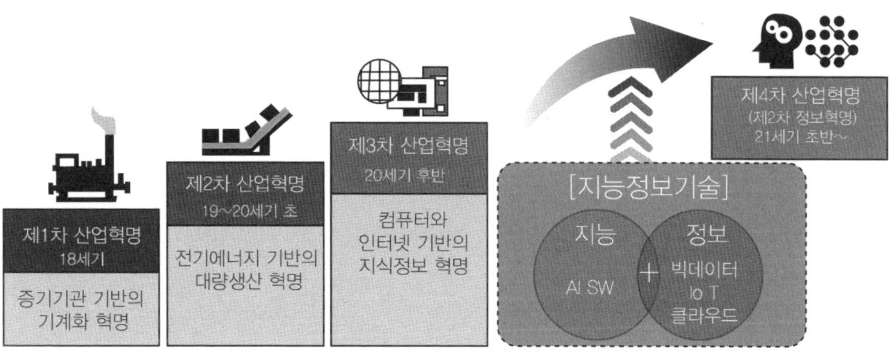

제1절 산업혁명의 배경

1. 산업혁명의 기원

영국에서는 일찍부터 봉건제도가 해체되면서 농촌에서는 자유로운 농민층이 많이 나타났다. 이들 자유 농민층을 모체로 하여 농촌 모직물 공업이 발달하게 되는데, 농민층 분해의 진전과 함께 선대객주제(先貸客主制)와 매뉴팩처의 형태를 취한 초기 자본주의적 생산관계가 그 밖의 유럽 여러 나라에서보다 순조롭게 나타나게 되었으며, 17세기 중엽 절대권력을 일소한 시민혁명 · 해외시장 · 식민지 획득, 외국 특히 네덜란드 · 프랑스와의 상업 경쟁에 대한 유효한 중상주의적 정책이 서로 작용하여 본원적 축적이 현저하게 진행되었다.

또한, 영국에서 세계 최초의 공업화를 촉진한 가장 중요한 현상은 16세기 중반 이후 목재 자원의 고갈이었으며, 이로 인해 야기된 것이 연료 위기였다. 이 연료 위기를 극복한 기술혁신이 무생물적 자원인 석탄의 조직적 이용이었으며, 그 결과 영국은 1540～1640년에 석탄산업을 중심으로 한 여러 관련 산업의 발전이 촉진되어, 18세기 산업혁명에 맞먹을 정도의 생산 확대를 가져오게 되었다. J. U. 네프는 이것을 '초기 산업혁명'이라고 하였다.

이처럼 석탄에 대한 수요와 생산이 증대함에 따라 기술적으로 해결을 필요로 하는 당면과제로, 탄갱(炭坑)의 배수 문제(排水 問題), 석탄의 수송 문제, 철광석 용해에서 기술개발 문제가 제기되었다. 이러한 과제들이 사회적 · 기술적으로 해결되어 가는 가운데 산업혁명의 조건도 정비되어 갔다.

즉, 탄갱의 배수처리라는 기술적 문제는 T. 세이버리가 고안한, '광부의 친구'라 부르는 펌프, T. 뉴커먼의 대기압기관 등, 초기 증기기관의 발명을 촉진하고, 마침내 J. 와트가 증기기관을 발명하기에 이르렀다. 와트의 증기기관은 수력 · 풍력 · 축력(畜力) · 인력 등 농업사회의 기본적인 동력을 능가하는 것으로서 동력 혁명(動力革命)을 가져왔으며, 산업혁명을 혁명이라 부를 수 있게 한 기술적인 기초를 준비하기에 이르렀다.

다른 한편 석탄 수송 문제는 도로의 개수, 운하의 건설 등 사회적 간접자본에의 투자를 촉진함과 동시에 국내 시장의 확대에도 기여했다. 아브라함

다비 1세에 의한 철광석 용해에서의 코크스로(爐) 제련법의 개발은 철과 석탄 시대를 가져온 가장 중요한 기술혁신이었다. 그 밖에도 농업부문에서 기술혁신 인클로저 운동을 중심으로 하는 토지제도의 근대화 및 대농 경영이 농업생산력의 비약적 발전을 가져왔다는 것도 중요한 사실이다.

이러한 여러 조건이 정비되고 충실해지는 과정에서 산업혁명은 먼저 면공업(綿 工業)에서 일어나게 되었다. 영국의 전통적 산업인 모직물 공업에서가 아니라 신흥 면공업에서 산업혁명이 일어났다는 것은, 영국이 동인도 무역에 의해 17세기 말에 들여온 인도 산(印度 産) 캘리코 면직물이 영국을 비롯한 유럽에 있어 의료 혁명(衣料 革命)을 불러일으킴으로써 면제품의 수요를 자극하였기 때문이다.

그리하여 서인도 제도에서 나는 설탕·담배 등과 마찬가지로 노예노동에 의한 플랜테이션에 의해 재배된 면화를 원료로 하여, 인도산 캘리코 면직물과 경쟁할 수 있는 면제품을 제조하는 일이 18세기 초의 국민적 과제가 되었다. 이 과제를 해결하도록 추진시킨 것은 전래의 지배계급인 지주나 전통적인 직물업자가 아니고 주로 상인과 요먼이라고 부르는 자영 농민층이었으며, 그들 대부분이 비국교도이자 국가의 원조도 없이 자조 정신으로 기업을 이룩한 사람들이었다(네이버 지식백과, 산업혁명의 기원, 두산백과, 2017).

2. 산업혁명의 변화와 4차 산업혁명

1) 4차 산업혁명의 논의

2016년 다보스 포럼 등의 주요 기관에서 4차 산업혁명이 논의되기 시작하여 지금까지 활발하게 4차 산업혁명이 나타나기 시작하였다.

산업혁명을 시대적으로 보면 1차 산업혁명은 18세기 말 증기기관, 수력, 기계화로 인간의 물리적 노동을 기계로 대체하기 시작하는 시대로 1차 산업혁명이 시작되었다.

2차 산업혁명은 19세기 말 전력과 철도의 광범위한 보급으로 본격적인 대량 생산 시대로 진입하기 시작한 시대가 열리기 시작하면서 변화가 시작되었다.

3차 산업혁명은 1950년대를 기점으로 컴퓨터의 확산으로 컴퓨터와 디지털 통신의 발달과 1980대 이후부터 퍼진 인터넷의 발달로 정보의 생산과 처리에 획기적인 발전을 이루게 되었다.

4차 산업혁명은 2016년부터 논의되기 시작하면서 인간과 기계의 잠재력을 획기적으로 향상하는 사이버-물리 시스템(cyber-physical system)으로 정의하였다(최계영, 2016).

4차 산업혁명은 인공 지능, 사물 인터넷, 빅데이터, 모바일 등 첨단 정보통신기술이 경제·사회 전반에 융합되어 혁신적인 변화가 나타나는 차세대 산업혁명, 인공 지능(AI), 사물 인터넷(IoT)[1], 클라우드 컴퓨팅, 빅데이터, 모바일 등 지능정보기술이 기존 산업과 서비스에 융합되거나 3D 프린팅, 로봇공학, 생명공학, 나노기술 등 여러 분야의 신기술과 결합되어 실세계 모든 제품·서비스를 네트워크로 연결하고 사물을 지능화한다.

제4차 산업혁명은 초 연결(hyper connectivity)과 초 지능(super intelligence)을 특징으로 하므로 때문에 기존 산업혁명에 보다 더 넓은 범위(scope)에 더 빠른 속도(velocity)로 크게 영향(impact)을 끼친다.

제4차 산업혁명 용어는 2016년 세계 경제 포럼(WEF: World Economic Forum)에서 언급되었으며, 정보 통신 기술(ICT) 기반의 새로운 산업 시대를 대표하는 용어가 되었다. 컴퓨터, 인터넷으로 대표되는 제3차 산업혁명(정보 혁명)에서 한 단계 더 진화한 혁명으로도 일컬어진다(네이버 지식백과, 제4차 산업혁명, IT용어사전, 한국정보통신기술협회, 2017).

출처 : 미래창조과학부, 2017

---

1) 주변의 모든 물건에 센서를 달아 인터넷으로 소통하는 사물인터넷 기술은 O2O 서비스의 기반이 된다. 커피 매장의 비컨 센서는 고객이 매장에 들어오는 것을 즉시 파악해서 주문받은 커피를 미리 준비시킨다. 배달통에 설치된 센서는 내 짜장면이 지금 어디에 있는지를 실시간으로 알려 준다. 사물인터넷 센서 기술 활용은 O2O 사업에 새로운 경쟁력을 부여한다. 앞으로 스포츠용품, 매장, 의류를 포함한 주변의 모든 물건에 센서가 부착되면서 O2O 사업 모델이 확장될 것이다(네이버 지식백과, 커뮤니케이션북스, 2017).

〈표 2-1〉 4차 산업혁명의 장단점

장점	혁신적 제품 및 서비스로 인한 삶의 질 향상
	생산체계가 유연하고 효율적으로 바뀜
	맞춤형 생산, 주문 후 즉시 생산, 다품종 소량생산이 가능
단점	양극화 심화
	대량 실업
	인간의 효용 가치 하락
	기계의 인간지배
	정보 해킹으로 인한 사생활 피해

출처 : 메카솔루션(www.mechasolution.com)

3. 4차 산업혁명의 전개

1) 4차 산업혁명의 새로운 현상

4차 산업혁명은 모든 산업의 혁신을 위한 범용 기술(general purpose technology)을 다양한 분야의 비즈니스 모델과 결합해서 전혀 새로운 수요를 맞추고 있다. 예를 들면, 유전자 편집 기술이 바이오 데이터와 결합하면, 신약, 신종 작물, 바이오 에너지 개발 등이 가능하며, 로봇과 인공지능이 결합하면 특정 산업에서 지능형 로봇이 해결할 수 있는 일의 범위가 크게 확장된다(최계영, 2016).

(1) 자율주행차량(autonomous car)

운전자 없이 스스로 움직이는 자율주행차량은 기계가 스스로 학습하고 지능을 향상하는 일을 하고 있다. 구글은 2009년부터 자율주행차 개발에 착수하여 230만 마일의 시험 주행과 110개 이상의 특허를 등록하였으며, 2016년 시험 운행을 성공하였다. 결과 연방 교통부는 구글의 인공지능(AI) 시스템을 사람과 같은 운전자로 인정하기로 하였다(장윤종 외, 2017).

(2) 인공지능(AI : artificial intelligence)

인간의 지능으로 할 수 있는 사고, 학습, 자기 계발 등을 컴퓨터가 할 수 있도록 하는 방법을 연구하는 컴퓨터 공학 및 정보기술의 한 분야로서, 컴퓨터가 인간의 지능적인 행동을 모방할 수 있도록 하는 것을 인공지능이라고 말하고 있다.

또한, 인공지능은 그 자체로 존재하는 것이 아니라, 컴퓨터 과학의 다른 분야와 직간접으로 많은 관련을 맺고 있다. 특히 현대에는 정보기술의 여러 분야에서 인공지능적 요소를 도입하여 그 분야의 문제 풀이에 활용하려는 시도가 매우 활발하게 이루어지고 있다(네이버 지식백과, 인공지능, 두산백과, 2017).

알파고를 통해 인공지능이 전 세계의 관심을 끌게 되었다. 인공지능은 오랜 침체기를 거쳐 클라우드 컴퓨팅 환경의 급속한 발전과 빅데이터가 뒷받침되어 딥러닝이 구현되는 극적인 돌파구가 열리면서 전환기를 맞았다. 이제 인공지능은 4차 산업혁명의 핵심 요소로 떠올랐다.

2016년을 대표하는 중요한 사건의 리스트에는 반드시 알파고(AlphaGo)와 이세돌 기사의 대국과 인공지능이 포함될 것이다. 알파고를 통해 인공지능이 전 국민이 관심을 두는 분야로 떠올랐다. 덕분에 인공지능에 대한 교육이나 홍보가 단숨에 이루어졌다.

인간의 지능을 가진 생각하는 기계를 만들겠다는 생각은 오랜 역사를 갖는다. 인공지능은 인간이 컴퓨테이션(계산) 방법을 발전시키면서 자연스럽게 대두되었다. 인공지능의 역사를 보면 상당한 기간 굴곡진 시간을 거쳐 왔다. 1930 1940년대부터 생각하는 기계에 대해 기대가 본격화되기 시작했다. 튜링 테스트가 개발되고, 수리논리학이나 컴퓨테이션, 사이버네틱스(인공두뇌학), 정보 이론 등 인간의 사고 과정에 대한 이론들이 등장했다(네이버 지식백과, 인공지능, 커뮤니케이션북스, 2016).

이처럼 인공지능은 음성비서로 개발되어 애플의 시리, 구글의 나우, 아마존의 알렉사, MS는 코타나, 삼성은 빅스비를 음성비서로 개발하였다. 또한, 아마존은 계산대 없는 마트 '아마존 고'로서 2016년 12월에 시애틀에 식료품 시범매장을 열었는데 이 매장에 적용한 기술은 컴퓨터 비전과 딥러닝 등 자율주행차에 적용한 저스트 워크아웃 테크놀로지(just walk out technology) 기술이다. 인공지능을 활용한 정보 분석 기업으로 켄쇼(kensho)가 있다. 켄쇼는 기업의 실적과 주요 경제 수치 등 방대한 데이터를 분석해 투자자들의 관심사항에 답을 제공한다(장윤종 외, 2017).

제2절 4차 산업의 변화

1. 산업형태의 변화

1) 혁신적 기술의 확장

4차 산업의 주요 기술인 ICT[2)]/컴퓨터 관련 기술은 확장성과 확산 도가 빠르게 진행되어 산업 기술에 적용되었고, 혁신적 기술이 적용된 제품 및 서비스의 가격 하락은 기술의 채용과 확산을 촉진하고 있다. 또한, 금융, 법률 등의 분야에 적용되는 인공지능은 전문직의 고임금을 고려할 때 인공지능과 관련된 기술직의 채용 가능성이 커지고 있다. 예를 들면 개인 유전자 분석의 대중화로 Illumina는 인간 게놈 프로젝트 이후 10여 년 만에 개인 유전자 분석의 대중화를 가능하게 하였다. 휴먼 게놈(genome) 프로젝트의 경우 한 개인의 유전자 정보 해독에 약 27억 달러가 소요되고 13년이 걸린 분석을 Illumina는 1,000달러로 3일에 해결할 수 있다(최계영, 2016).

2) 과학기술의 혁신

과학기술은 컴퓨팅의 발전으로 ICT와 융합하여 새로운 형태의 지식으로 변모하고 있다. 이는 컴퓨터의 혁신은 과학 지식의 성격을 변화시킨다고 본다. 과학 지식의 새로운 형태가 디지털 파일의 형태를 가지고 모든 사람에게 접근이 가능할 수 있도록 크라우드 소싱, 시민 과학의 활성화를 가져오고 새로운 과학적 발전이 가속화되고 있다.

또한, 새로운 정보 및 지식의 창출, 축적 속도가 가속화될수록 인간이 이를 모두 이해하고 활용하는 데 한계가 있다. 이에 따라 컴퓨터의 활용이 더욱 증대할 수밖에 없으며, 이는 다시 과학 지식의 발견을 더욱 활성화하는 선순환 관계를 형성한다(최계영, 2016).

---

2) ICT(Information & Communication Technology)는 정보 기술(Information Technology, IT)과 통신 기술(Communication Technology, CT)의 합성어로 정보기기의 하드웨어 및 이들 기기의 운영 및 정보 관리에 필요한 소프트웨어 기술과 이들 기술을 이용하여 정보를 수집, 생산, 가공, 보존, 전달, 활용하는 모든 방법을 의미한다(네이버 지식백과, 지형 공간정보체계 용어사전, 2016.1.3., 구미서관).

3) 혁신적 제품 개발

(1) 자율주행 자동차

자율주행 자동차는 자동차 산업은 물론 차량 소유의 개념 자체에 변화를 가져오고 주행 시 소요 시간을 다른 활동으로의 대체로 인한 파급효과가 예상된다.

(2) 블록체인 기술

IoT 보안 문제 해결에 기여할 뿐만 아니라 금융 분야를 넘어서 전 분야의 다양한 거래 및 계약의 안전한 처리, 자동화 기업(distributed autonomous corporation)의 가능성이다.

(3) 인공지능과 정보처리 2.0

인공지능은 의미를 이해하는데 기반을 두고, 지식 구축 및 이를 통한 상황 및 개인화의 추론을 가능하게 한다. 축적된 데이터의 양이 너무 거대해지면 인간이 스스로 설정한 규칙이나 사전에 실정한 모델을 통해 이를 분석하고 가치를 창출하는 데 한계가 있다. 4차 산업은 이러한 한계를 극복할 수 있다.

4차 산업시대의 빅데이터는 기계가 학습 과정을 통해 자동으로 데이터를 인식하고 문제 해결의 모델을 찾아내는 중요한 일을 수행하게 되었다. 또한, 딥러닝 등 기술 혁신으로 학습을 통해 인공지능이 스스로 대상을 구별하고 범주화하거나 최적 모델을 찾아낼 수 있는 능력을 갖추고 있다.

인공지능과 의사결정으로 전략적 의사결정에 광범위하게 활용되고 있고, 인공지능과 로봇은 기존 로봇 부문의 획기적인 진보를 가져왔으며, 로봇의 언어이해, 말하기, 번역, 영상처리 및 인식 등이 모두 방대한 데이터와 센서, 딥러닝 알고리즘이 결합하여 가능하고 이를 통해 인간과 협업을 할 수 있게 되었다(최계영, 2016).

(4) 바이오테크 혁신

개인 유전자 정보 분석 및 저장, 건강 데이터 확보 및 전송 그리고 분석, 의료기기는 이를 기반으로 맞춤형 의료 서비스, 3D 프린터를 통한 신체 기능 보완, 데이터 해석 및 진단에 필요한 인공지능 등은 의료, 제약, 병원, 의사의 역할, 공중 보건 등 광범위하게 변화를 가져오고 있다.

특히 유전자 편집을 가능케 한 크리스퍼(CRISPER) 기술[3)]은 인간배아와 생식세

포 교정에 적용될 수 있어 출생 이전의 태아 게놈 교정 등 치료 이외의 목적으로 활용될 가능성이 있다. 합성생물학의 발전으로 컴퓨터 프로그램 만드는 과정과 같은 방법으로 생명체의 프로그래밍이 가능하다.

또한, 인체의 다양한 기능을 보완하는 인체 임플란트 기술로서 ICT와 의료의 융합은 손상된 인체 기능 보완 기술로 발전되어 간다. 그리고 3D 프린팅을 중심으로 디지털 페브리케이션, 나노기술, 신소재, 에너지 등 다양한 분야의 혁신을 가져오고 있다(최계영, 2016).

〈표 2-2〉 4차 산업혁명의 주요 기술

핵심기술	내 용
CPS	사이버 시스템(cyber system)과 물리 시스템(physical system)의 통합적 시스템으로 통신 및 제어 기능이 물리 세계의 사물과 융합된 형태를 말한다. 인지(sensing)하고 판단(artificial intelligence)하며 실행(actuating·movement)함으로써 인간을 보조하거나 대체한다.
IoT	정보통신 기술(ICT)을 기반으로 세상의 모든 사물을 인터넷으로 연결하여 사람과 사물, 사물과 사물 간 정보를 교환하는 상호 소통을 말한다.
AI	인간의 학습 능력과 추론 능력, 지각 능력, 자연 언어의 이해능력 등을 컴퓨터 프로그램으로 실현하는 기술이다.
로봇	인지하고 판단하는 것을 움직임으로 구현하는 기술이다.

출처 : 4차 산업혁명의 글로벌 동향과 한국 산업의 대응 전략, 장윤종 외, 2017.

2. 4차 산업혁명의 경제변화

4차 산업혁명은 데이터 기반 최적 시스템(data driven optimal system)을 지향하고 데이터 분석을 통한 최적화 및 맞춤형 서비스 제공이 실현되는 사회를 지향한다. 이러한 시대의 모습을 살펴보면 다음과 같다.

① 100% 활용하지 못하는 유휴자원의 활용을 극대화한다.

② 다양한 형태로 존재하는 낭비 제거가 가능해진다.

③ 운영 비효율을 최소화할 수 있다. 시뮬레이션을 통해 통합적인 관점에서 최적의 해법을 찾아내어 비효율을 제거시킨다. 예로 스마트 시티, 스마트 value chain, 스마트 행정 등이다.

---

3) 크리스퍼는 미생물에 존재하는 반복된 서열을 가리키는 것으로 박테리아 면역 체계에서 유래한 제한효소이다. 세균의 면역반응 현상에서 기인한 CRISPR/Case9 기술은 guideRNA가 미리 표적에 둔 DNA 염기 서열을 찾아가 Csae9 단백질로 잘라내고 다시 연결하거나(NHEJ) 절단 부위를 다른 염기 서열로 교체(HDR)하는 형태로 유전자를 변형시킬 수 있다(시사바로타임즈, 2017.02.06).

④ 4차 산업혁명을 통해 인간의 지적능력 초월이 가능해진다. 자율주행차, 로보 어드바이저, 스마트 공장, 우주개발 등이 있다(장윤종 외, 2017).

1) 저성장 돌파

4차 산업시대는 사람, 사물, 데이터, 인공지능이 모두 연결되면 네트워크 경제의 특징인 수확체증 법칙과 혁신의 가속화가 본격적으로 이루어져 저성장 기조를 돌파할 수 있다. 또한, 혁신적인 기술로 노동의 대체/보완 및 경제 주체의 의사결정 지원이 가능해지면서 생산성이 높아지고 고부가가치 신제품 신서비스가 지속적으로 등장한다(최계영, 2016).

2) 노동시장의 변화

자동화의 진전으로 노동의 대체 및 보완이 이루어져 일부 직업의 소멸과 새로운 직업이 탄생하게 된다. 이는 하나의 직업 내에서 일부 직무는 자동화되는 반면 자동화가 어려운 직무에 대한 집중으로 일의 성격이 변화된다.

우버, 에어비엔비가 공급자와 수요자를 상시 연결하듯이 지능정보기술을 활용하면 노동과 같은 요소 시장도 수요자와 공급자 간의 상시 연결과 시장 메커니즘도 원활히 작동될 수 있다. 경영자 측면에서는 필요한 수준에서만 탄력적으로 노동력을 활용할 수 있지만 노동자 측면에서는 자신이 원하는 시장, 장소, 근로시간을 지능정보기술을 활용하여 선택할 수 있다(최계영, 2016).

3) 소비자 효용의 증대

4차 산업혁명 시대는 맞춤형, 개인화된 소비가 가능한 시대로서 서로 보완 및 대체적인 관계를 맺는 다양한 플랫폼 간의 경쟁 환경에서 소비자는 플랫폼을 선택하고 개인화된 제품 및 서비스를 누릴 수 있다. 따라서 기술혁신 분야별로 큰 규모의 소비자 효용의 증대가 전망된다(최계영, 2016).

3. 4차 산업혁명의 기업 변화

1) 기업의 경쟁력

4차 산업을 이끄는 혁신 기술은 단순히 특정 제품 및 서비스에 한정되는 기술이 아니라 미래 비즈니스에 핵심적인 범용 기술이다. 따라서 기업의 핵심 경쟁요인이 물리적 생산요소에서 지식, 지능으로 이동하면 기업의 생산성도 증대한다(최계영, 2016).

2) 전 산업의 플랫폼화와 산업간 경계의 소멸

컴퓨팅 기능이 모든 제품 및 서비스의 기본 기능이 되면서 제삼자가 데이터, 소프트웨어 애플리케이션, 인프라 제공 등 여러 방면에서 새로운 협력관계를 구성하고 플랫폼을 형성하게 된다. 자동차, 선박, 가구, 가전 등 제조업과 의료, 교육, 금융 등 서비스업이 모두 네트워킹과 이에 따르는 컴퓨팅 기능을 기반으로 여러 기업 간 수평적 협력관계를 통해 플랫폼을 형성한다. 플랫폼 제공 능력을 갖춘 컴퓨팅/ICT 기업은 플랫폼화 되는 산업에서 지능정보기술 기반 플랫폼 제공 능력을 갖춘 ICT 기업의 위상이 강화된다. 일반적으로 특정 제품 및 서비스의 경쟁력은 경쟁자의 추격에 따라 단기간에 대체 가능한 일용품화의 함정에 빠지지만 다양한 제품 및 서비스가 결합한 플랫폼은 경쟁우위의 지속이 가능하다.

3) 조직구조 및 의사결정 변화

기업의 조직규모는 점차 작아지면서 보다 탄력적인 조직형태가 등장한다. 또한 의사결정은 빅데이터 등을 기반으로 보다 과학적으로 분석하는 방법이 일반화되어 인간의 의사결정을 지원해 준다.

4) 적시 수요(on-demand) 경제 부상

네트워킹으로 모두가 연결되고 그 네트워크가 지능적 서비스를 구현하는 환경에서 소비자와 생산자는 항상 연결되어 작은 수요라도 언제, 어디서나 충족시킬 수 있다(최계영, 2016).

제3절 4차 산업혁명 대응 전략

1. 한국의 전략

4차 산업혁명은 단순히 공장 자동화를 뛰어넘어 기업의 가치 사슬 전반에서 비용 절감 또는 새로운 가치 창출 과정으로 추진되어야 한다. 국내 제조업은 우리의 강점인 ICT 기술과 스마트공장 추진에서 적용이 활발하며, 빅데이터와 모바일, IoT, 클라우드 기술의 적용이 활발하다. 또한, 음성인식 기술, 바이오 헬스 등 추진되고 있다(장윤종 외, 2017).

1) 자동차 산업

자동차 산업은 4차 산업혁명을 계기로 새로운 성장 동력을 모색하고 있다. 동력원의 전동화와 자율주행 시스템으로의 전환으로 소프트웨어의 중요성이 강조되고 향후 자동차 가치의 50~60%가 디지털 디바이스와 도구로 구성되며 배터리가 20%를 차지할 것으로 전망된다(장윤종 외, 2017).

〈표 2-3〉 4차 산업혁명의 주요 기술이 자동차 산업에 미치는 영향

핵심기술	자동차 산업
CPS	Future car, Electric-Autonomous car, Robot taxi
IoT	V2X[4](V·N·P·I·H)
AI	Autonomous car, Machine, Deep learning
로봇	xEV(전기자동차), ADAS(첨단운전자 보조시스템), Smart chassis

출처 : 4차 산업혁명의 글로벌 동향과 한국 산업의 대응 전략, 장윤종 외, 2017.

2) 조선 산업

조선 산업에서 IoT, AI, 빅데이터, 클라우딩, 모바일 기술 등의 활용은 선박 건조공정(스마트 야드)은 물론 수요자의 요구와 접목될 지능화된 선박(스마트 선박) 등 2트랙으로 빠르게 진행될 전망이다. 건조공정의 경우 설계능력은 빅데이터 활용하고,

4) 차량·사물 통신(Vehicle to Everything communication) : V2X는 차량과 차량 사이의 무선 통신(V2V : Vehicle to Vehicle), 차량과 인프라 간 무선 통신(V2I : Vehicle to Infrastructure), 차량 내 유무선 네트워킹(IVN : In-Vehicle Net working), 차량과 이동 단말 간 통신(V2P : Vehicle to Pedestrian) 등을 총칭한다(네이버 지식백과, IT용어사전, 한국정보통신기술협회, 2018).

제조공정은 플랫폼, AR, VR기반 작업표준 도입으로 축적 노하우의 중요성이 증대될 것이다. 지능화된 선박은 운항비 및 운임 절감, 탑승 인력 감소 등 다양한 화주 및 선주의 요구와 부합될 수 있어 빠른 변화가 예상되는 가운데 AI를 중심으로 대부분 핵심기술이 적용될 전망이다(장윤종 외, 2017).

3) 로봇 산업

로봇 산업은 4차 산업혁명 관련 기술이 로봇산업에 적용되고 나서 다시 여러 산업 분야로 응용 및 확장되고 있다. 로봇산업은 고성능 센서 기술(사물, 동작, 음성인식), 인공지능, 빅데이터, 센서·구동, SW 콘텐츠, 통신기술, 생체신호 처리 등의 분야에 적용되었다. 제조용 로봇은 제조-물류가 결합된 시스템이 스스로 판단하여 제조 및 공급이 이루어지면서 즉시 공급, 공급형 시장으로 개편되었다. 다품종 소량 생산을 위한 로봇 활용 확대로 제품 비용 및 물류비용 등이 절감되었다. 이와 같은 로봇은 바리스타 로봇, 피자 로봇, 자동조리 로봇 등 ICT 기술과 융합하여 음식업에도 활용되고 있다. 또한, 실생활에 필요한 가사업무 보조, 일정관리 등 서비스를 제공하는 가상비서, 가사도우미 로봇 등이 확대될 것으로 전망된다.

간병로봇, 로봇을 활용한 진단 및 수술 로봇 등 보급을 통한 간병인 대체, 양질의 의료 서비스 제공이 가능하다(장윤종 외, 2017).

4) 기계 산업

일반 기계 산업의 설계, 생산공정, 제품 및 서비스 분야에 Sensing, Actuating, Networking 등의 IT 기술을 결합하고 내재화하여 거래비용 감소, 예측 유지보수 활동에 효과를 가져올 수 있다. ICT를 활용한 유지보수, 원격 모니터링, 기계안전 및 보안, 고장 진단·검사 등 고객 중심적인 패키지를 통합적 솔루션으로 제공하고 IT(네트워크, 임베디드 SW 기술), NT(MEMS 센서 기술), HT(감성공학, 인터페이스 기술), ET(친환경 에너지 기술) 등이 결합한 공작기계, 건설장비 등이 연구개발 중에 이거나 제품화되어 활용되고 있다. 향후 초경량 소재, 복합소재, 정밀부품 및 초소형 기계부품 등이 유망하며, 기계 서비스 등 타 영역도 가치사슬 관점에서 영향도가 클 것으로 전망된다(장윤종 외, 2017).

5) 엔지니어링 산업

4차 산업혁명은 건설 및 플랜트 산업 전 영역에 미칠 것으로 예상하며, 엔지니어링이 4차 산업의 결과물로서 고부가가치 영역의 중요성이 증대되고 있다. AR·VR 기반 설계 및 Dynamic simulation 등의 적용을 통해 기존의 중·저부가가치 영역까지도 고부가가치화로 전환이 가능할 것으로 예상한다. IoT, 빅데이터, AI 등을 통한 사업관리 및 유지보수관리 분야의 지능화가 진행되고 있으며, 특히, 프로젝트 경험 지식을 데이터 베이스화하고 이에 대한 분석 결과를 토대로 단계별 최적 의사 결정을 지원하는 다양한 솔루션이 등장할 것으로 예상한다(장윤종 외, 2017).

6) 철강 산업

철강 산업은 중간재 산업으로 수요산업의 경쟁력에 의해 수요가 좌우된다. 따라서 국내 철강 다소비 산업 중 국제 경쟁력을 확보하고 신성장동력으로 성장할 것으로 예상하는 산업은 현재로서는 가늠하기 쉽지 않다. 다만, 현재 국내 철강 산업의 여건과 경쟁력을 고려할 때 고급·고부가가치화를 추구할 수밖에 없으며, 대규모 수요처이면서 비교적 부가가치가 높은 자동차와 조선 등의 산업이 장기적으로도 철강재 시장의 성장을 이끌어 나살 수 있다고 예상한다(Break news, 2015).

철강 산업에 나노기술의 활용이 완만하게 진행되었으나 빅데이터, Mobile, CPS 기술과 융합을 통해 금속 소재의 개발과 생산, 활용에서 새로운 방식으로 전환이 예상된다(장윤종 외, 2017).

7) 화학산업

화학산업은 ICT 산업의 주요 제품 및 기술과 융합하며, 물리적 제품과 생산 공정상의 데이터, 서비스가 결합한 새로운 가치사슬을 형성한다. 화학제품의 연구개발, 공정단계에서 발생하는 데이터를 IoT 기술을 통해 수집하고 빅 데이터를 형성하며, 빅 데이터의 전 처리, 분석 및 가공을 통해 생산 공정 전 과정에 대한 최적 솔루션을 제공하고 소비자 수요를 분석함으로써 신제품 및 신사업분야의 진출이 가능하다(장윤종 외, 2017).

8) 의류 산업

의류 산업은 보다 소비자 지향적 맞춤형 서비스로 전환되며, 소비자의 실시간 구매정보, 시장 추세, 유행, 소재 등 종합적 데이터 정보의 모든 가치사슬의 적용을 통해 Fast fashion이 더욱 진화한 실시간 QR 생산 체계 확립하여야 하며, 인공지능, 빅 데이터, 클라우드, 모바일 기술의 복합적장의 스마트 공장화와 작용으로 소비자

주도적 새로운 가치사슬 및 비즈니스 구축이 가능하다. 재료과학 및 소재기술의 혁신을 통한 신개념 섬유 소재 및 의류가 발전하며, 의류공장의 스마트 공장화와 3D 프린팅을 통해 극대화된 의류 고객화 제품 생산이 가능하게 된다(장윤종 외, 2017).

9) 식품 산업

식품 제조업은 수작업 분야가 많은 제조 특성상 스마트화가 어려운 분야이다. 그러나 대규모 장치 산업 성격의 품목은 감지 등을 활용한 자동화 공정을 통해 식품 안전, 균질 품질 생산, 제품 이력 추적 등의 효과를 기대한다. 또한, 소비자의 다양한 정보를 분석하여 개별 기호에 맞는 다품종 제품 생산 체계로 전환될 것으로 예상한다(장윤종 외, 2017).

10) 통신산업

스마트 폰과 같은 통신 기기는 4차 산업혁명의 특징이 이미 나타나고 있다. 향후 4차 산업혁명의 전개과정에서 큰 변화를 예상하는 분야이다. AI 플랫폼 기반의 스마트 기기의 출현으로 산업 및 경쟁 구도가 새로운 플랫폼 생태계와 서비스 중심으로 변화될 것으로 예상한다. 4차 산업혁명의 초연결, 초고속 사회 실현을 위해 5G 이동통신, IoT 인프라 구축이 요구되면서 주요 통신장비들이 초고속·대용량, 차세대 지능형 방향으로 발전될 전망이다. 차세대 반도체, 디스플레이, 센서 등 첨단기술 제품 외에 AI와 빅 데이터, IoT, 5G 이동통신, AR·VR 등의 신기술이 스마트기기에 적용되면서 새로운 혁신적 사용자 경험과 서비스를 제공할 전망이다. 이에 따라 생활양식 및 사회 전반의 변혁이 예상되면서 핵심 역할을 할 것으로 예상된다(장윤종 외, 2017).

11) 가전산업

가전산업은 제품에 IoT와 AI가 활용되면서 홈 네트워크 가전에서 IoT 가전으로 더욱 발전하면서 진화하고 있다. IoT 가전은 가전제품을 와이파이로 연결하여 스마트폰 앱으로 제어할 수 있고 제품이 주위 환경이나 사용자의 행동 패턴을 스스로 학습하여 최적의 서비스를 제공하여 주는 수준이다. 따라서 가전제품 간 상호 호환성과 IoT가전 플랫폼에 대한 주도권 경쟁이 제조업체와 플랫폼 업체 간에 치열해지고 있다. 예로 구글의 Brillo, 애플의 Homekit, 삼성의 타이젠, LG전자의 웹 OS 등이 있다(장윤종 외, 2017).

12) 반도체 산업

반도체는 4차 산업혁명의 핵심 주도 기술인 지능정보기술을 구현하기 위해 필요한 부품으로 현재 반도체 수요 급변의 가시적인 분야가 인공지능, 음성인식 서비스, 자율주행 시스템, 사물인터넷 등이고, 이를 위해 빅 데이터용 서버 및 클라우드 컴퓨팅(cloud computing) 부문의 투자가 급증하고 있다. 이러한 지능정보 시스템을 구현하기 위해 초저전력 반도체, 뉴모픽 칩 등 새로운 반도체 칩으로 구성되어야 원활한 서비스가 가능하다. 예로 이세돌과 알파고의 바둑 대결에서 인공지능 알파고에는 1,202개의 컴퓨터 중앙처리장치(CPU)가 탑재되었으며, 176개의 그래픽 처리장치를 탑재하고, 1,000대의 서버 컴퓨터를 활용하여 시스템을 운용하였다(장윤종 외, 2017).

13) 디스플레이 산업

디스플레이 산업은 지능화, 맞춤화, 건강 등에 대한 수요 증대와 연결되는 융합 산업의 확산으로 디스플레이 신시장의 창출이 예견된다. 플렉시블(유연), 투명 디스플레이는 4차 산업혁명 전개과정에서 가장 먼저 새로운 시장 진출의 선도적 역할을 담당할 전망이다. 디스플레이는 제조·공정상 NT와 로봇이 이미 중요하게 적용된 가운데 사물인터넷, 차별화 소재 개발 및 수율 개선용 빅 데이터 기반 기술이 단기적으로 활용되고 있다(장윤종 외, 2017).

[그림 2-2] 디스플레이 기술 구도

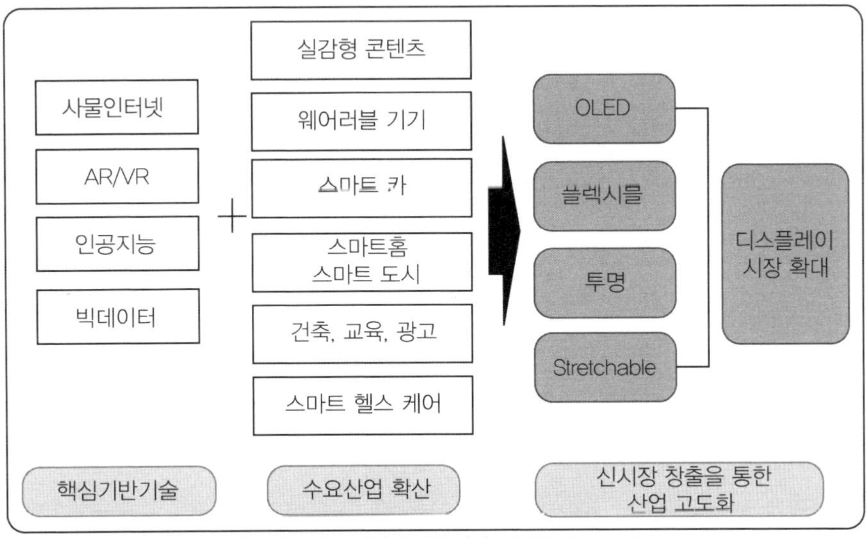

출처 : 4차 산업혁명의 글로벌 동향과 한국 산업의 대응 전략, 장윤종 외, 2017)

14) 스마트 그리드 산업

스마트 그리드(smart grid) 산업은 데이터 활용기술 및 IoT 기술의 비약적인 발전을 기반으로 지능형 장치, 양방향 통신 및 고급 제어시스템 등 정보통신 기술을 기존의 전력망에 접목한 차세대 전력 인프라로 보고 있다. ICT 기술을 기존 전력망에 결합하여 지능형 전력망 관리 플랫폼을 구축, 동 플랫폼을 통해 신재생에너지 및 분산전원 확대, 고품질의 전력생산, 전력 계통의 이용 효율화 및 새로운 에너지 서비스 시장 창출이 가능하다(장윤종 외, 2017).

15) 바이오헬스 산업

바이오 헬스 산업은 파괴적 혁신에 의한 사회경제적 파급효과가 4차 산업혁명 시대에서 가장 크게 나타날 것으로 전망된다. 특히 보건 분야에서 막대한 경제적 효과를 창출할 것으로 전망된다. 바이오산업은 보건의료(red), 농식품(Green), 환경에너지(white) 분야로 나뉘며, 바이오헬스산업은 보건의료분야에 해당하며, 바이오헬스산업은 정보통신기술의 융합이 빠르게 퍼지고 있으며, 건강관리 및 의료서비스에 모바일 기기와 ICT, AI 기술을 적극적으로 활용하는 스마트 헬스케어 산업은 4차 산업혁명 시대의 가장 중요한 성장 동력으로 부상하고 있다(장윤종 외, 2017).

16) 3D 프린팅 산업

3D 프린팅 산업은 최근 산업화가 진행되기 시작한 신생 분야로 현재 3D 프린팅 장비 및 설계 소프트웨어 등의 혁신이 빠르게 진행 중이며 이는 기존 제조공정에 대한 위협이자 새로운 기회 요인으로 작용하고 있다. 3D 프린팅 서비스는 개인제조, 3D 프린팅용 제품 설계 및 엔지니어링, 프린팅 전문 서비스, 온라인 상점, 소모품 제조 서비스 등에 스마트 사업화가 되고 있다. 사물인터넷, 빅 데이터 등을 통한 제조업 디지털화는 3D 프린팅은 신속하고 다양한 수요 변화에 대응한 스마트공장의 핵심 구성 요소이다(장윤종 외, 2017).

17) 드론 산업

4차 산업혁명의 등장으로 드론의 상업적 가능성이 평가되면서 많은 기업이 다양한 종류의 드론을 개발하였다.

〈표 2-3〉 드론의 활용범위

활용범위	내용
군사	정찰기와 공격기로 기능이 확장됨
물류	드론 택배 : 도심에서 신속하고 정확한 화물 운송
농업	살충제 및 비료살포, 원격농장관리, 정밀 농업관리로 농업 생산성 향상에 기여함
재해관측	지리적 한계나 안전성 문제로 가지 못했던 장소를 자유롭게 촬영
환경·교통	기상변화 및 환경오염 정도를 실시간 감시하고 도로 운행상황을 관측

드론의 핵심기술은 다음과 같다(윤광준, 2015).

(1) 항공 무인 이동 시스템 통신/항법/교통관리 기술

- 항공 무인 이동 시스템의 국가 공역으로의 안전한 통합을 위해 필요한 높은 신뢰도 무인기 제어 링크 기술
- 항새망/항기반 항법 및 내체 항법 기술
- 차세대 항공교통관리와의 통합 및 차세대 항공교통관리 기술
- 항공 무인 이동체

(2) 항공 무인 이동체 제어 및 탐지/회피 기술

- 항공 무인 이동체의 이착륙과 비행제어 및 자율화 향상 기술
- 안전한 비행과 임무 수행을 위해 다른 비행체나 물체 등의 위험요소를 탐지하고 충돌을 회피하는 탐지 회피 기술
- 항공 무인 이동 시스템 센서 기술
- 항공 무인 이동체의 안전한 운항 지원 및 임무 수행을 위한 센서 기술
- 항공 무인 이동 시스템

(3) 항공 무인 이동시스템 센서 기술

- 항공 무인 이동체의 안전한 운항 지원 및 임무 수행을 위한 센서 기술

(4) 항공 무인 이동 시스템 S/W 및 응용 기술

- 항공 무인 이동체의 제어 및 임무 수행을 위한 높은 신뢰 실시간 OS와 상호운용(interoperability) 지원 개방형 소프트웨어 플랫폼 및 표준 인터페이스 기술
- 무인 이동체가 수행하게 될 특정한 임무 수행을 위해 필요한 탑재체 기술 및 빅 데이터 처리 등 응용 기술

(5) 항공 무인 이동체 플랫폼 기술

- 다기능 초경량 소재 및 구조물 기술
- 무인기 actuator 및 기계/전기 기술
- 다학제 설계 기술
- 설계 자동화 기술

2. 주요국의 4차 산업 대응전략

1) 독일

(1) 이해관계 조정 및 장기전략 제시 등 정부 역할 강화

4차 산업혁명은 독일이 앞서가고 있다. 이에 독일의 4차 산업혁명 방향을 소개한다.

독일의 '인더스트리 4.0'이 애초 정보통신산업협회(BITKOM), 기계산업협회(VDMA), 전자산업협회(ZVEIBITKOM) 등 산업협회 주도의 연구 중심 프로젝트였다면 2015년 출범한 '플랫폼 인더스트리 4.0'은 범국가적으로 민 · 관 · 학이 모두 참여하는 형태로 바뀌었다는 특징이 있다.

이는 표준화 연구중심으로 인한 더딘 진행, 인더스트리 4.0에 대한 중소기업의 인식 부족, 그에 따른 확산 저해 등에 대응하여 실용성과 실행력을 강화하는 차원에서 추진 주체를 확대한 것이며, 인더스트리 4.0 추진을 본격화하면서 개별 기업의 범위를 넘는 공통과제를 선도하고 기업 간 이해관계 조정을 위한 정부의 조정자 역할이 필요하였기 때문이다.

독일 정부는 2006년 연방 각 부처 및 기관이 실시하는 활동이나 지원을 체계화하여 통합적인 기술혁신 정책을 펼 목적으로 '첨단기술 전략(High-Tech Strategy)'을 제시하였고, 주기적으로 개정 · 추진하고 있다.

2010년에는 하이테크 전략이 '하이테크 전략 2020'으로 변경되었으며, 2012년 3월 결정된 하이테크 전략 2020 액션플랜에 인더스트리 4.0이 편입되었다.

2015년 4월에는 진행 경과에 대한 의견을 수렴하여 '플랫폼 인더스트리 4.0'으로 개선 발전되었으며, 현재 독일은 인더스트리 4.0과 관련하여 2035년까지 로드맵을 제시하고 연구개발과 표준화를 중점적으로 진행하고 있다.

이처럼 독일은 정책과제에 대해 미시적인 조정을 포함하여 장기간 일관되게 추진하는 모습을 보여주고 있다.

(2) 종합적인 비전 및 구체적인 실행방안 제시

독일은 종합적 비전과 함께 달성 과정에서 발생할 이슈에 대한 구체적인 실행 방안을 제시하고 있다.

독일 인더스트리 4.0의 최종 목표는 '전 국가의 스마트공장화'이다. 이를 통해 첫째, 규격품뿐 아니라 고객 주문형 상품도 대량 생산할 수 있는 다품종 대량생산 시스템을 실현하고 2020년 이후에는 독일 제조업 전체가 스마트공장으로 연결되어 거대 플랫폼화하는 로드맵을 제시하고 있다.

둘째, 독일 내의 모든 공장을 단일의 가상공장 환경으로 만들어 국가 단위의 생산 및 수요예측이 가능한 21세기 공장 생태계를 실현하고자 한다.

이러한 비전은 전체 국가가 나아갈 방향을 제시하고 추진동력을 확보할 수 있다는 측면에서 의의가 크다.

국가 차원의 구체적인 실행방안의 예로 스마트공장의 주요 이슈 중 하나인 IT 보안에 대한 대응을 들 수 있다.

전통 제조업 공장을 스마트공장으로 변환하는 과정에서 기업들이 가장 우려하는 사항은 정보 노출 위험이 증가한다는 점이다.

따라서 디지털 제조공정 현실화의 가장 큰 걸림돌은 IT 보안이라 할 수 있다. 전후방 업체가 인터넷으로 연결될 때 데이터를 어디에 보관하고 누구에게까지 공개할 것인지, 협력업체와 협업을 위해 데이터를 공유할 경우 결과물에 대한 저작권 및 책임소재를 어떻게 할지 등이 그것이다.

독일은 디지털 전략을 수립하여 대응하고 있는데, 10대 정책 방향 중 하나가 '정보보안 및 정보 자기결정권 강화'이며, 여기에 데이터 보안·보호 시책 마련 및 소비자와 기업의 데이터 보호에 대한 법적 기반 제공이 포함되어 있다.

(3) 중소기업 참여를 위한 맞춤형 지원

독일은 국가경쟁력의 원천인 중견·중소기업(Milestand)의 인더스트리 4.0 도입·확산을 위해 정부 차원의 다양한 정책을 마련하고 있다.

중견·중소기업의 인더스트리 4.0 대응 IT 투자에 정책금융을 지원하고 기술 및 노하우 측면에서 전문가 파견, 연구개발 공동 참여 등도 제공한다.

이는 자금조달 능력 및 인력 측면에서 소극적일 수밖에 없는 중견 · 중소기업의 참여를 촉진할 수 있다.

한편, 모듈형 제품 보급을 통한 인식 변화 유도도 중요하다. 대기업은 복잡한 고기능 설비를 사용할 여유가 있지만, 중소기업은 그러하지 못하다.

따라서 독일은 중견 · 중소기업을 위해 고비용 높은 사양의 설비를 모듈화 하여 저비용 단순 사양의 설비를 활용하는 것을 대안으로 고려하고 있다.

예를 들어 대기업은 다기능 제품을 사용하되 중소기업에 대해서는 기능별로 제품을 분리하여 보급함으로써 '플러그 앤드 플레이 3분 교체' 방식의 공장을 구현할 수 있게 지원하고 있다.

이와 같은 방법을 통해 4차 산업혁명 대응에 주저하고 있는 중소기업들의 인식 변화도 유도할 수 있을 것으로 보인다(blog.naver.com/drryuhk, 2017).

2) 미국

미국의 4차 산업혁명 대응전략으로 미래 사회의 변화를 반영한 새로운 혁신 기술의 개발을 목적으로 경제 · 사회 · 문화 등 미국의 미래 성장을 좌우할 것으로 판단되는 혁신기술에 대한 주도권 확보 노력에 경주하고 있다. 이와 같은 기술은 4차 산업혁명을 이끄는 기반기술로써 결과적으로 미국은 4차 산업혁명을 주도하려고 하고 있다.

미국은 제조혁신 기반 구축으로 첨단 제조 파트너십(AMP : Advanced manufacturing partnership) 프로그램을 통하여 혁신적인 투자 유치와 함께 첨단 제조 경쟁력을 높이기 위해 첨단 제조 파트너십(AMP) 프로그램을 발족하였다. 첨단 제조업이란 정보, SW, 네트워킹 등의 기술을 기반으로 물리, 나노, 화학, 생명공학 등을 통해 새로운 물질을 만들고 활용도를 높이는 활동이다(장윤종 외, 2017).

3) 일본

일본은 신산업구조 비전(2016년)을 통해 4차 산업혁명이 초래하는 영향과 새로운 산업구조 비전을 제시하였다. 일본은 로봇, IoT, 빅데이터, AI 등 4차 산업혁명의 핵심 요소 기술로 인식하고 다양한 적용 분야를 연구하고 있다.

일본은 건강, 의료, 병간호, 이동(모바일리티), 제조, 물류유통, 농업, 보안, 스마트 생활도시에 중점을 두고 있으며, 드론 산업 및 첨단 스마트 공장 건설을 추진하고 국제표준화를 추진하고 있다. 또한 로봇 중심의 4차 산업혁명 달성을 추진하는 전략을 수립하고 있다(장윤종 외, 2017).

4) 중국

중국의 4차 산업혁명 대응은 독일 인더스트리 4.0 중국판이라고 할 수 있다. 1단계 정책으로 IoT와 빅데이터 기술을 포함한 차세대 IT기술, 로봇기술을 포함한 첨단 수치제어 기계 및 로봇, 지능화 자동차 기술을 포함하고 있는 에너지 절감형 신재생에너지 자동차 등이다(장윤종 외, 2017).

학습목표 요약

1. 4차 산업혁명이란 무엇인가?

4차 산업혁명은 인공 지능, 사물 인터넷, 빅데이터, 모바일 등 첨단 정보통신기술이 경제·사회 전반에 융합되어 혁신적인 변화가 나타나는 차세대 산업혁명, 인공 지능(AI), 사물 인터넷(IoT), 클라우드 컴퓨팅, 빅데이터, 모바일 등 지능정보기술이 기존 산업과 서비스에 융합되거나 3D 프린팅, 로봇공학, 생명공학, 나노기술 등 여러 분야의 신기술과 결합하여 실세계 모든 제품·서비스를 네트워크로 연결하고 사물을 지능화한다.

제4차 산업혁명은 초연결(hyper connectivity)과 초지능(super intelligence)을 특징으로 하므로 기존 산업혁명보다 더 넓은 범위(scope)에 더 빠른 속도(velocity)로 크게 영향(impact)을 끼친다.

2. 4차 산업혁명의 새로운 현상은 무엇인가?

4차 산업혁명은 모든 산업의 혁신을 위한 범용 기술(general purpose technology)을 다양한 분야의 비즈니스 모델과 결합해서 전혀 새로운 수요를 맞추고 있다.

예를 들면, 유전자 편집 기술이 바이오 데이터와 결합하면, 신약, 신종 작물, 바이오 에너지 개발 등이 가능하며, 로봇과 인공지능이 결합하면 특정 산업에서 지능형 로봇이 해결할 수 있는 일의 범위가 크게 확장된다.

3. 4차 산업혁명은 어떻게 변화하였는가?

1) 혁신적 기술의 확장

4차 산업의 주요 기술인 ICT/컴퓨터 관련 기술은 확장성과 확산 도가 바르게 진행되어 산업 기술에 적용되어 혁신적 기술이 적용된 제품 및 서비스의 가격 하락은 기술의 채용과 확산을 촉진하고 있다. 또한, 금융, 법률 등의 분야에 적용되는 인공지능은 전문직의 고임금을 고려할 때 인공지능과 관련된 기술직의 채용 가능성이 커지고 있다.

2) 과학기술의 혁신

과학기술은 컴퓨팅의 발전으로 ICT와 융합하여 새로운 형태의 지식으로 변모하고 있다. 이는 컴퓨터의 혁신은 과학 지식의 성격을 변화시킨다고 본다. 과학 지식의 새로운 형태가 디지털 파일의 형태를 가지고 모든 사람에게 접근이 가능할 수 있도록 크라우드 소싱, 시민 과학의 활성화를 가져오고 새로운 과학적 발전이 가속화되고 있다.

3) 혁신적 제품 개발

(1) 자율주행 자동차, (2) 블록체인 기술, (3) 인공지능과 정보처리 2.0, (4) 바이오테크 혁신

4. 4차 산업혁명 시대에 주요 산업의 대응전략은 무엇인가?

1) 자동차 산업

자동차 산업은 4차 산업혁명을 계기로 새로운 성장 동력을 모색하고 있다. 동력원의 전동화와 자율주행 시스템으로의 전환으로 소프트웨어의 중요성이 강조

2) 조선 산업

조선 산업에서는 IoT, AI, 빅데이터, 클라우딩, 모바일 기술 등의 활용은 선박 건조공정(스마트 야드)은 물론 수요자의 요구와 접목될 지능화된 선박(스마트 선박) 등 2트랙으로 빠르게 진행될 전망

3) 로봇 산업

로봇산업은 고성능 센서 기술(사물, 동작, 음성인식), 인공지능, 빅데이터, 센서 · 구동, SW콘텐츠, 통신기술, 생체신호 처리 등 적용

4) 기계 산업

일반 기계 산업의 설계, 생산공정, 제품 및 서비스 분야에 Sensing, Actuating, Networking 등의 IT 기술을 결합하고 내재화하여 거래비용 감소, 예측 유지보수 활동에 효과를 가져올 수 있다. ICT를 활용한 유지보수, 원격 모니터링, 기계안전 및 보안, 고장 진단 · 검사 등 고객 중심적인 패키지를 통합적 솔루션으로 제공

5) 화학산업

화학산업은 ICT 산업의 주요 제품 및 기술과 융합하며, 물리적 제품과 생산공정상의 데이터, 서비스가 결합한 새로운 가치사슬을 형성한다.

6) 통신산업

스마트 폰과 같은 통신 기기는 4차 산업혁명의 특징이 이미 나타나고 있다. 향후 4차 산업혁명의 전개과정에서 큰 변화를 예상하는 분야이다. AI 플랫폼 기반의 스마트 기기의 출현으로 산업 및 경쟁 구도가 새로운 플랫폼 생태계와 서비스 중심으로 변화될 것으로 예상한다. 4차 산업혁명의 초연결, 초고속 사회 실현을 위해 5G 이동통신, IoT 인프라 구축이 요구되면서 주요 통신장비들이 초고속·대용량, 차세대 지능형 방향으로 발전될 전망이다.

7) 가전 산업

가전제품 간 상호 호환성과 IoT 가전 플랫폼에 대한 주도권 경쟁이 제조업체와 플랫폼 업체 간에 치열.

8) 바이오헬스 산업

바이오 헬스 산업은 파괴적 혁신에 의한 사회경제적 파급효과가 4차 산업혁명 시대에서 가장 크게 나타날 것으로 전망된다. 특히 보건 분야에서 막대한 경제적 효과를 창출할 것으로 전망된다. 바이오산업은 보건의료(red), 농식품(Green), 환경에너지(white) 분야로 나뉘며, 바이오헬스산업은 보건의료분야에 해당하며, 바이오헬스산업은 정보통신기술의 융합이 빠르게 확산.

9) 드론 산업

4차 산업혁명의 등장으로 드론의 상업적 가능성이 평가되면서 많은 기업이 다양한 종류의 드론을 개발하였다.

용어해설

- 자율주행차량(autonomous car)

운전자 없이 스스로 움직이는 자율주행차량은 기계가 스스로 학습하고 지능을 향상하는 일.

- 인공지능(AI : artificial intelligence)

인간의 지능으로 할 수 있는 사고, 학습, 자기계발 등을 컴퓨터가 할 수 있도록 하는 방법을 연구하는 컴퓨터 공학 및 정보기술의 한 분야로서, 컴퓨터가 인간의 지능적인 행동을 모방할 수 있도록 하는 것.

- ICT

ICT(Information & Communication Technology)는 정보 기술(Information Technology, IT)과 통신 기술(Communication Technology, CT)의 합성어로 정보기기의 하드웨어 및 이들 기기의 운영 및 정보 관리에 필요한 소프트웨어 기술과 이들 기술을 이용하여 정보를 수집, 생산, 가공, 보존, 전달, 활용하는 모든 방법을 의미한다.

- 크리스퍼(CRISPER) 기술

크리스퍼는 미생물에 존재하는 반복된 서열을 가리키는 것으로 박테리아 면역체계에서 유래한 제한효소이다. 세균의 면역반응 현상에서 기인한 CRISPR/Case9 기술은 guideRNA가 미리 표적에 둔 DNA 염기 서열을 찾아가 Csae9 단백질루 잘라내고 다시 잇거나(NHEJ) 절단 부위를 다른 염기 서열로 교체(HDR)하는 형태로 유전자를 변형시킬 수 있다.

- 적시 수요(on-demand) 경제

네트워킹으로 모두가 연결되고 그 네트워크가 지능적 서비스를 구현하는 환경에서 소비자와 생산자는 항상 연결되어 작은 수요라도 언제, 어디서나 충족시킬 수 있다.

- 사물 인터넷(IoT)

주변의 모든 물건에 센서를 달아 인터넷으로 소통하는 사물인터넷 기술은 O2O 서비스의 기반이 된다.

제3장

변화관리

학습목표

1. 비전의 본질적 속성은 무엇인가?
2. 개혁의 8단계는 무엇인가?
3. 조직 변화를 위하여 무엇을 요구하는가?
4. 변화 관리 실행 과정은 어떤 단계가 있는가?
5. 비전경영의 성공 요인은 무엇인가?

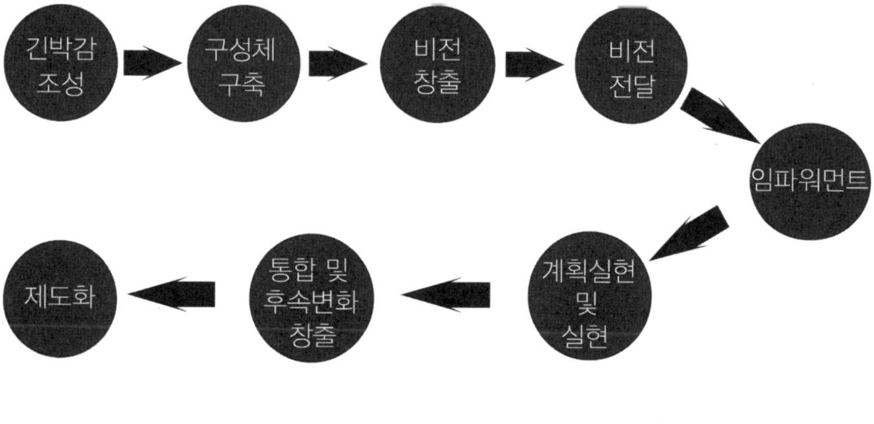

제1절 비전과 변화

1. 비전의 중요성

비전이란 기업이 궁극적으로 도달하고자 하는 이상 상태를 말한다. 그런데 흔히 '궁극적 이상 상태'는 무엇을 어떻게 하여야 그 이상 상태가 달성되는지 과정 논리는 없고 '21세기 초우량기업' 지향이라는 결과 논리만 세우고 있다.

비전은 명확하고 구체적이야 하지만 동시에 일관성 있어야 하고, 일관성이 있으려면 최고경영층의 행동뿐만 아니라 비전에 어긋나는 행동에 대한 단호한 대처 또한 필요하다(홍석보 외, 1998).

비전이란, 보는 행위 또는 능력, 보는 감각, 꿰뚫어 보는 힘, 마음의 시력을 뜻하는 것으로 흔히 상상력, 선견, 통찰력 등으로 표현되며, 광경, 상상도, 미래도 등과 같이 보인 모습이기도 하다.

또한, 환영이나 환상, 묵시 등과 같이 통상적인 시각이 아닌 특수한 마음의 시각, 초능력, 초자연적인 시각으로 보았다고 여겨지는 사물로서 꿈이나 몽환 등에서 감지한 것으로 이러한 감지 및 목격의 경험과 그 경험에서 얻어진 정신적인 이미지, 특히 정신적인 해안이나 날카로운 통찰력 등을 통하여 실제로 보이지 않는 어떤 것을 감지하는 능력과 그 감지된 영상이기도 하다. 이러한 비전에는 다섯 가지 본질적 속성이 있다.

1) 비전은 초자연적인 혜안

영적인 눈에 비추어지고 마음속에 간직된 미래의 그림이다. 인간에게는 네 개의 눈이 있는데, 몸의 눈, 지식의 눈, 마음의 눈, 영의 눈이 그것이다. 비전이란 이 중 마음의 눈과 영의 눈에만 보이는 것이다. 즉, 비전이란 미래지향적이고 초자연적인 해안에 감지된 미래상이다.

2) 비전이란 삶의 최종 결과를 묘사한 그림

삶의 전 과정을 통하여 궁극적으로 달성하고자 하는 목적이 현실로 이루어졌을 때의 상태를 집약하여 상징화한 영상이다. 최종 결과를 지칭하기 때문에 중간단계로서의 성격을 가지고 있는 목표나 전략보다는 상위의 개념이며 또한, 넓은 의미를 함축하는 것이다.

3) 비전은 믿음의 산물

비전의 형성에는 창의적인 상상력과 감성, 영감이 주로 사용된다. 비전은 한 번 설정하면 쉽사리 수정하지 않는 것이다. 비전을 현실로 만들기 위해서는 여러 가지 목표가 있어야 하지만 그 여러 가지 목표들이 합쳐져 하나의 비전을 지향한다.

4) 비전은 과거, 현재, 미래를 동시에 꿰뚫어 보는 혜안

자신과 사회와 세계의 역사, 즉 과거를 회상하며 얻은 지혜와 현재 상황, 즉 자신의 건강, 지식과 재능, 사회적 위치, 재력, 장·단점, 외부환경의 실태 등등에 대한 냉철하고도 초감각적인 통찰, 그리고 마지막으로 자신의 나아갈 바, 즉 자신을 둘러싸고 있는 환경요소들의 움직임과 전망, 그리고 세계 역사의 흐름과 향방에 대한 선견지명을 모두 담고 있는 그림이다.

5) 비전은 갈망과 결단

개인의 심연 가장 깊숙한 곳에 있는 열망과 공동체의 숙원이 무엇이며 그것을 이루기 위해 무엇을 어떻게 하겠다는 각오, 그렇게 하면 반드시 현실로 이루어진다는 굳건한 신념, 그런 것들이 투영된 그림, 그것이 바로 비전이다.

비전이란 현실로 다가오고 있는 상태의 미래상이다. 먼 장래에 그냥 머물러 있는 것은 비전이 아니다. 사명의식, 전략, 목표, 전술, 원칙과 규율에 따라 뒷받침됨으로써 실제로 매일매일 조금씩 현실화되는 상태의 것만이 비전이다. 구체적이고, 측정할 수 있고, 달성할 수 있고, 결과 지향적이며, 시한성이 있는 명료한 목표와 행동계획으로 실체화되어서 지금 현재 실질적인 행동을 유발하고 있는 것이어야 한다. 그렇지 못한 것은 꿈이나 희망 사항 또는 환상에 불과하다.

비전이 없이는 타인의 인도에 의지할 수밖에 없다. 타인의 인도마저 없다면, 어둠 속에서 헤매기 쉽고, 조직 내에서도 마찬가지이다. 자신들이 어떻게 해야 하는지에 대한 비전이 없다면, 그들은 깊은 곳에 빠져서 허우적거리게 된다.

어느 조직이나 경영자에서부터 직원에 이르기까지 개개인 모두가 어디를 향해 업무가 진행되고 있고, 어떻게 거기에 도달해야 하는지에 대한 비전을 가질 필요가 있다. 조직의 비전은 목표, 즉 달성하고자 하는 업무를 수행해 가는 것이다.

비전은 때로 '사명 진술문'이라고 한다. 부하직원들이 조직에 대한 비전을 갖도록 인도하는 것은 관리자들의 책임이다. 모든 조직의 각 부서는 더 우수하고, 더 능률적이며, 더 효과적인 업무 프로세스를 밟도록 해야 할 필요가 있다.

2. 비전 창출

비전 창출은 조직 전체의 방향을 잡아나가는 것으로 최고경영자에게 있다. 그러나 변화에 대한 혁신은 모든 조직원이 함께하는 것으로 비전 창출도 조직원이 함께 창출하는 것이 이상적이다. 비전은 미래에 이루고자 하는 이상을 말하는 것으로 그 이상의 크기에 따라 최고 경영자가 될 수도 있고 실무자가 될 수도 있다. 비전은 일방적이기보다는 모두의 참여를 통해 창출되는 것이 더 효과적이다. 조직원 모두가 참여한 비전은 공감대를 형성하고 서로가 주인의식을 갖고 실천자가 된다.

세계적으로 유명한 경영자들의 공통점은 스스로 비전을 공유하는 실천자임을 자인하고 있다는 것이다. 비전이란 것은 최고 경영자가 만들면 그만인 것이 아니라 그 비전을 모든 직원이 공감해야 한다는 점을 강조하고 있다. 예로서 오토 바이오테크사도 사원들과의 비전 공유를 통하여 회사가 무엇을 필요로 하는지 결정하도록 하고 있다. 이 회사는 사원들의 기여를 극대화함으로써 회사의 비전을 달성할 수 있음을 주장하고, 공유의 리더십 경영의 중요성을 강조하고 있다. 따라서 21세기의 경영은 최고경영자에 의하여 좌우되기보다는 조직원 개개인이 권한과 책임을 부여받아 창의력과 경쟁력을 배양하고 이를 통하여 급변하는 경영환경에 대처해야 할 것이다(홍석보 외,1 998).

1981년 GE의 잭 웰치(Jack Welch) 회장이 취임했을 때 GE사는 대기업 병과 방만한 경영으로 GE의 명성에 큰 타격은 물론 회사가 생사의 갈림길에 있었다. 이때 잭 웰치 회장은 사업구조 조정을 단행하였는데 이 과정에서 사용된 비전의 유형은 사업구조 조정과 관련된 비전과 조직문화 혁신과 관련된 비전을 명확히 제시하고 실행함으로써 GE의 옛 명성을 찾을 수 있음은 물론 지속해서 초우량기업으로 다시 태어날 수 있었다. 비전의 유형을 다음과 같이 표로 제시할 수 있다(홍석보 외, 1998).

〈표 3-1〉 비전의 유형

비전의 유형	내 용
사업구조 비전	GE가 추구하는 미래의 사업 포트폴리오가 선명하게 드러나 있고 비전 달성을 위한 단계별 목표와 일정계획이 명확히 확장되어 있다.
조직문화 비전	조직문화 혁신을 통하여 조직력을 제고시키기 위한 단계별 목표가 설정되어 있고 이를 추진하기 위하여 사업구조 조정, 비전 달성의 실행력을 한층 높였다.

출처 : 홍석보 외,(1998), 전략적 경영혁신기법.

3. 개혁의 8단계

변화를 위한 기업의 노력은 TQM, 리엔지니어링, 다운사이징, 리스트럭쳐링, 기업문화 변혁, 사업전환 등 다양한 방법으로 추진되었으나 거의 모든 경우 그 기본 목표는 한 가지였다. 즉, 더욱 도전적인 새로운 시장 환경에서 기업이 잘 적응해 갈 수 있도록 사업방식을 바꾸는 것이다. 이러한 기업의 노력 가운데 일부는 대단히 성공적이었으나 일부는 참담한 실패로 귀결되었다. 대부분은 양극단의 중간쯤에 위치하는 것이었는데 상대적으로 실패 쪽으로 기운 경우가 훨씬 많다. 이러한 사례에서 보듯 향후 10년 동안 더욱 치열한 경쟁 활동 환경에서 활동하게 될 보다 많은 기업에도 적용될 수 있다.

가장 뚜렷한 교훈은 바로 변화가 상당히 오랫동안에 수많은 단계를 거쳐서 이루어진다는 사실이다. 사람들은 단계를 건너뛰면 변화의 속도를 높일 수 있다는 환상에 빠지기 쉽지만 그러면 결코 만족스러운 결과를 얻을 수 없다. 또 다른 교훈은 전체 변화 과정 중 한 단계에서라도 결정적 실수를 범한다면 매우 치명적인 영향을 미쳐 추진력을 저하하고 이전에 힘들게 성취한 결과를 백지화시킬 수 있다는 것이다. 기업의 변화에 대한 경험이 상대적으로 적기 때문인지는 모르나 매우 유능한 경영자들 조차 흔히 한 번쯤은 큰 오류에 빠지게 된다. 따라서 기업이 변화를 추진할 때 고려해야 할 8단계는 다음과 같다(현대경제연구원, 2007).

1) 긴박감 조성

기업의 지속가능성과 경영상황을 평가하고, 기업의 미래 목표는 복잡한 외부 경영요소나 공통 사업자와 연계하여야 한다. 지속 가능 경영은 기업의 지표를 빨리 정의하고 개발해야 한다는 긴박감을 증대시켰다.

기업의 내부 지배구조를 제대로 설정하고 유지하라는 압력은 더욱 강화되고 있다. 지금 우리 사회는 경제, 환경 및 사회적 변화과정에서 기업을 검증하는 영향력을 보고 있으며 또한, 투자가와 이해 관련자들은 기업의 높은 윤리의식과 투명성, 변화 적응성과 대응력을 갖추기를 기대하고 있다. 이와 같은 변화에 대한 적응의 첫 단계는 기업 내부의 긴박감 조성이다. 현재 상황을 정확히 전달하고 위협과 도전을 전 종업원에게 전달하고 참여토록 하여야 한다.

변화 프로그램을 출범시키기 위해서는 구성원들의 적극적인 협력이 필요로 하므로 동기부여가 없다면 구성원들이 참여하지 않을 것이며 노력은 물거품이 된다. 따라서 사전에 철저한 준비를 통하여 변화를 추진하여야 한다.

2) 강력한 변화 추진 구심체 구축

변화 프로그램은 흔히 한두 사람에 의해 시작된다. 변화에 성공한 경우를 보면, 추진 구심체가 시간이 지남에 따라 점차 확대된다.

강력한 추진 구심체를 갖추지 못한 변화 노력으로 단기간의 가시적인 신전을 보일 수도 있겠지만, 변화에 대한 저항 세력이 결집하면, 개혁은 바로 중단되고 만다. 변화의 구심체는 정상적인 조직 내의 조직체가 아닌 특별조직을 구성하는 것이 일반적이어서 경영진이 추구하고자 하는 변화에 대한 단결과 결집의 구심체가 될 수 있다.

3) 비전의 창조

비전은 기업의 조직이 향후 나가야 할 방향을 명확히 정해주는 방향타 역할을 한다. 초기의 비전은 경영자의 마음에서 나오기 때문에 다소 명확하지 않지만, 변화에 참여하고자 하는 조직에서 경영자의 의지를 취합 및 정리하고 개발하면 새로운 명확한 비전이 탄생한다.

변화에 실패한 경우 보편적으로 두꺼운 보고서에 개혁의 절차, 방법 등을 상세히 기술하지만 종업원의 마음에 변화를 주는 비전은 빠져있다. 또한, 이러한 보고서는 복잡하기만 하다. 따라서 비전은 종업원을 결집할 수 있는 간결한 문장이 필요하다.

4) 비전의 전달

대부분의 종업원은 새로운 변화에 도전하지 않으려고 한다. 따라서 변화를 하고 개혁을 추진하려면 단기적인 일부의 희생도 요구된다. 성공적인 비전은 새로운 성장의 가능성을 내포하고 있기 때문에 일부의 희생은 새로운 성장의 기반이 되기도 한다.

이러한 변화를 추구하기 위하여 기업의 비전이 전체 종업원에게 전달되어야 한다. 일반적으로 비전의 전달과 확산으로 우선 공동체를 구축하여야 한다. 변화에 성공한 기업의 임원들은 비전을 전달하기 위해 기존의 모든 의사소통 채널을 활용한다.

의사소통은 말과 행동으로 이루어지고 행동은 가장 강력한 의사소통의 수단이다. 핵심인물들의 말과 행동의 불일치보다 더 크게 변화를 저해하는 요소는 없다. 만약 경영진이 비전을 선포하고 선포한 비전과 반대되는 행동을 한다면 종업원들의 조직문화는 냉소주의에 휘말리고 경영진에 대한 신뢰는 떨어지게 된다.

5) 구성원에 대한 임파워먼트

성공적인 개혁에는 프로세스가 진행되면서 많은 사람이 참여하게 된다. 구성원들은 새로운 시도, 새로운 아이디어의 개발, 새로운 리더십 등에 자극을 받게 된다. 유일한 제약요인은 구성원들의 행동이 정립된 비전에 부합해야 한다는 점이다. 더욱 많은 사람이 참여할수록 우수한 결과가 나온다.

개혁의 초반에는 어느 조직이든 모든 장애물을 제거할 수 없다. 그러나 큰 장애물은 반드시 정면 대결해서 제거해야 한다. 만일 그 장애물이 사람이라면, 새로운 비전과 일치하는 방향으로 처리해야 한다. 다른 사람들을 격려하고 변화의 노력이 전체의 신뢰성을 확보하기 위해서는 확실한 행동이 필요하다.

6) 계획 수립 및 실현

종업원들은 새로운 변화에 자극을 받게 되며, 더불어 변화의 바람에 대한 장애물이 발생하게 된다. 이러한 장애물은 현시점에서 기업의 변화가 필요하다는 것을 인정하지 않으려는 세력이다. 이러한 장애물은 정면으로 도전하여 제거하여야 한다.

또한, 진정한 개혁에는 시간이 걸리고 변화 노력은 성취할만한 단기적 목표가 없으면 추진력을 잃게 될 위험이 있다. 대부분의 사람은 1~2년 이내에 변화 노력이 기대했던 결과를 이루어가고 있다는 증거를 보지 못하면 개혁의 대열에서 이탈한다. 단기적 성과가 없으면 많은 사람이 변화를 쉽게 포기하거나 변화에 저항하는 사람들의 대열에 합류하게 된다.

경영자는 적극적으로 확실한 성과 개선의 방법을 찾고 연간 계획 시스템 내에서 목표를 설정 및 그 목표를 달성하고, 관련된 사람들을 인정하고 승진과 보상이 이루어져야 한다.

커다란 변화에는 오랜 시간이 필요하다는 사실만을 사람들이 생각하게 되면, 긴장감이 풀어진다. 단기적 성과를 실현하기 위한 노력은 긴장감을 높여주고 비전을 명확히 하거나 문제를 수정할 수 있는 세밀한 분석적 사고를 할 수 있게 한다.

7) 달성된 성과 향상의 통합과 후속 변화의 창출

변화가 기업 문화로 흡수되기까지 5~10년이 걸린다. 그 과정에서 방심하게 되면 새로운 시도가 실패하거나 후퇴하기 쉽다.

개혁에 성공한 경영자는 승리를 선포하는 대신에 단기적인 성과로 형성된 신뢰를 활용해서 보다 큰 과제에 도전한다.

8) 새로운 접근 방법의 제도화

마지막으로 변화는 '일하는 방식'이 바뀌고, 그것이 기업 내에 체질화되었을 때 정착된다. 새로운 행동이 사회규범과 공유가치로 뿌리내리지 못하면 변화 압력이 제거되자마자 곧 퇴화해 버리게 된다.

이와 같은 절차를 통하여 비전을 정립하고 기업문화로 승화시키는데 다음 2가지 요인이 변화를 기업문화 속에 정착하는 것이 특히 중요하다.

첫째. 새로운 접근 방법, 행동, 태도가 성과 개선에 어떻게 도움이 되었는지를 의식적으로 사람들에게 보여주려는 시도이다

둘째. 차세대 최고경영자의 새로운 접근방법을 배울 수 있도록 충분한 시간을 확보하는 것이다.

지속적인 변화는 쉽게 이루어지지 않는다. 변화에 대한 편협한 생각이 마치 영속적 변화인 듯 가장하는 것도 이 때문이다. 변화하기 위해서는 기존의 경계를 뛰어넘는 원동력이 있어야 한다. 그뿐만 아니라 이 험난한 여정을 완수한 보람을 만끽할 만큼 오랫동안 새로운 목적지에 머물러 있어야 한다.

[그림 3-1] 기업개혁의 7단계

1단계 긴박감 조성
- 시장 및 경제상황을 조사한다.
- 위기, 잠재적 위기, 주요 기회 등을 인식하고 토론한다.

2단계 강력한 변화 추진구심체 구축
- 변화 노력을 이끌기에 충분한 힘을 가진 집단을 구성한다.
- 그 집단이 하나의 팀으로 협동 작업할 수 있도록 격려한다.

3단계 비전창조
- 변화 노력을 이끄는데 도움이 되는 비전을 창조한다.
- 비전 달성을 위한 전략을 개발한다.

4단계 비전전달
- 새로운 비전과 전략을 전달하기 위해 가능한 모든 수단을 사용 한다.
- 변화 추진 구심체의 예증을 통해 새로운 행동을 교육한다.

5단계 구성원이 비전에 따라 행동하도록 임파워먼트 추진
- 변화에 대한 장애물을 제거한다.
- 비전에 악영향을 미치는 시스템이나 구조를 변경한다.
- 위험감수 행동, 틀에서 벗어난 아이디어•활동•행동 등을 격려한다.

6단계 단기적 성과를 위한 계획수립 및 실현
- 가시적인 성과 향상을 위한 계획을 수립한다.
- 성과 향상을 실현한다.
- 성과 향상에 참여한 종업원들을 인정하고 보상한다.

7단계 달성된 성과 향상의 통합과 후속 변화의 창출
- 증진된 신뢰를 이용해서 비전에 맞지 않는 시스템, 구조, 정책을 변경한다.
- 비전을 수행할 수 있는 인력을 고용, 승진, 개발한다.
- 새로운 프로젝트, 주제, 변화의 동인을 이용, 변화 프로세스를 재 활성화한다.

8단계 새로운 접근 방법의 제도화
- 일하는 방식을 바꿈
- 기업 내에 체질화되었을 때 정착된다.

출처 : 현대경제연구원(2007), 변화관리

4. 조직의 변화

기업의 성공적인 변화관리를 위하여 조직 전체의 변화를 요구하고 있다. 조직의 변화는 변화를 추구하는 그룹과 무관심한 그룹, 변화에 저항하는 그룹으로 분류된다. 무관심한 그룹과 저항하는 그룹은 불확실성에 대해 두려움과 걱정으로 스트레스를 유발하게 되므로 이들을 도전정신을 통하여 변화의 세계로 이끌어 들여야 한다. 변화 실행은 다음과 같은 것을 요구한다고 가정한다(김정원 외, 2006).

① 변화 욕구에 대한 인식이 이루어져야 한다.
② 믿음직스럽고 신뢰할 수 있는 변화 사례가 있다.
③ 변화는 학습 과정이다. 당신은 처음에는 모든 것을 올바르게 할 수 있다.
④ 극적인 변화는 사람들이 새로운 기술 등을 습득하게 됨에 따라 혼돈과 불확실성을 느낄 수 있다.
⑤ TFT 또는 프로젝트팀을 통하여 성과보수 제도와 훈련을 통해서 또는 파일럿 설계를 통해서 변화의 지지자를 넓히고 변화의 지지를 동원하는 데 관심을 두어야 한다.
⑥ 비전과 조직의 관심사가 분명해야 하지만 처음부터 그럴 필요는 없다. 전략적 비전으로 정교화되기 전의 비전은 처음에는 매우 막연할 수 있다. 전략적 비전으로 전환되는 과정에서 많은 것이 학습되어야 한다.
⑦ 사람과 변화의 과정에 초점이 맞춰져야 한다.

이러한 조직의 변화와 관련한 학습모델은 다음과 같은 3가지 모형이 있다(김정원 외, 2006).

1) 실천을 통한 학습

실천을 통한 학습은 내면적 과정이다. 우리는 실험법, 시행착오법, 실험적 시도 등에 의해서 학습한다.

2) 사용을 통한 학습

사용을 통한 학습은 필연적으로 외부세계에 대한 학습이다. 우리는 고객으로부터 피드백과 경쟁력 있는 벤치마킹(bench-marking) 등을 통해 우리의 제품과 서비스를 개선하는 방법을 학습한다. 따라서 우리는 우리의 제품과 서비스에 대한 고객의 경험과 경쟁사에 대한 비교를 통해 이득을 보게 된다.

3) 실패를 통한 학습

우리는 항상 실패를 통한 학습을 경험하고 있다. 이것은 실패가 종종 일어날 수 있다는 사실의 수용을 요구하고 있다.

이처럼 조직의 변화를 위하여 조직의 변화가 시장의 변화에 적응할 수 있도록 시장 메커니즘(mechanism)의 변화를 읽어야 한다. 따라서 그동안 지시와 통제의 조직에서 가치창조와 리더십(leadership)의 조직 모델로 변화를 요구하고 있다. 변화에 성공한 기업 능력의 공통점은 혁신하는 능력, 고객만족의 제품 개발 능력, 고객이 만족하는 가격을 제공하는 능력, 고객이 원하는 이상의 품질 경쟁능력 등이며, 이와 같은 능력을 동시에 추구 수 있는 능력 등이다.

5. 조직 변화를 위한 교육

1) 변화 교육 목표

변화를 위한 조직의 교육은 비전, 전략, 인재상 등에 초점을 두고 한다. 조직성과를 한층 끌어올리기 위하여 전략적인 교육체계 구축이 필요하다. 따라서 교육체계는 프로세스에 따라 진행되어야 한다.

교육 체계의 프로세스 첫 단계는 교육의 필요성과 목표 설정으로 조직의 가치관, 변화의 필요성, 변화전략 등으로 구성되어야 한다. 이러한 조직의 변화전략에 적합한 교육프로그램 개발을 위하여 주제의 명확화, 변화역량 도출, 변화의 필요성 조사, 시행 평가, 지식의 활용 등의 단계로 구성할 수 있다.

2) 변화 추진 단계

1단계 : 주제의 선택

주제 선택 단계는 변화의 목적과 방향을 명확히 하는 단계이다. 주제를 선택하기 위하여 기업의 비전과 전략을 분석하여 기업의 비전과 목표에 적합한 혁신적 주제를 선택한다.

업무를 처리하는 과정에서 우리 주변에 변화가 필요한 많은 문제점이 있다. 그렇다고 이 많은 문제를 한꺼번에 해결할 수는 없다. 따라서 가장 가깝고 쉬운 것부터 하나하나 단계적으로 해결해 나가야 한다.

이처럼 주제를 선정하는데 처음부터 성과나 평가, 발표회만을 의식하여 너무 커다란 주제 또는 어려운 주제를 선정하면 효과를 기대하기 어렵게 된다. 따라서 다음과 같이 주제를 선택하기를 바란다.

① 가깝고 비근한 문제 선정

일상 업무에서 발생하는 문제를 선정한다.

② 조직원의 공통적인 문제를 선정

전원이 참여할 수 있고 전원이 관심을 두고 있는 공통적인 문제를 선정한다.

③ 단기간에 해결 가능한 문제를 선정

문제 해결에 시간이 너무 오래 걸리고 복잡하면 권태를 느끼게 되어 큰 성과를 기대하기 어렵다.

④ 변화의 필요성을 느끼고 있는 주제 선정

변화가 꼭 필요하다고 평소에 느껴오던 주제를 선정한다.

⑤ 구체적인 주제 선정

변화에 대한 문제를 잊어서는 안 되지만 명칭에 얽매여 주제를 국한 시킬 필요는 없다.

이와 같은 주제 선정의 착안점에 의하여 전원이 참여한 많은 문제점 가운데서 하나의 주제를 선택한다.

① 고객에게 불편을 주고 있는 일은 무엇인가?
   고객 : 타 부서, 다음 단계, 동료, 상사 등
② 고객의 내재한(잠재한) 불만은 무엇인가?
③ 일하는 데 낭비나 무리는 없는가?
④ 상·하 또는 횡석 의사소통은 원활한가?
⑤ 업무목표 달성 상황은 어떠한가?
⑥ 일하는데 보람과 긍지를 갖고 있는가?
⑦ 업무지식 및 처리능력은 충분한가?

2단계 : 현상 조사 분석

현상 조사 분석은 문제에 대한 원인을 철저히 분석하여 대책을 수립할 수 있으며 만족할만한 개선책을 유도해 낼 수 있다. 즉, 문제점의 주요 원인이 무엇인가를 경험이나 육감에 의해서 판단하는 것이 아니라 사실에 따라 근본 원인을 규명하고 확인하는 것이다.

사실에 의해서 원인을 규명함으로써 개선의 중요성을 재확인할 수 있으며 새로운 사실도 발견할 수 있다. 원인을 규명할 때는 구체적으로 계량화, 표준화하는 등 통계적, 과학적 방법을 사용하는 것이 바람직하다. 현장조사 방법으로는 다음과 같다.

① 모든 것은 숫자로 표시한다.

팀원들이 열심히 자료를 수집했으나 그것이 무엇을 의미하는지를 발견하지 못하면 쓸모가 없다. 수집된 자료를 계량화함으로써 자료가 뜻하는 바를 알고 적절히 활용할 수 있다.

② 흐름을 파악하라.

정태적인 분석뿐만 아니라 문제에 따라서 동태적인 관찰을 할 필요가 있다.

③ 전체적으로 넓게 관찰하라

문제가 너무 국한되지 않고 회사 전체에 영향을 미치는가를 폭넓게 관찰하는 시야를 갖도록 하는 것도 중요하다. 넓은 시야를 갖는다고 주제를 포괄적으로 정하는 것이 아니라 한 항목에 대하여 여러 각도에서 관찰하자는 것이다.

④ 결과를 도표화한다.

분석 내용은 알맞은 도표를 활용함으로써 신중하게 검토하는데 도움이 된다. 또한 발표나 보고할 때 한눈에 볼 수 있으며 호소력이 있는 알기 쉬운 그래프나 도표를 연구하여 활용하는 것이 더욱 효과적이다.

3단계 : 목표 설정

주제가 선정되면 활동 기간을 정하고 현재 상황과 비교하여 목표를 설정한다. 목표 설정 기준은 다음과 같다.

① 간단명료한 목표 설정

막연하고 추상적인 목표는 뚜렷한 목표의식을 이룰 수가 없다.

② 수준에 맞는 목표 설정

목표는 높을수록 좋지만, 비현실적인 목표는 오히려 의욕만 감퇴시킨다. 또한, 목표가 너무 낮으면 활기가 없고 보람이 적다.

③ 이해 가능한 목표 설정

누가 보더라도 이해할 수 있는 목표를 설정하는 것이 효과적이다.

4단계 : 대책 검토 및 수립

충분한 분석이 끝나면 가장 효율적인 대책을 수립한다. 대책이 수립되지 않는 것은 조사 분석이 불충분하기 때문이다. 대책 수립 방법은 다음과 같다.

① 전원의 지혜를 모은다.

특정인만의 의견으로 대책을 수립하면 실효성이 없는 대책이 된다.

② 분류하여 처리한다.

대책은 처음부터 된다, 안된다고 판단하지 말고 자유롭게 수립하고 전 조직원이 협조하여 실행한다.

③ 재검토

대책은 재검토하고 때에 따라서는 실험적으로 시도해 보는 것도 효과적이다.

5단계 : 대책의 실시

대책을 실시하는 데는 전원이 참여하고 분담하여 추진한다. 실시과정은 한 단계 한 단계 끈기 있게 진행하는 것도 중요하다.

6단계 : 결과 분석

좋은 대책이라고 생각했던 것도 실행에 옮기면 다른 결과가 나올 수 있다. 따라서 수립된 결과를 실행한 후 결과를 분석하여 기대치와 실제치를 비교 분석한다.

7단계 : 표준화

결과가 효과적으로 나타나면 회사 전반에 반영한다. 회사 전반적인 프로세스에 반영하기 위하여 개선된 프로세스를 문서로 만들고 표준화하여 체계화한다.

제2절 변화관리 실행

1. 비전의 설계

비전 설계는 문제의 원인을 분석하여 조직원이 공감할 수 있는 위기에 대한 설명력을 갖고 이에 대한 비전을 설계하여 공유하고 변화와 혁신을 실행하기 위한 과제를 도출하는 과정이다.

1) 비전의 주요 내용

비전 설계는 기업의 혼란을 극복하고 모든 조직원을 단결할 수 있도록 핵심가치와 믿음, 사명을 설정하는 것이다. 효과적인 비전을 만들기 위해서 기업의 핵심이념을 구축해야 하며 핵심이념은 핵심가치와 변화의 목적으로 세분화하고 우리가 존재하는 목적을 세분화한다. 이와 같은 목적을 기반으로 기업이 달성하고자 하는 사명을 구체화한다.

2) 핵심가치

가치는 인간이 자기를 포함한 세계나 그 속의 만물에 대하여 가지는 평가의 근본적 태도나 보는 방법이며, 가치를 중심으로 보는 관점이다. 조직원이 느끼고 조직 속에서 연속적인 행동의 형성으로 삶의 의미와 연관 지어 삶에 방향과 사고의 개념을 의미한다. 또한 가치는 구성원들이 공유하는 이념으로 문화에 대한 기본 가정을 반영하고 가치는 이념, 학습과 교육이론, 공식 목표로 표현된다. 조직 구성원이 기업의 가치를 받아들이지 않으면 성공적으로 업무를 수행할 수 없다. 또한, 가치는 조직의 성공을 위해서 구성원들이 무엇을 해야 할 것인가를 규정하며 조직의 정체감을 제공한다. 그러므로 구성원들이 자신이 속한 조직이 무엇을 나타내는지 또 어떤 표준들을 지켜야 할 것인지를 알고 있다면 구성원은 이러한 표준들을 지지하는 의사결정을 할 것이며 자신이 조직 일부분인 것을 깊이 느끼고 조직생활에 중요한 의미를 부여한다. 따라서 기업의 강령(슬로건), 교육목표, 상징물 등은 기업의 핵심적 가치로 볼 수 있다.

또한, 가치는 조직의 공동 믿음으로서 기업의 철학이며 기업의 DNA이기도 하다. 핵심가치와 믿음은 창조하는 것이 아니라 발견하는 것이다. 핵심가치는 구성원들의 구체적인 행동에서 나타난다.

〈표 3-2〉 핵심가치 사례

기업	핵심가치
머크 (Merck)	- 기업의 사회적 책임완수 - 기업 모든 측면에서 명백하게 우수성을 드러냄 - 과학을 기반으로 한 혁신추구 - 정직하고 성실한 자세 - 이익 그러나 인류를 이롭게 하는 일을 통한 이익 추구
노드스트롬 (Nordstrom)	- 다른 모든 것에 우선한 고객 서비스 개선 - 어려운 일을 반기고 개인 생산성을 높임 - 만족이란 없음 - 우수한 평판 : 특별한 존재의 일부가 됨
소니 (Sony)	- 일본문화와 국가 지위를 높임 - 개척자가 됨(남을 뒤따르지 않고 불가능한 일을 행함) - 개인의 능력과 창의성 격려
월트디즈니 (WaltDisney)	- 냉소주의 엄단 - 건전한 미국 가치의 육성과 보급 - 창의성, 꿈 그리고 상상력을 소중히 함 - 일관성을 유지하고 세부 사항에 대해 많은 관심을 보임 - 디즈니 매력을 보존하고 관리함

출처 : 문근찬(2006), 혁신과 변화관리.

3) 비전의 목적

기업은 환경변화에 유연한 대응력과 더불어 변화의 인프라(infrastructure)를 구축하여 미래의 지속 가능 경영능력과 경쟁능력을 확보하고 기업의 핵심가치와 핵심목적을 확고히 지켜나가야 한다.

비전은 보존해야 할 핵심이 무엇이며 전진을 자극할 미래가 무엇인가에 대한 지침을 제공한다. 비전은 핵심이념과 비전화된 미래의 두 가지 주요소로 구성된다. 핵심이념은 조직의 현재와 존재 이유를 정의하는 것이다. 이와 더불어 핵심이념을 보완하는 밖으로 드러나는 모습이 비전화된 미래다. 비전화된 미래는 조직이 되고자, 성취하고자, 창조하고자 열망하는 것인데 이를 달성하기 위해서는 큰 변화와 진전이 요청된다.

핵심이념은 핵심가치(Core Value)와 핵심 목표(Core Purpose)로 구성되며, 계획된 미래는 10년~30년 정도의 목표로써 그 목표는 크고 달성하기 쉽지 않은 대담한 목표가 된다. 이러한 비전의 요소들이 명확히 정의될 때 기업은 한 방향성을 가지고 전진해 나아가는 것이다. 명확한 비전의 설정과 실천은 조직 구성원 간의 유대감을 강화하고 강한 기업문화를 갖게 하며 궁극적으로 기업의 성과 창출의 근원이 된다.

〈표 3-3〉 기업의 핵심목적 사례

기업	핵심목적
3M	미해결 문제의 혁신적 해결
휴렛 패커드(Hewlett-Packard)	인류의 진보와 복지를 위한 기술적 공헌
맥킨지(Mckinsey)	기업과 정부의 성공을 위한 공헌
머크(Merck)	인류 삶의 보존과 개선
나이키(Nike)	경쟁, 승리, 경쟁자를 물리치는 감정의 경험
소니(Sony)	공익을 증진하는 기술 발전과 적용의 즐거움 경험
월마트(Wal-Mart)	서민에게도 부자와 같은 제품 구매 기회제공
월트디즈니(Walt Disney)	사람들을 행복하게 만듦

출처 : 문근찬(2006), 혁신과 변화관리.

4) 사명

사명은 분명하고 사람을 몰입시키며 노력을 한 곳에 모으는 역할을 한다. 또한, 사명은 기업의 목적과 전략을 나타내는 것으로 기업의 기본적 지향점을 나타낸다. 더불어 전략 수립과 실행의 지침으로서 기업의 존재 이유를 내포하고 있다.

〈표 3-4〉 기업의 사명 사례

기업	사명
삼성 SDS	산업의 정보화, 정보의 산업화
대한항공	Excellence in Flight
철도청	안전, 편리, 친절, 쾌적한 철도 실현
이수그룹	삶의 풍요와 편리를 더하는 아름다운 미래창조

5) 비전의 전달

비전을 전달하는 일이 꼭 선포식과 같은 공식적인 커뮤니케이션(communication)을 통해서만 이루어지는 것은 아니다. 의사전달을 잘 하는 경영진들은 일상적인 활동과 대화를 통해서 비전에 담겨 있는 메시지를 전달한다. 사업 문제에 관한 일상적인 토론에서 그들은 제시된 해결책이 비전에 비추어 타당한지 아닌지를 논한다. 정규적인 성과측정에서 그들은 구성원의 행동이 어떻게 비전에 도움이 되는지 아니면 해가 되는지를 설명한다. 부서별 성과를 검토할 때에도 그들은 수치뿐만 아니라 혁신에 대한 공헌도를 논한다. 구성원들과 정기적인 질의응답 시에도 임원들의 답변은 항상 개혁 목표로 귀결된다. 이처럼 변화에 성공한 조직의 임원들은 비전을 전달하기 위해 기존의 모든 의사소통 채널을 활용한다.

특히 중요한 것은 행동으로 말하기이다. 비전을 말로만 설명하는 것이 아니라 새로운 기업문화의 살아있는 상징이 되기 위해 의식적으로 변화를 행동으로 옮긴다. 비전 전달에 있어서 유의해야 할 점은 설정된 비전이 누가 들어도 곧 이해될 정도로 간결, 명료해야 한다(문근찬, 2006).

6) 비전경영의 성공 요인

비전경영을 성공적으로 수행하기 위한 조건은 다음과 같다(문근찬, 2006).

① 장기적으로 일관성 있게 추진한다.
② 왜 우리가 지금 이러한 일을 해야 하는가에 대해 공감대 형성
③ 구성원의 참여 폭을 넓힌다.
④ 중간관리 층으로 부터 지지를 얻는다.
⑤ 과거부터 개선해야 한다는 공감대가 어느 정도 형성되어 있고 비교적 파급 효과가 큰 제도나 직무부터 생활화 작업을 시도한다.
⑥ 가능한 한 구체화시키고 주변에서부터, 작은 것에서부터 다듬고 생활화시키도록 한다.
⑦ 평가와 보상제도가 적절히 뒷받침되도록 한다.
⑧ 중요한 계기를 활용한다.

2. 변화관리 실행

1) 팀 구축

(1) 팀 구축의 필요성

팀 구축 과정은 부서 단위 조직의 구성원들이 조직의 효율성을 저해하는 문제점을 찾아내어 민주적 절차에 따라 문제점에 대한 해결안을 찾아내고, 일상 업무 중에서 이를 일정 기간 실행한 후 정기적으로 실행결과를 평가하는 집단 중심의 조직개발 방법이다.

(2) 문제점 도출

일반적으로 기업의 문제점이 발생하거나 효과성이 떨어지면 팀 구축의 프로그램을 착수하게 된다. 아래와 같은 중요한 징후들이 나타나면 개선책을 마련해야 한다.

- 수율(收率)의 하락
- 조직원의 고충 또는 불평의 증가
- 책임의 불명확화, 지시사항이 전달되지 않을 때
- 의사결정이 이행되지 않을 때
- 무관심과 조직원의 참여가 부족할 때
- 문제 해결에 대한 적극성, 상상력, 혁신이 부족할 때
- 비효율적인 회의 진행과 낮은 참여율 그리고 의사결정 효과가 떨어질 때
- 상사에게 업무를 의존할 때
- 고객의 불만족이 있을 때
- 원인을 알 수 없는 비용이 계속 증가할 때
- 직원들 간에 갈등과 적대감이 발생

〈표 3-5〉 팀 구축 체크리스트

요인	점수				
① 산출물의 손실이 발생하고 있다.	1	2	3	4	5
② 고충 또는 불만이 발생하고 있다.	1	2	3	4	5
③ 갈등 또는 적대감이 있다.	1	2	3	4	5
④ 불명확한 관계와 혼란이 있다.	1	2	3	4	5
⑤ 목표를 달성하고자 하는 의지가 적다.	1	2	3	4	5
⑥ 무관심과 참여의식이 낮다.	1	2	3	4	5
⑦ 혁신이 낮다.	1	2	3	4	5
⑧ 비효율적인 회의가 많다.	1	2	3	4	5
⑨ 문제점이 발생하고 있다.	1	2	3	4	5
⑩ 커뮤니케이션이 원활하지 못하다.	1	2	3	4	5
⑪ 서로가 신뢰성이 부족하다.	1	2	3	4	5
⑫ 의사결정을 이해하지 못하고 있다.	1	2	3	4	5
⑬ 성과에 대한 보상에 불만이 있다.	1	2	3	4	5
⑭ 서로가 협력이 부족하다.	1	2	3	4	5

(3) 팀 구축 설계

팀 구축을 추진하는 방법은 경험, 관심, 팀원의 욕구 등을 관리자의 경험과 요구, 컨설턴트의 기술, 회의를 열게 한 상황의 성격에 따라 다르다.

① 준비

준비 단계는 팀 구축의 목적을 설명하고, 팀원들로 하여금 강한 참여 의지를 갖도록 하며, 팀 구축 워크숍을 위한 사전작업을 하는 것이다. 팀 구성원이 처음이라면 참여자들은 우려와 두려움을 묻어 둘 것이 아니라 공개적으로

들어내 놓고 해결해야만 한다.

② 착수

착수단계에서 목표는 다음과 같은 작업환경을 조성하는 것이다.

- 사람들이 느긋하게 휴식을 취할 수 있도록 하기
- 개방 지향적으로 되기 위한 계획을 수립하기
- 이슈들을 해결하기 위한 규범을 확립하기
- 전반적인 경험을 위한 인지구조를 만들기

착수단계에서 확립된 작업환경은 당연히 팀 구축 프로그램의 나머지 부문에 전체적으로 영향을 미칠 것이다.

(4) 프로세스 분석

분석 단계에서 문제점들에 대한, 해결방안을 찾는 것이다. 문제점 해결 가능한 시점을 정하고 추진한다.

(5) 결과의 피드백 및 보상

팀이 추진한 결과에 대하여 누구나 공유할 수 있도록 전파하고 결과에 대한 보상을 한다.

2) 변화 진단

(1) 기능적 진단

변화에 대한 적응능력을 진단하고 조직의 강점과 약점을 찾아내기 위하여 기업의 문제점을 분석하여야 한다. 이와 같은 분석은 조직의 능력과 자원을 찾아주며, 자원의 활용도를 측정하고 변화하는 환경에 효율적으로 적응하고 있는가를 파악할 수 있게 한다. 이러한 분석 도구는 기능적 분석과 조직 진단 그리고 조직 개선으로 나눌 수 있다.

〈표 3-6〉 조직원의 기능적 분석

요인	점수				
① 임금제도의 설계 및 운영	1	2	3	4	5
② 승진과 경력개발의 기회	1	2	3	4	5
③ 훈련과 개발	1	2	3	4	5
④ 인사고과의 효과성-공식체계인지 아닌지	1	2	3	4	5

⑤ 종업원의 기술과 경험	1	2	3	4	5
⑥ 종업원의 선발과 배치에 대한 회사의 정책	1	2	3	4	5
⑦ 조직과 회사 내 노조와의 관계	1	2	3	4	5
⑧ 종업원이 최고의 성과를 보이도록 동기부여 정도	1	2	3	4	5
⑨ 직무수행에 제공되는 정보의 질	1	2	3	4	5
⑩ 전략적 결정이 실행되는 과정에서 인적자원 고려 정도	1	2	3	4	5

〈표 3-7〉 재무의 기능적 분석

요인	점수				
① 예산준비의 효과성	1	2	3	4	5
② 예산준비에 핵심 스텝의 참여수준	1	2	3	4	5
③ 단위부서의 예산과 전체 사이의 일관성 정도	1	2	3	4	5
④ 재무적 예산과 전략적 계획 사이의 일관성 정도	1	2	3	4	5
⑤ 관리적 통제의 효과성	1	2	3	4	5
⑥ 관리자들이 관리정보를 이용하는 정도	1	2	3	4	5
⑦ 문제를 해결하기 위하여 관리자들이 수행하는 행동	1	2	3	4	5
⑧ MIS 정보가 성과 증진을 달성하기 위하여 사용되는 정도	1	2	3	4	5

출처 : 김정원 외(2006), 변화관리 실행지침.

〈표 3-8〉 마케팅의 기능적 분석

요인	점수				
① 각 제품/서비스 집단(또는 부분, 단위)의 판매와 이익에 대한 기여도(집단, 부분, 단위별로 분리해서 이 질문을 해결해도 된다)	1	2	3	4	5
② 각 제품/서비스 군의 시장 위치 - 시장 점유율, - 성장률, - 성숙도	1	2	3	4	5
③ 다음 사항에 대해 이 조직이 효과적으로 경쟁하는 정도는? - 가격, - 질, - 서비스, - 배달	1	2	3	4	5
④ 경쟁자와 관련된 우리 지식의 정도 질	1	2	3	4	5
⑤ 시장조사의 사용과 그것이 제품 개발에 주는 영향	1	2	3	4	5

출처 : 김정원 외(2006), 변화관리 실행지침.

〈표 3-9〉 생산/서비스의 기능적 분석

요인	점수				
① 마케팅 부서와 생산/서비스 부서 간의 협동수준	1	2	3	4	5
② 마케팅, 재무 등에서 접수된 정보가 이 기능을 관리하는데 유용한 정보	1	2	3	4	5
③ 다음 분야에서 관리층의 장기적 동향에 대한 이해 - 비용, - 생산성, - 자원의 활용, - 기술	1	2	3	4	5
④ 관리층이 비용을 통제할 수 있는 정도	1	2	3	4	5
⑤ 결과, 판매 그리고 현금측면에서 재공의 수준 (원자재, 생산 중의 재고, 완성품 재고)	1	2	3	4	5

⑥ 공장, 장비 그리고 시설물의 적절성, 노후화, 보수상태	1	2	3	4	5
⑦ 공장, 장비, 시설물 사용의 유연성	1	2	3	4	5
⑧ 스텝의 유연성	1	2	3	4	5
⑨ 투자의 수준(산업의 평균과 비교)	1	2	3	4	5
⑩ 생산/계획의 효과성	1	2	3	4	5

출처 : 김정원 외(2006), 변화관리 실행지침.

〈표 3-10〉 회사/사업개발의 기능적 분석

요인	점수				
① 사업 개발에 대한 회사의 투자	1	2	3	4	5
② 시장과 경쟁적 압력에 대해 빠르게 반응하는 회사의 능력	1	2	3	4	5
③ 새로운 제품/서비스를 이용하는 능력	1	2	3	4	5
④ 조직이 제품/서비스 개선 기회를 추구하는 정도	1	2	3	4	5
⑤ 개발과 시장, 생산, 재무, 디자인 등과 통합	1	2	3	4	5
⑥ 조직이 개발 목적으로 외부의 자원을 이용할 수 있는 정도(예, 합작투자 대학, 컨설턴트)	1	2	3	4	5

출처 : 김정원 외(2006), 변화관리 실행지침.

지금까지의 분석 도구를 이용하여 기업을 진단한 결과를 통계프로그램을 이용하여 결과를 분석한 후 다음의 기능적 분석 결과 테이블에 당해 기업의 약점과 강점 그리고 우선 분야 등을 분류하여 혁신전략을 추진한다.

[그림 3-2] 기능적 분석과 전략

3) 조직진단

다음의 설문지는 당신이 당신 조직의 여러 관련된 분야들이 얼마나 잘 운영되고 있는가를 결정하는 것을 도와주도록 설계되어 있다. 다음 설명을 부서 또는 부문 내에 적용했을 때 얼마나 찬성하는지 또는 반대하는지 5점 척도를 이용하여 평가하도록 고안하였다(김정원 외, 2006).

〈표 3-11〉 조직진단 분석설문지

요 인	반대		중립		동의
1. 나는 이 조직의 목적을 이해한다.	1	2	3	4	5
2. 일이 효과적으로 조직화하어 있다.	1	2	3	4	5
3. 관리자들은 항상 아이디어를 경청한다.	1	2	3	4	5
4. 나는 잠재력을 최대한 개발하도록 격려받았다.	1	2	3	4	5
5. 나의 직속 상사는 나와 우리 작업집단에 유용한 아이디어를 갖고 있다.	1	2	3	4	5
6. 나의 직속 상사는 내 일을 지지해주며 도와준다.	1	2	3	4	5
7. 이 조직은 정책과 규정이 적절하며 최신의 것이다.	1	2	3	4	5
8. 우리는 정규적으로 우리의 목적을 달성한다.	1	2	3	4	5
9. 이 조직의 목표와 목적은 분명히 알려져 있다.	1	2	3	4	5
10. 직무와 권위 체계가 유연하다.	1	2	3	4	5
11. 일과 관련된 문제가 있으면 나는 직장에 있는 누군가와 항상 이야기할 수 있다.	1	2	3	4	5
12. 내가 받는 급여는 내가 하는 일과 비례한다.	1	2	3	4	5
13. 나는 탁월한 직무를 수행하는데 필요한 정보와 자원을 모두 갖고 있다.	1	2	3	4	5
14. 원로 관리자들이 채택한 관리 스타일은 유용하며 효과적이다.	1	2	3	4	5
15. 우리는 우리의 일하는 방식을 지속해서 검토하고 개선한다.	1	2	3	4	5
16. 사람들이 몰입되어 있으므로 결과를 얻는다.	1	2	3	4	5
17. 나는 내가 하는 일에 의해 동기부여 된다고 느낀다.	1	2	3	4	5
18. 타당하며 분명한 방식으로 직무를 나눈다.	1	2	3	4	5
19. 작업집단의 다른 구성원들과 관계가 좋다.	1	2	3	4	5
20. 이 조직에서 승진 기회와 책임감 증가 기회가 있다.	1	2	3	4	5
21. 이 조직은 현실적인 계획을 세운다.	1	2	3	4	5
22. 나의 상사는 주기적으로 성과를 검토한다.	1	2	3	4	5
23. 직장을 바꾸기 위해서 자유를 원하는 경우가 있다.	1	2	3	4	5
24. 사람들은 비용에 신경을 쓰며 자원을 최대한 잘 활용하려고 한다.	1	2	3	4	5
25. 이 조직의 종업원들은 조직의 우선순위를 이해한다.	1	2	3	4	5
26. 우리가 일하는 방식을 개선하기 위한 끊임없는 연구가 진행된다.	1	2	3	4	5
27. 직무를 완수하기 위하여 효과적으로 협조한다.	1	2	3	4	5
28. 조직 모든 직무와 과업에 대하여 격려와 인정이 주어진다.	1	2	3	4	5
29. 부서들이 좋은 성과를 내기 위하여 함께 일한다.	1	2	3	4	5
30. 이 조직의 관리팀은 효과적이고 영감적인 리더십을 제공한다.	1	2	3	4	5
31. 이 조직은 변화할 역량을 갖추었다.	1	2	3	4	5
32. 우리가 하는 일은 항상 필요한 일이고 이는 효과적으로 진행된다.	1	2	3	4	5
33. 내가 일하는 부분에서 목표가 분명히 설명되고 각자의 역할이 분명히 규명되어 있다.	1	2	3	4	5
34. 이 조직이 직무를 구조화하는 방식이 일반적인 만족을 준다.	1	2	3	4	5
35. 견해 간 갈등은 이해되고 수용되는 해결책에 의해 해결된다.	1	2	3	4	5
36. 모든 개인의 직무성과는 모두가 동의하는 기준에 의해 검토된다.	1	2	3	4	5
37. 필요할 때마다 다른 부서의 도움을 받을 수 있다.	1	2	3	4	5
38. 내 상사의 관리 스타일은 내가 성과를 내는 데 도움을 준다.	1	2	3	4	5
39. 창의성과 직관이 격려된다.	1	2	3	4	5
40. 사람들이 항상 높은 성과를 내는 것에 관심이 있다.	1	2	3	4	5

출처 : 김정원 외(2006), 변화관리 실행지침.

이와 같은 분석과 절차에 따라 변화와 혁신의 기본계획안을 수립하고 실행에 옮김으로써 기업의 변화가 시작된다.

4) 변화관리의 대상

기업의 목적 또는 목표를 달성하기 위하여 조직원, 자재, 자금, 시간, 정보, 기술, 시스템, 시장, 고객, 조직 간의 관계, 기업의 신용, 성과, 기업문화 등 기업의 내·외의 모든 경영자원을 경제적이고 효율적으로 경영하는 것이다. 이와 같은 변화관리의 대상은 다음과 같이 요약할 수 있다.

(1) 조직원의 변화

기업 내의 모든 조직원을 고객으로 정의하며 나의 고객인 상사, 동료, 관계자, 부하와의 관계, 인원, 공수, 지식, 기능, 기술, 태도, 고민, 직장 사기, 근태 등 모든 조직이 변화의 대상이 된다.

(2) 자재의 변화

우리가 보유하고 있는 설비, 기계, 공구 등은 물론 생산에 필요한 자재, 부자재, 원재료, 제품 등과 사무업무에 필요한 집기, 비품, 사무용품, 사무기기 등 모든 물자도 변화의 대상이다.

(3) 자금의 변화

기업은 운영하는 예산, 비용, 인건비, 노무비, 재료비, 고정비, 변동비, 외상매출금 등 모든 자금도 변화 관리의 대상이 된다.

(4) 방법의 변화

기업을 경영하는 프로세스의 변화로써 시행하는 방법, 통제방법, 작업방법, 판매방법, 계획, 방침, 규정 등이 변화 관리의 대상이다.

(5) 기술의 변화

급변하는 기술의 변화에서 기술의 주도를 추진하려면 생산방법, 특허, 노하우, 연구개발, 신제품 개발 등 우리의 모든 기술력이 변화의 대상이다.

(6) 정보의 변화

글로벌 환경에서 정보력은 기업의 성패를 좌우할 수도 있다. 또한, 수많은 정보 중에 우리가 필요한 정보를 얻고 불필요한 정보를 버릴 수 있는 정보력이 필요하다. 정보에는 경영정보, 시장정보, 기술정보, 고객 정보, 국가정책정보, 국제화 정보 등으로 기업의 모든 정보도 변화의 대상이다.

(7) 시스템의 변화

현재의 시스템이 제일 나은 방법이 아니라는 것을 명심하여야 한다. 기업의 시스템으로는 물류시스템, 생산시스템, 조직운영시스템, 개발 시스템, 계획 시스템 등 기업의 모든 프로세스가 변화의 대상이다.

(8) 시장과 고객의 변화

시장에 대한 기업의 대응방법과 고객만족을 추진하기 위한 변화로써 공급률, 고객의 목소리, 미래의 경향, 수요량 조사 등이 고객과 시장의 변화에 대응하기 위한 변화관리가 대상이 된다.

(9) 조직의 변화

조직은 그동안 기업 내부의 조직만을 관점으로 변화를 추진하였으나 향후 협력회사, 자원을 제공해주는 회사, 노하우를 제공하여주는 관련 회사, 금융을 지원해주는 관련 회사, 관공서, 지역사회에 대한 기업의 전략에 대한 변화를 요구하고 있다.

(10) 신용과 성과의 변화

기업의 성장과 관련된 변화로써 매출액, 성장률, 이익률, 기술 우위성, 자원조달 능력, 자금력, 생산능력 등에 대한 변화이다.

(11) 기업문화의 변화

기업문화는 시대의 흐름에 따라 변하고 있으나 기업의 고유한 문화는 잠재되어 있다. 고유한 잠재 문화에 미래의 환경에 대응할 수 있는 기업문화의 변화대상으로 적응력, 혁신성, 직무 만족, 갈등 해결, 유기적 시스템 개발 등이 변화의 대상이다.

3. 변화관리 실행 실습

1) 개선과제 운영

개선과제는 과제의 난이도와 조직성과의 기여도를 기준으로 유형을 구분하여 관리하는 것이 좋다. 중요도와 난이도가 큰 프로젝트는 전일제(Full-Time)로 프로젝트를 담당하는 팀에 의해 과제가 수행되며 단위 조직 수준의 프로젝트는 현업과 함께 수행하는 소그룹 단위의 팀에서 운영하는 것이 일반적이다(문근찬, 2006).

또한, 과제를 실행하는 과정에서 주기적으로 과제 실행 사항을 점검하여 과제를 운영하는데 장애물을 제거하고 팀에 긴장감을 주어야 한다. 과제 점검은 프로젝트(project) 일정계획에 따라 운영되고 있는지를 점검한다.

〈표 3-12〉 개선 목표 사례

구분	내 용		
VISION	1. 설계 생산성 향상 2. 생산 지원체계 일원화로 생산능률 향상 3. 구매일정 단축		
목표	현재의 사이클 타임 30% 단축		
	구분	현행	목표
	자동 발주률	50%	90%
	창고 자동화	개별불출	자동화 후 직배
	포장능력	15일	5일

[그림 3-3] 개선방향

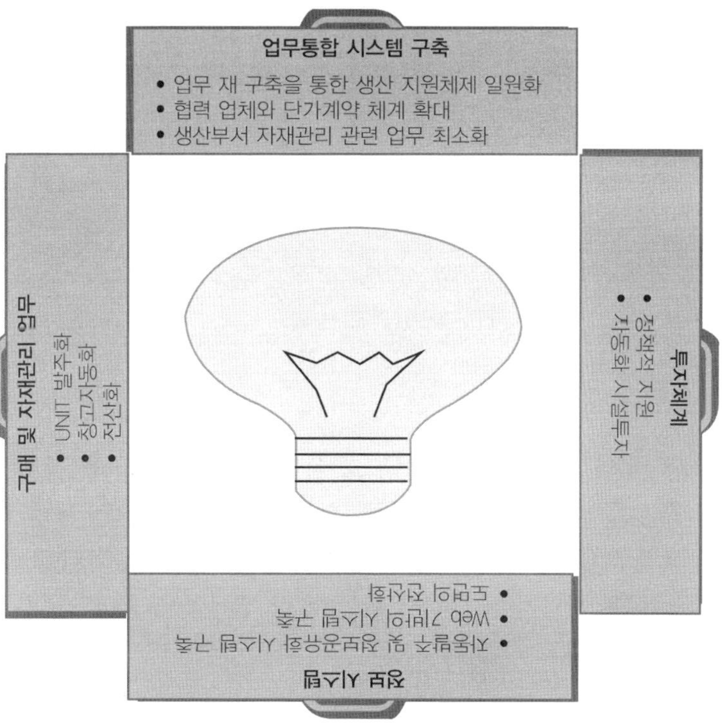

〈표 3-13〉 개선 추진방안

구분	현행	개선안
업무체계	설계부서와 생산기술부서 간의 지원체계업무가 중복됨	설계부서와 생산기술부서의 중복업무 통합(절감 예상 : 2억)
부품공급 시스템	불출전표에 의하여 생산현장 요원이 수령식 불출	소요부품을 전산화하여 자재관리 요원이 생산현장에 직배체계구축
포장명세서 작성시스템	부품별 명세서 자재관리 요원이 부착	칸반시스템 도입
UNIT 발주체계	Sub 부품 단위별로 발주됨	UNIT 단위로 발주 체계 구축

2) 개선 추진 결과 보고서

과제를 추진한 결과를 보고서에 작성하고 그 효과를 평가하는 단계로서 과제해결 결과를 추진 전과 추진 후를 비교 분석하여 과제의 가치를 평가한다. 과제의 결과는 수치화로 표현하는 것이 효과적이나 수치화가 어려우면 서술형으로 평가하여도 된다.

〈표 3-14〉 개선 추진결과 보고서

과제명				
개선 목표	개선 전	개선 목표	달성수준	개선효과
자동 발주율	50%	90%	90%	중복업무 해소 123건 해소
창고자동화	자동화율 10%	자동화율 60%	60%	직배체계 구축 253건
포장능력	15일	5일	6일	사이클 타임 감축
무형의 절감효과				
- 업무 재구축에 따른 설계 생산성 향상 및 생산 능률 향상으로 장기적 인원 절감 효과 - 전산화에 따른 관련 정보 교환의 원활로 불량 발생 요인감소 효과 - 불필요한 도면 출도 억제에 따른 경비 절감 효과				

3) 개선 추진 결과 평가

혁신과 변화 활동의 실행결과는 평가되고 보상되어야 한다. 평가방법은 기본적으로 세 가지 요건을 갖추어야 한다. 첫째, 혁신 활동의 중요 포인트를 제대로 대표할 수 있는 핵심 요인들을 중심으로 평가 내용을 구성함으로써 타당성(Validity)을 확보해야 한다. 둘째, 평가자들 간에 일관된 평가 결과를 도출할 수 있는 신뢰성(Reliability)을 확보해야 한다. 셋째, 평가 시스템을 운영하는데 필요한 비용보다 이를 활용하여 얻는 혜택이 크도록 실용성(Practicality)이 있는 시스템을 만들어야 한다. 이러한 기본 원칙에 입각한 평가 시스템 설계는 크게 두 단계로 나누어 진행한다. 첫 번째 단계는 무엇을 평가할 것인가(What)의 문제, 즉 평가 요소, 항목, 지표 등과 같은 평가 내용을 구성하는 단계이다. 두 번째 단계는 어떻게 평가할 것인가(How)의 문제, 즉 평가자, 평가 시기, 절차 등과 같은 평가 방식을 설계하는 것이다(LG 경제연구원, 2000).

평가 항목별 실제 성취 수준을 확인하려면 이를 측정할 수 있는 평가 지표(Measure)가 필요하다. 평가 지표에는 금액, 수량, 건수, 비율 등과 같이 실제 자료를 통해 객관적으로 확인 가능한 정량적 지표와 계량화가 불가능하여 평가자가 주관적으로 평가해야 하는 정성적 지표가 있다. 되도록이면 정량적 지표를 중심으로 설정하되, 품질 수준과 같은 일부 항목에 대해서는 정성적 지표를 사용해도 무방하다. 고정적인 평가 지표보다는 상황에 따라서 선택적으로 활용 가능한 다양한 평가 지표 리스트를 만들어 두는 것이 바람직하다.

〈표 3-15〉 평가기준 사례

세부평가내용	배점기준					가중치
	5	4	3	2	1	
과제도출 (과제 도출 건수)						10
과제의 중요도	핵심 업무와 관련도		핵심 업무는 아니지만 가치 있는 과제		주변업무 과제/형식적 과제	20
목표 달성	100%	90%	80%	70%	-	20
구성원 몰입도	100% 참여	80% 참여	60% 이상참여	극히 일부참여	무관심	20
모니터링 체계	체계적 관리가 이루어지고 있음		진척관리는 하고 있으나 체계적이지 못함		과제관리가 전혀 이루어지지 않고 있음	10
전파/파급성	전 부서 적용 가능한 과제		소속부서에 유익한 과제		유익한 과제 없음	10

출처 : 문근찬(2006), 혁신과 변화관리.

4) 개선 추진 결과 보상

혁신 결과에 대한 보상의 목적은 기업이 추구하는 목표 달성을 위해 요구되는 구성원의 바람직한 행동을 촉진하여 궁극적으로는 기업의 성과를 극대화하는 데에 있다. 보상제도의 근본 목적은 기업의 전략적 목표, 즉 비전을 달성하기 위한 중요 수단이다. 기업이 추구하는 목표 달성을 위해 요구되는 구성원들의 바람직한 행동을 촉진하고, 이를 통해 궁극적으로는 개인과 조직의 성과 향상을 도모하는 것이라 하겠다. 이러한 보상의 중요성에 대해서는 많은 기업이 공감하고 있으며, 성과 향상에 이바지할 수 있는 다양한 보상 제도를 설계/운영하기 위해 노력하고 있다. 개인별/팀별 성과급, 스톡옵션(Stock Option), 역량(Competence) 중심의 보상, 각종 성과보수 등이 있다. 보상제도 운용의 핵심과 시사점은 다음과 같다(LG 경제연구소, 2003).

(1) 회사의 가치(Value)를 반영한다.

회사의 가치나 운영 철학을 지속해서 유지하는 방향으로 보상 제도를 설계, 운영해야 한다. 보상은 구성원들에게 회사가 가장 중요하게 생각하는 것이 무엇인가를 알리고 실천에 옮길 수 있게 하는 가장 강력한 수단 중의 하나이다. 이러한 면에서 보상 제도는 기업이 추구하는 가치와 긴밀하게 연계될 필요가 있다. 서로 다른 부문에서 다른 업무를 수행하더라도, 모든 구성원이 회사가 추구하는 가치관이나 철학을 깊이 인지하고 충실히 실천할 때 구성원들의 목표 달성에 대한 노력을 강화할 수 있기 때문이다.

(2) 보상에 대한 명확한 기대를 하게 하라.

구성원이 보상에 대해 명확하고 가시적인 기대를 할 수 있도록 해야 한다. 일반적으로 많은 기업의 경우 구성원은 보상체계가 어떻게 책정되고 어떻게 해야 보상을 받을 수 있는지 잘 모르는 경우가 많다. 그러나 구성원들이 자신이 어떤 성과를 발휘할 때 얼마만큼의 보상을 받을 수 있는지 분명하게 알지 못한다면, 성과 달성 노력을 촉진하기 어렵다. 따라서 구체적으로 달성해야 할 성과 기준이나 평가 및 보상 방식 등에 대해 명확히 전달해 주어 구성원들의 성과에 대해 기대감을 높일 수 있도록 보상 제도를 운용해야 한다.

(3) 복리 후생 프로그램을 효과적으로 활용하라.

구성원들의 회사에 대한 만족도와 일에 대한 열정을 고취하기 위해서는 시간적 배려와 물질적 또는 정서적 지원이 필요하다는 인식이 퍼지고 있기 때문이다. 조사에 의하면, 20년 전보다 일 년에 일에 투자하는 시간은 무려 163시간, 약 한 달 정도나 증가했지만, 여가는 약 1/3 이상 줄었다고 한다. 그 결과, 많은 구성원이 일상 업무로부터의 휴식이나 여가 생활 기회 제공을 가장 중요한 복리 후생으로 여기고 있다고 한다. 이러한 측면에서 볼 때, 일과 삶의 균형을 높여 구성원의 회사에 대한 만족과 업무 생산성을 높이기 위해서는 복리 후생 프로그램의 적절한 활용이 필요하다.

5) 혁신 사례 전파

발굴된 혁신사례를 전 사원에게 전파하기 위하여 회사 내에서 혁신사례 대회를 개최하여 구성원 간에 공유할 수 있는 장을 열어 주어야 한다. 혁신사례 발표대회를 열어 서로 간에 경쟁 심리를 불러일으키고 우수사례를 보상함으로써 조직원에게 전파하고 건전한 경쟁 심리를 일으킬 수 있다.

〈표 3-16〉 변화관리에 대한 체크리스트

1. 변화준비

1	문제와 원인을 체계적으로 파악한다.	1	2	3	4	5
2	압력을 받는 상황에서 차분하게 대처한다.	1	2	3	4	5
3	적절한 시기에 다른 사람을 참여시킨다.	1	2	3	4	5
4	공개적인 의사결정을 한다.	1	2	3	4	5
5	목적을 정하고 동의를 얻는다.	1	2	3	4	5
6	투입요소와 타인이 공헌할 수 있는 부분을 설계한다.	1	2	3	4	5
7	준비 중인 변화에 대해 동의하는지 검토한다.	1	2	3	4	5
8	목표를 신중하게 검토한다.	1	2	3	4	5
9	의사결정과 관련된 모든 정보를 수집한다.	1	2	3	4	5
10	아이디어와 제안의 전달이 효과적인지 검토한다.	1	2	3	4	5

2. 변화계획

1	기회와 해결방안을 파악한다.	1	2	3	4	5
2	기회와 해결방안을 평가한다.	1	2	3	4	5
3	정보와 의견을 의사소통한다.	1	2	3	4	5
4	상상할 수 있는 모든 해결방안을 만든다.	1	2	3	4	5
5	실행의 문제, 필요한 자원, 적절한 우선순위를 파악한다.	1	2	3	4	5

3. 변화실행

1	목표 달성에 필요한 것이 무엇인지 파악한다.	1	2	3	4	5
2	마감일과 우선순위를 지킨다.	1	2	3	4	5
3	사람들에게 미치는 변화의 영향을 파악한다.	1	2	3	4	5
4	압력과 스트레스가 자신에게 미치는 영향을 파악하고 대처한다.	1	2	3	4	5
5	압력과 스트레스가 타인에게 미치는 영향을 파악하고 대처한다.	1	2	3	4	5
6	과업을 현명하게 분배한다.	1	2	3	4	5
7	계획을 조정하고 효과적으로 실행한다.	1	2	3	4	5

4. 변화의 지속

1	시간을 가지고 진행 상황과 문제를 검토한다.	1	2	3	4	5
2	공개적으로 문제와 이슈를 토론한다.	1	2	3	4	5
3	긍정적인 피드백을 적절하게 제공한다.	1	2	3	4	5
4	개선된 부분을 파악한다.	1	2	3	4	5
5	성공의 기초를 다지고 지속해서 동기부여 시킨다.	1	2	3	4	5
6	팀 정신을 높인다.	1	2	3	4	5
7	더욱 많은 자원을 활용한다.	1	2	3	4	5
8	충분한 시간을 주어 변화에 대응하게 한다.	1	2	3	4	5

학습목표 요약

1. 비전의 본질적 속성은 무엇인가?

1) 비전은 초자연적인 혜안
2) 비전이란 삶의 최종 결과를 묘사한 그림
3) 비전은 믿음의 산물
4) 비전은 과거, 현재, 미래를 동시에 꿰뚫어 보는 혜안
5) 비전은 갈망과 결단

2. 개혁의 8단계는 무엇인가?

1단계 : 긴박감 조성 - 2단계 : 강력한 변화 추진 구심체 구성 - 3단계 : 비전 창조 - 4단계 : 비전 전달 - 5단계 : 구성원이 비전에 따라 행동하도록 임파워먼트 추진 - 6단계 : 단기적 성과를 위한 계획 수립 및 실현 - 7단계 : 달성된 성과 향상의 통합과 후속 변화 창출 - 8단계 : 새로운 접근 방법의 제도화

3. 조직 변화를 위하여 무엇을 요구하는가?

① 변화 욕구에 대한 인식이 이루어져야 한다.
② 믿음직스럽고 신뢰할 수 있는 변화 사례가 있다.
③ 변화는 학습 과정이다. 당신은 처음에는 모든 것을 올바르게 할 수 있다.
④ 극적인 변화는 사람들이 새로운 기술 등을 습득하게 됨에 따라 혼돈과 불확실성을 느낄 수 있다.
⑤ TFT 또는 프로젝트팀을 통하여 성과보수 제도와 훈련을 통해서 또는 파일럿 설계를 통해서 변화의 지지자를 넓히고 변화의 지지를 동원하는 데 관심을 두어야 한다.
⑥ 비전과 조직의 관심사가 분명해야 하지만 처음부터 그럴 필요는 없다. 전략적 비전으로 정교화되기 전의 비전은 처음에는 매우 막연할 수 있다. 전략적 비전으로 전환되는 과정에서 많은 것이 학습되어야 한다.
⑦ 사람과 변화의 과정에 초점이 맞춰져야 한다.

이러한 조직의 변화와 관련한 학습모델은 다음과 같은 3가지 모형이 있다.

4. 변화 관리 실행 과정은 어떤 단계가 있는가?

1) 팀 구축 2) 변화 진단 3) 조직 진단 4) 변화관리 실행대상 선정

5. 비전경영의 성공 요인은 무엇인가?

비전경영을 성공적으로 수행하기 위한 조건은 다음과 같다(문근찬, 2006).

① 장기적으로 일관성 있게 추진한다.
② 왜 우리가 지금 이러한 일을 해야 하는가에 대해 공감대 형성
③ 구성원의 참여 폭을 넓힌다.
④ 중간관리 층으로부터 지지를 얻는다.
⑤ 과거부터 개선해야 한다는 공감대가 어느 정도 형성되어 있고 비교적 파급효과가 큰 제도나 직무부터 생활화 작업을 시도한다.
⑥ 가능한 한 구체화시키고 주변에서부터, 작은 것에서부터 다듬고 생활화시키도록 한다.
⑦ 평가와 보상제도가 적절히 뒷받침되도록 한다.
⑧ 중요한 계기를 활용한다.

용어해설

- 비전이란?

기업이 궁극적으로 도달하고자 하는 이상 상태

- 비전 창출은?

조직 전체의 방향을 잡아나가는 것으로 최고경영자

- 변화를 위한 조직의 교육은?

비전, 전략, 인재상 등에 초점을 두고 조직성과를 한층 끌어올리기 위하여 전략적인 교육체계 구축

- 핵심이념은?

핵심가치(Core Value)와 핵심 목표(Core Purpose)로 구성되며, 계획된 미래는 10년~30년 정도의 목표로써 그 목표는 크고 달성하기 쉽지 않은 대담한 목표

- 사명은?

분명하고 사람을 몰입시키며 노력을 한 곳에 모으는 역할을 한다. 또한, 사명은 기업의 목적과 전략을 나타내는 것으로 기업의 기본적 지향점을 나타낸다.

제4장

식스 시그마 경영

학습목표

1. 식스 시그마 경영이란 무엇인가?
2. 식스 시그마경영을 하면 어떤 혜택이 있는가?
3. 식스 시그마경영은 어떤 과정(프로세스)을 거치는가?
4. 블랙벨트의 역할은 무엇인가?

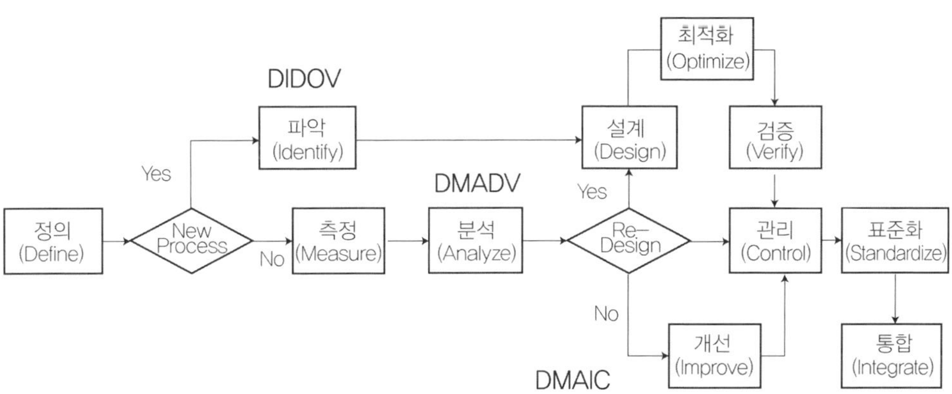

제1절 식스 시그마의 기초

1. 식스 시그마의 정의

식스 시그마(Six Sigma)는 제품이나 서비스를 초월하여 모든 경영관리 시스템 전 분야에 적용 가능한 경영혁신 도구이며, 프로세스에 내재한 문제점을 제거하여 손실을 획기적으로 줄여주는 도구로서 식스 시그마 용어는 결점을 제로에 가깝게 줄이는 목표를 지칭한다.

시그마란 그리스 문자로서, 통계학자들이 “모집단의 표준 편차”를 나타내기 위해 사용해온 것이다. 시그마 혹은 표준 편차는 한 그룹(모집단) 안에 얼마나 많은 변동이 있는지를 말해준다. 변동이 크면 클수록 표준편차도 커진다. 따라서 통계학적인 관점에서 보면 식스 시그마의 목적은 변동을 줄임으로써 아주 작은 표준편차에 도달해서 우리가 제공하는 제품이나 서비스의 거의 모든 것이 고객의 요구를 만족시키거나 혹은 그것을 초과 달성하도록 하는 데 있다(Peter S. Pande et al., 2002).

시그마(sigma)란 통계적 용어로 표준편차(standard deviation)를 의미한다. 식스 시그마는 불량의 발생 확률을 말하며 통계적 용어로 1백만 번의 검사 중에서 3.4개의 결함을 나타내는 수준을 식스 시그마 수준이라고 한다.

2. 식스 시그마 정책

식스 시그마의 장시자인 Mikel J, Harry의 식스 시그미에 대한 개념으로 통계적 측정치, 기업 전략, 기업의 철학으로 분류하였다(문혜란 외, 2004).

1) 통계적 측정치

객관적인 통계수치로 나타나기 때문에 제품이나 업종, 업무 및 생산 프로세스가 달라도 비교가 가능하고 고객만족의 달성 정도와 방향 등을 정확하게 알 수 있게 해주는 척도로 제품이나 서비스 공정의 적합성을 표현하는 탁월한 척도이다.

2) 기업전략

시그마 수준을 높이는 만큼 서비스가 높아 원가절감으로 경쟁우위를 시그마 수준과 같게 해준다.

3) 기업의 철학

서비스의 생산방식으로부터 인사, 경리, 원무, 진료, 생산, 검사 등 모든 부서에서 발생할 수 있는 불량을 감소시키는 것이다. 식스 시그마는 직장 내의 새로운 사고방식을 갖게 해준다. Mikel J, Harry는 "만약 우리가 수치로 설명할 수 없다면 우리는 그것을 잘 알지 못할 것이다. 잘 알지 못하면 우리는 관리할 수 없다. 관리할 수 없다면 품질 개선의 기회를 잃게 된다."라고 하였다.

1985년 미국 모토로라에서 처음 사용하기 시작한 식스 시그마는 전략적인 프로세스 개선과 신제품 그리고 서비스 개발을 위하여 전략적인 방법과 과학적인 방법으로 고객 결점률을 극적으로 줄여주는 조직적이고 시스템적인 방법이라고 정의한다.

식스 시그마는 통계적인 측정단위로, 이 개념은 프로세스 품질을 설명하는 데 사용된다. 본래, 시그마(σ)는 표준편차를 말한다. 식스 시그마는 품질 특성 값의 평균에서 규격의 상·하한 값까지 ± 6시그마의 여유를 갖도록 함으로써 불량을 절대적으로 줄이는 데서 기인한 것이다. 다시 말해서 품질 특성 값의 분포를 정규분포로 가정할 경우, 정상품 99.9999998%, 즉 불량률이 0.002ppb(표기, 2ppb ; part per billion) 수준을 확보하는 것과 같은 개념이다. 즉, 식스 시그마는 0.002ppm으로 10억 분의 2회라는 확률이다. 그러나 이러한 수치를 달성한다는 것은 어려우며, 제품과 서비스 공정이 10억 회 이상 반복적으로 발생한다고 볼 수는 없을 것이다. 또한, 높은 목표치는 인간 지능의 한계성으로 인해 달성하지 못하기 때문에 각종 통계분석을 통하여 도달 가능하게 하려 평균치를 1.5 시그마 이동하여 좌측의 결함을 무시할 수 있는 4.5시그마 수준을 식스 시그마로 본다. 식스 시그마에서는 100만 번의 제품과 서비스 제공 기회에서 3.4개 이내의 결함을 제안한다(3.4 DPMO).

과거 인기가 있었던 경영기법과 달리 식스 시그마는 품질개선과 경영의 탁월성을 위한 체계적인 경영기법으로 평가되고 있다. 현재 국내 대기업을 포함한 제조업체들에서는 식스 시그마 경영을 도입하는 기업이 늘어나고 있으며 서비스 및 공공서비스 분야에서도 식스 시그마 경영을 도입하고 있거나 도입하기 위해서 검토 단계에 있는 경우도 있다.

정리하면 통계용어에 불가하던 식스 시그마를 기업경영에 도달하여야 할 목표치로 설정한 것이 식스 시그마 운동의 출발점이다. 즉, 식스 시그마는 제품과 프로세스상에서 무결점 즉, 품질성과를 달성할 수 있도록 자료 중심적인 접근방법이라고 할 수 있다. 식스 시그마의 목표 달성을 위한 필요 도구는 '식스 시그마 프로그램'이다. 이 프로그램을 전사적으로 추진하는 것이 품질경영에서의 새로운 패러다임이 되고 있다고 볼 수 있다.

식스 시그마는 통계적인 측정단위로 프로세스 품질을 설명하는데 사용된다. 이것을 도표로 나타내면 다음과 같다.

〈표 4-1〉 규격 한계와 불량품의 관계

규격 한계	양품률(%)	불량품(PPM)
± 1σ	68.27	317,300
± 2σ	95.45	45,500
± 3σ	99.73	2,700
± 4σ	99.9973	63
± 5σ	99.99973	0.57
± 6σ	99.99999973	0.002

정규분포에서 목표 값으로부터 표본의 평균 이동은 편중이라고 한다. 이러한 원인은 잘못된 공구로 인한 갑작스러운 공정 평균의 이동 또는 공구의 마모에 의한 점진적인 변화의 결과를 의미한다. 이러한 편중은 ±1.5시그마 이내라는 사실이 경험적으로 증명되었다. 이것을 식으로 나타내면 다음과 같다.

$$\mu = \frac{S_L + S_U}{2} + 1.5\sigma$$

이러한 결과를 모토로라에서 운용하고 있는 식스 시그마 운동에 적용할 경우, +1.5시그마, −1.5시그마만큼 이동해 있는 경우 3.4ppm으로 불량률이 증가하게 된다. 따라서 식스 시그마는 3.4ppm의 불량률을 목표로 하는 것이다. 이것을 식으로 나타내면 다음과 같다.

$$P(x > S_U) = P\left(Z > \frac{S_U - \mu}{\sigma}\right) = P\left(Z > \frac{S_U - \frac{S_U + S_L}{2} + 1.5\sigma}{\sigma}\right)$$

$$= P\left(Z > \frac{\frac{S_U - S_L}{2} - 1.5\sigma}{\sigma}\right) = P\left(Z > \frac{6\sigma - 1.5\sigma}{\sigma}\right)$$

$$= P(Z > 4.5) = 0.00000340$$

결과적으로 경영혁신 수단으로써의 식스 시그마 운동은 제품 설계 및 서비스의 품질 산포를 최소화하여 규격 상한과 하한이 품질 중심으로부터 식스 시그마의 거리, 즉 1백만 개 중 3.4개에 있도록 하겠다는 것이다. 단지, 통계용어에 불과하던 식스 시그마를 기업경영에 도달하여야 할 목표치로 설정한 것이 식스 시그마 경영의 출발점이다. 식스 시그마의 목표 달성을 위한 필요 도구는 '식스 시그마 프로그램'이다. 이 프로그램을 전사적으로 추진하는 것이 품질경영에서의 새로운 패러다임이 되고 있다.

이와 같은 식스 시그마 경영은 품질에 대한 새로운 정의를 내리게 되었다. 과거 품질의 정의는 제조 품질로서 스펙(specifications)의 허용오차 내에 들어가는 제품과 서비스를 생산하는 것이었다면 식스 시그마 혁신전략의 품질 정의는 기업과 소비자에게 경제적 가치와 실질적 효용까지 포함한다. 여기서 품질이란 모든 비즈니스 관계에 있어서 고객과 기업을 위해 실현되는 '가치부여(value entitlement)' 상태를 의미한다. 그래서 새로운 품질의 정의는 가치부여를 달성하는 데 초점을 둔다. 식스 시그마 세계에서 가치부여란 실현 가능한 최고의 수익성을 달성하기 위해 생산하여야 하는 제품의 품질 수준에 대한 기업의 소망을 뜻하고 소비자들에게 있어서 부여란 될 수 있는 대로 최저비용으로 고품질 제품을 사고자 하는 소망을 의미한다. 가치(value)란 소비자와 제품 및 서비스를 창출하는 기업 모두에게 경제적 가치와 실질적 효용 그리고 이용성을 의미한다. 고객에게 있어서 실질적 효용이란 완제품의 세 가지 특성 즉, 형태와 적합성 그리고 기능을 의미한다. 이 세 가지 특성은 전부 고객의 욕구를 충족시켜야 한다. 또한 전통적으로 결함(defect)이란 고객의 기대나 욕구를 충족시키지 못하는 모든 것을 의미한다. 그러나 식스 시그마는 결함을 훨씬 더 광범위하게 정의하여 결함이란 프로세스나 서비스를 방해하는 모든 요인을 말한다(안영진, 1999).

3. 식스 시그마 경영 효과

1) 식스 시그마 경영 효과

식스 시그마는 비즈니스의 성공을 달성하고, 유지하고, 극대화하기 위한 포괄적이고 유연한 시스템으로 식스 시그마는 고객의 요구에 대한 철저한 이해와 사실 정보, 데이터 및 통계 분석의 능숙한 사용과 비즈니스 프로세스의 관리, 향상, 재설계에 대해 면밀한 주의를 기울임으로써 이루어진다. 식스 시그마는 조직을 위해 식스 시그마의 잠재성을 개발하려는 우리의 노력에 대한 기반을 제공할 것이다. 식스 시그마의 효과는 다양하며 성공적인 식스 시그마를 달성하면 그림과 같은 효과를 얻을 수 있다(신완선 외, 2002).

2) 식스 시그마 경영 혜택

식스 시그마를 경영한 GE의 사례에서 살펴보면 식스 시그마 경영은 다음과 같은 혜택을 가져다준다(신완선 외, 2002).

식스 시그마 경영 효과

① 비용 절감
② 생산성 향상
③ 시장 점유율 성장
④ 고객 보유
⑤ 사이클 타임 단축
⑥ 불량률 감소
⑦ 문화 변화
⑧ 제품 및 서비스 개발

(1) 지속적인 성장을 가져온다.

지난 수년 동안 많은 기업이 탄생하고 사라져 갔다. 많은 기업이 실패한 이유 중 하나가 변화하는 환경에 적응하기 위한 조직혁신을 추진하지 못하였기 때문이다. 식스 시그마는 조직에 대한 끊임없는 재충전으로써 혁신적인 조직을 창출할 수 있는 도구이다.

(2) 조직원 전체에 대한 목표를 수립한다.

식스 시그마는 공동의 목표에 집중하고 공통의 비즈니스 프로세스와 고객을 이용하여 지속적인 목표를 창출한다. 또한, 식스 시그마의 성과는 완벽에 가깝다. 고객의 요구사항을 이해하고 목표에 대한 성과를 완벽하게 수행하는 것이다.

(3) 고객에 대한 가치를 중심으로 한다.

GE의 사례에서와 같이 품질이 경쟁업체보다는 우수할지는 몰라도 고객을 위한 아주 특별한 제품이 고객들에게 유일하고 진정한 가치 선택이 되는 제품이 아님을 인정하고 식스 시그마의 중점을 고객에게 어떤 가치를 전달하고 이러한 가치가 어떻게 고객을 만족하게 할 것인가를 식스 시그마를 통하여 계획하게 되었다.

(4) 개선을 가속한다.

매년 개선 목표를 설정하여 조직 내에서 경쟁하도록 만들었다. 또한, 고객의 기대도 상승하였다. 훈련과 아이디어를 도출하여 식스 시그마를 추진하였다.

(5) 목표를 수평적으로 공유한다.

학습조직에서와 같이 식스 시그마도 학습조직을 통하여 새로운 아이디어를 공유하고 창출하는 접근법이다. 식스 시그마는 조직학습 도구로서 중요한 역할을 한다. 프로세스 개선에서 전문 지식을 갖춘 벨트들이 관리하고 향상하는 식스 시그마의 방법은 짧은 학습곡선을 창출하고 아이디어를 신속하게 응용할 수 있다.

(6) 전략적 변화를 수행한다.

새로운 제품을 도입하고 새로운 사업을 시작하고, 새로운 시장에 진입하고, 새로운 조직을 얻는 것과 같이 한때 특별한 비즈니스 활동이었던 것들이 이제는 많은 기업들 사이에서 평범한 일이다. 기업들의 프로세스와 절차를 더 잘 이해해야만 21세기 비즈니스 성공이 요구할 커다란 변화를 수행할 수 있는 능력을 얻게 될 것이다.

3) 식스 시그마 경영의 주제 선정

경영혁신의 주제 선정은 새로운 것을 창출하고자 어려운 주제를 찾고자 한다. 그러나 식스 시그마는 완전한 새로운 것을 창출한 것이 아니라 현재의 경영방식에서 문제점을 찾아 현재의 방법을 접목하여 기업 내에서 단절된 아이디어와 도구를 연결하는 방법이다.

식스 시그마를 추진하기 위한 6가지 주제를 통하여 식스 시그마를 기업에 어떻게 접목하는지를 알아볼 수 있다(신완선 외 2002).

(1) 고객에 대한 진정한 관심

식스 시그마 경영은 고객을 최우선으로 한다. 식스 시그마 성과 측정 역시 고객만족으로부터 시작한다. 또한, 개선의 초점도 고객의 요구사항과 성과에 미치는 영향력으로 정의한다. 따라서 어떻게 고객의 요구사항을 정의하고, 성과를 측정하고, 고객을 위한 새로운 개발과 최고의 위치에 머물 것 인가를 찾는 것이다.

(2) 데이터에 의한 경영

식스 시그마는 사실에 의한 경영이다. 식스 시그마는 기업의 사실적인 데이터를 분석하여 핵심 변수를 구축하고 결과를 최적화하는 것이다.

(3) 프로세스 지향, 관리 그리고 개선

기업을 운영하는 데는 프로세스가 있다. 제품과 서비스를 생산하고 기업의 성과를 측정하고, 고객만족을 향상하기 위한 프로세스는 식스 시그마 성공의 핵심 수단이다.

(4) 순향(順向 : Proactive Management) 경영

순향적이란 먼저의 학습이 다음 학습에 영향을 주는 것으로서 순향적 경영은 무시되었던 것을 사업에 적용하여 실천하는 것이다. 지루해지거나 지나치게 분석하려는 것과는 달리 순향적 경영은 실제적인 창의성과 효과적인 변화를 위한 출발점이다.

(5) 벽 없는 협력

조직의 상하부와 조직 내에 만연한 장벽을 없애고 팀워크를 향상하는 경영기법이 식스 시그마이다. 식스 시그마는 구성원 간의 협력을 통하여 프로세스 내에서 상호 의존하고 협력하여 기회를 확장해 나가는 것으로 기업의 목표를 위하여 프로세스를 이용하여 경영구조를 창출하는 것이다.

(6) 완벽한 추진과 실패에 대한 용인

새로운 아이디어를 시노하지 않고 식스 시그마에 도달할 수 없다. 고객을 위하여 더 좋은 서비스와 낮은 비용, 새로운 능력을 달성하기 위하여 식스 시그마를 추진할 때 조직원은 실수를 두려워할 것이다. 따라서 식스 시그마의 핵심은 실수를 기꺼이 용인하는 반면 더욱 완벽한 프로세스를 추진하기 위하여 지속해서 노력한다.

〈표 4-2〉 기존의 품질관리와 식스 시그마의 차이점

구분	기존의 품질관리	식스 시그마 품질관리
기본관점	조직의 관점	고객만족 중심
추진자	현장 담당자 중심	사내 전문가 중심으로 품질 개선
적용 범위	생산 공정의 실수나 오차	조직 전체의 Total Process, 구매, 서비스, 마케팅 등.
개신방법	임기응변적 대처	경영 프로세스의 총체적 설계
품질 수준	현상의 품질	경영의 품질
목표	생산 공정의 만족	고객만족
측정지표	불량률(%)	시스마 수준
추진방법	하위상달 방식	상위하달 방식

출처 : 문혜란 외(2004), 「6시그마 정도관리」.

4. 식스 시그마로 가는 길

고객에 대한 지식과 효과적인 측성은 식스 시그마의 3엔진과 함께 식스 시그마의 중요한 연료이다. 이 모든 것은 조직의 프로세스 집중되며, 이 세 가지 요소들의 연관은 식스 시그마가 가져온 가장 중요한 혁신 중의 하나이다. 이 세 부분은 프로세스 개선, 프로세스 설계/재설계, 프로세스 매니지먼트이다(Peter S, Pende et al., 2002).

1) 프로세스 개선

[그림 4-1] 식스 시그마의 3엔진

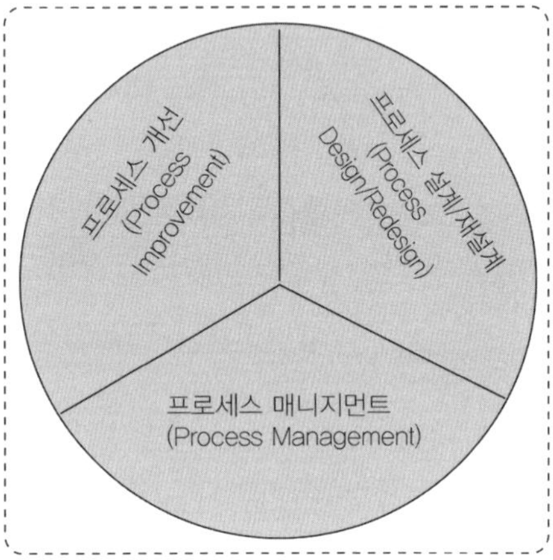

프로세스 개선이란 기업의 프로세스에 이미 존재하고 있는 경영의 문제점의 근본 원인을 찾아내어 이를 제거하기 위한 해결 방안을 모색하는 전략을 말한다. 프로세스 개선 노력이란 기본적인 프로세스는 현재의 경영방법대로 추진하고 프로세스의 변동 원인을 제거함으로써 문제를 고치는 것을 말한다. 프로세스 개선팀은 프로세스에 의해 발생하는 원치 않는 Y(결함)를 만들어 내는 결정적인 X(원인)를 찾는 것이다. X는 문제의 원인이나 비즈니스 프로세스에 영향을 미치는 요인을 말하며, Y는 프로세스의 결과로써 식스 시그마 경영을 추진하면서 성취하고자 하는 결과를 Y로, 이러한 성취하고자 하는 결과에 영향을 미치는 요인 X들을 인식하는 것을 말한다.

프로세스 개선팀은 문제를 공략하기 위해 5가지 단계를 밟는다.

(1) 정의(Define)

문제점과 고객이 원하는 것을 정의한다.
중요한 것이 무엇인지 문제를 정의한다.

(2) 측정(Measure)

결함과 프로세스의 운영을 측정한다.
어떻게 실행할 것인가를 측정한다.

(3) 분석(Analyze)

데이터를 분석하고 문제의 원인을 발견한다.
잘못된 것이 무엇인가를 분석한다.

(4) 개선(Improve)

결함의 원인을 제거해 프로세스를 개선한다.

(5) 관리(Control)

결함이 다시 재발하지 않도록 프로세스를 관리한다.

2) 프로세스 설계/재설계

프로세스 설계/재설계는 핵심 프로세스를 단순히 고치는 단계가 아니라 전면적으로 재개편이 필요하거나 고객의 요구 품질 수준을 프로세스를 일부 개선하여 달성하기 어려울 경우와 새로운 제품이나 서비스를 제공할 때는 프로세스 설계/재설계가 필요하다.

프로세스 설계/재설계는 일반적으로 프로세스 개선보다는 시간이 오래 걸린다. 이는 새로운 제품이나 서비스를 위하여 새로운 프로세스를 만드는 것으로 기존의 프로세스 개선보다는 실패의 위험도 크다.

3) 프로세스 매니지먼트

프로세스 매니지먼트는 프로세스 개선을 통하여 나타난 식스 시그마 성과를 전체 조직에 전파하기 위한 것으로 프로세스 매니지먼트는 서로 다른 부서 간에 개별적인 기능들을 관리하는 것이 아니라 전 조직의 프로세스를 동시에 관리하는 것이다.

프로세스 매니지먼트는 조직이 구조화되고 관리되는 방식에 대한 근본적인 변화를 요구하기 때문에 식스 시그마의 세 가지 전략 중 가장 숙달하기 어려운 것이기도 하다. 그런데도 프로세스 매니지먼트가 없으면 식스 시그마는 추진할 수가 없다. 프로세스 매니지먼트는 다음과 같은 것이 포함되어 있다(Peter S, Pende et al., 2002).

① 프로세스, 고객들의 주요 요구사항, 프로세스의 책임자를 정한다.
② 고객 요구 사항과 주요 프로세스 지수를 측정한다.
③ 데이터를 분석하여 측정 기준의 수준을 높이고 프로세스 매니지먼트 메커니즘을 보강한다.

〈표 4-3〉 개선 프로세스와 설계프로세스의 비교

구분	식스 시그마 개선 프로세스	프로세스 설계/재설계
1. 정의	- 문제를 파악한다. - 요구사항을 정의한다. - 목표를 정한다.	- 특정 또는 전반적인 문제를 파악한다. - 목표를 정의한다. - 비전을 변화시킨다. - 범위와 고객요구 사항을 명백하게 한다.
2. 측정	- 문제/프로세스를 확인한다. - 문제/목표를 정의한다. - 핵심단계/인풋을 측정한다.	- 요구 사항에 대한 성과를 측정한다. - 프로세스 효율성 자료를 수집한다.
3. 분석	- 원인 가설을 개발한다. - 중요한 소수의 근본 원인을 파악하라. - 가설을 확인하라.	- 베스트 프랙티스를 파악한다. - 프로세스 설계를 평가한다. • 부가가치/비부가가치 • 병목/단절 • 교체경로 - 요구사항을 보강한다.
4. 개선	- 근본 원인을 제거하기 위해 아이디어를 개발한다. - 해결방안을 시험한다. - 해결방안을 표준화한다. - 결과를 측정한다.	- 새로운 프로세스를 설계한다. • 가정에 도전한다. • 창의력을 쏟아 붓는다. • 워크폴로우 원칙 - 새로운 프로세스, 구조, 시스템을 구현한다.
5. 관리	- 성과를 유지하기 위해 표준을 확립한다. - 필요에 따라 문제를 수정한다.	- 측정기준을 확립하고, 성과 유지를 위해 재검토한다. - 필요에 따라 문제를 수정한다.

출처 : Peter S, Pende et al.,(2002), 「The Six Sigma Way」.

④ 인풋/운영/아웃풋을 지속적으로 모니터링하여 성과를 통제하고 문제점들과 프로세스 변동들에 재빨리 대응한다.

5. 식스 시그마 로드맵

식스 시그마를 추진하기 위하여 이상적인 로드맵을 구축하는 방법으로써 식스 시그마 개선을 뒷받침하여 주고 유지해주기 위한 기초를 구축한다. 로드맵의 특징은 다음과 같다(신완선 외, 2004).

① 프로세스와 고객들의 상호 연관된 시스템으로써 비즈니스에 대해 보다 명확한 이해

② 식스 시그마 개선으로부터 가능한 가장 많은 양의 혜택을 얻기 위한 보다 나은 의사 결정과 자원의 이용

③ 중요한 데이터와 프로젝트의 선정으로 인한 개선 사이클

④ 식스 시그마 이점에 대한 정확한 확인-비용, 결점, 고객만족 또는 기타 규준들

⑤ 변화를 지원해 주고 결과를 유지하기 위한 더욱 강력한 인프라(infrastructure) 구축

1) 1단계 : 핵심 프로세스와 중요 고객 파악

세계화되어감에 따라 제품과 서비스는 다양화되어 경영 프로세스를 수행하는데 필요한 전략을 수립하는 데 어려움이 있다. 제1단계는 기업의 중요한 프로세스를 정의하고 광범위한 경영 초점을 명확히 하는 데 있다.

〈표 4-4〉 제1단계의 개요

목 표	산 출 물
조직의 가장 중요한 수평 기능 활동에 대해 그리고 그것들이 외부 고객들과 접하는 방법에 대해 명확한 '큰 그림'을 가지고 이해를 한다.	다음과 같은 세 가지 질문에 의해 유도된 당신의 조직에서 가치 전달 활동에 대한 '로드맵' 또는 목록 ① 우리의 핵심 또는 부가가치의 프로세스는 무엇인가? ② 우리는 고객들에게 어떠한 제품과 서비스를 제공하는가? ③ 프로세스들은 조직을 통해 어떻게 흐르는가?

출처 : Peter S, Pende et al.,(2002), The Six Sigma Way.

2) 2단계 : 고객의 요구사항을 정의

식스 시그마를 추진하게 되면 경영자는 진정으로 고객을 이해하지 못하였다는 것을 느끼게 된다. 이 처럼 식스 시그마는 진정으로 고객의 요구사항을 알아내는 것으로 식스 시그마의 도전적인 측면이다. 만약 고객의 욕구 사항을 모른다면 경영혁신을 추진할 이유가 없다.

기업이 경영혁신을 추진하기 이전에 기업의 문제에 빠져서 헤쳐 나오지 못한 것은 고객을 위한 서비스를 하고 고객이 무엇을 원하는지를 명확히 알고 있다고 판단하고 있었기 때문이다. 그러나 기업은 고객의 변화 요구를 파악하지 못하고 시장의 대응을 하지 못하였다고 볼 수 있다.

〈표 4-5〉 제2단계의 개요

목 표	산 출 물
1. 프로세스 효과성/능력이 정확하게 측정될 수 있도록 그리고 고객만족이 예측될 수 있게 하려고 고객 인풋에 근거한 성과 기준을 확립한다. 2. 계속되는 '고객 소리' 자료 수집에 이바지하는 시스템 전략을 개발하거나 향상한다.	각 아웃풋과 프로세스에 대한 고객만족을 끌어내는 요소들에 대한 명확하고 완벽한 설명(두 개의 핵심범주에 있어서 '요구사항', 또는 '규격') ① 고객에게 유효한 최종 생산물이나 서비스에 묶여있는 '아웃풋 요구사항'(품질 대가들이 '사용에 적합한 것'이라고 부르는 것) ② 조직이 어떻게 고객과 상호 작용하는지를 설명하고 있는 '서비스요구 사항'

출처 : Peter S, Pende et al.,(2002), The Six Sigma Way.

3) 3단계 : 현재 성과측정

전 단계에서 고객의 요구사항을 파악하였다면 3단계에서는 이러한 고객의 요구사항에 맞는 프로세스를 개발하여 어떻게 전달할 것인가를 정의하는 단계이다.

〈표 4-6〉 제3단계의 개요

목 표	산 출 물
정의할 수 있는 고객의 요구사항에 대한 각 프로세스의 성과를 정확하게 평가한다. 그리고 아웃풋 산출과 서비스 특성을 측정하기 위한 시스템을 확립한다.	① 기준 측정-현행/최근 프로세스 성과의 전략적 평가 ② 능력 측정-요구 사항을 전달하기 위한 현행 프로세스/아웃풋의 능력에 대한 평가. 여기에는 매우 다양한 프로세스의 비교를 허용하는 각 프로세스에 대한 '시그마'점수가 포함된다. ③ 측정 시스템-고객 집중성과 기준에 대한 계속되는 측정을 위한 새로운, 또는 향상된 방법들과 자원들

출처 : Peter S, Pende et al.,(2002), The Six Sigma Way.

4) 4단계 : 프로세스 개선

이 단계에서는 문제점과 결점을 제거하고 프로세스를 향상하기 위한 최적의 개선방법을 도출하는 데 있다. 식스 시그마는 기업의 복잡한 경영상 문제점이나 단순한 프로세스의 결점을 개선하는데 모두 사용된다.

〈표 4-7〉 제4단계의 개요

목 표	산 출 물
높은 잠재적 개선 기회를 파악하고 사실 분석과 창의적 사고가 뒷받침되는 프로세스 지향적 해결 방법을 개발한다. 또한, 새로운 해결방안과 프로세스를 효과적으로 수행하고 측정할 수 있고 지속적인 수익을 제공한다.	① 개선 우선순위, 핵심역량과 실행 가능성에 근거하여 평가된 잠재적 식스 시그마 프로젝트 ② 프로세스 개선, 특정 근본 원인을 목표로 한 해결방안(즉, '지속적인', 또는 '점진적인' 개선) ③ 새로운 또는 재설계된 프로세스, 새로운 기술과 통합하거나 속도, 정확성, 비용 성과 등에 있어서 극적으로 증가하여 새로운 요구 사항을 만족시키기 위해 만들어진 새로운 활동이나 작업 흐름(즉, 식스 시그마 설계, 또는 비즈니스 프로세스 재설계)

출처 : Peter S, Pende et al.,(2002), The Six Sigma Way.

5) 5단계 : 장기적 비전을 구축

식스 시그마의 개선 프로젝트는 장기적인 실행을 통하여 달성될 수 있다. 식스 시그마 경영은 장기적인 관점에서 추진하여야 성과를 거둘 수 있다. 식스 시그마를 추진한 기업과 추진하지 않은 기업의 차이점은 고객과 의사소통 및 피드백, 핵심의 변동을 추적하는 측정 시스템, 고객욕구를 만족시키기 위한 새로운 프로세스 및 제품과 서비스의 개발에서 차이를 보이게 된다.

〈표 4-8〉 제5단계의 개요

목 표	산 출 물
성과 향상을 도출하고 지속적인 측정, 재검토, 제품과 서비스 프로세스, 절차의 갱신을 확실히 해 주는 계속되는 비즈니스 실행을 시도한다. 제5단계는 당신의 조직이 식스 시그마 조직의 비전을 달성하기 위해 열심히 노력하는 단계이다.	① 프로세스 통제, 성과 개선을 유지하기 위한 측정과 감시 ② 프로세스 책임과 관리, 고객의 소리, 시장의 소리, 종업원의 소리, 프로세스 측정 시스템으로부터의 투입과 함께 지원 프로세스의 수평 기능 감독 ③ 반응 계획, 전략, 제품/서비스, 그리고 프로세스를 채택하기 위한 핵심 정보에 근거한 활동 메커니즘 ④ 식스 시그마 '문화', 일상적 비즈니스 환경의 중요한 부분을 위한 식스 시그마 주제들과 도구들과 함께 지속적 갱신을 위해 배치된 조직

출처 : Peter S, Pende et al.,(2002), The Six Sigma Way.

제2절 식스 시그마 조직구성

1. 식스 시그마 전문가 구성

식스 시그마는 단순히 데이터 분석 도구나, 결함 계산 방법만은 아니다. 또한, 팀 만들기에 관한 것도 아니다. 팀이란 마치 공사에 들어간 건물 주위에 발판을 만드는 것과 마찬가지로 조직의 재설계를 도와줄 수 있도록 고안된 하부구조 일부가 되어야 한다. 이러한 혁신 구조를 이해하는 한 가지 방법은 식스 시그마 조직을 발전시키는 데 참여하고 있는 사람들의 역할을 검토하는 것이다. 반드시 개발되어야 하는 일곱 가지 기능과 역할은 다음과 같다(Peter S, Pende et al., 2002).

1) 팀 구성원

일반적으로 검토되고 있는 프로세스 업무를 담당하기 위해 선발된 팀 구성원들은 온 힘을 모아서 서로 협력해야 하며, 필요한 데이터를 분석하여 개선해야 한다.

① 팀 작업에 적극적으로 참여한다.

② 자료 수집과 분석에 필요한 지시 사항들을 실행한다.

③ 다른 사람들의 말을 귀담아 듣고 토론이나 결정, 계획 등에 관한 좋은 회의 기술들을 연마한다.

④ 할당된 과제물을 완성하고 그 결과를 팀에 와서 발표한다.

⑤ 수시로 팀 노력을 검토하고 회의 프로세스를 개선한다.

2) 팀 구성원 선발 요령

한 명의 팀 대표에 4~5명 정도의 구성원이 있는 것이 적당하다.

① 프로세스, 제품, 고객에 대해서 잘 알고 있어야 한다.

② 문제점이나 프로세스에 관한 데이터에 접근할 수 있는 능력이 있어야 한다.

③ 팀의 다른 구성원들과 기꺼이 상호 협력하여 일할 수 있어야 한다.

④ 일주일에 서너 시간은 자료 수집과 팀 회의에 바칠 수 있는 능력이 있어야 한다.

⑤ 현상 유지되는 것들에 도전할 수 있는 자질을 갖추어야 한다.

3) 프로세스 책임자

프로세스 책임자는 보통 특정 기능을 담당하는 관리자가 된다. 이들은 개선팀이 만들어 낸 해결방안을 수용하고 개선된 프로세스를 관리하고 책임을 지는 책임자의 역할을 담당하게 된다.

결과적으로 식스 시그마가 발전해 가고 조직이 진화해 감에 따라 직무에 맞춰지던 초점은 점차 핵심 프로세스들에 맞춰지게 될 것이다. 그렇게 되면 프로세스 책임자의 업무도 프로세스를 전 조직에 걸쳐 처음부터 끝까지 관리하는 일이 될 것이다. 프로세스 책임자는 식스 시그마를 하는 조직에서 서서히 출현하게 된다. 프로세스 책임자의 권한은 프로세스 매니지먼트가 조직의 비즈니스 방법으로 선택되어 완전히 구현된 조직에서만 의미가 있다.

2. 벨트 제도와 역할

식스 시그마 조직 내에서 특별한 역할을 지칭하는 벨트 제도는 일본의 가라테 무술의 단수에서 영감을 받아 만들어진 것들로 각 벨트 제도에 따라 교육과 훈련을 받고 프로젝트 수행에서 역할을 담당하게 된다.

[그림 4-2] 식스 시그마 조직도 사례

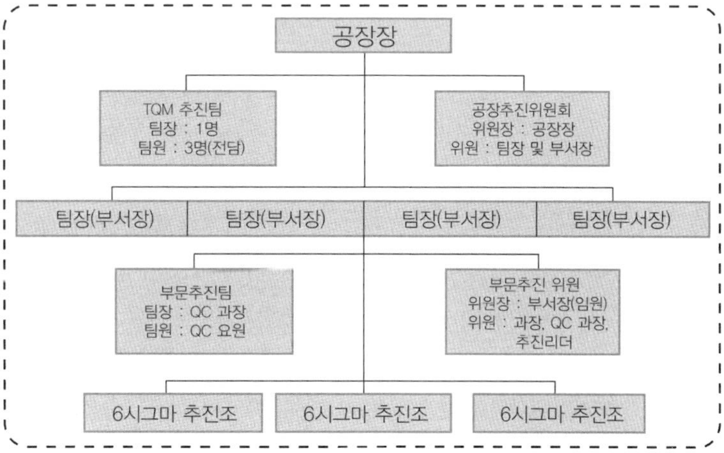

[그림 4-2]의 식스 시그마 조직도 사례에서는 공장장을 중심으로 식스 시그마 혁신을 추진한다. 사례의 조직도에서는 TQM 추진팀과 공장 추진 위원회는 매월 1회 추진실적 및 과정을 토의하고 문제점에 대해 개선 방안을 모

색한다. 또한, 부문 추진팀과 부문 추진위원회는 매주 1회 추진실적 및 과정을 토의하고 문제점에 대한 개선방안을 찾는다. 여기서 TQM 추진팀은 전사적 식스 시그마 운동을 총괄 기획하고 실행 상황을 점검하여 전사 및 공장 추진 위원회에 보고한다. 부문 추진팀은 부서별 식스 시그마 활동 실적을 점검하고 매주 과정 및 실적을 취합 후 TQM 추진팀에 보고한다.

1) 챔피언(champion)

챔피언은 각 사업부 책임자들이 그 임무를 수행한다. 챔피언은 식스 시그마 활동을 위한 챔피언 역할, 프로젝트 선정방법, 블랙벨트와 그린벨트 선정방법, 기본적인 식스 시그마 추진 기법들을 알아야 하고 식스 시그마 활동에 대한 주기적인 점검과 블랙벨트 및 그린벨트의 프로젝트 진행을 지원하고 추진상의 장애를 제거해 주는 역할을 한다. 챔피언의 주요 역할은 다음과 같다(문혜란 외, 2004).

① 프로젝트의 선정 및 진행상태의 확인
② 블랙벨트와 그린벨트를 선정하고 프로젝트의 성공적 수행을 독려한다.
③ 각 부서원의 원활한 협조체계를 구축한다.
④ 프로젝트 추진상의 장애물을 제거한다.
⑤ 챔피언은 식스 시그마 활동을 주 업무로 하지 않고 지원한다.

2) 마스터 블랙벨트(master black belt : MBB)

식스 시그마 활동을 이끌어가는 역할을 하는 최고 전문가로 블랙벨트와 그린벨트를 지도하고 프로젝트 과정의 이론적, 실무적인 문제를 해결해 주는 역할을 한다. 식스 시그마에 대한 해박한 이론적 지식과 각 벨트의 인력개발 의지와 지도능력 그리고 현장의 문제 해결 능력을 갖추어야 한다. 마스터 블랙벨트의 역할은 다음과 같다(문혜란 외, 2004).

① 블랙벨트의 프로젝트의 수행에 대한 자문과 지도
② 문제 해결 과정에서 발생하는 모든 실수를 해결하고 지원
③ 각종 기법과 교육 자료의 개발

3) 블랙벨트(black belt : BB)

팀 리더 혹은 프로젝트 리더는 프로젝트에서 반복적으로 이루어지는 업무와 그 결과에 대해 일차적으로 책임져야 하는 사람이다. 블랙벨트의 임무는 코치의 임무와

거의 흡사하지만 블랙벨트는 구체적인 팀 하나만을 상대한다는 점에서 다르다(Peter S, Pende et al., 2002).

① 프로젝트의 이론적 근거를 검토하고 수정하고 명확히 한다.
② 팀 구성원들과 협력하여 팀의 방향과 실행계획을 개발하고 업데이트한다.
③ 팀 구성원들을 직접 선발하거나 선발하는 것을 돕는다.
④ 팀에 사용될 자원이나 데이터를 파악하고 찾는다.
⑤ 팀 구성원들이 식스 시그마의 방법이나 도구를 배우고 직접 구현할 때 팀 구성원들에게 지원을 아끼지 않는다.
⑥ 회의 관리 기술이나 의사결정 전략 기획 도구와 같은 것을 사용함으로써 팀원들이 효과적으로 시간을 사용할 수 있도록 한다.
⑦ 프로젝트 일정을 계획대로 유지하도록 하고 프로젝트를 제시간에 끝낼 수 있도록 팀을 독려한다.
⑧ 새로운 해결 방안이나 프로세스가 현재 진행 중인 업무에도 전이될 수 있도록 지원한다.
⑨ 프로젝트에 대한 최종 결과 보고서를 작성하고 스토리보드를 만들어 팀의 업무와 결과를 보여준다.

4) 그린벨트(greenbelt : GB)

그린벨트는 식스 시그마를 추진하는 최일선의 실무자로 블랙벨트가 주도하는 추진팀의 팀원이다. 그린벨트는 현업에서 업무를 수행하면서 식스 시그마 활동에 참여한다. 식스 시그마 프로젝트에 대해 블랙벨트들의 작업 범위의 연장선에 있는 사람들이다. 특정 분야에 파트타임으로 참여하며, 자신들의 소규모 프로젝트에 참여한다.

5) 화이트벨트(white belt : WB)

화이트벨트는 현업에서 업무를 담당하면서 식스 시그마 프로젝트 수행에 참여하는 조직원으로서 개선에 직접 참여한다. 프로젝트와 관련된 파트타임 프로세스에 그리고 부서를 뛰어넘어 지원을 제공할 수 있도록 기본적인 식스 시그마 훈련을 받는다. 이들은 블랙벨트의 지도하에 식스 시그마 프로젝트에 의해 창출된 결과를 유지할 수 있도록 협력할 뿐만 아니라 데이터를 수집하고 분석한다. 프로젝트 팀원들은 프로젝트에 파트타임으로 일할 수도 있고, 프로세스와 직접 또는 간접적으로 관련된 분야에 대해 경험을 공유할 수도 있다.

[사례]

- 판매량이 3/4분기 동안 계속해서 지난해 수준을 훨씬 밑돌아 현금흐름이 사상 최저치를 기록했다.
- 고성능 제품의 판매가 지난해 이래로 20% 감소함에 따라 현금흐름이 급격히 감소하는 원인이 되고 있다.

문제점 진술서는 다음의 질문에 대한 답변으로 구체화한다.

- 무엇이 잘못되었는가?
- 문제가 어디서 나타났는가?
- 문제가 얼마나 큰가?
- 문제가 비즈니스에 미친 타격은 무엇인가?

〈표 4-9〉 식스 시그마 벨트자격 기준 사례

구 분	교육훈련 이수	과제 해결	과제지도
화이트벨트	- 시험평가 점수 : 60점 이상 - 출석률 : 70% 이상		
그린벨트	- 시험평가 점수 : 70점 이상 - 출석률 : 80% 이상	- BB과제 : 1건/년 이상	
블랙벨트	- 시험평가 점수 : 70점 이상 - 출석률 : 80% 이상	- BB과제 : 2건/년 이상 - GB, BB 교육훈련 각 5명 이상	- 1건/년 이상

제3절 식스 시그마 추진

1. 정의 단계(Define)

정의 단계에서 문제 진술서나 목표를 보강하고 조사 중인 프로세스와 관련이 있는 고객을 파악하며 고객의 요구사항을 정의하고 프로젝트를 어떻게 완수할 것인가에 대해 기록한다. 정의 단계에서는 주요 고객과 고객의 요구사항(CTQ)을 정의하고 개선 대상의 프로세스를 선정한다.

〈표 4-10〉 서비스 요구사항 및 아웃풋 요구사항의 사례

서비스 요구사항		아웃풋 요구 사항	
프로세스	일반적인 요구 사항	아웃풋	일반적인 요구 사항
자동차 판매/구매 프로세스	• (2분 이내에) 관심을 촉발한다. • 압박감을 주지 않는다(고객을 10분마다 점검한다). • 시범 운전을 해볼 수 있는 능력(모든 차가 시범 운행이 가능한 상태로 준비되어 있다).	자동차	• 엔진이 0.5초 이내에 시동이 걸린다. • 연비 능력이 등급과 같거나 더 좋다. • 자동차 잠금장치가 제대로 작동한다.
담보 대출 신청/승인 프로세스	• 고객의 일정에 따라 대출 양식을 완성해 준다. • 신청에 필요한 문서들을 체크 목록에 포함한다. • 15일 이내에 신청자에게 결과를 통보한다.	담보 대출	• 에스크로우(escrow)가 종료되자마자 대금 거래가 완료되었다. • 대출서류에 있는 날짜를 정확히 지킨다. • 유리한 이자율
도매 패키지 음식 주문 프로세스	• 고객 친화적인 주문 프로세스(팩스 양식을 사용할 수 있음). • 고객에게 언제 선적된 물건이 부두를 떠나는지 통보한다(전화 팩스). • 사후 조사를 통해 고객들이 주문에 만족하고 있는지 확인한다(제시간에 도착했는지 손상된 제품은 없는지 등).	포장 식품의 선적	• 고객이 요청한 날짜까지는 배달한다. • 팔레트(pallet)를 이용한 선적 시스템을 이용 • 하자 없는(손상 없는) 제품

출처 : Peter S, Pende et al., (2002), The Six Sigma Way.

〈표 4-11〉 고객의 요구사항 기술 사례

잘못된 사례	잘된 사례
- 신속한 배달	- 구매 주문 영수증 접수일로부터 영업일 3일 이내 배달 완료 한다(구매주문은 반드시 오후 3시 이전에 접수해야 한다).
- 모든 환자를 내 가족처럼 대한다.	- 입구에서 대기실로 들어오는 20초 동안에 환자를 만나 인사를 나눈다. - 모든 환자를 "씨"라는 호칭으로 정중하게 부른다. - 환자의 허락이 있다면 편하게 이름을 부른다.
- 제품을 조립하기 쉽게 만들고 전문적인 기술이 많이 필요하지 않게끔 한다.	- 1,200모델 자전거들은 어느 성인이 조립하더라도 15분 이내에 할 수 있어야 하고, 스패너와 십자드라이버만 사용해도 아무런 문제 없이 조립할 수 있어야 한다.

출처 : Peter S, Pende et al., (2002), The Six Sigma Way.

〈표 4-12〉 프로젝트 워크시트 사례

<table>
<tr><th colspan="2">DMAIC 프로젝트 현장 워크시트</th></tr>
<tr><td>프로젝트 제목: 멍 자국을 없애자 개선팀</td><td rowspan="2">팀 구성원
블랙벨트 : 수잔 테라곤
그린벨트 : 냇 콜린스, 트레이 브루맨, 로스코 스미스, 앨리 스미스</td></tr>
<tr><td>프로젝트 리더: 아이리스 워싱턴 팀리더</td></tr>
<tr><td>비즈니스 케이스
로버카는 미드웨스트오토의 중요한 틈새시장이다. 스탬핑 공정의 문제로 인한 반품 환급 비용이 한 달에 약 15만 달러에 달한다. 판매 손실로 인한 비용은 알 수 없는 상태이다.</td><td rowspan="2">목표 진술서
2018년 10월 15일까지 멍 자국의 수를 스펙 수준, 혹은 문짝당 3 미만으로 줄인다.</td></tr>
<tr><td>문제점/기회 진술서
로보카 문짝에 나타난 멍 자국은 지난 6개월간 평균 2개에서 3개였던 것이 18개까지 많이 증가했다. 일단 문에 페인트 작업이 끝나면 이 멍 자국은 더욱 선명해지기 때문에 점점 더 많은 반품이 돌아오고 있다. 더욱이 미처 찾아내지 못한 멍 자국이 전시장에서 발견되어 로버카 차량판매에 타격을 주고 있다.</td></tr>
<tr><td>프로젝트 범위, 제약, 가정
새로 장비를 사거나 그 공정에 새로 직원들을 투입할 계획은 없다. 챔피언과 논의한 후에 좋은 데이터들을 수집해 사용하기만 한다면 팀에서는 모든 결정에 대해 권한을 가질 수 있다.</td><td>이해관계자
팀 후원 : 제리 트라비아노
운영진 : 자재구매자, 스탬핑 공정 전원</td></tr>
</table>

예비 계획	목표일	실제일
시작일	7월 7일	
정의	7월 15일	
측정	7월 29일	
분석	8월 26일	
개선	9월 23일	
관리	10월 15일	
완료일	10월 15일	

출처 : Peter S, Pende et al., (2002), The Six Sigma Way.

2. 측정 단계(Measurement)

측정은 식스 시그마로 가는 길에서 매우 중요한 전이 단계로서 문제점을 정교하게 다듬고 근원적인 원인 규명을 시작하는 데 도움을 준다. 어떤 척도를 사용할 것인가를 결정하는 것이 어려운데, 특히 DMAIC을 처음 시작한 팀의 경우가 그럴 것이다. 처음에는 그저 무엇을 어디서 측정할 것인가를 파악하는 데 있어 가정에 의존할 수밖에 없을지 모른다. 경험이 많아지면 프로세스는 어떻게 수행되고 있는가? 혹은 변동이 고객에 미치는 영향은 무엇인가? 이 문제의 원인은 어디에 있는가? 등과 같은 구체적인 문제를 답하기 위해서 어떤 종류의 자료(데이터)를 수집해야 하는지 잘 알 수 있게 될 것이다. 단, 어떤 데이터를 수집하든 간에 반드시 왜/어떻게 우리 팀의 프로세스가 고객의 요구사항을 만족하고 있는가? 혹은 만족하고 있지 않은가? 에 대해 해결의 실마리를 가져다줄 수 있는 데이터여야 한다. 측정의 기본 개념은 다음과 같다(Peter S, Pende et al., 2002).

[기본적인 측정의 개념]

① 관찰을 먼저 하고 측정은 나음에 한다.
② 이산형 척도와 연속형 척도의 차이점에 대해 이해한다.
③ 근거를 찾기 위한 척도
④ 측정 프로세스를 마련한다.

[그림 4-3] 분석을 위한 파레토 부석 사례

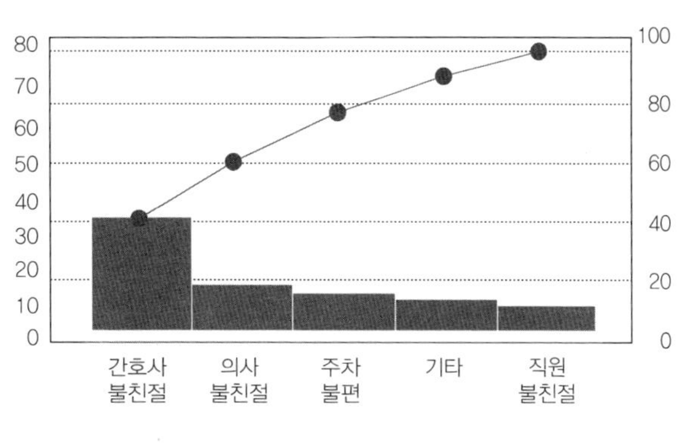

〈표 4-13〉 시그마 계산 워크시트

시그마 계산 워크 시트
프로세스의 시그마 수준은 여러 가지 방법으로 결정될 수 있다. 아래에 제시된 단계들은 프로세스의 끝에 나타난 결함의 수를 토대로 한 가장 간단한 방법이다(일반적으로 '프로세스 시그마'라고 한다).
1단계 : 프로세스, 단위, 요구 사항들을 선택한다. ➢ 평가하고자 하는 프로세스를 확인한다 ………… (프로세스) ➢ 프로세스가 생산하는 것 중에 가장 주요한 것은 무엇인가? ………… (단위) ➢ 단위에 있어 고객의 주요 요구 사항은 무엇인가? ………… (요구사항)
2단계 : 결함과 기회의 수를 정의한다. ➢ 위에 기술된 요구사항을 토대로 단일 단위에 있을 수 있는 모든 가능한 결함들의 목록을 적고, 결함은 반드시 객관적으로 파악할 수 있게 한다. ………… (결함) ➢ 단일 단위에서 얼마나 많은 결함이 발견되었는가? ………… (기회)
3단계 : 데이터를 수집하고 DPMO를 계산한다. ➢ 프로세스 마지막 자료를 수집한다 …………(세어본 단위 수)(총결함 수) ➢ 수집된 자료에서 기회가 총 얼마인지를 결정한다. 세어본 단위 수 × 기회 = ………… (총 기회) ➢ 100만 번의 기회당 결함 수를 계산한다. 세어 본 결함 수 / 총 기회 × 10^6 = ………… (DPMO)
4단계 : DPMO를 시그마로 전환한다. ➢ 전환표를 사용하고 측정된 시그마 수준을 적는다 ………… (시그마)

3. 분석 단계(Analysis)

분석 단계는 구체적인 문제점을 도출하기 위해서 개선 기회를 분석하여 쉽게 이해할 수 있도록 문제를 정의한다.

데이터의 분석은 결함의 원인에 관한 이론을 제시하거나 뒷받침해 주거나 혹은 거부하도록 하는 패턴이나 추세 기타 추세를 찾아내기 위해 수집한 데이터를 이용하는 것이며, 프로세스 분석은 사이클 타임이나 재작업, 중단, 기타 고객에게 부가가치가 없는 단계들을 파악하기 위해 고객이 원하는 요구사항을 제공해 주고 있는 기존의 주요 프로세스를 세밀하게 들여다보는 것이다.

분석은 논리적인 원인 분석을 통하여 결함을 가진 프로세스나 원료, 방법, 사람들과 기타의 것들 간에 차이나 변동 사항을 파악하는 데 도움이 될 만한 질문들을 만들어 내는 것이다(Peter S. Pende et al., 2002).

〈표 4-14〉 분석 툴 킷

	데이터 분석	프로세스 분석
탐색	접근법 : 측정 단계에서 여러 가지 방법을 사용해 수집된 데이터들을 검사하고 문제점의 근본 원인에 대한 단서를 발견한다.	접근법 : 프로세스에서 실제로 무슨 일이 일어나고 있는지를 포착하는 프로세스 맵이다.
	도구(tool) : 파레토, 런 챠트, 히스토그램	도구(tool) : 기본적인 프로우 차트, 전개 프로우챠트
가설도출	접근법 : 탐색 단계에서 알아낸 정보를 이용하여 결함 원인에 대한 아이디어를 도출한다.	접근법 : 프로세스 맵을 이용하여 어느 부문에서 프로세스 단계, 책임, 성과 등이 분명하지 않은가 혹은 아무런 부가가치도 생성하지 못하는가를 파악한다. 어느 단계가 가치를 부가하는지 혹은 단지 비용만 낭비하는지를 알아보기 위해 프로세스를 분석한다.
	도구(tool) : 브레인스투밍, 인과관계도표	도구(tool) . 브레인스토밍, 가치분석
원인증명	접근법 : 추가로 데이터를 수집하거나 시범 적용/실험을 거쳐 용의자들이 진짜 죄가 있는지를 알아낸다.	접근법 : 데이터를 모아 여러 곳으로 프로세스 단계에서 발생한 지체/시간 손실을 정량화한다. 심사숙고하여 프로세스를 변화시켜보고 파악된 문제점들이 사라졌는가를 살펴본다. 효과가 없는 경우에는 소규모로 다시 변화를 모색해 본다.
	도구(tool) : 산점도	도구(tool) : 자료(데이터)수집 도구, 프로세스 맵 및 문서기록

출처 : Peter S, Pende et al., (2002), The Six Sigma Way.

4. 개선 단계(Improvement)

혁신적인 프로세스를 개발하였어도 갑자기 조직에서 프로세스를 변화하기는 어렵다. 이러한 문제를 해소하기 위하여 프로세스의 개선은 문제의 근본 원인을 해결하고 프로젝트 현장의 목표에 충족되어야 한다. 또한, 많은 해결 방안을 도출하여 가장 효과적인 방안을 선택한다. 그리고 해결방안을 수행하는데 비용이 과다하게 들어서는 안 되며 선택된 프로세스의 효과성을 증명하여야 한다. 개선 단계는 다음의 절차를 거쳐 진행한다(Peter S, Pende et al., 2002).

1) 창의적 아이디어 도출

불가능할 것 같은 프로세스를 선택하여 가능하게 만들 필요가 있다. 브레인스토밍을 통하여 창의적인 아이디어를 도출한다.

2) 도출된 아이디어를 가공

브레인스토밍을 통하여 많은 아이디어를 얻으면 가능성 있는 실용적인 아이디어로 가공한다.

3) 해결 대안을 선택

일정한 과정을 거쳐 선택 사항 중에서 가장 우수한 것을 선택하는데 직감으로 결정하는 것보다는 일정 프로세스를 테스트하여보고 결정하는 것이 효과적이다.

4) 예상치 못한 문제점 개선

해결방안이 결정되면 시험 적용을 수행하여 예상치 못한 문제점을 개선하고 새로운 아이디어를 첨가하여 프로세스 개선에 확신이 있을 때 다음 단계로 시행한다.

5) 전사적 실행

개선된 프로세스를 전사적으로 추진하는데 다음의 절차에 따라 진행한다.

① 교육 : 새로운 프로세스에 대한 교육과 기존의 관습을 버림
② 문서기록 : 프로세스 맵 등에 관한 모든 문서를 기록한다.
③ 분쟁조정 : 책임 한계를 명확하게 규정하고 문제 발생 시 책임을 지고 해결한다.
④ 성과관리 : 프로젝트 결과에 대한 성과보수 등으로 보상한다.
⑤ 측정 : 프로젝트 결과를 측정하여 문서로 만든다.

5. 통제(Control)

개선 결과를 유지하고 새로운 목표를 설정하는 단계로서 개선 프로젝트가 만들어지고 그 결과가 문서로 만들어지고 나면 지속해서 반복해서 프로세스의 성과를 측정하고 데이터 측정으로 프로세스의 운영방법을 조정하는 것이 좋겠다는 결과가 나오거나 고객의 요구사항이 바뀌었을 때 프로세스 운영방안을 조정하는 것이다. 우리의 프로세스가 이 경지에 오르도록 하는 것이

바로 DMAIC의 존재 의미이기도 하다. 관리하려는 노력이 없다면 이미 개선된 프로세스라도 이전의 상태로 되돌아갈 것이며 우리가 이루어 냈다고 생각하는 것들을 모두 망가뜨리고 우리의 노고를 지워버릴 것이다.

〈표 4-15〉 식스 시그마의 적용 통계적 기법들

분류	기법	수행단계				
		정의	측정	분석	개선	관리
프로세스분석기법	QFD	○		○	○	
	프로세스 맵핑	○	○	○	○	
	자료 분석 기초도구	○	○	○	○	○
	신 품질 개선도구	○			○	
	아이디어 도출도구				○	○
	관리도법	○	○			
통계적 분석기법	시그마수준계산		○			
	표본조사 및 시장분석	○	○			
	추정 및 가설검정			○	○	
	상관관계분석			○	○	
	회귀분석			○	○	
	분산분석			○	○	
	판별분석			○	○	

제4절 블랙벨트의 추진단계

1. 블랙벨트의 목표 및 절차

블랙벨트의 추진단계는 다음의 그림〈표 4-16〉과 같은 절차로 추진되지만, 꼭 이 절차를 지키지는 않아도 된다. 절차 중에서 불필요한 과정은 사용하지 않아도 문제를 해결할 수 있다. 블랙벨트는 문제를 해결하는 능력을 키워야 하며 자신만의 노하우를 습득하여야 한다.

문제 해결은 과학적이면서 통계적인 기법을 사용하여 더욱 빠르게 원가절감을 하면서 문제를 해결할 수 있도록 프로젝트를 추진하여야 한다. 블랙벨트의 프로젝트 추진목표는 다음과 같다.

① 문제 해결을 위한 통계적이고 과학적인 지식을 향상한다.
② 통계적 기법을 숙지한다.
③ 문제를 체계적으로 개선한다.
④ 고객만족에 중점을 둔다.

〈표 4-16〉 블랙벨트 추진단계

1. Define	중요품질특성(CTQ)의 선정	• 고객 및 고객에게 제공되는 OUTPUT 파악 • CTQ의 y의 확인 • QFD를 통한 고객의 요구확인 • 도구 : FMEA, FTA
2. Define	중요공정의 확인	• 제품이나 서비스의 CTQ와 관련 프로세스 확인 • 불량원인을 파악 • 도구 : QA Matrix도, QC공정도, 프로세스맵핑
3. Define	과제선정	• CTQ 기준, 제품 기준 등에 따라 큰 문제의 프로젝트부터 선정 • 도구 : 공정 FMEA
4. Measure	품질 수준 확인	• CTQ의 y 수준확인 • 불량률의 확인
5. Measure	측정 시스템의 확인	• Gage R&R 테스트 • 필요 계측기기의 확보
6. Measure	공정능력 파악	• 공정해석(불안정, 중심이탈, 산포) • y에 대한 Cp, Cpk의 파악 및 시그마로 산출
7. Measure	개선 목표의 설정	• 시그마 목표치 설정
8. Analyze	공정 변수의 나열	• y에 영향을 미치는 공정 변수(Xi)를 파악함

		• 도구 : 브레인스토밍, 다이어그램, 공정도
9. Analyze	우선순위의 결정	• 다수의 공정 변수로부터 중요 변수를 파악함 • 도구 : 단순회귀분석, Contingency 표, 주관적 평가, 스크리닝 분석, 상관분석, 직교배열표, 일부실시법, Plackette-Burman 법, 다변량해석
10. Improve	평가	• y에 대한 주요효과 및 상호작용의 영향을 파악 • 최적의 setting 조건을 파악 • 개선 효과 예측 • 중요 변수 (Xi)간의 방정식파악 • 도구 : 요인실험, 다중회귀분석, 샤이닝 DEO, 다구찌 기법
11. Improve	최적화	• 중요 변수의 영향에 따른 최적 조건을 결정함 - 중요 변수는 규격 재설정(품질향상) - 중요하지 않은 변수는 규격 완화(비용 절감) • 도구 : 몬테칼로 모의실험, 반응표면실험
12. Control	중요 변수의 측정 시스템 검정	• Gage R&R 테스트 • 필요계측기 확보
13. Control	중요 변수의 관리능력 확인	• 중요 변수의 공정능력 확인 • Cp, Cpk의 파악 및 시그마 수준으로 환산
14. Control	중요 변수의 공정관리 시스템 확립	• 공정 변수의 관리방식 개선 - 영구적 해결책, 지속적 해결책
15. Control	효과파악 및 결과정리	• Q-Cost 관점에서 효과파악 - 결과정리

* FMEA(Failure Mode and Effect Analysis) : 고장상태 영향분석의 약자로 시스템을 구성하고 있는 부품들의 고장상태가 시스템과 타 부품에 미치는 영향, 고장 원인 등을 밑에서 위로 조사하는 방법

* COPQ : Cost of Poor Quality, CTQ : Critical to Quality, COQ : Cost of Quality, DPMO : Defect per Million Opportunity.

* Gage R & R : 측정 시스템 자체가 공정의 변동 값에 얼마나 영향을 주는지를 검토하는 방법이며, 측정의 반복성과 재현성으로 구성된다.

2. 정의 단계

1) 블랙벨트 1단계 : CTQ의 선정

(1) CTQ의 선정

CTQ(Critical to Quality)는 기대 품질에 치명적인 영향을 주는 요인으로 소비자의 요구품질이다. 즉, 고객이 평가하는 품질평가에서 가장 중시되는 요인을 말한다.

CTQ 선정은 고객으로부터 확인 및 요구를 우선으로 하며 고객에게 제공하는 결과(OUTPUT)을 파악한다. CTQ를 파악하는 방법으로는 QFD(Quality Function Deployment)를 통해 설계에서부터 고려된 CTQ를 찾아낸다. Green Belt 단계에서 파악한 공정의 FMEA(Failure Mode and Effect Analysis)에서 만성적인 문제가 CTQ가 된다.

(2) COPQ(Cost of Poor Quality)

부적합 품질로 인한 비용으로서 눈에 보이는 비용을 포함하여 경영 활동에 고려할 모든 현상을 말한다. 보통 정량적으로 파악할 수 없는 현상이 발생시키는 비용도 포함된다.

〈표 4-17〉 COPQ의 대표적 비용항목

• 수율 저하	• 운전비용 상승	• 설계변경지시에 따른 비용
• 고객의 불만 상승(PPM)	• 폐기 비용, 재작업 비용의 상승	• 사이클 타임의 장기화
• 품질비용의 상승	• 재고의 증가	• 과잉품질
• 제품 품질문제의 발생	• 사이클 타임의 증가	• 생산계획 변경
• 예측 불가능한 품질	• 예측 불가능한 제품 성능	• 운전자금의 증가
• 열악한 프로세스(Cp, Cpk)	• 능력의 제약	• 납품지연
• 계측된 시스템 에러	• 생산량의 증대	• 매출저하
• 고객에 대한 과거 부채 증대	• 사내에서 발견된 부적합 품질	• 브랜드 이미지의 손상
• 유지보수 비용 상승	• 사외에서 발견된 부적합품질	
• 기계 가동률의 저하	• 빈번한 라인 준비 교체의 발생	
• 가동 정지 시간의 발생	• 라인변경 준비 교체의 상승	

(3) QFD(Quality Function Deployment)

QFD는 고객의 요구사항을 제품의 기술특성으로 변환하고, 이를 다시 부품특성과 공정 특성, 그리고 생산에서 구체적인 시방과 활동으로 변환하여 고객의 요구사항을 만족시키면서 Time to Market과 Market Share를 확보하고자 하는 목적이다. 고객을 만족시킬 수 있는 제품이나 서비스의 품질을 명확히 한 후 이를 평가할 수 있는 품질특성의 원인을 관리하는 것이다.

〈표 4-4〉 품질의 집 정의

QFD의 정의

Quality	품질	고객의 요구사항으로 제품의 품질이나 속성
Function	기능	부서(마케팅, 엔지니어링, 제조 등)의 상이한 기능
Deployment	전개	미래의 사용을 위해 퍼뜨리는 것

(4) 품질의 집(House of Quality)

QFD는 고객의 요구를 기술적 요구로 변형시킴에 있어서 품질의 집이라는 잘 짜인 표를 이용한다. 품질의 집은 아래의 그림과 같이 여러 요소를 고려하여 각 설계

특성에 대한 목표치를 하나의 집과 같이 일목요연하게 나타낸 명세표라 할 수 있다.

〈표 4-5〉 품질의 집 프로세스

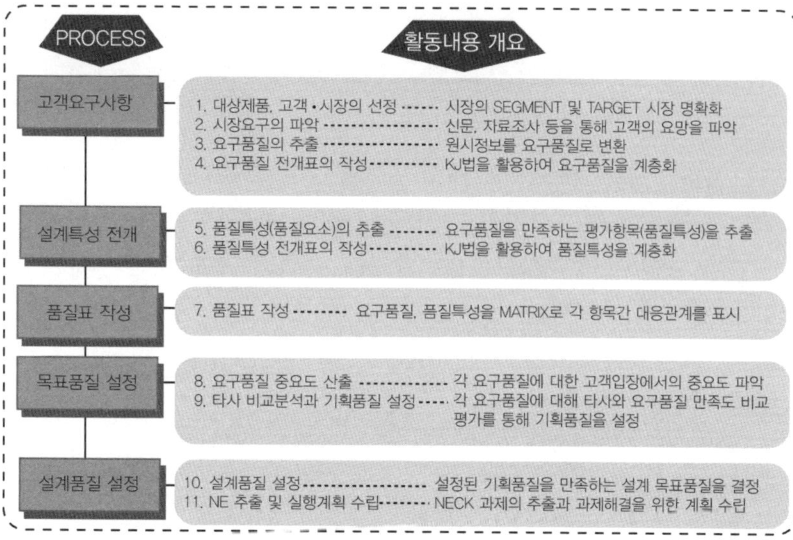

[그림 4-6] 품질의 집

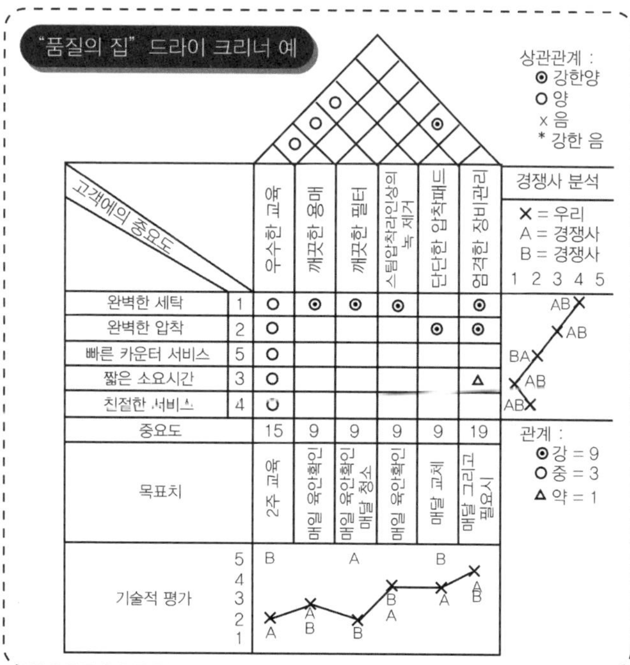

(5) QFD와 블랙벨트 단계와 연계

품질은 설계 때부터 만들어지며 식스 시그마 경영에서 QFD가 작성되어 있다면 QFD를 통하여 CTQ를 파악할 수 있다. CTQ를 찾아내는 방안의 하나로 QFD를 작성하기 때문이다. QFD는 자사의 제품뿐만 아니라 타사의 제품과도 비교평가가 가능하다. 또한, 고객이 요구하는 사항이 무엇인지를 발견할 수 있다.

제품이나 서비스에 대한 정보가 없으면 어느 정도의 수준에 맞게 공정을 개선해야 하는지 목표를 설정하기가 어렵다. 무조건 수준을 높게 잡게 되면 지나친 관리에 대한 부담이 생긴다. 제품이나 서비스의 설계에 대한 체계적인 노하우를 QFD를 통하여 수립할 수 있다.

〈표 4-20〉 QFD 전개과정

단계		추진업무
품질전개	1단계	원시데이터 수집
	2단계	요구품질로 변환
	3단계	요구품질 전개표 작성
	4단계	품질특성(요소) 전개표 작성
	5단계	품질표 작성
	6단계	요구품질 중요도 산출
	7단계	기획품질의 설정
	8단계	중요도(웨이트)의 변환
	9단계	설계품질의 설정
종합전개	10단계	기술전개
	11단계	Cost 전개
	12단계	신뢰성 전개
	13단계	Sub System 부품전개
	14단계	QA표
공정전개	15단계	공법전개
	16단계	QC공정계획표
	17단계	QC공정표
	18단계	작업표준서, 검사규격서
	19단계	협력업체 관리와 차기 계발에 활용

(6) FMEA(Failure Mode and Effects Analysis)

FMEA는 설계된 시스템이나 기기의 잠재적 고장상태(mode)를 찾아내고 시스템이나 기기의 가동 중에 이와 같은 고장이 발생하였을 경우 업무 달성에 미치는 영향을 조사하여 평가하고 영향이 큰 고장상태에 대하여 적절한 대책을 세워 고장을 사전에 방지하는 방법으로 설계의 평가뿐만 아니라 제조공정의 평가나 안전성 평가에도 널리 사용되고 있다. 미국의 자동차 3사에 의한 QS-9000의 활성화에 의해 Design FMEA, Process FMEA, System FMEA 등과 Circuit FMEA 등에 적용하고 있다.

〈표 4-21〉 FMEA 실행절차

단 계	실 행 프 로 세 스
1단계	시스템 및 서브 시스템의 기능 역할을 분석한다.
2단계	시스템 및 서브 시스템의 분석 레벨을 결정한다.
3단계	기능별 블록을 결정한다.
4단계	신뢰성 블록도를 작성한다.
5단계	FMEA에 효과적인 고장상태를 선정한다.
6단계	선정된 고장상태에 대한 추정원인을 열거한다.
7단계	FMEA용지에 기재한다.
8단계	평가된 고장 등급을 결정한다.
9단계	고장 등급이 높은 것에 대해 대책을 수립한다.

〈표 4-22〉 FMEA 공정분석

FMEA 공정분석

제품(부품)명 :________ FMEA 실시일 :________

제품(부품)번호 :________ 개 정 일 :________

납 기 :________ 작 성 자 :________

팀 원 :________ 검 토 자 :________

공정 기능	잠재 불량 상태	불량의 잠재영향	치명도 (S)	잠재 불량원인	발생 빈도 (O)	현재공정관리 방법	검출력 (D)	RPN	개선안	책임 부서	개선 결과			RPN
											S	O	D	
폭	폭 초과 및 미달	고속 주행 시 접힘 발생	10	백 높이 변경	7	백 교환 시 조정	5	350	백 교환 시 체크 3회/월	영선 반				

(7) FAT(Fault Tree Analysis)

FAT는 시스템 고장을 발생시키는 원인과 인과관계를 논리기호를 사용하여 나뭇가지 모양의 그림으로 나타낸 고장목(Fault Tree)을 만들고 이에 따라서 시스템의 확률을 구함으로써 문제가 되는 부분을 찾아내어 시스템을 개선하는 개량적 고장해석 및 신뢰성 평가방법이다.

[그림 4-7] 고장확률 계산방법

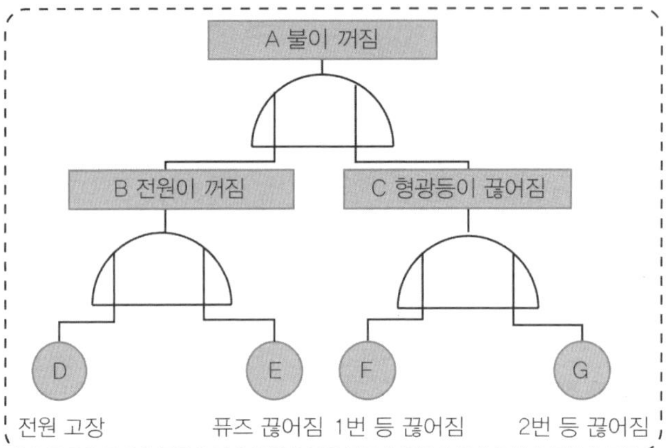

그림의 고장목에 대하여 고장이 날 확률은 다음과 같다.

F(D)=F(E)=F(F)=F(G)=1/4

전원이 끊길 F(B)는 D와 or 결합이므로 위의 식에 따라 계산하면

F(B)=1-(1-F(D))(1-F(E)=1-(1-1/4)=1-(3/4)(3/4)=7/16

또한 형광등이 끊어질 확률은 F(C)에 따르면 다음과 같다.

F(C)=F(F)XF(G)=1/4 X 1/4 = 1/16

따라서 불이 꺼질 확률은 F(A)는 다음과 같다.

F(A)=1-(1-F(B)(1-F(C)=1-(1-7/16)(1-1/16)=1-(9/16)(15/16)=121/256

2) 블랙벨트 2단계 : 중요 공정도 확인

(1) 중요 공정도 확인

고객에게 제공하는 제품이나 서비스의 CTQ와 관련된 중요 프로세스를 확인하는 과정으로 아래와 같이 CTQ와 고장 간의 매트릭스를 만들어 공정과 CTQ

간의 연관성을 찾아낸다.

중요 공정도를 확인하는 도구로는 공정도, 프로세스 맵핑, QA Matrix, QC공정도 등이 있다.

〈표 4-23〉 중요공정 확인표

구분	CTQ1	CTQ2	CTQ3
공정1	◆		⊙
공정2		⊙	
공정3		⊙	
공정4	◇		
공정5		◆	◇

범례 : ◆ : 매우중요　⊙ : 중요　◇ : 보통

(2) 프로세스 맵핑

프로세스 맵핑은 제조와 서비스 프로세스를 그림으로 표현한 것으로 각 프로세스를 구분하고 프로세스별로 입력과 출력을 확인하는 절차이다. 프로세스 맵핑은 프로세스를 정확히 이해하고 확인하는 과정으로써 프로세스 맵핑에서 확인해야 할 요소는 CTQ와 CTP(Critical To Process)를 찾는 것과 프로세스의 어느 위치에서 데이터를 취합할 것인가를 찾는 방법이다.

〈표 4-24〉 프로세스 맵핑 절차

단 계	실 행 프 로 세 스
1단계	일반적인 프로세스 단계와 제품/서비스의 품질에 영향을 주는 주요특성(CTQ)을 열거한다.
2단계	프로세스의 모든 단계를 부가가치가 있는 단계와 없는 단계로 구분한다.
3단계	프로세스 단계별로 CTQ를 표기한다.
4단계	주요입력변수(KPIV : Key Process Input Variable)의 종류와 위치를 나타낸다.
5단계	조절 가능한 변수와 주요 입력변수에 대한 현재의 운용 프로세스 조건과 목푯값을 표기한다.

3) 블랙벨트 3단계 : 과제 선정

(1) 과제 선정방법

과제 선정은 중요하고 불량이 많은 것을 선정하며 만성적인 품질의 문제인 것을 선정한다. 또한, 가장 불량이 많은 대상을 선정하는데 선정 방법은 공정 전체, CTQ기준, 제품 기준, 특정 공정의 특정 CTQ기준 등으로 선정할 수 있다. 과제를 선정할 때 사용할 수 있는 도구는 공정 FMEA가 있다.

(2) 공정 FMEA

제조 및 조립 공정도를 해석하기 위해서 사용하며 공정상의 결함으로 인한 제품의 잠재적 결정요인을 쉽게 확인할 수 있다.

〈표 4-25〉 공정 FMEA 분석

공장 기능	잠재 불량 상태	불량의 영향	S (치명도)	잠재원인 불량의 흐름	D (검출력)	O (발생빈도)	RPN	개선대안	확인 부서	개선 결과				RPN
										조치사항	S	O	D	
저항 용접	용접 Break output 결과	바인더 상자가 판넬을 밀어뜨림	10	.부적절한 셋업	10	3	300	.DOE 실시	품질	.DOE 실시	10	1	10	160
				.자재의 오염	4	4	160	.JIT실시		.칸반 시스템 실시	10	2	4	80

3. 측정 단계

1) 블랙벨트 4단계 : 품질규격 및 수준 확인

(1) 시그마 수준 확인

식스 시그마는 CTQ 측정이 가능해야 한다. 즉, CTQ로 규격 및 표준을 파악하고 이를 현재의 수준에서 시그마로 계산한다. 그리고 불량률(DPMO)을 확인한다.

- 불량률 : 불량품 개수 / 검사 개수
- 단위당 결함 수(DPU : Defects Per Unit) : 총결함 수 / 총생산 단위 수
- 기회당 결함 수(DPO : Defects Per Opportunity) : DPU / 결함이 발생할 수 있는 기회
- 백만 회당 결함 수(DPMO : Defects Per Million Opportunities) :

DPMO = (DPU × 1,000,000) / 한 단위에 대한 총 결함 발생 기회

(2) 시그마 수준의 계산

시그마로 계산하는 것은 공정의 능력을 나타내는 척도로써 품질특성의 평균값과 규격의 중심과 일치할 때 규격과 평균값의 차이가 표준편차의 몇 배에 해당하는 거리인가 나타내는 것이다.

$$\text{시그마 수준 } Z = 3Cp, \quad Cpk = Cp - 0.5$$

계수치를 시그마 수준으로 계산하는 방법으로 적합과 부적합으로 판별되는 데이터의 계산은 다음과 같다.

$$Z = \Phi^{-1}(\gamma),\ \gamma\text{는 양품률}$$

ϒ가 장기에 걸쳐 수집되면 단기적으로 가질 수 있는 프로세스의 시그마 수준은 다음과 같다.

$$Z = Z + 1.5$$

결함 및 결점으로 판별되는 데이터의 식스 시그마 수준으로 계산방법으로 한 단위당 평균 결점 수를 DPU로 나타내면 결점 수 X는 포아송 분포를 따른다.

$$P(X) = \frac{(DPU)^{x} e^{-DPU}}{X!}$$

[시그마 수준 계산사례]

가공공정에서 생산되는 샤프트가 규격을 만족하게 하지 못할 기회는 100가지인데 이 부품의 1,000개를 생산하는 동안 총 100,000개의 기회 중 10,000개 기회를 평가하였다. 그중 10개가 불량임을 발견하였다. 시그마 수준을 구하여라.

$$DPO = 10/10,000 = 0.001$$

$$DPU = DPO \times 100 = 0.1$$

따라서

$$\gamma = e^{-0.1} = 0.9048$$

$$Z = \Phi^{-1}(0.9048) = 1.31$$

이것은 장기에 걸쳐 수집된 데이터를 바탕으로 계산한 값이므로 이 값에 1.5 시그마를 더하여 계산한다.

Z = 1.31 + 1.5 = 2.81 시그마이다.

2) 블랙벨트 5단계 : 측정 시스템의 확인

측정된 데이터 및 CTQ를 측정 시스템으로 확인하는 단계로서 GAGE R&R 평가를 하여 측정된 데이터가 올바른지를 검증한다. 측정 시스템의 구성요소인 측정자와 측정기의 변동이 공정에 얼마나 영향을 주는지 통계적으로 분석하는 검정방법이다. 측정 시스템을 확인할 수 있는 도구는 엑셀, JMP S/W, Minitab 등이 있다.

[그림 4-6] 엑셀을 이용한 GAGE R&R

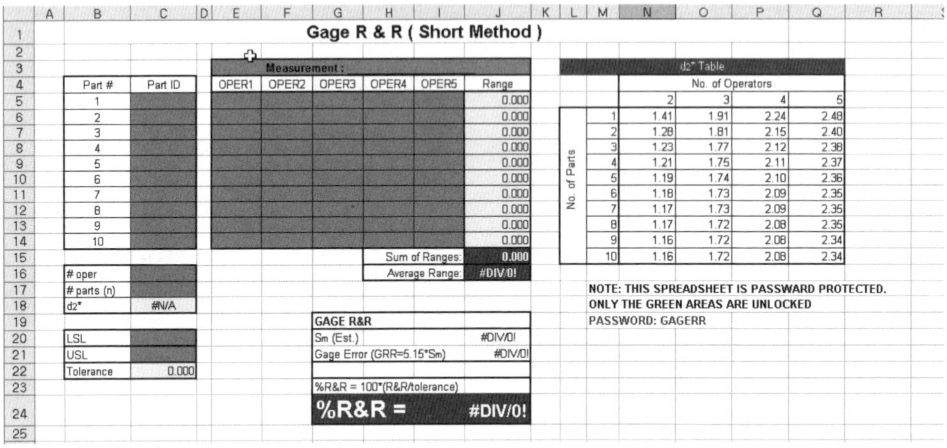

3) 블랙벨트 6단계 : 공정능력 파악

공정능력을 파악하기 위하여 먼저 품질특성의 분포도를 파악하고 관리도를 통한 공정해석을 한다. 공정해석은 불안정 문제, 중심이탈 문제, 산포의 문제 등을 해석한다. 또한, Y에 대한 *Cp*, *Cpk*를 파악하여 시그마 수준으로 환산한다. 공정능력을 파악하기 위하여 사용되는 도구는 정규 검정, 관리도 해석, 공정능력 평가 등의 프로그램을 사용한다.

(1) 공정능력 계산

단기 공정능력은 일반적으로 며칠에서 몇 주 사이의 프로세스 능력을 나타내고 약 30~50개의 데이터로 구성된다. $Cp_{(단기)}$값은 비록 짧은 기간에 실제로 나타내지 못할 수도 있으나 현재의 프로세스가 도달할 수 있는 최대의 공정능력을 의미한다. 이를 잠재적인 공정능력이라고 한다. 이때 $Cpk_{(단기)}$값은 현재의 프로세스가 짧은 기간에 보여주는 공정능력이다.

장기 공정능력 평가는 수주에서 몇 개월에 걸친 장기간의 프로세스 능력을 나타내고 약 100~200개의 데이터로 구성되어 있다. $Cpk_{(장기)}$는 프로세스에 대한 장기간의 공정능력을 반영하는 값으로 평균의 변동 ±1.5시그마를 고려하는 경우, $Cpk_{(장기)} = Cp_{(단기)} - 0.5$의 관계식이 성립한다.

공정능력을 계산하기 이전에 선행되어야 할 조건으로 공정이 안정되어 있어야 하며, 데이터가 정규분포를 이루고 있어야 하고, 정해진 기준에 따라 관리한계선이 계산되었을 때 두 조건이 충족되어야 한다. 공정능력을 계산하는 공식은 다음과 같다.

- Cp(잠재적 공정능력지수) = 규격의 폭/공정 폭 = $(Su-S1)/6\sigma = T/6\sigma$
- Cpk(실질적 공정능력지수) = Cp − (off target/3σ)
- Cr(공정능력 비율) = $1/C_p$

계수치 관리도를 사용하는 경우 관리도가 공정이 안정되어 있음을 보일 때 평균값으로 공정능력을 나타낼 수 있다.

- 평균불량률 = $\dfrac{\sum p_n}{\sum n}$
- 평균 불량 개수 = $\dfrac{\sum pn}{k}$
- 평균 결점 수 = $\dfrac{\sum c}{k}$
- 단위당 평균결점 수 = $\dfrac{\sum c}{\sum n}$

(2) 공정능력 평가

특정 프로세스에 대한 공정능력을 분석할 때 가장 문제가 되는 것은 공정능력 분석의 대상이 되는 품질 특성이 여러 개라는 점이다. 따라서 품질 특성별로 공정능력을 분석하여 실시한 결과로부터 전체 프로세스에 대한 공정능력을 어떻게 표현하는가 하는 점이다. 프로세스의 공정능력은 개개의 품질 특성에 대힌 것으로 각 품실 특성에 대한 공정능력을 어떤 형태로든 합치는 것이 의미 없는 일이 될 수 있다. 식스 시그마의 가장 큰 장점은 시그마 수준을 이용하여 모든 형태의 결함을 계산하여 공정능력지수를 계산하는 것이다.

공정 능력비

$$C_p = \frac{\text{규격폭}}{\text{공정폭}} = \frac{USL-LSL}{6\sigma}$$

공정능력지수

$$C_{pk} = \min\left[\frac{\mu-LSL}{3\sigma},\ \frac{USL-\mu}{3\sigma}\right]$$

〈표 4-26〉 공정능력 판정기준

공정능력 지수	등급	공정능력판단	시정조치	비고	
				*Cp*값	시그마
Cp g 1.67	0	공정능력 매우충분	• 비용절감이나 관리의 간소화를 추진	*Cp*=1.67	±5®
1.67〉*Cp*g 1.33	1	공정능력 충분	• 현재의 공정 상태를 유지	*Cp*=1.33	±4®
1.33〉*Cp*g 1.00	2	공정능력 보통	• 불량의 발생 가능성이 있어 주의	*Cp*=1.00	±3®
1.00〉*Cp*g 0.67	3	공정능력 부족	• 공정개선 필요	*Cp*=0.67	±2®
0.67〉*Cp*	4	공정능력 매우부족	• 긴급 원인조사 및 개선이 필요	*Cp*=0.33	±1®

4) 블랙벨트 7단계 : 개선 목표 설정

개선 목표는 의욕적이고 과감한 도전 목표를 설정한다. 목표는 연간 0.5시그마 이상의 개선 효과를 창출할 수 있도록 선정한다.

〈표 4-27〉 시그마 목표 설정

기간	시그마 수준	품질 수준
5년 후	6 시그마	최고의 품질
3년 후	5 시그마	양호한 품질
1년 후	4 시그마	낮은 품질
현재	3 시그마	매우 낮은 품질

4. 분석 단계

1) 블랙벨트 8단계 : 공정 변수의 나열

공정 변수를 나열하는 이유로는 사람들은 친숙한 변수에 대해 조치를 취하는 경우가 있기 때문이다. 이러한 경향은 의심이 가는 변수를 나열하는 것을 방해하고 친숙한 변수를 주요 원인이라고 판단하게 만든다. 따라서 선입견을 버리고 모든 변수를 나열하는 것이 문제 해결에 실질적인 접근 방법이다.

공정 변수를 나열하는 도구로는 브레인스토밍(Brainstorming), 특성 요인도 및 다이어그램, 공정도, PM 분석 등이 있다.

2) 블랙벨트 9단계 : 우선순위 결정

우선순위는 다수의 공정 변수 중에서 결과에 영향을 미치는 중요한 요인을 파악하는 것으로 모든 변수를 고려하여 문제를 해결하려고 하면 시간과 비용이 많이 들기 때문에 우선순위를 선정하여 개선의 주요 변수를 찾아내는 것이다. 우선순위를 결정하면 실험의 수를 줄일 수 있으며, 우선순위에 의하여 공정 변수들이 어느 정도 걸러지기 때문에 중요하지 않은 변수들은 실험에서 제외된다.

우선순위를 결정하는 도구로는 상관분석, 단순 회귀분석, Contingency표, 주관적 평가, Screening 분석 등이 있다.

〈표 4-28〉 우선순위 결정 도구들

기 법	적용조건 및 방법
상관분석	• 두 확률변수 사이의 관련성을 분석함 • y와 x가 1:1인 경우(인자수가 1개) • 계량치(X, Y)에 적용
단순회귀분석	• x값을 지정했을 때 y가 갖는 값을 직선관계로 추정 • 계량치(X,Y)에 적용
Contingency 표	• 분할표 사용, 공정에서의 양품, 불량품 발생이 작업자에 따라 틀린지 여부 결정 • 계수치에 적용
주관적 평가	• 공정에 대한 경험과 상식이 있는 경우 • 계량치, 계수치 모두적용
Screening 분석	• 새로운 공정/제품으로 경험이 없는 경우 • 인자수가 4개 이하인 경우 • 인자수가 11개 까지 : Plackett Burman Screening 분석 • 계량치, 계수치 적용 • 일부실시법, 직교배열표 등

5. 평가 단계(Improve)

1) 블랙벨트 10단계 : 개선 결과 평가

개선 결과에 대한 평가는 Y에 대한 주요한 효과와 교호 작용의 영향을 파악하는 단계로서 분석은 전체의 산포를 2부분(군내 산포, 군간 산포)으로 나누고 최적의 Setting 조건을 파악한다. 그리고 개선 효과를 예측하고 중요 변수(X) 간의 방정식을 파악한다. 평가 단계에서 사용되는 도구로는 요인 실험법, 다중회귀분석, 샤이닌 D.O.E 등이 있다.

평가 단계에서 알아야 할 사항으로 군간 산포가 2개 변수 A, B일 때 변수 A의 영향, 변수 B의 영향, A, B의 교호 작용을 파악하여야 하고, 4개 변수 즉, A, B, C, D의 경우 주 효과(A, B, C, D)의 영향과 2수준의 교호 작용(AB, AC, AD, BC, BD, CD)과 3수준의 교호 작용(ABC, ABD, ACD, BCD) 그리고 4수준의 교호 작용(ABCD)을 파악한다.

평가 단계에서 다음과 같은 4가지 중요한 질문을 하여 본다.

① 어떤 공정 변수와 교호 작용이 output에 영향을 주는가?
② output을 개선하기 위한 변수들의 최적 setting은 무엇인가?
③ 주요 변수들의 최적 setting 상태에서 예상되는 개선의 정도는 얼마인가?
④ output과 주요 변수들의 수학적 관계(방정식)는 어떤가?

2) 블랙벨트 11단계 : 최적화

최적화는 평가 단계의 연장으로 평가 단계에서 설정된 요소들을 이용하여 최적화를 진행한다. 평가 단계에서 파악된 최적의 setting에서 출발하여 공정을 통제할 수 있는 모든 가능한 setting이 알려질 때까지 반복함으로써 완벽한 반응표면을 유도하도록 한다.

반응 실험 결과 최적해에 대하여 재실험을 걸친 후 재현성이 확보되면 규격을 재설정한다. 또한, 중요하지 않은 변수에 대하여 규격을 완화하여 관리의 중점을 중요한 변수로 이전한다. 이와 같은 최적화를 위한 도구로는 단일 요인 실험법(일원배치), 반응표면 실험, 몬테칼로 실험 등이 있다.

6. 측정 시스템 검정(Control)

1) 블랙벨트 12단계 : 중요 변수 측정 시스템 검정

이 단계에서는 모든 X의 조건들이 설정된 상황이므로 X의 데이터를 명확히 얻기 위한 측정 시스템을 정비하고 정밀도 있는 계측기를 확보한다. 따라서 기존 계측기에 대한 검·교정을 하여 정확한 데이터를 얻는다. 앞의 Black Belt 5단계에서 언급한 게이지에 대한 R&R을 실시하고 평가와 대책을 수립한다. 중요 변수 측정 시스템 검정에 사용되는 도구로는 Gage R&R이 있다.

2) 블랙벨트 13단계 : 중요 변수의 관리능력 확인

최적화한 중요 변수의 공정능력을 확인하고 관리하는 단계로서 불량률, Cp,

Cpk를 계산하여 시그마 수준으로 환산하여 통합적 공통의 품질지표로 바꾼다.

3) 블랙벨트 14단계 : 중요 변수의 공정관리 시스템 확립

공정관리 방법을 개선하고 영구적인 해결방법과 지속적인 해결방법을 제시한다. 이 단계는 통계적 해결방법을 현실적 해결방법으로 전환하는 단계로서 해결방법은 한 번에 해결하는 방법과 지속해서 변경하는 방법이 있다. 한 번에 해결하는 방법은 영구적 변화로 설계변경, 자재 변경, 공구 디자인 등이 있으며, 지속적인 변경은 부분적인 자동화로 이중 자동경보 등이 있으며 완전 자동화 등이 있다.

4) 블랙벨트 15단계 : 효과 파악 및 결과 정리

개선은 곧 품질 비용의 절감으로 개선 효과를 표현하는 것이 매우 중요하다. 효과는 유형의 효과와 무형의 효과로 표현된다.

결과 정리는 문제 해결하는 과정을 기록하고 그 결과를 정리하는 것은 식스 시그미의 노하우를 쌓은 기본절차이다. 따라서 항상 결과를 기록하고 기록된 결과를 여러 사람이 공유하여야 한다. 또한, 이런 기록들이 모여 회사의 무형 자산을 축적할 수 있다. 결과를 정리하는 데 사용되는 도구로는 Q-Cost, 파레토도 등이 있다.

[그림 4-8] 식스 시그마 추진절차

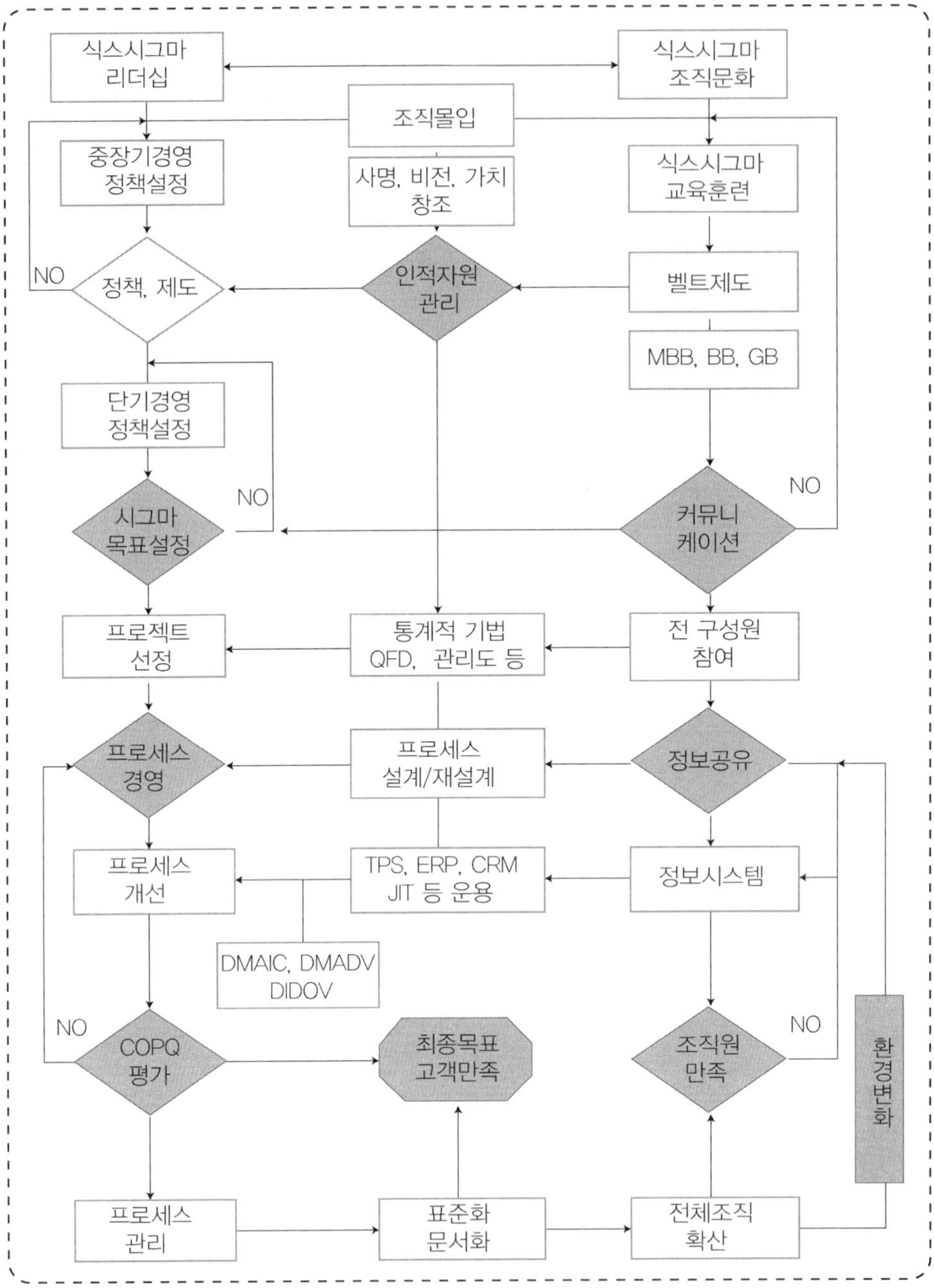

학습목표 요약

1. 식스 시그마 경영이란 무엇인가?

식스 시그마(Six Sigma)는 제품이나 서비스를 초월하여 모든 경영관리 시스템 전 분야에 적용 가능한 경영혁신 도구로서 프로세스에 내재한 문제점을 제거하여 손실을 획기적으로 줄여주는 도구로서 식스 시그마 용어는 결점을 제로에 가깝게 줄이는 목표를 지칭한다. 시그마(sigma)란 통계적 용어로 표준편차(standard deviation)를 의미한다. 식스 시그마는 불량의 발생 확률을 말하며 통계적 용어로 1백만 번의 검사 중에서 3.4개의 결함을 나타내는 수준을 식스 시그마 수준이라고 한다.

2. 식스 시그마 경영을 하면 어떤 혜택이 있는가?

1) 지속적인 성장을 가져온다.
2) 조직원 전체에 대한 목표를 수립한다.
3) 고객에 대한 가치를 중심으로 한다.
4) 개선을 가속한다.
5) 목표를 수평적으로 공유한다.
6) 전략적 변화를 수행한다.

3. 식스 시그마 경영은 어떤 과정(프로세스)을 거치는가?

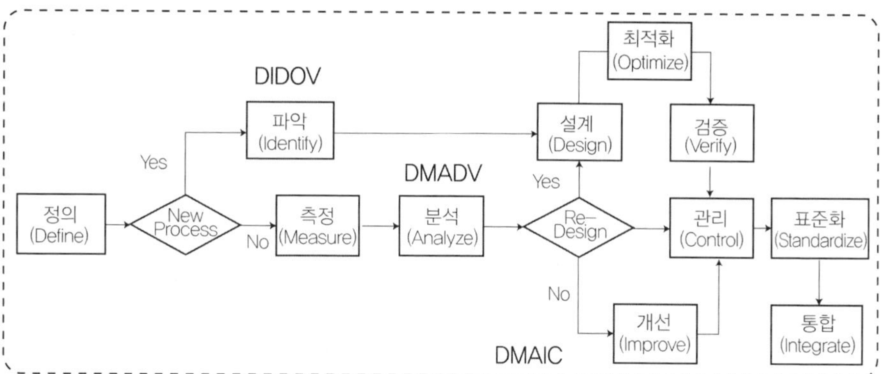

4. 블랙벨트의 역할은 무엇인가?

① 프로젝트의 이론적 근거를 검토하고 수정하고 명확히 한다.
② 팀 구성원들과 협력하여 팀의 방향과 실행계획을 개발하고 업데이트한다.
③ 팀 구성원들을 직접 선발하거나 선발하는 것을 돕는다.
④ 팀에 사용될 자원이나 데이터를 파악하고 찾는다.
⑤ 팀 구성원들이 식스 시그마의 방법이나 도구를 배우고 직접 구현할 때 팀 구성원들에게 지원을 아끼지 않는다.
⑥ 회의 관리 기술이나 의사결정 전략 기획 도구와 같은 것을 사용함으로써 팀원들이 효과적으로 시간을 사용할 수 있도록 한다.
⑦ 프로젝트 일정을 계획대로 유지하도록 하고 프로젝트를 제시간에 끝낼 수 있도록 팀을 독려한다.
⑧ 새로운 해결 방안이나 프로세스가 현재 진행 중인 업무에도 전이될 수 있도록 지원한다.
⑨ 프로젝트에 대한 최종 결과 보고서를 작성하고 스토리보드를 만들어 팀의 업무와 결과를 보여준다.

용어해설

- 식스 시그마의 3엔진

  프로세스 개선, 프로세스 설계/재설계, 프로세스 매니지먼트

- 벨트 제도

  각 벨트 제도에 따라 교육과 훈련을 받고 프로젝트 수행에서 역할을 담당하게 된다.

- 챔피언(champion)

  각 사업부 책임자들이 그 임무를 수행

- 마스터 블랙벨트(master black belt : MBB)

  식스 시그마 활동을 이끌어가는 역할을 하는 최고 전문가로 블랙벨트와 그린벨트를 지도하고 프로젝트 과정의 이론적, 실무적인 문제를 해결해 주는 역할

- 블랙벨트(black belt : BB)

  프로젝트 리더는 프로젝트에서 반복적으로 이루어지는 업무와 그 결과에 대해 일차적으로 책임져야 하는 사람

- 정의 단계(Define)

  주요 고객과 고객의 요구사항(CTQ)을 정의하고 개선 대상의 프로세스를 선정

- 측정 단계(Measurement)

  문제점을 정교하게 다듬고 근원적인 원인 규명

- 분석 단계(Analysis)

  구체적인 문제점을 도출하기 위해서 개선 기회를 분석하여 쉽게 이해할 수 있도록 문제를 정의

- 개선 단계(Improvement)

  문제를 해소하기 위하여 프로세스의 개선은 문제의 근본 원인을 해결

제5장

도요타 경영

학습목표

1. 도요타 경영의 기본 사상은 무엇인가?
2. 도요타 경영이 성공적으로 수행되기 위하여 개발된 방법은 무엇인가?
3. TPS에서 강소하는 7대 낭비는 무엇인가?
4. 도요타의 핵심원리(4대 축)은 무엇인가?
5. 도요타 15가지 관리기법은 무엇인가?

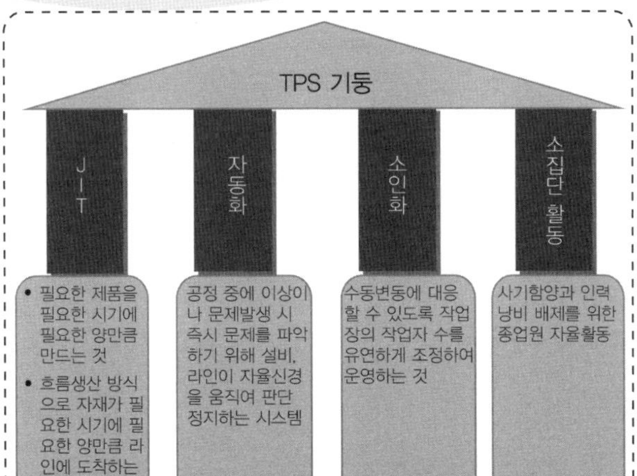

제1절 도요타 경영의 이해

1. 도요타 시스템의 이해

TPS는 도요타가 추구하는 제조 철학으로 도요타 생산 시스템(TPS : Toyota Production System)으로 알려져 있기도 하며 일부 미국 학자들은 Lean 시스템이라고 부르기도 한다. 도요타의 생산방식과 운영철학은 경영 프로세스의 변화와 발전을 이룩하였으며 모든 기업의 운영 체계에 변화를 가져왔다.

도요타 경영의 기본 사상은 그동안 전해 내려온 기업의 문화를 계승하고 존중하면서 새로운 변화를 추구하고자 하였다. 도요타의 기본 사상은 다음과 같다.

① 인간존중의 경영방식(대량생산방식과 분업화의 연계로 인간의 기계화에서 탈피)
② 대량생산에 대한 반성(시대적 변화와 고객의 개성화와 다양화에 적응이 필요했다)
③ 철저한 원가절감(다품종 소량생산에서 발생하는 수많은 낭비를 제거하여 생존과 경쟁력을 키움)

도요타의 목표인 철저한 낭비 배제를 통한 원가절감과 비용 절감 그리고 재고 감소 및 품질 향상을 통한 이익을 증대시키며, 낭비의 제거와 전 직원 참여를 위하여 팀워크(teamwork)를 중시하는 사상이다.

도요타는 문제 해결에 우선하여 조직은 낮은 비용의 제품을 개발하고 적절한 시기에 맞게 생산하여 부서 간 영역 다툼의 영토 주의를 파괴하였다. 또한, 각 부서의 하위단위까지 독립채산제를 도입하여 손익 체계를 하위단위까지 알고 책임을 부여하며, 책임과 권한을 일원화하여 운영성과에 대해 책임지게 하였다.

2. 도요타의 정신

도요타의 경영혁신 방식 중의 하나로서 상식을 초월한 자주 개선방식이 있다. 도요타 경영방식은 창립 이후 50년이 넘는 기간의 노력으로 정립된 경영방식으로서 도요타 경영을 모방한 많은 기업이 도요타만큼의 성과를 올리지 못하고 있는 것은 도요타가 가지고 있는 정신까지 받아들이지 못하였기 때문이다.

TPS의 정신은 고객의 관점에서 모든 프로세스를 창조하고 개선하는 것으로 고객이 무엇을 바라고 있는가?라는 질문이다. 고객이란 우리의 제품을 구매해주는 고객은 물론 앞 공정, 뒤 공정, 동료, 상사, 부하직원, 협력업체 직원 등 우리와 관련된 모든 사람이 고객이다.

도요타 경영이 성공적으로 수행되기 위하여 개발된 방법으로 고품질, 고생산성 제조방식과 유연성과 뛰어난 운용능력으로서 저스트 인 타임(JIT : Just- in-time), 흐름 생산방식(One-piece flow), 개선(Kaizen), 자동화(jidoka), 평준화(heijunka), 안돈(이상을 알리는 표시등), 포카요케(실수의 사전 방지)와 같은 경영 도구를 개발하여 생산방식의 혁신을 창조하였다.

도요타 생산방식의 창시자 격인 오오노 타이이치의 경영방식에서 미국과 생산성의 격차를 줄이기 위하여 생산성 향상에 대한 개선으로 싱글 작업 준비를 제안하였다. 미국의 생산방식은 대량생산 체제로서 일일 8시간 작업 중에서 6시간 작업을 하고 다음 제품 생산을 준비하는 데 2시간이 소요되었다. 따라서 미국의 생산방식은 6시간 생산하는 체제였다. 그러나 당시 도요타의 생산방식은 1시간 작업하고 2시간 교체 작업 준비를 하여 실제 일일 생산시간은 3시간 작업에 만족하였다. 따라서 미국방식과 도요타 생산방식에서 생산성에 3시간의 차이가 발생하였다. 이와 같은 단점을 개선하기 위하여 1시간 작업하고 교체 시간을 3분으로 하라는 지시를 내렸다. 놀랍게도 도요타 직원들은 3분 교체 시간을 달성하였다.

또한, 오오노의 정신으로 알려진 낭비를 철저하게 제거하는 것이다. 이와 같은 도요타의 정신이 계승된 도요타의 정신으로, '인재육성'으로써 기업의 모든 것은 사람에게 달려있다는 개념으로서 상사의 업무의 50%는 한 사람 한 사람을 어떻게 육성할 것인가이다. '현장주의'로서 현장이 부가가치를 만드는 곳으로써 현장 중심의 개념을 강력히 추진하고, 관리는 현장을 위해서 존재하는 분위기를 조성하였다.

도요타는 모든 프로세스에서 일곱 가지 낭비를 제거하는 것으로 출발한다. 낭비는 생산 설비뿐만 아니라 개발, 구매, 관리, 사무실 등 모든 곳에서 발생하는 낭비를 제거하는 것이다. 다음은 TPS에서 강조하는 7대 낭비는 다음과 같다.

① 과잉생산의 낭비
② 운반의 낭비
③ 재고의 낭비
④ 가공 그 자체의 낭비
⑤ 동작의 낭비

⑥ 대기의 낭비

⑦ 불량의 낭비

[그림 5-1] 오오노 생산방식 : 싱글 작업 준비

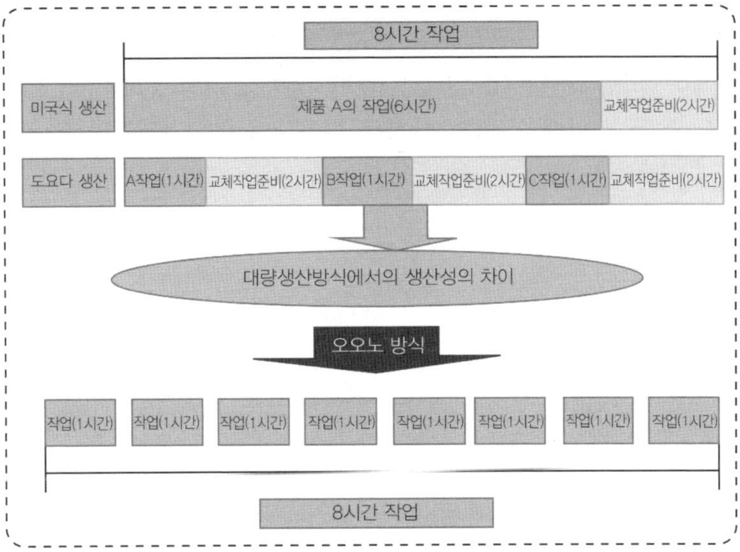

1) 과잉생산의 낭비

재고가 많으면 생산에서 문제점인 불량, 기계고장, 대기, 인원, 교체 시간 등이 수면 아래 잠겨 나타나지 않는다. 그 동안 사고는 라인이 멈추면 가동률이 떨어지므로 가동을 지속해야 한다는 사고로 필요한 인원 이상의 인원을 운용하고 모든 자원을 충분히 보유하고 있어야 한다는 심리가 있었다. 이러한 이유에서 필요 이상의 과다 생산이 진행되는 것이다. 이는 곧 라인이 멈추면 안 된다는 고정관념에서 시작된 것이다.

재고가 증가되면 당장 필요 없는 재료, 부품 등이 사용되어 자금이 재고에 잠겨 버리고 이를 생산하기 위한 인원과 설비 등이 추가로 필요하게 되어 관리비용을 낭비하게 된다.

필요한 것을 필요할 때에 필요한 만큼 만드는 사고로서 여기서 과잉은 과잉 인원, 과잉 생산, 대(大)로트 생산, 고성능 대형 설비로 분류하고, 이러한 과잉은 생산 흐름을 저해하고, 재고와 재공품을 증가시키고, 재료와 부품을 일정보다 앞당겨 사용하게 되며 이에 따른 자금 회전율을 저하하게 된다. 또한, 계획의 탄력성을 저하하고 불량 발생의 소지가 된다.

2) 운반의 낭비

불필요한 운반이나 물품의 이동, 보관, 옮겨 쌓기 그리고 장거리 운반은 운반의 활성도를 악화하게 된다. 이러한 운반의 낭비는 비합리적인 레이아웃(layout), 단순 기능공, 좌식 작업, 무계획적인 생산, 운반 활성도가 낮은 경우이다. 운반의 낭비가 가져오는 손실은 비효율적인 공간 이용, 생산성 저하, 운반 공수의 증가, 운반설비의 증설, 제품 손상의 발생 등이 있다. 운반의 낭비를 살펴보면 다음과 같다(정철화 외, 2006).

첫째, 필요 이상의 운반 거리가 긴 경우이다.

둘째, 레이아웃의 잘못으로 운반 거리가 필요 이상으로 늘어나서 인력의 낭비, 동력의 낭비가 많은 경우이다.

셋째, 물건의 임시 놓기와 옮겨 쌓기가 발생하는 경우이다. 물건 놓을 자리가 마땅치 않아 임시 장소에 쌓아뒀다가 다시 제 위치에 옮겨 쌓는 경우로 운반이 이중으로 일어나 낭비가 나타난다.

넷째, 운반 활성지수가 낮은 경우이다. 운반은 크게 나누어 물건을 운반하기에 옮기는 작업과 운반 기기에서 정해진 장소에 내려놓는 작업, 즉 자재를 취급할 때와 운반기기가 실제로 운반하는 이송으로 나눌 수 있다. 이때 옮기는 작업을 쉽게 하려고 물건을 놓는 방법을 나타내는 수치를 자재 취급 시의 '운반 활성지수'라고 한다. 이러한 운반 낭비의 발생원인은 필요 이상의 과잉생산, 잘못된 레이아웃, 운반기구의 부족, 과다한 롯트 사이즈, 적재공간의 부족, 잘못된 놓기 습관 등이 있다.

3) 재고의 낭비

재고와 재공품이 많아지면 자금회전율을 떨어뜨리며, 공간의 필요, 불필요한 관리, 리드 타임 연장, 불량 발생 등의 문제가 발생한다. 이러한 재고의 발생원인은 과잉생산과 영업의 판매 예측 잘못 등이 있다.

재고는 원재료, 부품, 조립품 등이 정체된 것뿐만 아니라 공정의 재공품도 포함하며, 이러한 재고의 낭비 원인은 과잉 인원 및 설비, 대 롯트 생산, 선행 생산, 무계획적인 생산, 불합리한 설비의 레이아웃에서 나타나며 재고의 낭비는 납기의 장기화와 개선의 실마리를 제거하고 공간 사용의 낭비, 운반 및 검사가 발생하고 운전자금의 증가와 금리비용의 증가를 가져오게 된다.

4) 가공 그 자체의 낭비

가공은 낭비이다. 품질이란 요구조건에 적합하면 되는 것이지 굳이 그 이상으로 가공할 필요가 없다. 필요 이상으로 가공한다고 해서 가격을 인상시켜주는 것도 아니다. 필요 이상의 가공은 원가상승을 가져온다. 가공의 낭비와 원인은 다음과 같다(정철화 외, 2006).

① 필요 이상의 정밀도
② 기능과 관계없는 까다로운 형상을 만드는 것
③ 불필요한 가공
④ 설계자의 미숙으로 고객의 요구를 적절히 구체화시키지 못함
⑤ 영업부와 설계부서 간에 대화 소통이 잘 안 되어 일어나는 착오
⑥ 부정확한 시장조사

이처럼 지금까지의 경험이나 오래전에 확정된 시방(specification)에 의해 가공을 하게 되면 고정관념에 젖게 되어 새로운 가공방법이나 신소재 개발을 소홀히 하게 되어 부가가치가 줄어든다. 10년 전에 얻어진 현장 경험이 지금도 그대로 유용할 뿐만 아니라 그 자체가 노하우(know-how)가 되어 있다면 그 작업은 지난 10여 년간 전혀 새로운 발전이 없었다는 의미이다. 곧 최근의 신기술에 견주어 눈에 보이지 않는 낭비를 내포하고 있다는 뜻으로 끊임없는 개선 활동으로 고유기술을 발전시켜 나가야만 한다.

5) 대기의 낭비

공정 간에 삭은 대기 현상이 발생하는데 이러한 대기 시간은 낭비이다. 공정에서 작업자가 병목현상(bottle neck)에 의하여 대기하는 대기시간에 작업자는 휴식을 취할 것 같지만 그렇지 못하다. 작업자는 대기하는 동안에도 작업하는 것과 같은 피로도가 발생한다.

대기에는 재료 대기, 작업 대기, 운반 대기, 검사대기 등과 여유 혹은 감시 작업으로 분류하며, 대기의 원인은 공정 이상 발견, 비효율적인 설비배치, 앞 공정에서의 문제 발생, 능력의 불균형 편성, 대 로트 생산에서 나타난다. 이와 같은 대기 중에서 공정 대기가 차지하는 비중이 크다. 공정 대기를 줄이기 위하여 운반 용기의 크기와 로트 사이즈를 줄여야 한다. 또한, 운반의 낭비와 공정 대기를 줄이기 위하여 사람에 의존하지 말고 컨베이어 시스템이나 자동 운반 장치, 레이아웃 개선 등을 통하여 낭비를 줄일 수 있다.

6) 동작의 낭비

동작의 낭비로 부품을 고쳐 잡는다든지, 허리나 어깨를 과도하게 움직이는 동작 등은 피로를 증가시키기만 하며 실질적인 작업에는 도움을 주지 못한다. 따라서 동작경제 원칙 등을 활용하여 이러한 불합리한 동작을 제거하는 것이 바로 인간

존중의 기초가 되며 편안한 자세에서 효율적인 작업을 통해 근로의욕을 고취할 수 있게 된다. 동작연구는 길 브레드(F. B. Gilbreth)로부터 시작되었으며 이후 많은 연구가 진행되었다. 동작 연구는 동작경제의 원칙으로 다음과 같다(정철화 외, 2006).

(1) 신체 사용에 관한 원칙

- 양손은 동시 시작, 동시 완료
- 양팔의 동작은 대칭, 반대 방향
- 동작 시 가능한 관성 이용
- 갑작스러운 방향 전환 회피
- 곡선 동작, 몸의 움직임은 적게
- 양 눈의 시선은 같이 유지
- 리듬을 갖는 동작

(2) 작업장 배치에 관한 원칙

- 작업대는 작업의 특성에 맞게 설계
- 작업대의 높이는 작업자에게 맞게
- 공구나 재료는 전면 가까이, 작업순서에 맞게 배치
- 작업하기 좋은 환경 조성

(3) 치공구 설비에 관한 원칙

- 공구는 하나로 조합
- 치공구는 사용하기 쉽게 배치
- 발의 효과적 사용
- 손으로 재료나 공구의 지지 금지
- 핸들의 손잡이는 접촉면을 넓게
- 설비 조작부는 작업자에게 근접하게

동작의 낭비는 부가가치를 창출하지 않는 동작으로 낭비의 원인은 자기만의 작업방법, 작업자 근면성, 불합리한 레이아웃, 교육과 훈련 부족 등에 있다. 동작의 낭비가 가져오는 손실은 인원 및 공수의 증가와 기능의 은폐, 작업의 불안정, 불필요한 동작 등이 있다.

7) 불량의 낭비

불량으로는 재료 불량, 가공 불량, 배상 청구(claim), 수정 등이 있으며, 불량의 원인은 공정검사 미흡, 검사방법 및 기준 등의 미비와 과잉 품질 그리고 표준작업의 결여 등과 과잉생산에 따른 재작업, 수리작업 등이 있다. 불량의 낭비로 인한 손실로서 재료비 증대, 시간과 공수 손실, 납기지연, 사기저하, 생산성의 저하, 검사 요원과 공정의 증가 등이 나타난다.

3. 우선 추진하는 방식

기업이 변하고자 할 때 그 변화의 출발점에는 반드시 구체적인 목표를 제기할 수 있는 인재가 필요하다. 이러한 인재는 '제안자'로부터 시작된다. 보통 제안자는 상당한 자질과 더불어 감, 고집, 배짱이 필요한데 가네다는 이러한 제안자의 역할을 20년 동안 실천해 왔으며 제안을 다음과 같이 정리하였다(시바타 마사하루 외, 2003).

첫째, '감'이라고 하는 것은 말을 꺼내는 타이밍을 의미한다.

아무리 훌륭한 개념(concept)을 제안할지라도 모든 사람이 무관심할 때는 말을 꺼내는 자체가 무의미하며 또한, 적절한 시기를 놓치면 소용이 없다. 예를 들면 모든 사람이 불안감을 느끼고 있을 때 「이렇게 해보자」는 훌륭한 개념(concept)을 제시함으로써 변화를 위한 행동이 시작되는 것이다.

둘째, 제안자는 설령 변화의 움직임이 시들기 시작한다고 해도 가능성 있는 개념(concept)을 만들어 일을 고집하는 능력이 있어야 한다.

제시된 과제가 가능할 수도 있지만 불가능할지도 모르는 경우 특히 대부분의 직원이 불가능하다는 쪽으로 기울고 있을 때, 조금이라도 「무리」라는 생각이 퍼지면 변화를 향한 움직임은 순식간에 시들어 버린다. 이때 가능성 있는 개념(concept)을 고집할 수 있어야 한다. 하지만 개인적인 흥미만으로 지속하기 어려운 것이므로 「사명감」을 지녀야 하며 사명감을 지탱하는 경영철학이 있어야 한다.

셋째, 제안자는 배짱이 두둑해야 한다.

제안자가 어떤 과제를 제시하면 반론이 나오기 마련이다. 가네다의 경험에 따르면 「반드시 해낼 수 있다」고 했더니 「그렇게 단언할 수 있는 근거를 대라」는 반론이 있었다고 한다.

4. 도요타의 핵심원리

TPS의 핵심 4대 기둥을 이루고 있는 것은 JIT, 자동화, 소(小)인화, 소집단화이다.

4대 기둥의 목표는 낭비를 제로(Zero)화하는 개선방법이다. 4대 기둥의 개선 방향은 다음과 같다.

1) JIT 생산

JIT 시스템은 다음 작업장이 앞 작업장에 필요한 것을 필요한 때에 필요한 만큼 인수하여 가는 시스템이다. 앞 작업장은 인수해 간 것만큼 만든다. 인수해 간 수량 즉, 생산해야 할 수량을 표시하기 위해 카드에 품목과 수량을 기재하여 전달하게 된다. 이 카드를 칸반(看板)이라고 한다. 칸반에는 여러 가지의 형태가 있을 수 있으나 전형적인 것은 카드 형식이며, 물품의 이동에 대한 권한을 부여하는 이동칸반과 생산의 권한을 부여하는 생산칸반으로 나뉠 수 있다. 또한, 표준적인 컨테이너를 사용하므로 재고관리가 편리하다. 칸반의 개수와 컨테이너의 개수를 점차로 줄임으로써 재고를 점차로 줄여가게 되며 적시 생산의 이상적인 목표에 접근하게 된다.

전형적인 대량생산방식을 밀어내기 시스템(push system)이라고 한다면, JIT시스템은 잡아당기는 시스템(pull system)이라고 할 수 있다.

도요타 칸반 시스템에서는 모든 부품형태 혹은 부품번호에 따라서 고유의 이동상자(container)가 지정되어있다. 이 상자는 일정한 수량을 담게 되어있다. 칸반 즉, 카드는 생산칸반(production kanban)과 이동칸반(conveyance kanban)의 두 종류가 있다. 카드에는 고유번호와 상자의 수량 등이 적혀있다. 생산칸반은 작업장에서 그 품목을 생산하도록 하며, 이동칸반은 다음 작업장으로 이동에 이용된다. 각 상자는 작업장을 반복하여 회귀하며 칸반은 교환된다.

① 흐름화 생산의 체계 구축 : Lay out 개선 및 한 개의 흐름화 실시
② Pull 생산방식 : 칸반 방식
③ 소 Lot 생산 : Set up 시간 단축
④ Tact time 사고의 생산 : 평준화, 표준화 생산

2) 자동화 구축

자동화(automation)는 롯트 단위의 불량품을 대량으로 발생시킬 수 있는 위험이 있다. 따라서 도요타에서는 자동화에서 불량이 생기지 않도록 불량을 스스로 감지하고 조치하는 방식을 공정별로 개발하고 있다. 이것을 autonomation이라고 부르고 있다.

도요타의 자동화는 불량품의 발생을 자동으로 감시하고, 이상이 발견되면 현장의 작업자가 생산라인의 천장에 달린 라인 정지 줄을 당겨 라인을 누구나 정지시킬 수 있

고 라인이 정지되면 최우선으로 발생된 문제를 해결함으로써 불량품의 발생을 자주적으로 관리하는 품질보증활동이다. 이를 위해 안돈(신호등), 호출 등을 이용하여 눈으로 보는 관리하고 있다. 또한, 기계 설비를 자동화할 때 작업자를 기계에 예속시키는 것이 아니라 기계 설비의 주체가 되도록 하여 인간성이 존중된다.

① Autonomation : 이상 감지 자동화
② 성역화 : 낭비 제로화 사고

3) 소인화

과잉의 생산능력, 여유 인력을 유지하지 않고서 수요량의 변화에 적응하기 위해서, 도요타 생산방식에서는 인력을 신축성 있게 조정하여 배치하는 소인화를 이룩하고 있다. 소인화는 수요변동에 따라 작업자의 수를 증감하는 것으로, 작업자를 다기능화하고 기계 설비를 U자형으로 배치하여 작업자의 작업범위를 쉽게 확대 또는 축소할 수 있는 것을 말한다.

① 다기능공화(Multi Skill)
② 1인 다기계 담당
③ U 라인화
④ 표준화 작업

4) 소집단 활동

도요타 생산방식은 비용 절감이 목표이다. 도요타 방식의 기초적인 요건인 개선활동을 통하여 추진된다. 도요타 생산방식이 실제로 효과가 있는 것은 개선 활동을 통해서이다. 각 작업자는 Q.C 동아리인 소집단 활동을 통해서 문제를 제기하고, 그 개선점을 제안할 기회를 부여받는다. 이 제안 활동 덕분에 표준작업 편성을 C/T의 변화에 적응시킴에 따라서 수량관리의 향상과 불량품 그리고 기계 고장의 재발을 방지함으로써 품질관리의 향상에 각 작업자가 생산과정에 참여할 수 있게 됨에 따라서 인간성 존중이 향상되는 것이다.

① 창의적인 제안제도
② 자주 개선 연구회 : QC동아리 활동의 활성화

[그림 5-2] 도요타의 4대 기둥

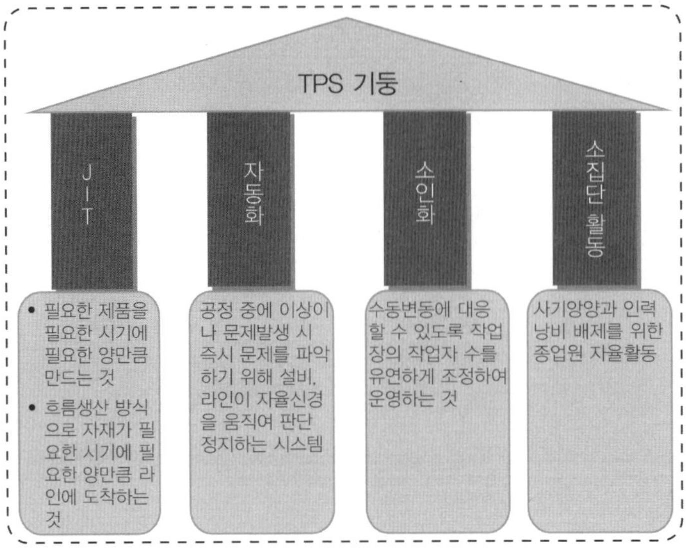

제2절 도요타 관리기법

1. 도요타 15가지 관리기법

1) 장기적인 경영철학

도요타의 모든 직원은 기업의 이윤창출 이상의 목적의식을 가지고 있다. 도요타 직원들은 고객과 전체 사회를 위한 경영철학을 지니고 있으며 강한 책임의식과 사회를 위한 헌신의 정신이 배어 있다. 그렇다고 도요타가 원가 절감에 무관심한 것은 아니다.

기업체 임직원들의 도덕성에 대한 냉소가 널리 퍼진 오늘날 그리고 문명화된 사회에서 대규모 자본주의적 기업이 만연한 이 땅에서 도요타 방식은 단순히 돈 버는 것 이상의 목적을 위해 약 25만 명의 사람들을 고용하여 만들어낼 수 있는 대안적 모델을 제시해 주고 있다. 비즈니스에서도 도요타의 출발점은 고객과 사회 그리고 경제를 위한 가치 창출이다(제프리 라이커, 2004).

2) 올바른 프로세스 관리

올바른 프로세스는 올바른 결과는 낳는다는 것이 도요타 경영진의 사고이다. 제프리 라이커(2004)는 대부분의 비즈니스 프로세스는 90%의 낭비와 10%의 가치 창조 작업으로 구성된다고 하였다. 전통적인 비즈니스 프로세스는 누구도 알아차리지 못하는 막대한 비능률을 숨기는 능력을 갖추고 있다. 사람들은 전형적인 한 프로세스가 완전하게 끝나기까지 여러 날 혹은 여러 주가 소요된다는 것이 당연하다고 생각한다. 이러한 사람들은 도요타 프로세스가 몇 시간 혹은 몇 분 내에 같은 업무를 처리할 수 있다는 것을 깨닫지 못하고 있다. 예로 당신이 우아한 원목 의자와 책상, 소파를 주문한다고 하자. 주문된 가구의 예상 납기는 4주이다. 그럼 주문된 가구가 도착하였을 때 가구를 살펴보면 2~3시간이면 조립이 가능한 제품이다. 4주 중에서 2~3시간만 필요하다. 나머지 시간은 낭비이다. 이러한 프로세스의 낭비를 제거하려는 도요타의 8가지 비부가가치적 낭비 요인은 그림과 같다.

3) 풀 시스템

도요타의 8가지 비부가가치적 낭비요인

① 과잉 생산
② 대기
③ 불필요한 운송
④ 과잉절차
⑤ 과잉재고
⑥ 불필요한 이동
⑦ 결함
⑧ 활용되지 않는 종업원의 창의성

풀 시스템(pull system)은 도요타 자동차 생산방식의 기본을 이루는 생산 통제 시스템이다. 구매, 생산, 판매의 전체 과정에 걸쳐서 각 공정의 작업을 완수하는 데 필요로 하는 품목을 필요한 양만큼 필요한 시기에 바로 이전 공정으로부터 끌어당겨서 작업을 완료하는 운영방식이다. 즉, 생산 명령은 고객의 실제 수요에 의해서 이루어져 생산시스템 내부는 물론이고 협력업체까지 당김 작용이 연쇄적으로 이어진다는 것이다. 이러한 풀 시스템이 제대로 작동되기 위한 생산 명령의 전달 수단으로 칸반(Kanban)으로 불리는 카드와 같은 형태의 것이 쓰이고 있다. 칸반의 종류는 생산의 단계와 용도에 따라 여러 가지로 분류되나, 공통으로 필요한 품목과 수량에 대한 정보를 담고 있다.

풀 시스템은 공급자의 논리가 아니라 수요자의 논리에 의해서 생산이 진행되는 것이다. JIT 생산시스템은 칸반 시스템으로 혼용하여 불릴 정도로 풀 시스템은 JIT 생산의 바탕을 이루고 있는 체제(mechanism)이다.

4) 표준화 작업

도요타가 추구하는 생산방식 중의 하나로 표준화 작업은 생산의 기준이 되며 낭비를 제거를 위한 방식이다. 표준화 작업은 택트 타임(tact time), 작업순서, 표준제공으로 구성되어 있다.

표준화 작업은 택트(tact)대로 생산을 하여 과잉생산을 하지 않는 일이다. 어떤 작업자가 자기만의 고능률을 목표로 하여 빠르게 만들면 다음 공정의 작업자에게 물건이 쌓이고 이것을 뒤처리하는 작업이 늘어날 것이다. 즉, 작업자 한 사람 한 사람의 능률에 지나치게 주력하고 있는 회사에서는 공정 전체의 능력이 올라가지 않는 사례가 있는데 이것은 작업자 간의 불균형이 해소되지 않았기 때문이다. 따라서 감독자는 표준작업 시행 결과를 점검하여 이상에 대해서는 원인을 철저히 규명하고 적절한 조치를 마련하여야 한다. 표준작업은 택트 타임, 작업순서, 표준 재공의 세 가지 요소가 있어야 하며 어느 것 하나도 빠지면 안 된다. 이와 같은 표준작업의 세 가지 요소는 다음과 같다(정철화 외, 2006).

(1) 택트 타임(tact time)

택트 타임(tact time)은 한 대 또는 한 개를 만들어야 하는 시간을 말하며 생산수량과 가동시간에 의하여 결정된다.

1일당 필요 수 = 1개월의 필요수량 / 가동일 수
택트 타임(tact time) = 가동시간 / 1일당 필요수량

택트 타임(tact time)이 정해지면 정해진 시간에 작업이 가능한 수량을 결정한다. 작업시간에는 여유율을 주지 않는 것이 특징이다. 작업의 속도, 숙련도 등은 조장이 결정한다. 결과적으로 작업의 속도가 택트 타임(tact time) 내에 들지 못하면 개선의 대상이 되는 것이다.

(2) 작업순서

작업순서는 원재료가 완성품으로 전환되어 가는 과정으로 작업자가 자신의 위주로 작업순서를 결정하면 작업을 하는 작업자에 따라 순서가 달라진다. 따라서 작업순서는 불필요, 불합리, 불균일이 없도록 정량적으로 세밀하게 구분한다.

(3) 표준재공

작업하는데 공정 내의 대기품의 량을 말하며 표준재공은 기계 간 사이클 타임의 차이로 재공대기가 필요할 경우 그 필요량 만큼 재공급을 하게 된다.

(4) 표준화작업표 작성

표준작업표는 작업현상에서 보기 쉬운 곳에 게시하여 작업지의 지도서가 된다. 표준작업표를 만드는 방법은 부품별 능력표를 만들고 다음에 표준작업 조합표에 의하여 조합하고 작업 요령서를 작성한다. 표준작업표 작성법은 다음과 같다(정철화 외, 2006).

① 부품별 능력표

표준작업표를 만드는 데는 공정마다 부품에 대한 생산능력을 부품별 능력표에 기재하고 부품별 능력표에는 공정순서, 공정 명, 기계 번호, 기본시간, 개수 및 가공능력을 기재한다.

〈표 5-3〉 부품별 능력표

부품별능력표

반장	과장	부품별능력표	품번	17111-24060	형식	KE	소속	성명
			품명	인테이크매니홀드	개수	1	532	
							542	

(1) 공정순서	(2) 공정명칭	(3) 기계번호	(4) 기본시간						(5) 절삭공구		(6) 가공능력	(7) 비고
			수작업시간		자동가공시간		완성시간		교환개수	교환시간		
			(분)	(초)	(분)	(초)	(분)	(초)				
1	부스터 부착 면 절삭	M1764		3		25		28	100	100	2013	3 25 3 21 3
2	부스터 구멍뚫기	DR2424		3		21		24	1000	30	2397	3 11 3
3	부스터 구멍나사냄	TP1101		3		11		14	1000	30	4105	
4	품질체크			5		—		5			11520	
	(나사지름 측정)	합계		14								

② 표준작업 조합표에 의한 조합

부품별 능력표에 생산능력을 기재한 다음 1일당 필요한 수와 가동시간에서 사이클 타임을 설정하고 사이클 타임으로 각각의 작업자가 어떤 순서로 작업을 하고 있는가를 정한다. 표준작업 조합표에는 작업순서, 작업내용, 작업시간 등을 기재하도록 되어 있다. 작업시간 기입란에는 1초 단위의 눈금으로 되어 있고 한 장으로 2분~3분까지 작업이 기록되게 되어 있다.

〈표 5-2〉 표준작업 조합 표

표준작업 조합표

품번	11711-24060	표준작업조합표	—— 수작업 ······ 자동가공 —— 보행	필	960개/일	분해번호	(6)	소속	
품명	인테이크매니홀드			(5)	30"		1/1		

(1) 작업순서	(2) 작업내용	(3) 시간 수작업 (HT)	자동가공 (MT)	보행
1	소재를 집는다	2	–	2
2	M1764로 가서 가공품 Unloading, 가공품 Loading, 자동가공 시작	3	25	2
3	DR2424로 가서 가공품 Unloading, 가공품 Loading, 자동가공 시작	3	21	2
4	TP101로 가서 가공품 Unloading, 가공품 Loading, 자동가공 시작	3	11	2
5	나사구경을 측정한다	5	–	
6	완성품을 적재한다. 소재치장으로 돌아간다.	2		2

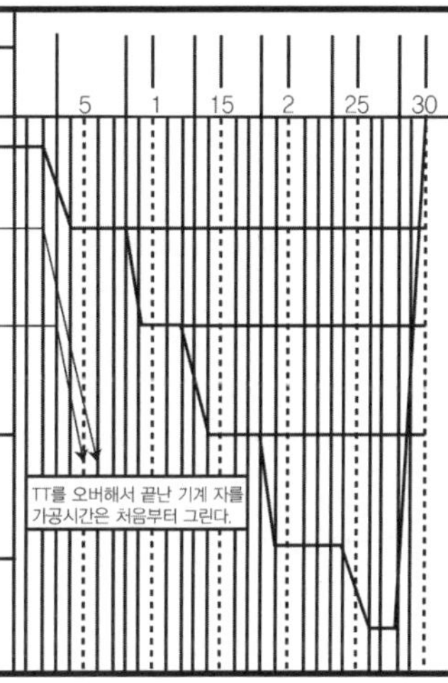

③ 작업 요령서

작업 요령서는 작업자가 그 작업을 하는 데 있어서 특히 주의를 요구하는 기계 조작, 교체 작업 등 주요 공정을 알기 쉽게 기재한 것이다.

④ 작업 지도서

작업 지도서는 표준작업을 정확히 지도하기 위한 기준이다. 작업 지도서에는 부품별 능력 표, 작업 조합 표에 의하여 작성되며 한 사람의 작업 내용과 안전, 중요 품질부문을 명시하고 한 사람의 작업에 대한 기계 배치, 사이클 타임, 작업순서, 표준 대기, 품질 체크 등이 기록된다.

〈표 5-3〉 작업 지도서와 표준 작업 표

작업지도서

반장	과장	바이트 교체 작업요령서	라인 명	기어가공라인			소속	성명
			공정순서	S	기계번호	SS-222		
			공정 명	내경 끝 마무리				

No	작업내용	급소(정확, 안전, 쉽게)	작업도면
1	팁 셋팅 볼트를 푼다.	브레이커를 왼손으로 누르면서 4밀리 L형 렌치로	L형 린치 4mm 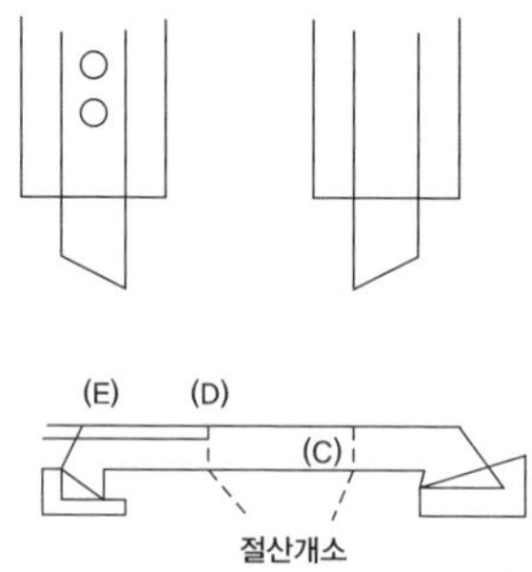
2	팁을 빼낸다.		
3	팁 및 홀더의 부착 면을 청소한다.		
4	새로운 팁 브레이커를 부착한다.		
5	팁 브레이커의 셋팅 볼트를 조인다.	팁을 누르면서 단단히	
6	A, B, No1-5 순의로 작업한다.		

작업지시서

반장	과장	작업지시서(가공)	품번	4320	필요수	446대/일	소속	성명
			품명	스테아링너클	분해번호	1-3		

NO	작업내용	품질 체크	품질 게이지	급소	정미시간 분	정미시간 초	
1	재표꺼냄			오른손으로		03"	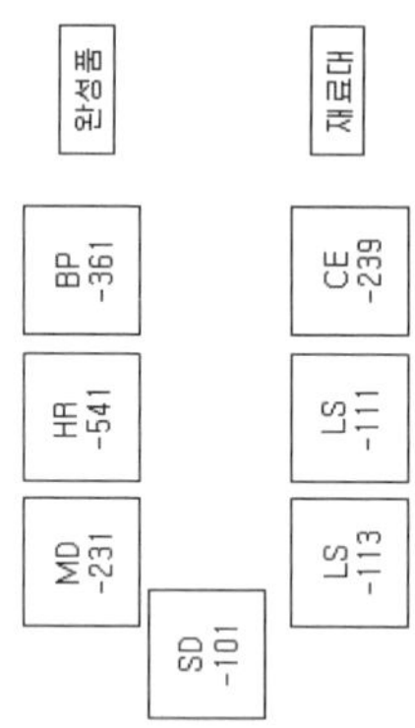
2	CE-239	1/50	목시	센터가 너무 얕으면 후공정에 위험		11"	
3	LS-111	1/1		암센터가 확실하게 붙이고		11"	
4	LS-112		C			11"	
5	LS-113		목시	관통상태확인		11"	
6	SD-101			절분청소		11"	
7	MD-231			탈착		11"	
8	HR-541			부착면 청소		10"	사이클 타임 2.0'
9	BP-361		치공구	길이체크		10"	표준 취급수 10개
10	MM-431			완성품 박스		10"	정미시간 2.1'

작업지시서

반장	과장	작업지시서(조립)	품번	3201-231	필요수	500대/일	소속	성명
			품명	스테아링	분해번호	1-4		

NO	작업내용	품질		급소	정미시간		
		체크	게이지		분	초	사이클 타임 1.24'
1	기어박스를 조립지그에 부착			수평으로 미다		03"	표준 취급수 2개
2	센터 샤프트에 심을끼우고 기어박스에 넣는다	1/50		센터 샤프트의 로룰러를 중심으로 갖고 가다		15"	정미시간 1.22'
3	섹터 플레이트를 붙인다 스크류를 붙인다	1/1		볼트 체결 토루크 600-700Kg/초		33"	
4	스크류를 붙인다			힘껏 조이고 1/3 돌린다		15"	
5	크램프 볼트 조인다			도루크 400-700Kg/cm		10"	
6	분해하여 풀린다					06"	
7							
8							
9							
10							

이처럼 표준화된 작업은 품질을 구축하는 핵심이다. 도요타의 부서장에게 무결점을 어떻게 보증할 수 있는지 물어보면 '표준화된 작업을 통하여'이다. 결함이 발견될 때마다 첫 질문은 "표준화된 작업을 따랐는가?"이다. 문제 해결 프로세스의 일부로서 부서장은 근로자를 지켜볼 것이고 표준화된 작업 시드를 통하여 서서히 제자리를 찾아갈 것이다. 작업자가 표준화된 작업을 따르고 있으면서 결함이 여전히 발생하면 표준은 수정되어야 한다(제프리 라이커, 2004).

5) 시각적 관리

사람은 누구나 깨끗한 환경에서 일하고 싶어 한다. 이러한 인간의 욕망은 끝이 없다. 도요타 역시 깨끗하고 질서 정연한 한계를 넘어섰다. 도요타에서는 오류와 결함, 라인의 재해 발생 요인을 제거하기 위하여 5S(정리, 정돈, 청소, 청결, 생활화) 운동을 추진하였다.

① 정리 : 필요한 물건과 필요하지 않은 물건은 분명히 나누어 필요 없는 것은 버린다.

② 정돈 : 필요한 물건은 사용하기 쉽게 제자리에 놓아 누구나 알 수 있도록 한다.
③ 청소 : 항상 청소하여 깨끗하고 광택이 나도록 한다.
④ 청결 : 정리, 정돈, 청소의 3S를 유지한다.
⑤ 생활화 : 정해진 것을 항상 바르게 지키는 것을 생활화한다.

[그림 5-3] 5S 운동

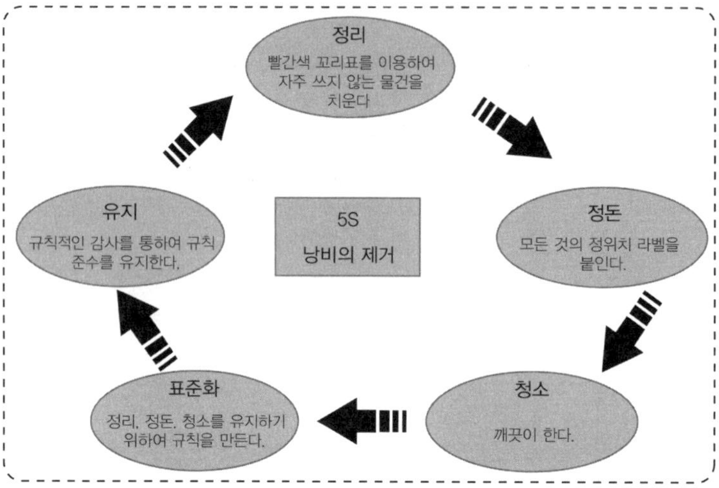

일반적으로 모든 공장에서 널리 사용되는 현장관리 기법이지만 TPS 추진을 위한 가장 기초적인 활동이다. 특히 서비스 기업에서 눈으로 보는 관리는 더욱 중요하다. 변동이 심한 현장의 다양한 문제점을 즉각적으로 파악하고 대응할 수 있도록 하며, 현재보다는 체계적이고 목표 지향적으로 변화되어야 한다. 눈으로 보는 관리의 도구로써 생산(지시, 인수, 공급) 간판, 생산관리 진도 관리판, 전광 표지판, 불량표본, 불량률 그래프, 근태관리 표, 설비 점검표, 설비 간판 등이 있다.

사무부문에서도 시각적 관리 시스템을 도입할 수 있다. 예를 들면 문서 보관함의 정돈 상태 등이 있다.

이와 같은 비정상을 감지하여 특별한 용무로 감독자를 호출하는 것을 안돈 코드로 다음과 같은 뜻이 있다(제프리 라이커, 2004).

기계의 경우 비정상을 감지하고 즉시 기계를 멈추는 장치를 설치하였다. 사람의 경우 이른바 '안돈 코드(andon codes)'라 불리는 누름 버튼이나 코드를 당길 권한을 부여하여 전체 조립설비를 멈출 수 있게 하였다. 모든 팀원들은 기준에서 벗어난 무엇인가를 볼 때마다 설비를 멈출 책임이 있다. 그것은 품질에 대한 책임을 우리

팀원들의 손에 넘긴 방식이다. 그들은 책임과 힘을 느끼며 자신들이 중요한 사람들임을 안다.

안돈(行燈)에는 호출안돈, 이상안돈, 가동안돈, 진도안돈이라는 4가지가 있다. 호출안돈은 특별한 용무로 감독자를 호출하거나 부품 보충을 요구하는 안돈을 말한다. 이상 안돈은 불량 발생이나 택트 타임의 준수가 어려울 때 사용하는 안돈이다. 가동안돈은 가동상태를 나타내며 가동, 고장, 준비 교체, 계획정지 등을 표시한다. 진도안돈은 생산계획 수량과 현재의 생산량을 실시간으로 알려주는 안돈으로 도요타 현장의 안돈의 운영은 다음과 같다(정철화 외, 2006).

안돈은 사전에 프로그램화된 생산의 흐름을 방해하는 문제가 발생한다면 라인의 작업자가 안돈의 불을 켜게 되어 있다. 도움을 요청할 때는 황색등을 켜고 일정한 시간이 지나도 해결되지 않으면 적색등이 자동으로 들어오면서 라인이 정지한다. 이것으로 중요한 정보가 즉시 감독자에게 전달된다. 생산 흐름이 치명적인 해를 입지 않도록 하는데 필요한 안전장치이다.

이러한 안돈 시스템은 눈으로 보는 관리를 가능하게 한다. 생산과정의 진행 상황을 문자 그대로 눈으로 볼 수 있도록 하는 기법이며 현장에서 발생할 수 있는 모든 문제를 그대로 눈으로 볼 수 있도록 하는 방법이다.

6) 라인스톱 문화

지도카는 TPS의 기둥 중의 하나이다. 지도카는 오토노메이션(autonomation)이라고 불리며 오토노메이션은 문제가 있을 때 자체적으로 가동을 멈추는 인간의 지능이 부여된 설비이다. 작업장에서의 품질확보(문제가 다음 단계로 넘어가는 것을 방지하는 것)는 사건이 발생 후 품질문제를 조사하고 수리하는 것보다 훨씬 효과적이며 비용이 보다 저렴하다(제프리 라이커, 2004).

도요타의 생산방식은 불량을 다음 공정에 보내지 않고 문제가 생기면 라인을 정지시키는 시스템으로 되어 있다. 라인스톱시스템의 운영은 다음과 같다(정철화 외, 2006).

라인을 스톱하는 방법은 각각의 작업자 옆에 스톱버튼이나 흰 끈을 달아놓고 표준작업방식대로 작업하도록 한다. 그러나 자기의 작업 영역에서 문제가 발생하여 작업이 끝나지 않으면 스톱 버튼을 눌러 라인을 멈추고 문제의 원인을 규명한 후 개선해 나간다. 이처럼 함으로써 같은 실수를 반복하는 일이 없어지고 장기적으로 라인을 멈추는 것이 훨씬 이득이 된다. 이처럼 라인스톱제는 표시등(안돈)과 병용함으로써 라인의 상태를 한 눈으로 알 수 있으며 공정에서 품질을 완벽하게 보증하는 시스템이며 이 시스템의 가동 여부를 안돈을 이용하여 눈으로 보는 관리를 할 수 있다.

7) 검증된 기술만 사용

도요타의 신기술은 다양하고 광범위하게 검증된 이후에 소개한다. 이는 철저한 기술을 평가하고 확실한 검증을 의미하는 것이다. 최첨단의 IT시스템을 갖춘 최근의 기업들은 수많은 정보가 홍수처럼 쏟아진다. 이러한 정보를 사고하고, 문제를 최종적으로 결정하는 것은 회사의 직원들이다. 도요타의 IT는 여러 생산도구와 마찬가지로 종업원들과 프로세스를 지원하는 하나의 도구로 사용하지 맹목적인 검증되지 않은 정보는 사용하지 않는다.

도요타의 신기술은 철저하게 평가하고 확실하게 검증한다. 또한, 신기술을 적용하기 이전에 현재의 프로세스에 미칠 영향도 평가한다.

8) 평준화(헤이준카)

평준화는 수요의 변동에 따라 생산량을 변동시키는 것이 아니라 일정한 양을 생산함으로써 모든 자원을 효율적으로 관리하는 방법이다. 연속적으로 생산하는 공정 수가 많으면 각 뒤 공정의 인수량의 오차가 그만큼 커지게 되며 그것이 또 앞 공정으로 되돌아올 위험이 있다.

협력업체를 포함하여 모든 생산 공정에서 이와 같은 오차를 줄이기 위해 최종 조립 설비에서 생산 오차를 극소화하도록 힘써야 한다. 따라서 도요타 생산에서 최종 공정인 완성차 조립 설비에서는 1개의 흐름화 생산과 운반을 이상적으로 하고, 로봇을 최소한 적게 하여서 각종 자동차를 생산하고 있다. 그 결과 이 설비는 필요한 부품은 소 로트로써 앞 공정에서 인수한다. 따라서 평준화란 각각의 SUB 조립라인이 부품을 일정한 속도나 시간당 생산량을 일정하게 생산하는 형태를 말한다.

이러한 매일 일정한 균일한 생산의 접근 방법은 배치의 크기를 작게 하고 내부고객이나 외부고객이 원하는 것을 만드는 것으로 일체형 생산에서 고객 주문이 실제 생산 순서가 된다.

9) 권한 이임

테일러(1947)의 과학적 관리는 생산성을 향상했지만 엄격한 관료제 문화를 만들었다. 도요타도 생산성을 끊임없이 향상하기 위하여 조직에 상당한 계층 구조로 되어 있으며 시간, 비용, 품질 안전 등에 관한 엄격한 규율이 있다. 도요타의 하루는 분 단위로 구성되어 있다. 따라서 관료제의 특성을 보이고 있다. 그러나 도요타는 유기적이며 탄력적인 조직체를 구성하고 있어 커뮤니케이션, 혁신, 탄력성 그리고 높은 사기가 가지고 있는 위양적 관료제 조직을 가지고 있다.

〈표 5-4〉 강압적 시스템과 위양적 시스템의 비교

강압적 시스템	위양적 시스템
열악한 성과를 강조하기 위해 시스템은 성과 기준에 집중한다.	최상의 실천방법에 집중 : 성과 기준에 관한 정보는 그것들을 성취하기 위한 최선의 실천에 관한 정보가 없이는 의미가 없다.
게임플레이와 모니터링 비용을 최소화하기 위해 시스템을 표준화한다.	시스템은 다른 기술과 경험 레벨에 따라 주문 제작되어야 하며, 유연한 현장 적용을 지원하여야 한다.
종업원들이 통제 올가미 안에 머물도록 시스템을 설계한다.	시스템은 종업원들이 그들 자신의 업무를 통제할 수 있도록 도와주어야 한다 : 그들이 '유리 상자' 설계에 의해 시스템의 정신적 모델을 만들도록 도와야 한다.
시스템은 따라야 할 지시이지 도전이 아니다.	시스템은 개선되어야 할 최상의 실천 유형이다.

출처 : 제프리 라이커, 김기찬 역(2004), 도요타 방식.

10) 인재육성

도요타의 경영진은 도요타의 문화 속에 매일 살아야 하고 도요타의 문화를 철저하게 이해해야만 하므로 도요타는 성공적인 CEO를 외부에서 영입하지 않는다. 도요타 문화의 핵심 요소는 실제상황을 매우 상세하게 관찰하는 것을 의미하며 리더의 능력은 현장 위주로 추진되어야 한다. 도요타의 리더십은 학습조직 문화를 창출하기 위하여 경영진이 노력하고 있다. 외국의 경우처럼 외부에서 전문 경영진을 영입하여 비전과 문화를 창출하기 위하여 노력하지만, 전문 경영진은 기업에 비전과 문화가 정착되기 전에 회사를 떠나게 된다. 이러한 모순을 방지하기 위하여 도요타는 내부 승진제도를 통하여 유능한 사원을 전문 경영진으로 육성하고 있다.

또한, 도요타 경영철학의 핵심은 종업원을 적극 지원하는 문화로써 모든 품질은 종업원에게 창출되며 종업원의 건강이 당일의 생산목표 달성보다도 중요하게 생각하는 철학과 실천의 종합체이다.

도요타 리더십의 뿌리는 철저하게 현장을 이해하고, 철학을 가지고, 종업원에게 그것을 가르치는 리더를 육성하는 것으로 도요타 리더의 공유된 특징은 다음과 같다(제프리 라이커, 2004).

① 부가가치를 창출하는 사회의 공헌자로서 도요타를 위한 장기 목표에 집중하였다.
② 결코 도요타 경영 DNA의 지침으로부터 일탈하지 않았으며 모든 사람의 모범이 되는 삶을 살았다.
③ 세심한 일을 하는데 투자하였으며 실제 부가가치가 이루어지는 현장을 꾸준히 방문하였다.
④ 문제에 부딪히면 종업원을 훈련시키고 지도할 기회로 보았다.

11) 팀워크

도요타의 모든 직원은 팀워크의 중요성을 강조한다. 회사의 모든 프로세스와 시스템은 부가가치를 창출하는 팀을 지원하기 위하여 존재하며 팀은 개선의 혁신적 아이디어 창출과 눈에 보이지 않는 힘을 가지고 있다.

도요타는 개인적인 작업과 집단 작업, 개인의 탁월함과 팀의 효율 사이에 우수한 균형을 구축하였다. 팀워크가 중요하지만, 개인들이 그룹 속에서 작업을 함께 한다고 해서 개인의 능력이 부족하거나 도요타의 시스템 이해가 부족한 것을 채워주지는 않는다. 실천하는 우수한 개인들이 뛰어난 팀을 만든다. 도요타의 팀 역할과 책임은 다음과 같다(제프리 라이커, 2004).

- 팀 구성원(TM)
  - 현재 표준에 따라 작업을 수행하라
  - 작업장에서 5S를 유지하라
  - 일상의 사소한 유지 보수를 수행하라
  - 끊임없는 개선 기회를 찾아라.
  - 문제 해결 소집단 활동을 지원하라
- 팀 대표(TL)
  - 프로세스 행동 개시와 통제
  - 생산목표를 달성하라
  - TM(팀원)에 의한 안돈 요청에 응하라
  - 품질을 확인 - 일상의 체크
  - 장기 결근자를 대신하라
  - 훈련과 크로스 훈련
  - 빠른 유지보수를 위한 작업지시

- 표준화된 작업을 확실히 하라
- 소집단 활동을 촉진하라
- 끊임없는 개선 프로젝트
- 부품과 자재가 프로세스에 공급되는 것을 확실히 하라

– 그룹 리더

- 노동력/휴가 일정 계획
- 매월 생산 계획
- 관리 : 정책, 출석, 교정 활동
- 호신 계획
- 팀 사기
- 일상적 품질과 TL(팀 리더) 체크를 확인하라
- 시프트에서 시프트로 업무협조
- 프로세스 시험(프로세스의 변화)
- TM(팀원) 개발과 크로스 훈련
- 일일 생산결과 보고, 추적
- 원가절감 활동
- 프로세스 개선 프로젝트 : 생산성, 품질, 인간공학 등
- 주요한 유지보수 조정
- 외부의 그룹으로부터 지원 조정
- TL(팀 대표) 부재 시 도움 역할

[그림 5-4] 도요타 지도자의 관점

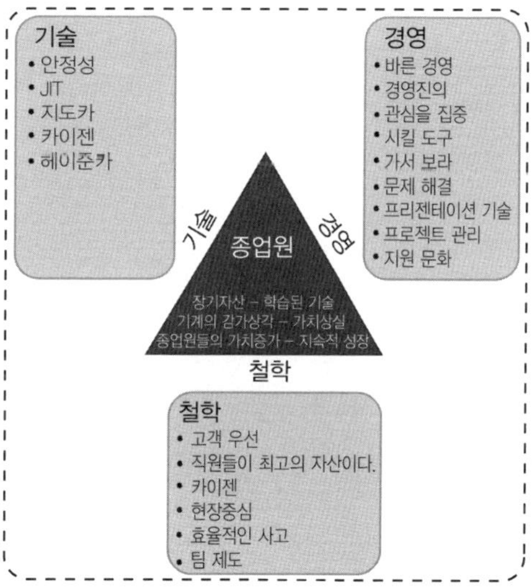

출처 : 제프리 라이커(2004), 도요타 생산방식.

12) 협력업체에게 도전정신

도요타는 유력한 협력업체에 많은 투자를 하였다. 이러한 투자는 JIT의 정신에 기반을 두고 추진하였다. JIT의 초기에 많은 협력업체가 위기에 처하였으나 도요타의 도전 정신과 일하는 방식을 통하여 위기를 벗어났다.

또한, 도요타가 확장되면서도 이러한 도요타의 원칙을 준수하면서 도요타의 높은 수준을 요구하고 있다. 이는 협력업체도 도전할 필요성을 느끼게 하고 새로운 개발과 적극적인 도전을 유도하게 되었다.

이러한 결과 JIT가 요구하는 납기를 맞추고, 크로스 도킹 시스템을 이용하여 물류비용을 절감하게 되었다. 또한, 도요타는 도요타만의 시스템을 추진하는데 협력업체도 함께 참여하고 진행한다. 도요타의 경영방식은 협력업체에 원가를 낮추라고 강요하는 방식이 아니며 모든 협력업체는 도요타의 일원으로서 활동하고 있다.

13) 현장 확인

도요타는 실제의 상황을 파악하기 위하여 해당 현장을 직접 찾아가 눈으로 보는 경영을 하고 있다. 실제 상황 파악은 문제 해결 프로세스나 신제품 개발, 프로세스 개선 등과 같은 개선의 첫 단계는 현장을 눈으로 보는 것이다. 그리고 혁신은 실제 현장을 눈으로 보고 철저히 이해하는 데서 출발한다.

도요타의 야마나시 사장의 다음의 10가지 경영원칙을 살펴보면 현장 확인의 정신이 나타나 있다.

① 항상 최종 목표에 전념하라
② 자신과 종업원에게 업무를 명확히 할당하라
③ 확인되고 검증된 자료를 근거로 생각하고 말하라
- 직접 가서 사실을 확인하라
- 다른 직원에게 전달하는 정보에 대한 책임이 있다.

④ 정보를 보내거나, 수집하거나, 논의할 때 다른 종업원의 지혜와 경험을 완벽하게 이용하라
⑤ 적절한 시기에 정보를 공유하라
⑥ 시기적절하게 보고하고 알려주고 논의하라
⑦ 측정 가능한 방법으로 비판적으로 능력을 검토하고 논의하라
⑧ 냉정하게 개선 활동을 실시하려고 노력하라
⑨ 상자 밖을 생각하거나 상식과 표준 규칙을 넘어서라
⑩ 안전과 건강을 항상 마음에 두고 잊지 마라

14) 의사결정은 천천히, 실행은 신속히

도요타를 처음 접하는 사원들은 도요타의 느린 의사결정에 의아해한다. 이렇게 도요타가 의사결정하는 데 시간과 노력을 기울이는 것은 올바른 의사결정이 필수적이기 때문이다. 도요타는 우연히 내린 결정이 좋은 결과를 창출하여도 이러한 빠른 의사결정은 용납하지 않는다.

15) 냉정한 반성과 지속적인 개선

도요타에서 팀워크는 개별적 책임에 면책권을 부여하지 않는다. 개별적 책임은 비난과 벌이 아니라 학습하고 성장하는 기반이 된다. 도요타뿐만 아니라 일본문화에서 학습과 성장은 반성에서 출발한다. 반성을 지금까지 가르쳐야 하는 것 중 가장 엄격하지만, 도요타의 조직학습에 없어서는 안 될 구성 요소이다. 도요타는 비록 프로세스가 성공적으로 수행되었어도 반성 회의를 한다. 또한, 끊임없는 반성은 기회의 시작이다(제프리 라이커, 2004).

2. TPS 도입 시 주의점

1) 개선의 힘

문제를 발견하고 끊임없이 개선하는 것은 기업 문화가 지속해서 개선하도록 구축되어 있어야 한다. 도요타에서와 같이 프로세스의 95%는 개선의 대상이며 5%만이 부가가치를 창출하고 있다는 문제의식의 인식 속에서 개선은 출발한다. 따라서 혁신을 추진해보고 생각하는 자세가 필요하다.

2) 지속적 실천의 부재

많은 기업이 혁신을 추진하고 개선을 추진하였지만 기대 이하의 효과를 얻는 것은 지속해서 개선을 추진하지 못하였고 이론적으로 무장되어 있지 못하였기 때문이다. 또한, 국내 기업의 사례에서 보면 경영혁신과 개선 효과가 목표보다 초과한 결과를 얻었지만, 실질적인 이윤(재무적 성과)을 창출하는 진정한 개선은 하지 못하고 있다. 이러한 문제는 실천 의지가 부족하기 때문으로 개선을 추진하기 전에 왜 개선을 하여야 하는지, 정신무장이 우선시된다.

3) 사고의 변화

TPS는 도요타 전 종업의 지혜에서 나온 결과이다. 즉, 도요타는 인재를 육성하고 장기적인 경영목표를 추진하며 국가경쟁력 향상을 위하여 기업의 목표를 설정하고 있다.

이처럼 국내 기업도 장기적인 안목을 갖고 혁신을 추진하여야 하며 지속성과 고객만족의 철학을 내포하고 있어야 한다.

제3절 JIT 시스템

1. JIT의 연구

1) JIT의 개념

JIT는 적시 생산으로 도요타 자동차의 TPS의 축을 이루는 시스템이다. JIT는 필요한 것을 필요한 때에 필요한 양만큼 생산 및 공급하는 시스템으로 재고 수준을 줄이기 위해 시도된 생산관리 시스템으로 시작하여 도요타의 경영철학으로 발전하게 되었다.

고객에게 더욱 나은 품질 및 가격의 제품과 서비스를 제공함으로써 경쟁우위를 확보하고 낭비를 제거하고 지속해서 생산성과 품질을 향상해야 한다는 경영철학으로 불필요한 재고를 없앰으로써 생산성을 향상하고 재고 제로화(perfect zero stock) 관리방법이다.

효과적으로 JIT를 실시하는 방법을 다음과 같이 제시하였다.

① 최고 경영층의 지지를 얻은 후 JIT의 운영에 따른 변화를 최고경영층에게 알려주고, JIT의 운영에 대한 최고경영층의 리더십이 필요하다. 그리고 JIT의 실행을 위한 계획을 준비한다.

② 현장 작업자들의 협조를 얻어 안정된 고용을 보장하고, 훈련에 참여하도록 하며, 문제 해결에 모든 종업원을 참여시켜야 한다.

③ 생산을 비슷하게 평준화시켜야 하며 혼류 생산될 수 있을 때까지 생산 준비시간을 줄인다.

④ 최종 조립의 로트 크기에 알맞도록 모든 작업장의 생산 준비시간과 로트 크기를 최소화한다.

⑤ 최종 조립의 생산능률에 맞추어 공정의 균형을 유지하여야 하며 생산능력이 부족한 작업장은 개선한다.

⑥ 협력업체까지 확대 적용이 필요하므로 생산계획을 일정하게 안정화하며, 품질향상을 위하여 품질지원과 장기적인 공급계약 등의 철저한 지원이 필요하다.

2) JIT의 사고

오오노가 간판 방식을 구체화하게 된 것은 미국에 널리 퍼져있던 슈퍼마켓 판매방식을 보고 연구하게 되었다. 슈퍼마켓은 필요한 물건을 필요한 때에 필요한 양만큼 사는 슈퍼마켓 방식은 매우 새로운 도입이다. 이것을 보고 뒤 공정이 필요한 것을 필요한 때에 필요한 양 만큼 앞 공정에서 인수하는 방식을 착안해냈다.

JIT는 혁신적인 생산 시스템으로 도요타 경영의 핵심 중의 하나로서 다음과 같은 생각을 하고 추진하여야 한다.

(1) 생산량보다는 생산성을 올린다.

제품을 100개에서 120개를 만들 수 있는 양적 증가가 아니라 생산 수가 80개로 줄더라도 어떻게 하면 생산성을 올릴 수 있을까 하는 것이 더 중요하다.

(2) 필요한 것을, 필요한 때에, 필요한 만큼 만든다.

뒤 공정에서 필요한 양만큼을 생산함으로써 재고를 없애는 기법이다.

(3) 다기능공의 양성으로 흐름화를 한다.

분업을 통한 작입으로 흐름 작업 공정을 진행할 수 있고, 직무에 대한 충실감도 가질 수 있게 할 수 있다.

(4) 늦어서도 빨라서도 안 된다.

너무 늦는 것은 물론 좋지 않지만, 너무 빠른 것도 문제가 된다. 빠른 것은 과잉생산으로 이어질 수 있고, 재고품을 양산할 수 있다.

3) JIT 도입에 따른 선행조건

JIT의 창시자 오오노는 평소에 거꾸로 생각하는 버릇이 있어서 '필요한 물건을, 필요한 때에, 필요한 부서가, 필요한 만큼만을 가지러 간다. 필요한 때에 와서 가져가면 줄어든 만큼 보충하면 되지 않는가'하는 역발상을 하였으며 이것이 JIT의 사고방식이다. 이와 같은 JIT를 도입하고자 하는 기업은 다음과 같은 선행조건을 먼저 이행하고 수행하는 것이 효율적이다.

(1) 완벽한 품질관리

JIT의 중요한 목적 중의 하나는 조립공장 내 안전재고를 제거하고 작업 재고만으로 조립생산을 함에 있다. JIT 시스템 이전에는 여유 재고를 보유하고 있으므로 작업 재고 중 불량부품이 발견되면 대체할 수 있었지만 JIT 생산에서는 당일 사용될 작업 재고만으로 생산을 하므로 작업 재고의 부품 중 불량품이 섞여 있으면 조립을 중단해야 하는 사태가 발생할 수 있다. 따라서 부품의 품질관리가 JIT의 성공적인 도입을 위해서는 중요한 선결 사항이다.

(2) 생산일정의 안정화

생산계획이 자주 수정되면 JIT의 도입이 어렵게 된다. 조립라인의 생산량의 변화가 잦으면 JIT의 효과를 기대하기 힘들다. 정확한 수요예측에 근거한 생산일정의 안정화가 병행되어야만 JIT의 도입은 성공할 수 있다.

(3) 협력업체에 대한 동기부여

JIT 협력업체로 선정되면 계약을 통해 공급업체의 지위를 장기적으로 보장해 주었다. 이러한 장기계약은 JIT 협력업체가 불량률 감소를 위한 품질관리를 위해 투자를 할 수 있는 계기를 마련해 주기 위한 정책이었다. 그뿐만 아니라, JIT로 인해 발생한 새로운 비용(예를 들면, 불량률을 낮추기 위한 새로운 부품 포장비용)을 고려한 가격으로 부품을 구매함으로써 JIT 협력업체를 가격 면에서 지원하였다. JIT의 성공적인 실현을 위해서는 협력업체와의 새로운 기업 간 관계 정립이 중요한 선결과제임을 크라이슬러는 보여 주고 있다.

2. JIT의 운영방법

1) 평준화

생산 수준의 평준화로서 일부 고객들은 짧은 기간 동안 기다릴 수 있게 하여야 하며 생산기간은 1개월 동안 일정하여야 한다.

2) 칸반 시스템(Kanban System)

칸반은 JIT에서는 부품의 생산과 운반을 통제하는 수단으로 칸반 카드의 역할은 생산 및 운반 지시서의 역할과 부품의 생산과 운반을 지시하고 용기 안의 부품을 식별하는 데 사용된다. 또한, 생산 시스템의 모든 작업장과 공급업자를 연결하며 후속 공정에 필요한 부품을 선행공정에 알려 부품이 적시에 공급되도록 한다. 부품 공급 요청은 최종 조립라인으로부터 시작되어 선행공정에 파급되어진다. 칸반 운용 시 필요한 용기 수는 그림의 계산식에 의해 결정된다.

$$N = DT / C$$

N = 용기 수
D = 사용 작업장에서의 부품 수요율
C = 용기의 수량
T = 한 번의 순회시간(작업장의 리드타임)

3) 작업 준비시간과 롯트 사이즈(Lot size)의 감축

소롯트 생산을 지향하는 JIT에서는 가공시간만큼 작업 준비시간의 단축이 중요하게 되었다.

4) 설비배치

JIT에서는 모든 자재와 재공품은 작업현장에 보관되며 이에 따라 창고는 불필요하게 되었다. JIT는 보유 재고가 적으므로 장비 고장 시 크게 문제가 되므로 기계와 장비의 보전이 매우 중요하다.

5) 다기능공(多技能工)

JIT는 다기능의 작업자가 필요하게 되었다. 작업자와 엔지니어 문제 해결 능력은 JIT의 추진력이기 때문에 기계의 조작뿐만 아니라 기계의 작업 준비와 일상적인 정비를 하고 가공된 부품을 검사하는 것이 가능해야 한다. 이를 위해 다양한 내용의 교육훈련이 시행되어야 한다.

6) 공급업자

공급업자는 공장의 연장이며 생산팀의 일원으로 간주하여야 한다. 될 수 있는 대로 공장 근처에 자리 잡아야 하고 소롯트 다회 분할 납품 방식이 필요하다. 또한, 공급 일자와 공급 시간을 지정하여 공급부품의 검사를 거치지 않고 생산라인으로 직접 투입한다.

7) Pull System

생산 현상에서도 뒤 공정이 필요한 것은 필요한 사람이 필요한 만큼 가져오게 해보면 물건을 미리 많이 갖추어 둘 필요가 없어진다는 것을 생각하면서 뒤 공정에서 필요한 만큼 앞 공정에서 가져가면, 앞 공정은 가져가는 만큼의 물건을 만들어 건네주는 방식으로 생산방식을 바꾸어 해결했다.

3. JIT의 효과

1) 생산성

JIT는 재고의 감소는 물론 제조기업의 모든 자원의 낭비를 제거하므로 생산성의 향상을 가져온다. JIT는 보조 재료와 에너지를 제외하고는 생산시스템의 거의 모든 부문의 생산성에 영향을 주고 있다.

JIT는 재고비용, 리드 타임, 준비시간의 감소, 품질의 향상 등으로 생산량이 투입량보다 상당히 빠르게 증가하므로 생산성을 향상한다.

2) 품질

품질은 디자인의 품질, 규격 및 설계 적합성, 신뢰성과 내구성, 기술성 등으로 분류하고 JIT는 이러한 품질 영향을 미친다.

3) 유연성(Flexibility)

유연성에는 제품 유연성, 수량 유연성, 제품의 혼합 유연성, 신속성 등이 있다. 적시 생산은 리드 타임과 준비시간, 빈번한 배달 등으로 제품 혼합 다단계 생산시스템을 운영할 수 있으므로 제품 유연성과 신속성에 많은 영향을 준다.

4. 칸반의 운영

1) 칸반의 개념

[그림 5-5] 칸반의 종류

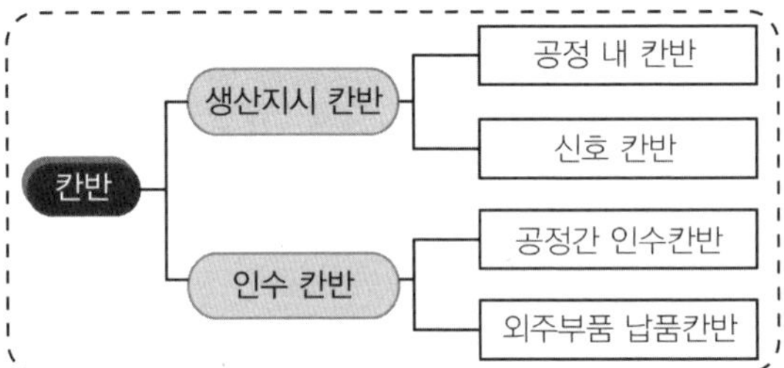

칸반은 TPS의 기본 이념인 JIT를 실현하기 위하여 관리, 개선의 도구로서 생겨난 것이다. 종래 생산 지시가 일정계획을 만들어 각 공정에 제공해 왔으나 현장의 여러 가지 문제 발생에 따라 공정 간의 균형을 취하는 것은 불가능에 가까웠다. 그래서 뒤 공정이 '사용한 분량만 앞 공정으로부터 운반해 가고, 앞 공정은 뒤 공정이 운반해 간 것만 생산한다.'라고 하는 역전의 발상이 고안되어 그 정보로서 칸반이 사용되었다.

2) 간판의 기재 사항

품목번호, 품목명, 주, 번지(적치 장소), 수용 수, 라인 명, 전후공정, 발행 매수와 정리 번호, 납품시간(외주간판만)

3) 칸반 운영 방법

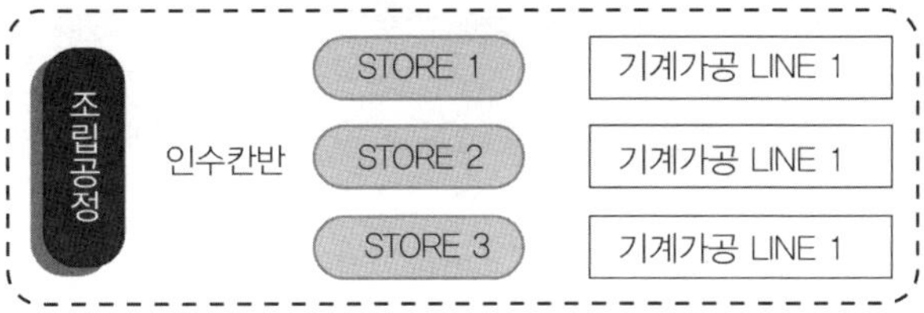

4) 도입 방법

① 조립의 생산 평준화, 인수 LOT를 결정하여 칸반을 만든다.
② 여기에 대응할 수 없는 기계 가공라인은 저장소를 만든다.
③ 저장소는 ABC 분석을 하고, 적치 방법은 공구 교체 시간, 리드 타임(lead time)으로부터 도출한다.
④ 재공신호 칸반을 만든다.

5) 칸반의 역할

① 과잉 생산의 낭비를 억제한다.
② 인수 정보, 생산 지시 정보를 표시한다.
③ 눈으로 보는 관리의 도구이다.
④ 개선의 도구이다.

6) 칸반 방식의 규칙

① 불량품은 절대로 뒤 공정으로 옮겨져서는 안 된다.
② 뒤 공정이 앞 공정으로 가지러 간다.
③ 생산량은 인수량과 같아야만 한다.
④ 미세 조정 기능을 가져야만 한다.
⑤ 제품의 모델과 양은 평준화되어야만 한다.
⑥ 계획의 평준화가 이뤄져야 한다.
⑦ 칸반은 표준 상자에만 부착되어야 한다.
⑧ 칸반의 매수는 적을수록 좋다.
⑨ 표준 재고품은 정 위치에 있어야 한다.
⑩ 제조 활동에 안정성을 유지해야만 한다.

학습목표 요약

1. 도요타 경영의 기본 사상은 무엇인가?

기업의 문화를 계승하고 존중하면서 새로운 변화를 추구하는 사상으로 도요타의 기본 사상은 다음과 같다.

① 인간존중의 경영방식(대량생산방식과 분업화의 연계로 인간의 기계화에서 탈피)

② 대량생산에 대한 반성(시대적 변화와 고객의 개성화와 다양화에 적응이 필요했다)

③ 철저한 원가절감(다품종 소량생산에서 발생하는 수많은 낭비를 제거하여 생존과 경쟁력을 키움)

2. 도요타 경영이 성공적으로 수행되기 위하여 개발된 방법은 무엇인가?

고품질, 고생산성 제조방식과 유연성과 뛰어난 운용능력으로서 저스트 인 타임(JIT : Just-in-time), 흐름 생산방식(One-piece flow), 개선(Kaizen), 자동화(jidoka), 평준화(heijunka), 안돈(이상을 알리는 표시등), 포카요케(실수의 사전 방지)와 같은 경영 도구를 개발하여 생산방식의 혁신을 창조하였다.

3. TPS에서 강조하는 7대 낭비는 무엇인가?

① 과잉생산의 낭비

② 운반의 낭비

③ 재고의 낭비

④ 가공 그 자체의 낭비

⑤ 동작의 낭비

⑥ 대기의 낭비

⑦ 불량의 낭비

4. 도요타의 핵심원리(4대 축)는 무엇인가?

1) JIT 생산

JIT 시스템은 다음 작업장이 앞 작업장에 필요한 것을 필요한 때에 필요한 만큼 인수하여 가는 시스템이다.

① 흐름화 생산의 체계 구축 : Lay out 개선 및 한 개의 흐름화 실시

② Pull 생산방식 : 칸반 방식

③ 소 Lot 생산 : Set up 시간 단축
④ Tact time 사고의 생산 : 평준화, 표준화 생산

2) 자동화 구축

자동화(automation)는 롯트 단위의 불량품을 대량으로 발생시킬 수 있는 위험이 있다. 따라서 도요타에서는 자동화에서 불량이 생기지 않도록 불량을 스스로 감지하고 조치하는 방식을 공정별로 개발하고 있다.

① Autonomation : 이상 감지 자동화
② 성역화 : 낭비 제로화 사고

3) 소인화

수요변동에 따라 작업자의 수를 증감하는 것으로, 작업자를 다기능화하고 기계 설비를 U자형으로 배치하여 작업자의 작업 범위를 쉽게 확대 또는 축소할 수 있는 것.

① 다기능공화(Multi Skill)
② 1인 다기계 담당
③ U 라인화
④ 표준화 작업

4) 소집단 활동

도요타 생산방식이 실제로 효과가 있는 것은 개선 활동을 통해서이다. 각 작업자는 Q.C 동아리인 소집단 활동을 통해서 문제를 제기하고, 그 개선점을 제안할 기회를 부여받는다.

① 창의적인 제안제도
② 자주 개선 연구회 : QC동아리 활동의 활성화

5. 도요타 15가지 관리기법은 무엇인가?

1) 장기적인 경영철학
2) 올바른 프로세스 관리
3) 풀 시스템
4) 표준화 작업
5) 시각적 관리
6) 라인 스톱 문화
7) 검증된 기술만 사용
8) 평준화(헤이준카)
9) 권한 이임

10) 인재육성
11) 팀워크
12) 협력업체에게 도전정신
13) 현장 확인
14) 의사결정은 천천히, 실행은 신속히
15) 냉정한 반성과 지속적인 개선

용어해설

- TPS
  도요타가 추구하는 제조 철학으로 도요타 생산 시스템(TPS : Toyota Production System)
- 안돈
  이상을 알리는 표시등
- 포카요케
  실수의 사전 방지
- 칸반(看板)
  생산해야 할 수량을 표시하기 위해 카드에 품목과 수량을 기재하여 전달하는 카드
- 풀 시스템(pull system)
  필요한 양만큼 필요한 시기에 바로 이전 공정으로부터 끌어당겨서 작업을 완료하는 운영방식
- 택트 타임(tact time)
  한 대 또는 한 개를 만들어야 하는 시간

제6장

현장관리

학습목표

1. 3정 5S란 무엇인가?
2. 시간 연구법에는 어떤 것이 있는가?
3. 동시공학의 특성은 무엇인가?
4. 동시공학의 성공 요인은 무엇인가?
5. 마이 잡 운동이란 무엇인가?

현상파악 → 목표설정 → 활동방향 설정 → 즉실천활동 → 효과파악

제1절 현장 합리화

현장혁신은 경영의 여러 구조에 적용하여 전개된다. 현장 합리화는 시장개척, 유통구조의 개선, 제품 구성의 변경 등의 형태로 구체화된다. 현장 합리화는 생산 기능적인 기술적 구조의 합리화로 경영 합리화의 중심이 되는 것으로서, 생산설비, 생산방법, 조직 등의 개선을 추진하는 것이다.

1. 현장 합리화의 체계

현장 합리화는 작업방법의 합리화와 설비의 합리화, 사람의 합리화, 자원의 합리화 그리고 정보의 합리화로 구분할 수 있다.

1) 작업방법의 합리화 도구
- 소롯트 흐름 생산
- 평준화
- PULL 시스템
- 표준화 작업
- 라인 균형(balancing)

2) 기계의 합리화
- 소형전용 기계
- 생산보전관리
- 설비의 라인화
- 자동화

3) 사람의 합리화
- 다기능공 양성
- 의욕연구
- 안전제일
- 소인화

4) 자원의 합리화
- 자주 검사
- 풀 프루프 방식
- 운반의 최소화

5) 정보의 합리화
- 눈으로 보는 관리
  안돈
- 간판 시스템

2. 현장 합리화의 원칙

1) 혁신으로 전환

지금까지는 사용하기 좋게 고치는 개선을 추구했다. 그러나 미래는 지금까지의 사고를 완전히 버리고 새로운 발상의 전환 시대가 다가오고 있다. 이는 그동안의 고정관념을 완전히 버리고 새로운 혁신을 의미한다.

2) 미래의 제품 개발

과거의 시장은 생산자 위주에서 출발하였다. 자원의 부족에 따른 공급 부족으로 생산자 위주, 판매자 위주의 시장에서 구매자 중심의 시장으로 변천해 나가고 있다. 그러나 미래의 시장은 소비자가 예측하지 못하였던 제품, 꿈의 제품의 시장이 선도할 것이다.

3) 낭비 없는 생산

과거 납기에 맞추는 생산방식에서 고객이 필요한 시점, 필요한 장소에 공급이 가능한 JIT 시스템으로 전환하고 있다. 이는 낭비를 발생시키지 않고 고객을 만족하게 할 시스템이 필요하다.

4) 7가지 제로(zero)화 체계

과거의 생산 및 판매방식은 좋게, 싸게, 빠르게 하는 방법이나 향후의 생산시스템은 교체 제로(다품종화), 재고 제로, 낭비 제로, 불량 제로, 고장 제로, 지연 제로, 산재 제로의 제로 시스템을 요구하고 있다.

5) 감성 생산

생각의 발상은 미래의 생산 시스템을 상상한다. 생각은 현재의 생산방법과 상상의 생산방법을 연관하여 생각하며 사람의 모든 감각기관을 이용하여 분석하고 실천한다.

6) 혁신을 이끌어감

현장과 타협하지 않고 감성과 행동 그리고 혁신의 집착으로 개선을 추진한다.

7) 항상 질문

'왜 재고가 있는가?' '왜 불량이 발생하는가?'와 같이 왜를 되풀이하면 벽에 부딪칠 수도 있다. 이와 같은 벽을 허물기 위하여 '어떻게 하면 될까?'로 전환하여 혁신을 추구한다.

8) 지식을 축적

혁신은 많은 지속에서 나온다. 이윤만을 추구하지 않고 폭넓은 지식을 습득하면 새로운 혁신의 길이 나타난다.

9) 이론보다는 현장

혁신을 가르쳐 주는 스승은 생산현장에 있다. 이론에 집착하지 말고 생산 현장을 누벼라, 그러면 혁신의 발상이 눈에 보이게 된다.

10) 무한의 혁신

기업이 영원히 살아가기 위하여 반드시 변화하여야 한다. 따라서 혁신도 기업이 영원히 살아갈 것이라는 강한 신념 속에 영원한 기업을 만들기 위한 혁신을 추구하여야 한다.

제2절 3정 5S 운동

1. 3정 5S 운동의 개요

3정은 정품, 정량, 정위치이다.

정위치는 각 물건을 두는 위치를 알기 쉽도록 미리 정해두고 장소 표시와 번지 표시로 나눈다.

정품은 정위치에 정품이 놓여 있어야 하며, 품목 표시는 적재한 물건 자체가 무엇인가를 나타내고 품목 표시를 떼 낼 수 있도록 간판의 기능을 유지하고 위치 변경이 가능하도록 한다.

정량은 정위치에 정품이 정량으로 확보되어 있어야 한다. 그리고 적치장과 선반의 크기를 제한하여 최대 재고량과 최소 재고량을 확실히 명시한다(적색, 황색). 또한, 한눈에 수량을 알아볼 수 있도록 놓는다.

5S는 정리·정돈·청소·청결을 생활화하는 것으로 일본에서 관리기법의 하나로 개발하여 성공한 JIT(Just In Time) 생산시스템의 실천을 위한 가장 기초로서 5S에 대한 이론을 정립하였다.

5S는 정리(整理 : Seiri), 정돈(整頓 : Seiton), 청소(清掃 : Seisoh), 청결(清潔 : Seiketsu), 습관화(習慣化 : Shitsuke)의 일본식 발음의 영문자 첫 낱말이 S자로 시작된다고 해서 S자를 5개 모아 5S라고 부르며 5S를 추진하는 것을 5S운동 또는 청정운동이라고도 한다.

① 정리(整理) : 필요한 것과 불필요한 것을 구분하여 불필요한 것을 버리는 것
② 정돈(整頓) : 필요한 것을 누구라도 항상 꺼낼 수 있도록 하는 것
③ 청소(清掃) : 눈으로 보거나 만져 보아도 깨끗하게 하는 것
④ 청결(清潔) : 정리, 정돈, 청소, 상태를 계속 유지 또는 개선하는 것
⑤ 습관화 : 결정된 규정, 규칙을 지속해서 실시한다.

또한, 5S의 기본 사고는 다음과 같다.

① 생산 활동의 기초이다.
② 모든 낭비(loss)와 불량의 발생을 사전에 방지한다.

③ 전원 참가와 전원 실천이 필수요건이다.
④ 넓은 활동공간을 만들어 낸다.
⑤ 품질향상을 증진하고 불량제로를 달성한다.
⑥ 원가절감과 납기 준수를 가능하게 한다.
⑦ 안전사고를 방지하고 고장을 감소시킨다.
⑧ 인간관계를 원만하게 하고 근무의욕도 향상한다.
⑨ "작은 개선 X, N = 큰 개선 성과"의 개념이다.

[그림 6-1] 5S 운동

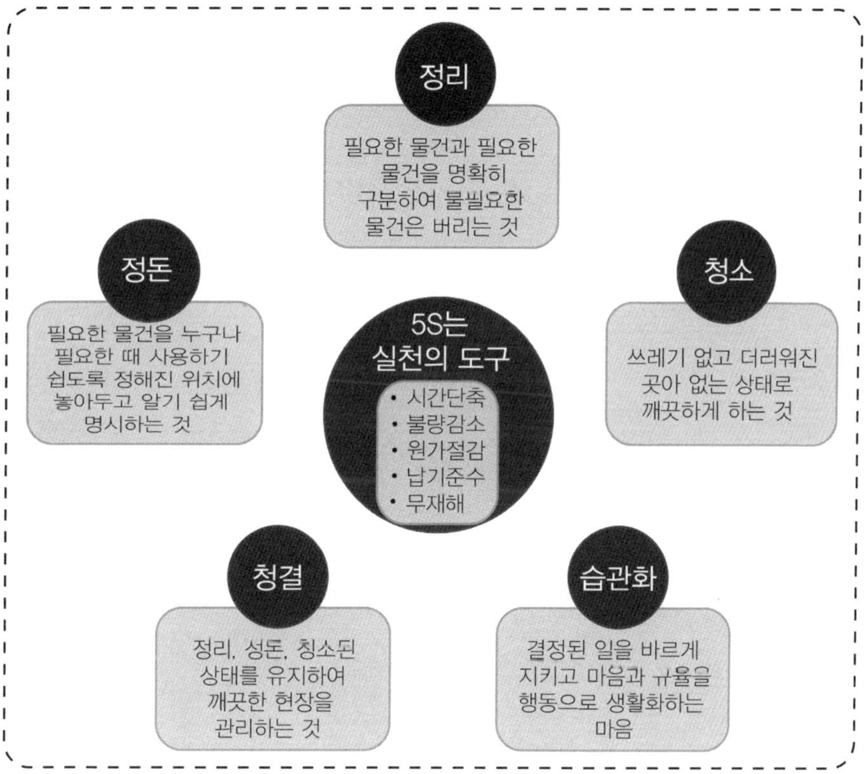

2. 5S 운동 추진방법

1) 정리

정리란 '버리는 것으로부터' 시작한다. 정리는 단순히 직선, 직각, 수직, 수평, 평행을 가지런히 하는 것으로 이해하고 있는 사람들이 많지만 필요한 것과 불필요한 것을 확실히 구분하여 필요한 물건은 자신이 사용하기 편리하게 가까이 두고 불필요한 것은 누가 보아도 쉽게 알 수 있도록 붉은 이름표를 부착하여 정리하는 것을 말한다. 눈으로 보아서 알 수 있도록 붉은 이름표를 부착하는 것을 이른바 붉은 표찰(이름표) 작전이라고 한다.

[그림 6-2] 정리 운동

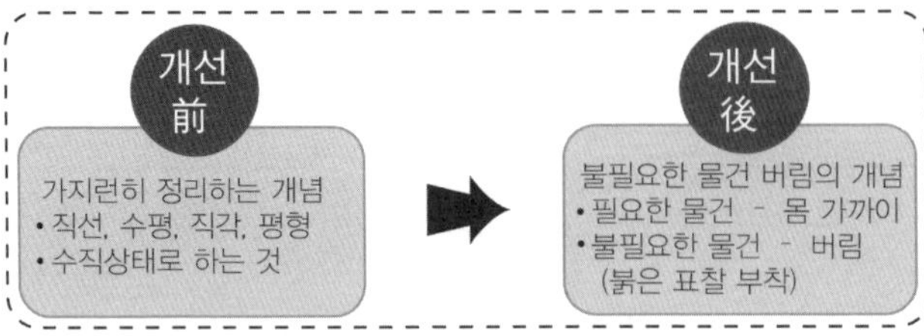

2) 정돈

정돈은 표준화로부터 시작한다. 현장관리는 표준화 없이는 추진할 수 없다. 전문가만이 조작할 수 있는 기계가 아니라면 초보자라도 쉽게 작업할 수 있도록 만들어 놓은 것이 표준화이다. 표준화는 현장의 모든 프로세스에 대하여 표준화가 필요하다. 이러한 표준화의 기초가 되는 것은 누구라도 한눈에 알아볼 수 있고, 즉시 사용 가능하고, 사용 후 원상태로 되돌려 놓을 수 있도록 하는 정돈하는 활동이다.

[그림 6-3] 정돈 운동

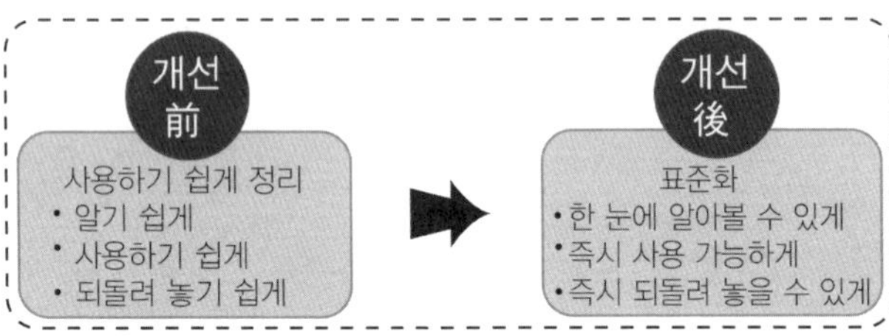

3) 청소

청소는 점검부터 출발한다. 청소란 더러운 곳이나 먼지를 깨끗이 제거하여 기계 설비나 사람의 능력이 충분히 발휘될 수 있는 직장을 만드는 것을 말한다. 프레스나 선반을 이용하여 작업하는 것처럼 청소도 일상의 업무로 인식하는 것이 중요하다.

청소가 일반 업무처럼 습관화되면 청소에 그치는 것이 아니라 설비 점검 등 단순한 청소업무에서 청소 점검 운동으로 승화된다.

[그림 6-4] 청소 운동

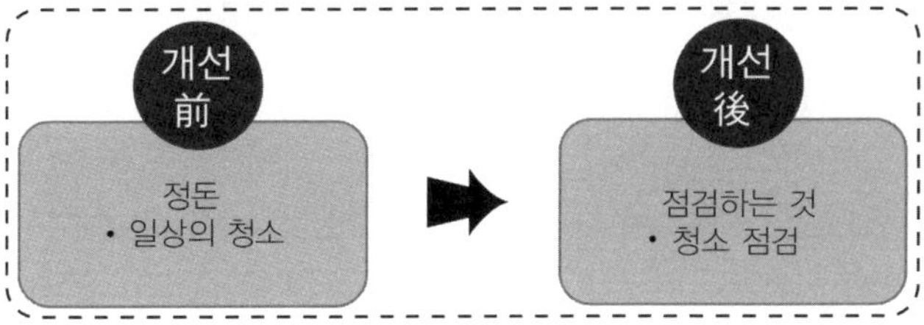

4) 청결

청결은 더럽히지 않는 일로부터 시작한다. 청결은 일반적으로 정리·정돈·청소의 3S를 유지하는 것으로 이해하고 있으나 필요 없는 물건을 버리고 물건이 놓여 있는 상태를 정리하고 청결을 유지하는 것을 습관화하는 깃이다. 청결은 더럽히지 않고 작업을 할 수는 없을까를 추구하는 지혜에서 해답을 얻을 수 있다. 이것이 예방 3S 운동이다.

[그림 6-5] 청결 운동

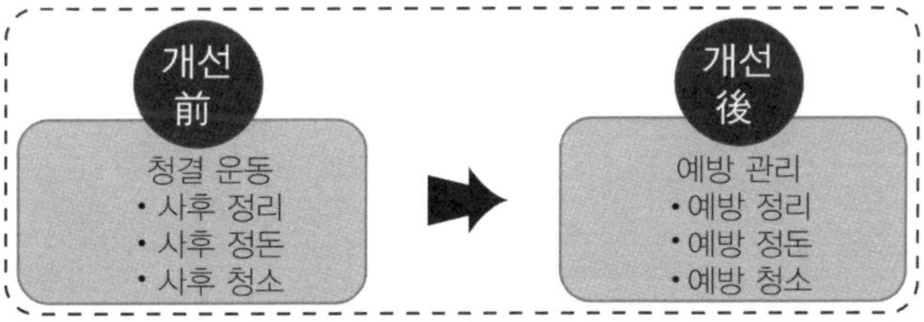

5) 습관

습관은 질책으로부터 시작한다. 습관이란 아름다움을 몸에 배게 하는 것을 의미한다. 혁신 운동에서 습관은 애정을 갖고 잘못을 상급자가 지적하여도 서로 신뢰하는 마음으로 아름다움이 태동하여 몸에 익히게 하는 것이다.

제3절 눈으로 보는 관리

1. 눈으로 보는 관리의 목적

현장의 이상을 눈으로 보고 즉시 개선하는 관리 방법으로 현장에서 개선이 어려운 것은 개선방법을 모르기 때문이 아니라 무엇이 문제인지를 모르기 때문이다. 이러한 문제를 해결하기 위하여 현장에서 발생하는 문제점과 낭비, 이상을 한눈에 볼 수 있게 하고 전원이 공유할 수 있도록 하는 것이 눈으로 보는 관리이다.

눈으로 보는 관리는 단순히 생산 현장의 관리방법의 하나가 아니고 기업 전체의 경영 전반에 걸쳐 적용해야 한다. 눈으로 보는 관리는 많은 산업현장에서 개선 활동을 추진하는 효율적인 도구로 활용되고 있으며 이 기법은 생산성 향상, 원가절감을 실현하고 있다. 그러나 최종의 목적은 자율적인 조직 체질과 의사소통(communication)의 활성화와 활발한 기업풍토를 확립하는 데 있다.

2. 관리 현장 구축

1) 낭비의 표시

낭비는 필요한 것과 불필요한 것을 명확히 하고 빨간 표식을 부착하여 공장에서 불필요한 것이 무엇인가를 한눈에 알아볼 수 있도록 한다.

2) 정돈 간판 부착

정돈 간판은 필요한 물건을 정리하고 사용하기 쉽고 누구든지 알아볼 수 있도록 명시하는 것이다. 또한, 재고는 규제하지 않으면 점점 증가하는 경향이 있다. 따라서 재고관리 함은 최대적재량을 표시하여 더 재고를 쌓아두지 못하도록 양적 규제를 한다.

공구는 취급하기 편하게 하는 것도 중요하지만 어디에 놓아야 하는지와 한눈에 알아볼 수 있게 하는 것도 중요하다.

설비 역시 이 설비가 사용되는 공정 명, 기계 명, 담당자 등 설비 표식을 부착하여 관리하며, 구역 표시는 재고 보관 장소, 통로, 작업구역을 구분하여 실시한다. 또한, 위험 수위에 대한 관리로 최대량을 표시하고 위험수위를 빨간 표시로 하여 위험성을 볼 수 있게 한다.

3) 칸막이 제거

작업장과 작업장, 사무실과 사무실 등의 정보 공유 및 눈으로 보는 관리를 위하여 불필요한 독립공간을 제거한다. 작업장이나 창고에서도 정리정돈의 단계로 스페이스 확보 및 문제점 노출을 위하여 칸막이 제거가 필요하다.

3. 표시등 관리

표시등은 현장이 순조롭게 진행되고 있는지를 파악하고 문제점을 빨리 파악하여 정상화하는 도구로 사용된다.

표시등은 부품 청구를 위한 '호출 표시등'과 라인에 이상을 알리는 '이상 표시등' 그리고 기계의 가동을 나타내는 '가동 표시등' 등이 있다.

[그림 6-6] 표시등의 용도

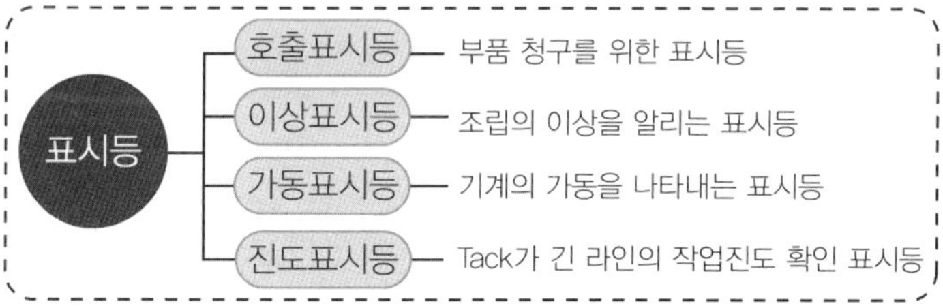

[그림 6-7] 위험수위 표시

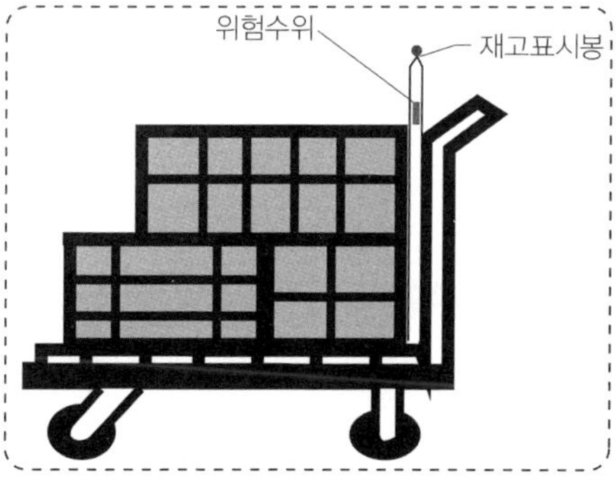

4. 주요 공정 표시

주요 품질 특성에 대한 중점관리 조건이 설정된 대로 작업이 잘 진행되지 않을 것으로 예상하는 공정을 주요 공정으로 설정하고 주요 공정 표시를 해당 공정에 부착함으로써 주어진 조건대로 작업이 진행되는가를 주기적으로 확인하여 공정 흐름의 문제점 발생을 예방하려는 것이다.

이미 작성된 제조공정도, QC 공정도, 작업 표준서를 기준으로 주요 품질 특성에 대한 관리 항목 및 표준작업조건을 설정한 후 작성한다. 부착 위치는 작업에 방해가 되지 않고 누구나 볼 수 있는 위치에 부착한다.

5. 불량 표시

불량품을 시간대별로 전시하여 발생원인 및 대안을 수립한다. 불량품 전시는 불량을 방지하기 위하여 불량품들을 전시하여 재발을 방지한다. 전시 방법으로 층별로 전시하여 불량품을 파레토 그래프와 같이 쌓아 놓아 불량에 대한 위험을 알린다.

[그림 6-8] 불량품 전시도

〈표 6-1〉 납기관리 도구

관리 체크 항목	눈으로 보는 관리도구
일정계획이 세워져 있는가?	생산 관리판/일정 관리 판/작업 진도 관리표
일정계획보다 앞서 나가고 있지 않은가?	

일정계획보다 늦어지고 있지 않은가?	
현재의 생산실적이 쉽게 파악될 수 있게 되어 있는가?	진도 그래프/작업 진도 관리표
표준계획에 대한 현재의 진도 상황이 파악될 수 있도록 중복되어 있는가?	전광판표시판/작업진도관리표
공수계획(부하계획)은 세워져 있는가? 여력이 파악되어 있는가?	부하계획표/부하 산적표
작업지시가 정확히 실행되고 있는가?	일정관리/인원배치/작업지시/칸반
작업하는 순서가 정해져 있는가?	
수주 선의 납기에 대해 지연되고 있지 않은가?	납기 관리판/진도관리상자
수주 선에 대해 언제 출하되는가?	
발주 선이 납기대로 납품하고 있는가? 지연되고 있지는 않은가? 조기납품은 없는가?	납기 관리판/미납리스트/납기촉진리스트/납품 시간관 리판/간판
발주 선의 납품일은 언제인가?	
결품 상황이 파악될 수 있게 되어 있는가?	

〈표 6-2〉 눈으로 보는 관리 체크 시트

분류	NO	체크항목	양부	불합리한 내용
구획 표시 표식	1	치공구, 금형, 대차의 놓는 장소가 정해져 표시되었는가?		
	2	부품, 재공품, 완성품 놓는 장소가 정해져 있는가?		
	3	불량품, 보류 품의 놓는 장소가 정해져 표시되어 있는가?		
	4	빈 상자, 로트상자 놓는 장소가 정해지고 표시되어 있는가?		
	5	조립라인, 기계 등의 번호가 정해져 표시되어 있는가?		
	6	조립라인, 기계 담당자가 정해져 표시되어 있는가?		
정리 정돈	7	치공구, 금형, 대차는 정해진 장소에 놓여 있는가?		
	8	부품, 재공품, 완성품은 정해진 장소에 놓여 있는가?		
	9	불량품, 보류품은 정해진 장소에 놓여 있는가?		
	10	빈상자, 로트상자는 정해진 장소에 놓여 있는가?		
	11	불요품, 불금품이 방치되어 있지 않은가?		
작업표준의 게시	12	조립라인 작업자의 작업표준이 정해져 게시되어 있는가?		
	13	운전 작업자의 작업표준이 정해져 게시되어 있는가?		
	14	준비교체 작업자의 삭입표준이 정해져 게시되어 있는가?		
	15	검사 작업자의 표준은 정해져 있는가?		
생산상황의 표시	16	조립라인의 기계 정지의 이유와 복귀시간이 표시되어 있는가?		
	17	조립라인, 기계의 가동상태는 표시되어 있는가?		
	18	불량품은 언제까지 누가 어떠한 처치를 하는지 표시되어 있는가?		
	19	생산 진도 상황이 표시되어 있는가?		
현장관리 지표의 표시	20	라인 효율, 기계가동률의 목표와 실적의 추이가 게시되어 있는가?		
	21	준비교체 시간의 목표와 실적의 추이가 게시되어 있는가?		
	22	생산량의 예정과 실적 추이가 게시되어 있는가?		

제4절 현장개선

1. 현장 개선 활동

현장개선이란 제품을 생산하는 과정에 잠재하고 있는 낭비를 제거하여 더욱 쉽고, 더욱 빠르고, 더욱 편하게 제품을 생산하는 활동을 말한다. 따라서 현장 개선 활동은 다음과 같은 원칙으로 추진되어야 한다.

1) 개선(더욱 쉽게)

제품을 만드는 방법을 바꾸는 것으로 지금까지의 제조방법을 잊어버리고 백지 상태에서 새로운 방법을 찾는 것이다. 제품을 만드는 방법은 한 가지만 있는 것이 아니라 수없이 많은 방법이 있다. 우리는 다만 그 방법을 찾으려 하지 않거나 아직 찾지 못하였을 뿐이다.

2) 활동(더욱 편하게)

제품을 만드는 형태를 바꾸는 것으로 글씨를 쓰는 자세에 따라서 글씨체가 달라지듯이 제품을 만드는 사람과 제조현장을 최신의 방법으로 개선하고자 하는 것이다.

3) 원칙(더욱 빠르게)

제품을 만들어 이윤을 창출하는 것은 제품을 필요로 하는 고객에게 필요한 시점에 필요한 만큼 가장 싸고 편리하게 제공하여 주어야 한다.

2. 현장 분석방법

1) 문제의 도출

병원에서 의사가 환자를 정확히 진찰하여 환자의 원인을 분석하고 이를 치료하기 위하여 주사나 약을 처방하거나 수술을 해서 치료를 한다. 이것이 개선이다. 환자를 살리기 위한 치료를 하는 것처럼 현장을 살리기 위해서는 끊임없는 개선 활동이 이루어져야 한다. 이러한 개선 활동은 의사가 환자를 진료하듯이 현장의 문제를 끊임없이 찾아내어 처방하여야 한다.

[그림 6-9] 현장개선

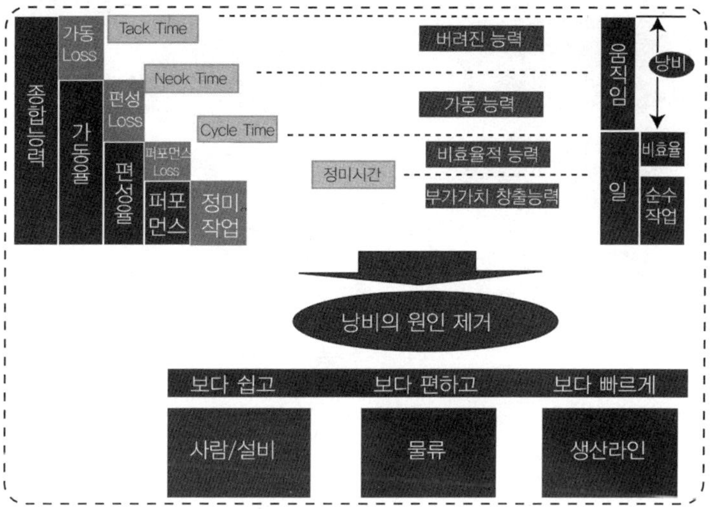

2) 능률 분석

종합 능률을 분석하는 것은 현장의 어디에서 문제가 발생하고 있는가를 파악하는 것이다. 이는 현장분석을 통해 문제를 드러나게 하여 무엇이 문제인가를 분석하는 과정이다. 또한, 현장의 문제가 얼마나 큰가를 진단하고 문제의 종류와 크기, 원인별로 분류하여 왜 이렇게 문제가 발생하였는가를 분석한다.

[그림 6-10] 종합능률 분석

3) 개선의 목표 설정

개선 활동을 추진하면서 제일 중요한 것은 목적과 목표를 정확히 설정하는 것이다. 따라서 무엇을(개선 대상), 어떻게(목적), 얼마만큼(목표)의 목표를 명확히 설정해야 한다. 개선은 어느 한 부분만을 단편적으로 추진하여서는 목표를 달성할 수 없다.

곧 개선은 제품 전체의 품질이나 원가가 개선되었을 때 그 효과가 나타난다.

[그림 6-11] 개선 목표 설정

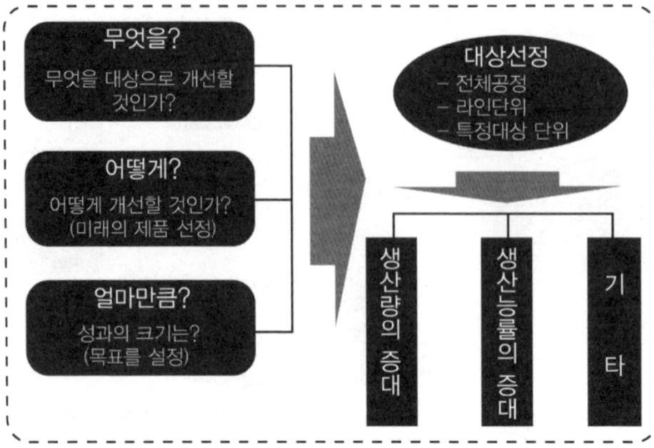

3. 개선 활동 순서

1) 현상파악

[그림 6-12] 개선활동순서

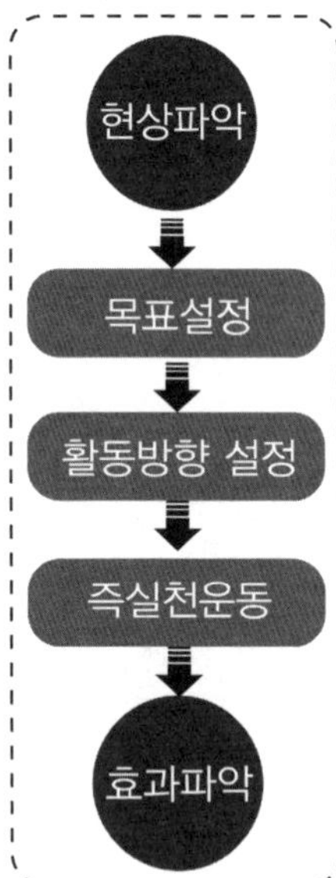

개선 대상인 사람, 작업방법, 공장의 배치(lay out) 등의 현상 문제점을 분석한다. 문제점 분석은 손실 발생 요인, 불량요인, 능률 저하 등 세부적인 손실을 찾아낸다.

2) 목표 설정

항목별로 목표를 설정한 이후 목표를 종합한다. 종합목표는 생산성 향상, 생산능률 향상 등 수치적인 목표를 설정한다.

3) 활동 방향 설정

개선 활동 방향을 설정하는 단계로 가동률 향상은 어떻게 할 것인가? 생산속도 향상은 어떻게 할 것인가? 등 예상 효과를 분석하여 목표 달성 가능성 유무를 확인한다.

4) 즉 실천 활동

개선을 하는 단계로서 개선의 목표가 확정되면 즉시 개선을 실천한다. 즉실천은 현장의 문제점이 발견되면 개선팀은 철야 작업을 통해서라도 즉시 개선하는 제도를 말한다. 개선은 효과가 큰 개선 항목을 우선하며 실현성이 있는 항목을 먼저 추진한다.

5) 효과 파악

개선 성과를 평가하여 목표치와 비교하는 단계로서 개선 후 현장의 현상을 재분석하여 개선 결과를 재확인한다. 항목별 목표와 종합 목표와 얼마나 향상되었는가? 분석하고 평가하고 보상하는 단계이다.

제5절 표준시간 설정

1. 표준시간의 활용

1) 표준작업시간의 의의

표준시간은 정해진 환경조건 아래에서 정해진 설비와 치공구를 사용하여 프로세스에 의한 방법으로 작업에 대한 적성을 가지고 있으며 그 작업에 대해 기대되는 숙련된 작업자가, 정신적으로나 육체적으로 무리가 없는 양호한 노력으로 1단위의 작업을 완수하는데 필요한 시간(공수)이며, 나아가 그 시간에는 필요한 여유가 포함된 시간을 말한다.

- 정해진 1단위의 작업을 정상적인 속도로 수행하는데 걸리는 시간이며 이 시간에는 필요한 각종 여유가 포함되어 있다.
- 소정의 표준작업 조건으로 일정한 작업방법에 따라서 숙련된 작업자가 정상적인 속도로 작업을 수행하는데 필요한 시간
- 관리 스텝이 그 관리 목적(표준시간을 무엇에 쓸 것인가)을 충분히 이해하고 스스로가 관리자의 대리인이 되어 결정하는 시간

2) 표준작업시간의 조건

(1) 정당성

표준시간이 결정되었다는 것은 작업환경, 작업조건, 작업방법, 작업자의 능력, 작업 속도의 검토가 이루어지고 그것이 표준으로서 명확해졌음을 의미한다. 여러 요건이 검토되고 명확해져서 관리자나 작업자 모두가 충분히 이해하고 신뢰할 수 있어야 한다.

(2) 일관성

현장 간, 부문 간, 공장 간 공통되는 공평함으로써 표준시간이 작성된다.

(3) 보편성

표준적인 작업 속도의 개념으로 일반적으로 통용되는 어떤 절대적이라고도

할 수 있는 척도에 따라 표준 시간 설정을 설정한다.

3) 표준작업시간을 설정하기 위한 조건

① 표준 방법과 표준설비를 갖춰야 한다.
② 표준적인 관리 상태를 유지하여야 한다.
③ 인체에 해로운 영향을 주는 환경 조건이 없어야 한다.
④ 요구되는 숙련도와 적성을 갖춘 작업자를 대상으로 측정한다.
⑤ 정상적이라고 인정되는 작업 속도로 단위의 작업량을 완성시키는데 필요한 시간을 주어야 한다.

4) 표준시간의 산출 식

(1) 일반적인 산출방식

여기서 표준시간이란 과업을 수행하거나 일을 하는데 필요한 인적 시간과 프로세스 시간과 여유시간을 포함하는 총 허용 시간이다.

$$\begin{aligned}\text{표준시간} &= \text{육체적 작업시간} + \text{프로세스 시간} + \text{여유시간} \\ &= \text{정미시간(또는 기존시간)} + \text{여유시간}\end{aligned}$$

(2) 스톱워치 방법 산출

$$\text{표준시간} = \text{실제관찰시간} \times \frac{\text{작업자 평정치}(\%)}{1 - \text{작업년도}(\%)} + \text{여유시간}$$

여기서,

작업자 평정은 측정대상 작업자의 상대적 속도를 의미한다.

작업 난이도는 각종 요인에 의한 작업 속도의 저하요인을 말한다. 예로 신체의 사용 부위, 발판의 사용, 양손의 사용, 눈과 손의 조화, 작업물의 중량 등을 들 수 있다.

여유시간은 비생산 시간을 위한 허용 시간을 말한다.

$$\text{기본시간} = 0.065 \times \frac{1.1}{1 - 0.22} = 0.065 \times \frac{1.1}{0.78} = 0.0916\text{분}$$

사례 : 관찰시간 : 0.065분
평정치 : 1.1
난이도 : 0.22

2. 표준시간의 구성

1) 표준작업시간의 분석

- 기본공식

  표준시간 = 기본시간 + 여유시간

  기본시간 = 관측시간의 대표치 × 레이팅 계수

  표준시간 = 관측시간의 대표치 × 레이팅 계수 × (1 + 여유율)

2) 여유시간

여유시간이란 본래 정미 시간을 포함하기도 하지만, 발생 시기, 발생빈도, 소요 시간 등이 부정확하므로 비정규 작업으로서 종합해서 설정한다.

여유시간의 오해로 작업자 책임, 현장 책임에 의한 불량 및 불완전 상태의 제품을 고치는 작업과 기계 고장 및 수리작업 그리고 재료 대기, 공정 대기 등과 같은 관리자의 활동에 따라 필요 없는 시간은 포함하지 않는다.

여유시간은 작업 수행에 필요 불가결한 지연에 대한 보상이며 지연은 단순 지연이 아니고 당해 직제 또는 기업에서 배제하지 못하며 표준으로 포함할 필요가 있는 지연을 의미한다.

3. 시간 연구법

1) 스톱워치 시간 연구법(stopwatch time study)

스톱워치 시간 연구법(stopwatch time study)은 19세기 말 Frederick Winslow Taylor가 공식적으로 도입하였다. 이 방법은 어떤 업무를 한 작업자가 여러 번 수행하는 것을 관찰하여 표준시간을 정하는 절차이다.

(1) 측정절차

① 연구대상 업무를 설정하고 그것을 수행할 작업자에게 알린다.

② 관찰 횟수를 결정한다.

③ 시간을 측정하고 그 작업자의 성과를 평가한다.

④ 표준시간을 계산한다.

(2) 주의사항

선정된 작업자가 작업 시간을 늘리려고 불필요한 동작을 하는 경우가 많으므로 연구를 수행하는 분석 담당자는 대상 업무를 철저히 알고 있어야 하며, 표준시간을 정하기 이전에 그 업무가 효율적으로 수행되는지 확인할 필요가 있다.

(3) 측정방법

① 작업자의 뒤편 1.5M~2M 비켜서서 관측한다.
② 작업 과정을 작업 진행 순서에 따라 잘게 나누어 작은 동작 단위별로 분할 측정한다.

(4) 표준 시간 설정

시간 표준을 수립하기 위해서는 세 가지 시간 즉, 관측시간(observed time, OT), 정상시간(normal time, NT), 표준시간(standard time, ST)을 계산한다.

① 관측시간(Observed Time): 관측한 시간의 평균

$$OT = \frac{\Sigma \chi i}{n}$$

OT : 관측시간
$\Sigma \chi i$ = 관측한 기간의 합
n = 관측횟수

② 정상시간(normal time)

관측시간을 작업자의 성과를 고려하여 조정한 시간으로 관측시간에 작업자의 성과 평정(performance rating)을 곱하여 계산한다.

$$NT - OT \times PR$$
$$NT = \sum(\overline{Xj} \times PRj)$$

NT = 정상시간
PR = 성과평정
$\overline{Xj}$ = 요소 동작 j의 평균시간
PRj = 요소 동작 j의 성과평정

③ 표준시간(Standard Time)

정상 시간에 지연(delay)을 고려한 여유 요인(allowance factor)을 곱하여 계산한다.

$$ST = NT \times AF$$

ST = 표준시간, AF = 여유 인자

2) 표준 요소 시간(Standard Elemental Times)

표준 요소 시간(standard elemental times)은 회사가 자체적으로 시간 연구를 하여 측정한 시간 표준이다.

(1) 절차

① 업무를 분석하여 표준 요소를 파악한다.

② 파악한 요소가 기존의 시간 연구 데이터베이스에 있는지 검토하고, 자료가 있으면 그 표준 시간을 사용한다. 그렇지 않은 요소는 필요하면 시간 연구를 사용하여 표준시간을 구한다.

③ 필요하면 표준 요소 시간 자료를 갱신한다.

④ 요소 작업 시간을 합하여 정상 시간을 구하고 여유시간을 반영하여 표준 시간을 계산한다.

(2) 이점(advantage)

① 각 업무에 대하여 완전히 새롭게 시간 연구를 하지 않아도 되므로 시간과 비용을 절약할 수 있다.

② 업무의 중단이나 방해가 적다.

③ 성과 평정을 할 필요가 없다. 일반적으로 자료에 있는 시간의 평균을 취한다.

(3) 단점(disadvantage)

① 데이터베이스에 충분히 많은 작업 요소가 포함되어 있지 않으면 쓸모가 없을 수 있다.

② 기존의 자료에 오류가 있거나 정확하지 않을 수 있다.

3) 기정 시간법(predetermined time standards)

기정 시간법(predetermined time standards)은 이미 작성된 작업 요소의 표준시간 자료를 사용하는 방법으로 1940년대 말 Method Engineering Council이 개발한 방법 시간 측정(methods-time measurement(MTM))을 주로 사용하였다.

(1) 특징

① 작업을 세밀하게 분해해 보면 보편적인 몇 가지 기본 동작으로 결합하여

구성되어 있다.

② 기본 동작은 어떤 작업 조건으로 모든 사람이 같은 시간에 행한다고 생각하는 방식이다.

③ 기준이 되는 시간치를 설정하여 작업의 내용을 기본 동작과 작업조건으로 분해한다.

④ 각각의 기준이 되는 시간 치에서 그 작업의 작업시간을 구한다.

(2) 장점

① 적절한 작업환경에서 많은 작업자의 작업 수행을 관찰하여 작성한 시간을 사용한다.

② 표준시간을 개발하는 과정에서 분석가가 성과 평정을 할 필요가 없다.

③ 실제 작업을 중단할 필요가 없다.

④ 작업을 전혀 해보기도 전에 그 작업의 시간 표준을 수립할 수 있다.

4) 워크 샘플링(work sampling)

워크 샘플링(work sampling)은 인간과 기계의 여러 가지 활동의 시간과 유휴시간을 산정하는 기법이다.

(1) 특징

① 스톱워치 시간 연구법과는 달리 워크 샘플링은 활동의 시간을 측정하지 않으며 활동 전 과정을 계속 지켜볼 필요도 없다

② 관찰자가 작업자와 기계를 무작위적인 시간 간격으로 관찰하고 그 순간에 수행 중인 활동의 종류를 기록한다.

③ 지연 비율(ratio-delay : 작업자가 어쩔 수 없이 지연되는 시간의 비율이나 기계의 유휴 시간 비율)을 분석하고, 비 반복적인 직무의 분석을 위해 주로 사용한다.

④ 워크 샘플링을 통하여 구한 활동의 시간 비율 추정치에는 어느 정도의 오차는 피할 수 없으므로 이런 추정치는 그 활동에 실제 투입되는 시간의 비율의 근사치이다.

(2) 워크 샘플링 목표

특정 신뢰 수준에서 일정한 오차의 한계를 벗어나지 않는 추정치를 구하는 것이다.

(3) 워크 샘플링 절차

① 조사 대상 작업자나 기계를 분명히 선정한다.
② 작업자나 감독자에게 조사의 목적을 분명하게 설명하여 의혹을 사지 않도록 한다.
③ 분석 담당자의 경험이나 과거 자료를 사용하여 당장 사용할 비율 추정치 $\hat{p}f$를 구하든지 그렇지 않으면 $\hat{p}=0.50$을 사용하여 표본 크기를 일단 계산한다.
④ 무작위 관찰 계획을 수립한다.
⑤ 관찰을 시작하고 도중에 두세 번 표본의 크기를 수정한다.
⑥ 관찰하려는 특정 활동의 시간 비율을 추정한다.

표준시간 공식

$$f(x) = \sum_{i=1}^{n}(ti\ X\ ri)\ X\ a$$

$f(x)$ = 표준시간
n = 작업 개수
ti = i번째 작업시간
ri = i번째 작업의 레이팅
a = 여유율

[그림 6-13] 표준시간 분석도

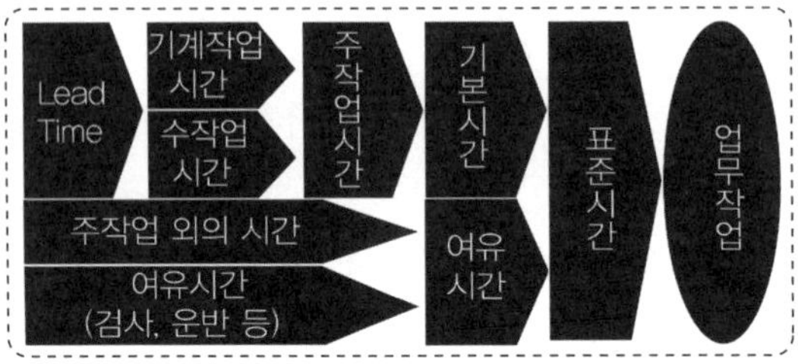

제6절 동시공학

1. 동시공학의 이해

1) 동시공학의 정의

과거 제품 개발 개념은 아이디어를 창출하여 설계도면이 작성되기까지 격리된 방에서 설계사들에 의하여 작성되었다. 이러한 개발 방법은 개발에 참여하지 못하는 타 부서 직원들의 의견이 전혀 반영되지 못하는 문제점을 지니고 있다. 또한, 아이디어에서부터 설계 완료까지 개발 담당자에 의하여 진행되면서 생산 준비, 치공구 개발, 생산 설비 실계 등 생산을 위한 준비시간이 설계가 완료된 이후부터 진행됨으로 많은 시간적 낭비를 초래하였다. 또한, 생산의 목소리가 설계에 반영되지 못하여 설계와 생산 부서 간의 문제점이 발생하기도 하였다.

이러한 설계의 문제점들로 제품에 대한 정의가 불충분하고 제품 비용에 대한 설명이 불충분하며 자주 설계변경이 되며 문제가 발생하면 서로 책임을 전가하려는 문제점이 발생한다.

이와 같은 과거의 문제점을 개선하기 위하여 동시공학/동시 병행설계(CE : Concurrent Engineering)의 개념이 태동하였다. 동시공학에 대하여 미국 국방성에 의하면 동시공학은 제품 설계단계에서 제조 및 사후지원업무까지도 함께 통합적으로 고려하여 설계를 하는 시스템적 접근방법이다. 이 방법은 제품 개발 담당자가 개발 초기부터, 개념 설계단계에서 해낭 제품의 폐기에 이르기까지의 전체 라이프 사이클 상의 모든 것 (품질, 원가, 일정, 고객 요구사항 등)을 고려하여 개발하도록 하는 것이다. 동시공학의 특성은 다음과 같다.

① 동시성(concurrence) : 제품 설계와 공정 설계가 동시에 이루어진다.

② 제약성(constraints) : 공정은 제품 설계에 제약을 준다.

③ 협조성(coordination) : 최선의 품질과 비용 그리고 납기를 준수하기 위해서는 제품과 공정이 서로 협조하여야 한다.

④ 합의성(consensus) : 동시공학 팀의 모든 구성원의 합의로 의사결정을 한다.

동시공학은 설계와 관련된 모든 분야에 속하는 조직원으로 구성된 팀에 의하여 수행된다. 동시공학은 1980년대에 제조 기업들은 신제품 개발 업무를 근본적으로 과거와는 다른 방식으로 수행해야 한다는 필요성을 느끼게 되고 신제품의 수명이 점점 짧아지는 추세와 함께 각종 기술(제품기술, 생산기술, 관리기술)이 급속히 발전하면서 각 기업은 조직 규모가 거대화되고 세계화됨에 따라 새로운 형태의 제품 개발업무가 나타나기 시작했다. 1982년 미국 국방성 산하의 DARPA(Defense Advanced Research Projects Agency)는 제품 개발과정에서의 동시성(Concurrency) 향상을 위한 방법을 모색하기 시작하였으며 1986년 미국 IDA(the Institute for Defense Analyses)에 의하여 동시공학(Concurrent Engineering)이라는 단어가 탄생하게 되었다.

2) 품질에 미치는 영향

동시공학은 설계단계부터 완벽한 품질의 제품을 개발한다. 동시공학은 설계품질은 모든 부서의 책임으로 처음부터 최적의 설계와 생산기법을 통하여 최상의 제품을 생산하고자 하는 데 있다. 따라서 동시공학은 완벽한 기술과 아이디어를 접목하여 최소의 비용과 개발 기간의 단축을 통하여 최상의 품질의 제품을 생산하고자 하는 데 있다.

2. 동시공학의 성공 요인

동시공학은 이론적으로는 단순하지만 이를 성공적으로 수행하기까지는 많은 난관이 있다. 이러한 동시공학을 성공적으로 수행하기 위하여 다음과 같은 조건들이 충족되어야 한다(원중호 외, 2004).

① 최고경영자의 적극적인 협조가 있어야 한다.
② 공동으로 사용하는 데이터베이스가 있어야 한다.
③ 팀을 잘 이끌 수 있는 능력 있는 팀 대표가 있어야 한다.
④ 팀에 필요한 권한이 이양되어야 한다.
⑤ 팀의 모든 조직원이 책임을 공동으로 느껴야 한다.
⑥ 팀워크에 대한 교육과 훈련이 필요하다.
⑦ 팀이 스스로 의사결정을 할 수 있는 능력을 지니고 있어야 한다.
⑧ 동시공학을 받아들일 수 있는 기업문화로 바꾸어야 한다.
⑨ 팀에 주요한 협력업체를 참여시킨다.
⑩ 팀의 모든 구성원은 고객과 접촉하여 고객의 욕구를 스스로 파악한다.

이와 같은 전제조건들의 충족을 통하여 동시공학을 성공적으로 도입하기 위해서는 네 가지 과제가 효과적으로 다루어져야 한다. 첫째는 엔지니어링 프로세스의 혁신으로 BPR(Business Process Reengineering) 개념을 엔지니어링 프로세스에도 적용해야 한다는 것으로 특히, 최근 제품 개발 기간의 단축이 기업 경쟁력의 핵심 요인으로 등장함에 따라 이에 대한 많은 시도가 여러 기업에서 진행되고 있다고 하겠다. 둘째는 컴퓨터의 발달과 함께 새로운 기법과 도구(예:CAD)를 충분히 활용할 수 있어야 한다는 것이다. 셋째는 동시공학 조직의 구성 및 운영으로 제품 개발 단계에 어떻게 다른 기능(생산, 판매, A/S 등)의 조직들을 조직적으로 참여시키느냐 하는 것으로 이는 기본적으로 그 강도의 차이는 있겠지만 어떤 형태로든 오늘날 대부분 기업에서 진행되고 있다고 하겠다. 넷째로 정보기술의 효과적인 활용으로 대규모의 엔지니어링 데이터를 관련 조직 간에 어떻게 효율적으로 공유하도록 할 것인가 하는 문제로 이를 지원하는 정보시스템 기반 구축은 성공적인 동시공학 체제를 위해 더욱 중요한 요소로 인식된다.

이와 같은 네 가지 성공 요인 모두가 유기적으로 연관되어야 동시공학의 효과를 창출할 수 있다. 또한, 어느 하나만을 갖고서는 우리가 원하는 수준의 동시공학 체제를 운영하기 어려울 것으로 보인다. 따라서 동시공학의 성공 요인으로는 다음과 같은 내용이 포함되어야 한다.

1) 동시 진행에 의한 개발 기간 단축

개발 기간의 단축으로 엔지니어링 프로세스 혁신에서 가장 중요한 과제 중의 하나는 업무의 동시 진행에 의한 개발 기간 단축이다. 이처럼 동시 진행의 정도를 상승시키기 위하여 선·후행 업무의 담당자들을 한 팀에 소속시키는 것이 가장 바람직하며 복합기능을 갖춘 팀의 운영이 동시공학의 성공적 운영에 매우 중요하다. 동시 진행의 정도를 높이기 위해서는 후행 공정을 착수하는데 필요한 선행 업무로부터의 최소 정보량이 무엇이며 이러한 정보를 선행 업무에서 가능한 한 빠르게 생성시킬 수 있는 시점은 언제인가에 대해서 상세한 검토가 필요하다.

2) 새로운 도구의 활용

동시공학을 위하여 새로운 기법(technique)이나 도구(tool)를 활용하는 것은 동시공학에 많은 영향을 미친다. 예를 들어, 전쟁을 수행하는 전략과 전술은 새로운 무기체계의 발달에 따라 급격한 변화를 해오고 있는데 이는 그 좋은 예가 된다고 하겠다. 최근 들어서는 정보기술의 발달에 따른 새로운 기법 또는 도구의 도입이 전략적 차원에서 이루어지고 있다고 하겠다. 이러한 도구 중 일부를 살펴보면 다음과 같다.

① QFD(Quality Function Deployment)
② DFX(Design For X = Assembly, Manufacturing, Test, Maintenance)
③ CAPP(Computer Aided Process Planning)
④ CAD(Computer Aided Design)
⑤ CAE(Computer Aided Engineering)

(1) QFD(품질 기능 전개법)

QFD(Quality Function Deployment)는 고객의 요구사항을 제품의 설계 특성으로 변환하고, 이를 다시 부품 특성, 공정 특성, 그리고 생산을 위한 구체적인 사양으로까지 변환시키는 방식이다. 이렇게 고객의 요구사항을 체계적으로 정리하고 그에 대한 해결방안을 모색함으로써 각각의 고객 요구사항을 누가, 어떻게 만족시킬 것인가 하는 것에 대한 조직 간의 명확한 업무분담이 가능해진다.

(2) DFX(Design For Assembly, Manufacturing, Test, Maintenance)

제품 설계를 하는 시점에서 후행 업무(제작, 조립, 테스트, 유지보수 등)에 대한 고려까지 해주어야 한다는 사고로서 조립성, 제조성을 평가해 주는 소프트웨어도 많이 이용되고 있는데 특히 CAD 작업과 연계하여 이러한 조립성, 제조성을 신속하게 평가해 주는 전문가 시스템도 등장하고 있다.

(3) CAPP(Computer Aided Process Planning)

제품 설계 업무가 완료되면 생산기술팀에서는 제품을 어떻게 효율적으로 생산할 것인지에 대해서 검토하고 이를 바탕으로 공정계획(process plan)이 설계된다. 일반적으로 최종적인 공정계획을 결정하기 전까지 많은 가능한 공정계획을 놓고 검토를 하게 되는데 이러한 부분을 지원하는 것이 CAPP이다.

(4) Digital Mock-up/Rapid Prototype

제품 설계가 완료되면 시제품을 제작하여 전문가들이 문제점을 분석한다. 그러나 이러한 과정은 상당한 시간과 자금이 필요하여 그동안 문제점으로 지적됐다. 따라서 Digital 시제품과 Rapid Prototype은 이러한 문제점을 개선하는 새로운 개념으로 주목받고 있다. Digital 시제품은 컴퓨터 화면상에서 관련 부품들을 가상 조립하여 만드는 것으로 실제 현장에서 부품과 부품의 조립과정에서 발생할 수 있는 문제를 컴퓨터 화면상에서 검토할 수 있다는 장점을 갖고 있다.

Rapid Prototype은 Digital 시제품은 화면 속의 시제품을 실제 만져 볼 수 없다는 단점을 극복할 수 있는 것으로서 3차원 CAD를 이용하여 모델링을 하는 경우 그 데이터를 이용하여 수지를 이용하여 짧은 시간에 물리적(physical) 시제품을 제작해 내는 것을 의미한다. 특히, 보잉 777 프로젝트에서 Digital 시제품을 이용하여 컴퓨터 화면상에서 부품 간의 간섭문제를 사전 점검함으로써, 설계변경 건수의 대폭 절감과 함께 최종 조립 현장에서의 생산성 향상을 가져올 수 있었던 사례는 성공사례로서 흔히 인용되고 있다.

3) 동시공학 조직

동시공학에 참여하는 인원은 프로젝트의 규모에 따라 다르지만, 제품에 영향을 미치는 주요 부서의 모든 인원이 참여하여야 한다.

〈표 6-3〉 동시공학 조직구축 사례

기업명	조직구성	
닛산	• 제품 개발 엔지니어링 • 스타트일부 • 테스트와 모형	• 연구실험실 • 조립공장
GM	• 생산부 • 판매와 서비스 • 시장조사와 분석 • 인력자원 • 고객만족 • 코디네이터	• 설계스텝 • 제조 엔지니어링 • 자금부 • 전략 • 홍보실 • 고객만족
BMW	• 연구개발 • 품질보증 • 비용통제 • 물류부 • 인력자원	• 생산기술 • 가치분석 • 구매부 • 특허부

4) 정보기술 기반 구축

동시공학을 성공적으로 추진하기 위한 방법의 하나로 엔지니어링 데이터와 작업흐름(work flow) 관리이다. 엔지니어링 데이터는 제품 개발 과정에서 발생하는 모든 데이터를 의미하는 것이며 엔지니어링 워크플로는 엔지니어링 업무 진행과정에서 데이터 흐름을 관리/통제하는 것으로 그 흐름은 반드시 엔지니어링 조직에 국한되지 않는다. 즉, 엔지니어링 데이터를 필요로 하는 조직(예: 영업, 생산, 고객 등)에까지 확장된 개념으로 인식되어야 한다.

〈표 6-4〉 동시공학 데이터의 분류

엔지니어링 데이터	엔지니어링 워크플로
• Functional specification • Engineering Drawings • Assembly Drawing • Parts List • Tool & Fixture design • NC Program • Spare part 정보 • 표준시간/표준원가 • Process plan • BOM • QA 데이터 • Test Result • 구매 단가/업체 • Field Failure report • Facility drawing	• 마케팅 • 타당성 조사 • 개념설계 • 프로토타입(prototype) 제작 • 구매 • A/S 지원 • 프로젝트관리 • 상세설계 • 프로세스 설계 • 생산(조립/검사)

제7절 마이 잡 운동과 마이 머신 활동

1. 마이 잡(my job) 운동

1) 마이 잡 운동의 의의

마이 잡(My Job) 운동은 1990년대 이후 노사분규의 심화와 노동생산성의 저하 그리고 치열한 경쟁을 헤쳐 나가기 위하여 제조 기업에서 실시한 제도이다. 마이 잡 운동은 생산현장의 라인을 세분화하여 생산직과 함께 관리직이 생산을 겸업하는 운동으로서 관리직 직원을 현장에 투입하여 생산을 지원하는 운동이다.

2) 시행 효과

마이 잡 운동을 통하여 생산직과 관리직의 격차를 줄이 수 있으며 함께 일하면서 현장의 목소리를 수집할 수 있다. 또한, 단합대회나 회식과 같은 단결의 장에서 함께 자리를 같이 함으로써 친화감 등을 유지할 기회가 된다. 또한, 생산직의 일시적인 결원 시 관리직을 대체 인력으로 투입할 수 있어 생산 공백을 막을 수 있다. 그러나 관리직의 불만도 고려하여야 한다. 사무업무와 생산 업무를 병행하는 일이 그리 쉬운 일이 아니며 업무 과중에 따른 스트레스 역시 크다. 따라서 적절한 보상과 운영이 필요하다.

3) 마이 잡 운동 절차

마이 잡 운동은 다음과 같은 절차에 따라 운영되나 꼭 설차를 따를 필요는 없다. 단지 노사가 합의되고 전사원의 목표 설정과 운영방침에 동참하는 것이 우선시된다.

(1) 최고 경영자의 방침 설정

최고 경영자는 경영에 대한 확고한 방침과 목표를 설정하고 리더십을 발휘하여야 한다. 또한, 혁신 운동의 필요성을 경영자가 먼저 이해하고 운영 프로세스를 추진하여야 한다.

(2) 전 직원의 이해

마이 잡의 필요성을 전 직원에게 이해시켜야 한다. 운동에 참여하고자 하는 직원이 있는가 하면 불만을 토로하는 직원도 있을 것이다. 이렇게 불만족한 직원들에 대하여 이해와 필요성을 정확히 주지시키고 동참하도록 유도하여야 한다. 불만족한 직원이 현장에서 일하게 되면 불량의 원인이 되며 현장에서 생산직 직원과의 대화에서 회사에 대한 부정적인 대화가 주를 이루게 되며 불만을 토로하게 된다. 따라서 추진 목적과 보상에 대하여 확고히 하고 전원 참여를 추진토록 한다.

[그림 6-14] 마이 잡 운동 프로세스

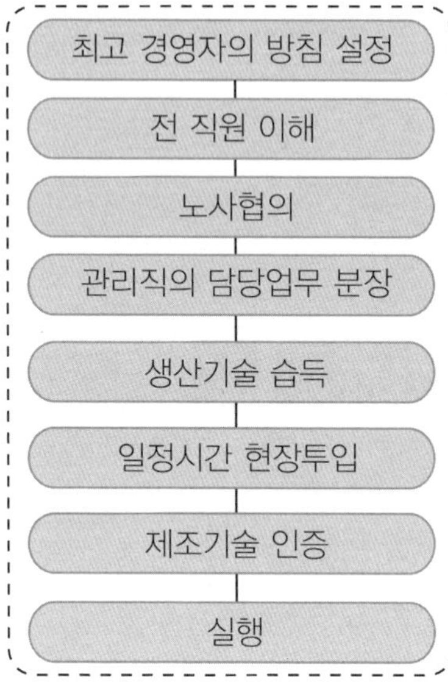

(3) 노사합의

노조에 따라서 마이 잡 운동을 찬성하거나 반대할 수도 있다. 특히 노조가 강성을 이루는 기업의 경우 반대 의사가 나타날 수 있다. 따라서 혁신 운동의 필요성을 명확히 이해시키고 노사가 합의하여 추진하는 것이 효율적이다.

(4) 담당업무 분장

전원 합의가 이루어지면 관리직 인원에 대한 현장업무를 배분한다. 업무 배분 시 관리직원에게 자율적인 선택권을 주는 것도 효율적이다. 그러나 작업 안배를 위하여 전 직종에 배치되도록 직종을 분류하는 것이 필요하다. 특히 문제가 자주 발생하는 현장의 경우 혁신팀, 또는 개선 담당자들을 그 라인에 배치하여 문제점을 파악하도록 하는 것도 좋은 아이디어다.

(5) 생산기술 습득

관리직이 제조라인에 배치되면 라인의 책임자는 관리직에게 제조기술을 습득하도록 지도한다.

(6) 제조기술 인증

관리직은 일정 시간 현장에서 기술을 습득하고 완벽하게 제조할 수 있는 기량이 갖추어지면 생산책임자는 관리직에 제조기술 인증서를 부여하여 기술을 인정하여 준다.

(7) 실행

관리직은 업무에 방해되지 않는 시간을 편성하여 일정하게 현장에 투입되어 생산을 함께한다. 특히 현장 투입시간은 부서별로 일정한 요일을 정하여 현장에 투입하여 업무 공백을 없애주어야 한다. 불규칙적으로 현장에 투입되면 현장에서의 혼란과 업무 공백으로 생산성 저하를 발생할 수 있다.

2. 마이 머신 운동

1) 마이 머신 운동의 의의

마이 머신(My Machine) 운동은 셀(Cell) 생산방식이나 기계 가공 생산 라인 등에 적절하게 사용되는 운동으로서 1 기계 1사원 담당 운동이다.

2) 마이 머신 운동의 특징

기업의 중요 기계를 1 사원 1 기계 담당 제도화하여 담당하고 있는 기계의 성능과 정비 등의 모든 내용을 숙지하고 담당 기계에 대하여 애착을 부여함으로써 책임감과 애착심을 높여 준다.

3) 마이 머신 운동의 프로세스

마이 머신 운동 프로세스는 마이 잡 운동과 유사한 프로세스를 운영된다. 단지 마이 잡 운동은 생산라인의 한 부분을 담당하여 작업하는 방법이며 마이 머신 운동은 담당 기계를 관리하면서 작업도 병행하는 관리 기법이다.

운용방법에서 마이 머신의 경우 점심시간에 기계를 멈추지 못하는 작업장과 혹은 점심시간에도 가동을 원하는 현장에서는 점심시간을 조절하여 작업할 수 있다. 예로서 12시부터 13시까지 점심시간이면 점심시간은 11시 30분부터 12시 30분까지 관리직이 기계를 가동하고 12시 30분부터 1시 30분까지 생산직이 기계를 운영하면 점심시간 1시간 동안 가동이 가능하여 생산성을 향상할 수 있다. 또한, 담당하고 있는 기계에 애착을 느끼며 기계의 모든 현황을 파악할 수 있어 기계 가동률 및 고장률을 예방할 수 있다.

학습목표 요약

1. 3정 5S란 무엇인가?

3정 : 정품, 정량, 정위치
5S : 정리, 정돈, 청소, 청결, 습관화

2. 시간 연구법에는 어떤 것이 있는가?

1) 스톱워치 시간 연구법(stopwatch time study)

스톱워치 시간 연구법(stopwatch time study)은 어떤 업무를 한 작업자가 여러 번 수행하는 것을 관찰하여 표준시간을 정하는 절차이다.

2) 표준 요소 시간(Standard Elemental Times)

표준 요소 시간(standard elemental times)은 회사가 자체적으로 시간 연구를 하여 측정한 시간 표준이다.

3) 기정 시간법(predetermined time standards)

기정 시간법(predetermined time standards)은 이미 작성된 작업 요소의 표준시간 자료를 사용하는 방법으로 1940년대 말 Method Engineering Council이 개발한 방법 시간 측정(methods-time measurement(MTM))을 주로 사용하였다.

4) 워크 샘플링(work sampling)

워크 샘플링(work sampling)은 인간과 기계의 여러 가지 활동의 시간과 유휴시간을 산정하는 기법이다.

3. 동시공학의 특성은 무엇인가?

① 동시성(concurrence) : 제품 설계와 공정 설계가 동시에 이루어진다.
② 제약성(constraints) : 공정은 제품 설계에 제약을 준다.
③ 협조성(coordination) : 최선의 품질과 비용 그리고 납기를 준수하기 위해서는 제품과 공정이 서로 협조하여야 한다.
④ 합의성(consensus) : 동시공학 팀의 모든 구성원의 합의로 의사결정을 한다.

4. 동시공학의 성공 요인은 무엇인가?

① 최고경영자의 적극적인 협조가 있어야 한다.
② 공동으로 사용하는 데이터베이스가 있어야 한다.
③ 팀을 잘 이끌 수 있는 능력 있는 팀 대표가 있어야 한다.
④ 팀에 필요한 권한이 이양되어야 한다.
⑤ 팀의 모든 조직원이 책임을 공동으로 느껴야 한다.
⑥ 팀워크에 대한 교육과 훈련이 필요하다.
⑦ 팀이 스스로 의사결정을 할 수 있는 능력을 지니고 있어야 한다.
⑧ 동시공학을 받아들일 수 있는 기업문화로 바꾸어야 한다.
⑨ 팀에 주요한 협력업체를 참여시킨다.
⑩ 팀의 모든 구성원은 고객과 접촉하여 고객의 욕구를 스스로 파악한다.

5. 마이 잡 운동이란 무엇인가?

마이 잡(My Job) 운동은 1990년대 이후 노사분규의 심화와 노동생산성의 저하 그리고 치열한 경쟁을 헤쳐 나가기 위하여 제조 기업에서 실시한 제도이다. 마이 잡 운동은 생산현장의 라인을 세분화하여 생산직과 함께 관리직이 생산을 겸업하는 운동으로서 관리직 직원을 현장에 투입하여 생산을 지원하는 운동이다.

용어해설

- 정리

  '버리는 것으로부터' 시작한다. 불필요한 것을 확실히 구분하여 필요한 물건은 자신이 사용하기 편리하게 가까이 두고 불필요한 것은 누가 보아도 쉽게 알 수 있도록 붉은 이름표를 부착하여 정리하는 것을 말한다.

- 청소

  점검부터 출발한다. 청소란 더러운 곳이나 먼지를 깨끗이 제거하여 기계설비나 사람의 능력이 충분히 발휘될 수 있는 직장을 만드는 것을 말한다.

- 눈으로 보는 관리

  현장의 이상을 눈으로 보고 즉시 개선하는 관리 방법

- 표시등

  현장이 순조롭게 진행되고 있는지를 파악하고 문제점을 빨리 파악하여 정상화하는 도구

- QFD(Quality Function Deployment)

  고객의 요구사항을 제품의 설계 특성으로 변환하고, 이를 다시 부품 특성, 공정 특성, 그리고 생산을 위한 구체적인 사양으로까지 변환시키는 방식

제7장

트리즈(Triz)

학습목표

1. 트리즈란 무엇을 의미하는가?
2. 트리즈에서 이상성이란 무엇인가?
3. 발명의 원리 40가지는 무엇인가?

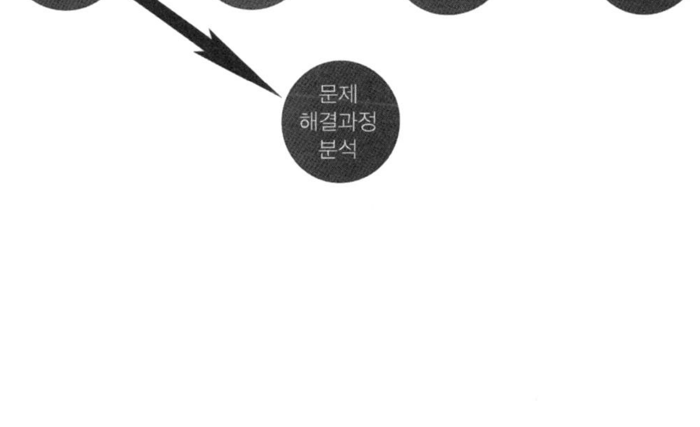

제1절 창의성과 트리즈

1. 트리즈 개요

트리즈(triz: teoriya reshniya izobretatelskikh zateorija rezbenija izobretatdatch)는 창의적 문제 해결 이론이라고 하는 의미를 갖는 러시아어에서 유래되었다. 이 이론은 1946년 러시아의 알트슐러 박사에 의하여 개발되었다. 그는 과학기술의 발전 속에는 예측 가능한 유형이 있다는 사실을 발견하였다. 즉, 과학 기술 분야의 발전에는 일정한 법칙이 존재한다는 것이다.

트리즈는 일종의 연산형을 지닌 구체적이고 도식화된 단계를 밟아가는 이론으로 현재까지 수많은 문제를 해결하여 오고 있다. 트리즈는 수십만 건의 특허 및 기술발전의 역사를 분석하여 문제 해결 원리를 추출한 것으로 체계화된 연구개발 및 기술혁신 이론이다. 트리즈는 문제 해결자의 사고를 촉진하고 혁신을 위해 요구되는 지식을 제공함으로써 창의성이 높은 해결안을 도출하거나 기술적인 한계를 극복하는데 유용하다. 역사 이래 수많은 발명가가 있었지만 그들의 창의력을 전수한 제자는 단 한 사람도 없다. 왜냐하면 창의력은 교육할 수 없기 때문이다. 그러나 앞으로는 트리즈를 통하여 창의력 교육은 아주 일반화될 것이다(김호종, 2007).

알트슐러는 많은 특허를 분석하여 창의적 방법을 찾아냈다. 이러한 창의적 지식은 트리즈를 통하여 창의적 과정을 전수할 수 있다고 하였다. 다음과 같이 아이디어 대하여 생각하여 본다(triz.or.kr, 2007).

1) 왜 좋은 아이디어가 기각되는가?

사람들은 새로운 기술을 창조하고, 기존 기술을 창조적인 기술로 사용하고, 수많은 아이디어를 만들어 낸다. 그러나 어떤 아이디어가 좋은지 어느 것이 나쁜지 어떻게 알 수 있는가?

과거를 돌아보면 기업과 국가는 대체적으로 좋은 아이디어가 자주 기각되고, 비효과적인 아이디어에 자본을 투자해왔다는 것을 보여준다.

우리는 좋은 아이디어를 기각하는 것에 대한 단순한 이유로서 사람들은 훌륭한 해법을 기각시키고 나쁜 것에 투자한다. 그것은 좋은 것과 나쁜 것과의 차이를 모르기 때문이다. 기회를 잃고 사업과 사회적으로 큰 손실을 가져온 경우는 다음 두 가지 중의 하나이다.

① 매우 좋은 아이디어가 기각되며, 나쁜 것에 자원이 손실되는 것을 쉽게 알 수 있다. 그러나 명백히 처음 제안되었을 때 어떤 것이 좋은 아이디어인지 나쁜 아이디어인지를 아는 것이 불가능하였기 때문이다.

② 동일한 패턴이 계속 반복되기 때문에 우리는 과거로부터 진화를 응용하여 과거로부터 학습한다. 진화의 패턴이 발견되면 오늘날 가장 좋은 해결책으로 사용된다.

좋은 아이디어의 일반적 진화이론을 제공하도록 트리즈를 활용하여 ②를 증명하는 증거가 커지고 있다. 좋은 아이디어는 다음과 같다.

① 모순을 해결한다.
② 시스템의 이상성을 증가시킨다.
③ 유휴자원을 용이하게 이용할 수 있다.

2) 문제 해결의 기본 개념

(1) 좋은 해결은 문제의 원인인 모순을 해결한다.

모순은 절충 모순과 고유 모순이 있다. 절충 모순(Tradeoff Contradiction)은 만일 어떤 좋은 일이 일어나면 역시 나쁜 일도 일어난다는 의미이다. 고유 모순(inherent contradiction)은 두 가지 반대되는 성질을 갖는 하나를 원하는 것을 의미한다.

(2) 시스템의 '이상성'은 완전한 시스템에 어떻게 근접하느냐의 척도이다.

완전한 시스템(트리즈에서 "이상적인 최종 결과"로 불림)은 추가 비용 없이, 유해 영향이 없이, 고객이 원하는 모든 이익을 준다. 따라서 시스템의 이상성은 가장 낮은 가격으로 복잡성 없이 원하는 것을 더욱 많이 주고, 원하지 않는 것은 완전히 제거시킬 때 증가한다.

(3) 시스템의 보이지 않는 유휴자원들은 이러한 외관상으로 양립할 수 없는 목표에 도달하는 데 사용한다.

이러한 자원들은 시스템 또는 시스템 가까이에 있는 자원들로부터 쉽게 만들어질 수 있는 에너지, 재료, 대상, 정보 또는 물질이다.

2. 문제 해결을 위한 새로운 접근

더욱 효과적이며 창조적 일을 만들기 위하여 그리고 시행착오 법을 대체시키기 위하여 수많은 시도가 있어 왔다. 이러한 접근들은 각각 상이한 이름을 갖지만, 크게 두 개 그룹으로 나누어진다.

① 첫 번째 그룹은 합리화된 또는 "경직된" 모델이라고 할 수 있다.

맥그리거의 X 이론은 이 모델을 잘 설명해 준다. 연구개발센터가 설립되면 연구작업은 예산 및 시간제한에 의하여 조정될 것이다. 묵시적으로 연구원들은 더 팽팽하게 통제되고 지시를 받는다. 이러한 관리방법은 작은 개선에는 도움을 주나 크고, 질적으로 새로운 아이디어를 창조하는 데에는 효과가 없다.

② 수많은 시도들은 합리화된 모델의 약점을 받아들이거나 극복해 왔다.

그동안 많은 창조적 기법들이 제공되었으나 이러한 기법들 간에는 본질적으로 차이가 없었다. 과거 이러한 기법들은 맥그리거 Y이론에 맞춰진 인간화된 또는 '유연한 모델'이라고 하며, 이와 같은 모델에서는 자연적으로 상상력과 창의력을 발휘하여 왔다. 또한, 외부적인 제어는 단지 좋은 결과를 위한 수단으로 비평과 통제는 최소화되거나 금지되었다. 그러나 공상, 느낌, 활동, 놀이, 직감 그리고 즐거움이 촉진되면 많은 아이디어들이 창출된다.

제2절 트리즈 단계

1. 문제 해결 절차

문제 해결절차 개요를 정리하면 트리즈 9단계로 계층화하여 트리즈의 흐름을 이해할 수 있다. 단, 트리즈에서는 일부 단계는 사용하지 않아도 되나 향후 트리즈에 영향을 미칠 것으로 예상되는 단계이다.

〈표 7-1〉 트리즈 추진단계

단계		방법론	세부분석론
1단계	문제의 정의	문제분석	1-1 모순요소 정의
			1-2 기술적 모순 도식화
			1-3 도식모델 선정
			1-4 문제의 모델링
			1-5 표준해의 적용
2단계	자원의 기능분석	자원분석	2-1 작용영역의 정의
			2-2 작용시간의 정의
			2-3 물질-장 자원의 정의
3단계	이상적 해결방안	이상 해결책과 물리적 모순의 정의	3-1 이상 해결책 IFR-1 도출
			3-2 도출된 IFR-1 심화
			3-3 거시 레벨의 물리적 모순 규명
			3-4 미시레벨의 물리적 모순 규명
			3-5 IFR-2 도출
			3-6 표준해를 적용하여 물리적 모순 해결
4단계	진화의 유형	자원의 활용	4-1 도구와 대상자원
			4-2 환경자원
			4-3 거시 수준자원
			4-4 미시수준 자원
			4-5 시간자원
			4-6 공간자원
			4-7 기타자원
5단계	모순과 분리의 원칙	지식 DB활용	5-1 표준해의 활용
			5-2 유사문제 활용
			5-3 물리적 모순 해결에 분리 원리 적용
			5-4 물리적 모순 해결에 과학지식 적용
6단계	문제의 핵심	본질적 모순과	6-1 기술적 해결안

	요소	타협점 명확	6-2 문제 유형분석
			6-3 문제변경
			6-4 최소 문제 재 서술
7단계	물리적 모순 해결	대안분석	7-1 개념 해결안 점검
			7-2 개념해결안 평가
			7-3 특허등록 가능성 검토
8단계	도출된 해결안의 적용	유사문제 해결 적용가능성 검토	8-1 상위 시스템의 변경 정도분석
			8-2 해결안의 유용성 평가
			8-3 다른 문제 해결에 활용
9단계	문제 해결 과정 분석	창의력 활용	9-1 이론적 해결 과정과 실제 해결 과정 비교
			9-2 도출된 해와 트리즈 지식과 비교

2. 단계별 방법론

1) 문제의 정의

모순은 통찰력을 통하여 문제를 제거하는 문제 해결이다. 많은 기술적 문제는 최소한 한 가지 이상의 모순을 포함하고 있다. 여기서 모순은 하나의 시스템을 개선하려는 시도가 다른 시스템의 특징을 손상시키는 상황을 말한다. 트리즈의 핵심은 문제를 야기시키는 모순을 찾아 분석하면서 해결책을 알 수 있는 새로운 방법을 찾을 수 있다는 것이다. 모순은 분리 원리를 해결 방법으로 사용하고 있다. 이 중에서 실용성이 높은 4가지 분리 원리는 시간에 의한 분리, 공간에 의한 분리, 전체와 부분에 의한 분리 및 조건에 의한 분리이다(김호종, 2007).

모순은 시스템에서 대립(conflict)이다. 시스템은 도구(T)와 물체(O)라는 두 가지 요소로 구성된다. 예를 들면 도끼의 가장자리는 통나무(물체)를 쪼개는 도구이다. 쪼개는 힘은 도끼를 사용하기 불편한 것과 같은 유해한 특성들과 관련되는 좋은 특징이다. 만약 더 무거운 날을 만든다면, 도끼는 더 효과적으로 내리칠 수 있지만 다루기가 힘들어진다.

시소를 생각해보자. 널빤지의 한 쪽 끝으로 올라가면, 다른 쪽은 내려간다. 양쪽 끝을 동시에 올라가게 할 수 없다. 이 경우, 오르고 내리는 특징의 관계는 문제가 되지 않는다. 왜냐하면, 다른 쪽이 내려갈 때 한쪽 끝이 올라가는 것은 시소의 일반적인 특성이기 때문이다. 만약 오르고 내리는 체험을 원하지 않는다면, 다른 장난감을 찾거나 시소 시스템의 주요 요인을 변화시켜야 한다.

[그림 7-1] 시소의 원리

2) 자원의 기능분석

자원이란 문제 해결에 이용 가능한 모든 것으로 문제의 주변 환경에서 쉽게 이용할 수 있는 것을 의미한다(김호종, 2007). 자원은 이미 존재하는 물체, 정보, 에너지 또는 물질들의 특성으로 자원 활용은 비용을 절감하기 위한 방법이다. 자원을 활용하여 사용할 수 있다면 문제 자체에서 해결된다. 숨겨진 자원은 우리가 문제의 상황을 접하였을 때 활용 가능한 자원으로 파악하지 못하기 때문이다. 우리 주변에서 숨겨진 자원을 활용하여 문제 해결에 활용하는 사례들을 많이 접할 수 있다. 사례로 버려지는 지열(지하의 온도)을 이용하여 특수작물의 난방을 하는 방법과 태양열을 이용하여 주택의 냉·난방 방식은 우리 주변에서 아주 쉽게 볼 수 있는 사례이다.

알츠슐러에 의하면 개발에서 유사성은 자원의 이용을 설명하는데 도움을 준다고 하였다. 사람들은 모든 것을 알 수 없지만, 주어진 시간 안에 몇몇 기술을 배울 능력이 있다. 사람들이 갖고 있지만 개발할 수 있는 기술은 인접 개발(proximal development) 영역이라 불리어진다. 마찬가지로, 자원을 기술에 인접 개발 영역이라 정의할 수 있다. 자원 분석은 많은 혜택이 있는 손쉬운 도구로 다음과 같다.

- 바로 새로운 아이디어를 떠올리게 하기
- 모순을 해결하기
- 시스템 진화를 예측하기

자원을 도식화하는 것은 시스템을 어떻게 개선할 것인가에 관한 아이디어를 자극시킨다. 예를 들어, 종종 "빈 공간"과 "외형"과 같이 쓰기만 해도 충분하여 새로운 아이디어가 나타난다. 차고에 더 많은 물건을 저장할 수 있도록 천장에 자전거를 매달아 놓는 것은 "빈 공간" 사용의 예이다. 피자 박스가 편평한 것은 열 손실의 주원인 이어서, 주름진 표면이 문제를 해결할 수 있다고 인식하는 것은 "외형"을 이용한 예이다.

이러한 자원의 미래를 예측하면 사용 가능한 자원을 알고 있을 때, 가까운 미래에 반드시 그러한 자원들이 사용될 것이다. 또한, 자원은 많이 있다. 실질적으로, 아주 먼 거리로부터 자원을 조사한다면, 끝없는 자원의 목록을 만들 수 있다. 그러면, 어떻게 가장 유용한 자원을 선택할 수 있을까? 다음은 주 자원을 분류하는데 도움이 될 만한 기법이다.

첫째로, 시스템 수준으로 자원을 나눈다.

- 도구
- 대상
- 환경
- 거시 수준의 시스템
- 미시 수준의 시스템

둘째, 모든 시스템 수준에 대해서, 다양한 자원이 이용 가능하다.

- 물질과 물건
- 수정된 물질과 물건
- 공급
- 어떤 일을 일으키는 상호 작용과 에너지
- 형태
- 특색과 특성
- 공간
- 시간

3) 이상적 해결방안

김호종(2007)에 의하면 이상성(ideality)은 트리즈의 중요한 기본 개념 중의 하나로 유용한 기능을 증가시키고 유해한 기능을 감소시킴으로써 달성할 수 있다고 하였다. 이러한 등식의 기대 값을 IFR(Ideal Final Result)이라고 한다. 모든 시스템은 그 시스템 자체가 목적이 아니라 어떤 특수한 기능을 수행하기 위해서 존재한다. 즉, 시스템은 기능을 수행하기 위한 하나의 도구일 뿐이다. 동일한 기능을 수행하는 여러 가지 시스템을 평가할 때 더 좋은 시스템, 즉 이상적인 시스템이란 더 적은 자원을 소모하는 시스템이다.

자원을 사용하여 모순을 제거하면 이상적인 최종 결과를 얻을 수 있다. 이상적인 최종 결과는 모델에 도입되는 마지막 개념이다.

4) 진화의 유형

모순을 조직화하고, 자원을 지도제작(mapping)하고, 이상적인 최종 결과를 정의하는 것으로 충분한가? 경우에 따라서는 그렇지만 문제의 이상적인 최종 결과를 기술적 해결안으로 이끌기 위해서는 더 많은 것이 필요하다. 모순을 해결하고 자원을 사용하고 시스템을 더 이상적으로 만들려면 다음과 같은 방법이 필요하다.

첫째, 시스템 진화 유형을 사용하는 것이다.

일반적으로 시스템의 특성(크기, 무게, 속도, 유연성, 색상 등)은 진화의 유형을 개발하는데 있어서 중요한 규칙이다. 예를 들면, 매크로(macro) 수준에서 마이크로(micro) 수준의 전이 또는 더 작은 부분으로의 시스템 분화이다.

둘째, '유형'이라고 표현한 것은 물리학에서와 같이 정밀한 수학공식이 아니고 유연한 실행적인 법칙이기 때문이다.

혁신에 관한 연구에서 개선의 상당수가 유사한 유형을 따른다. 마이크로 한 수준으로 전이 또는 시스템에서 부분으로 분화로 명명한다. 주위를 살펴보면, 컴퓨터나 프린터에서 오래된 타자기와 계산기의 성가신 항목들은 전자 부품이나 다른 작고 정밀한 부품으로 대체되고 있다(triz.or.kr, 2007).

〈표 7-2〉 유형의 요약

유 형	유형에 대해서
시스템의 불균형 진화	부품의 불균형 진화 공정단계의 불균형 진화 특징의 불균형 개선 불균형의 반복 상승
거시적 수준으로의 전이	하나의 시스템이 유사성 또는 비유사성 시스템으로 결합되었거나 많은 유사성 또는 비유사성 시스템(단일-이중-다중)과 결합되어 있다. 거시적 수준으로의 전이가 반복된다.
미시적 수준으로의 전이	중실체, 분산체, 유체 또는 파우더, 가스 또는 플라즈마, 중공체, 기공이 있는 물질. 평평한 면, 주름진 면, 거친 면

상호작용 증가: 물질과 작용을 응용	물질을 응용: 새롭고 수정된 물질, 기공. 작용을 응용: 기계적, 음향적, 열적, 화학적, 전기적, 전자기적
확장과 융합	부품 수를 증가 공정 수를 증가 적은 수의 부품과 공정 수들의 융합 팽창과 융합 사이클이 반복
시스템의 이상성 증가	하나의 유형이 이상성을 증가시키는데 사용 만약 하나의 유형 사용이 새로운 문제를 일으킨다면, 다른 유형이 그 문제를 해결하는 데 사용

출처 : triz.or.kr, 2007

5) 모순과 분리의 원칙

시스템의 진화 유형은 해결안을 모호한 아이디어로 제시될 수 있다. 따라서 더 많고 더 상세한 도움이 필요하다. 혁신적인 원리는 어느 특정 문제의 유형 해석을 돕고, 유형의 의미를 말해주는 도구이다.

트리즈 40가지 원리는 진화 유형을 개발하는 특허와 기술 연구의 기초가 된다. 더 큰 의미로 이것은 단지 기술에 관한 연구가 아니라 사람들이 문제를 어떻게 풀이하는가에 대한 연구이다. 이것은 창의적 문제 해결과 같은 지식 기반을 사용하지 않더라도 경영, 영업, 훈련 그리고 다른 분야의 문제에 같은 원리가 자주 적용이 된다. 예를 들면 원리 18은 기계적 진동, 물체의 공명 주파수를 사용하는 것으로 이는 기계적, 전자기학 또는 음향 시스템에서 공명 또는 동기화를 의미하지만, 훈련에서 학생들이 배우는 형태와 회사의 문화를 지니는 교육과정, 교과서 그리고 가르침의 조화로 개선이 가능한 것으로 해석될 수 있다(triz.or.kr, 2007).

6) 문제의 핵심 요소

이 모델은 또 다른 4가지 도구(아리즈(ARIZ), 표준, 효과, 트리즈를 기초로 한 소프트웨어)이다. ARIZ는 모순의 분석과 해결안을 찾는 긴 다단계 과정이다(ARIZ : Algorithm for Inventive Problem Solving, 창의적 문제 해결을 위한 알고리즘). 표준 해결안은 알트슐러가 1985년에 발간한 76가지 표준을 기초로 하여 시스템을 변환하는 방법에 관한 목록이다. 효과는 창의적 문제 해결에 사용되는 물리적, 화학적, 기계적, 생물학적, 기하학 그리고 기술적인 현상의 기술적인 데이터베이스이다. 데이터베이스는 책, 소프트웨어 그리고 온라인 자원 등의 다양 형태를 갖는다. 표준해, 원리 그리고 효과는 컴퓨터로 쉽게 처리되는 추천목록과 예제이다. 소프트웨어는 표준 해결안, 원리 그리고 효과와 다른 트리즈와 관련된 지식베이스를 포함하고 있으며, 이 소프트웨어는 1990년대 초부터 사용하고 있다(triz.or.kr, 2007).

7) 물리적 모순 해결

물리적 모순을 해결하기 위하여 시스템의 상황에 따라 증가되거나 감소되고, 모수 C가 존재하거나 제거되어야 하는 경우로서 물리적 모순 해결을 위한 분할/분리 원리(시간적, 공간적, 조건적 분리)이다. 창의적 문제 해결은 물리적 모순을 극복하는 것으로 기존 시스템을 새롭게 변화시키고자 하는 대상이 될 경우 그 시스템을 특별히 기술적 시스템(technical system)이라고 한다.

기술적 시스템은 진화 단계(Patterns of Evolution)에 따라 개선되어 가는데 특히 혁신적인 발전을 가져오는 기술적 개선은 그 기술적 시스템 내에 존재하는 모순 극복을 통해서만 가능하다.

또한, 문제(problem) 해결이 어려운 이유로는 문제를 발생시키는 모순이 존재하기 때문으로 이러한 문제를 해결하는 것이 선결과제이다. 또한, 모순을 찾기 어려운 이유는 대부분 잘못 정의된 문제에 기인한다. 따라서 모든 기술적 시스템에 혁신적 발전을 가져오기 위해서는 제일 먼저 그 시스템과 관련되어 이상적인 최종 결과(IFR)를 달성하는데 장애가 되는 근본 모순을 찾아내야 한다.

8) 도출된 해결안의 적용

물리적 모순을 해결하였다면 여기서 도출된 해결안을 다른 문제에 적용이 가능한지를 분석하는 단계이다.

9) 문제 해결 과정 분석

완결 단계로서 창의력을 증진하기 위하여 지금까지 진행되어온 과정을 철저하게 분석하고 평가하는 단계로서 이렇게 분석과 평가된 단계는 다음 프로젝트 또는 시스템 개발에 응용할 수 있다.

알트슐러에 의하면 우리가 새로운 아이디어를 가질 때 우리는 이 아이디어는 훌륭할까 아니면 나쁠까?라고 질문해야 한다. 질문에 대답하기 위해서는 훌륭한 해결안이 갖는 기준 집합이 필요하다. 먼저 이상성 등식은 다음과 같다.

$$\text{이상성} = \Sigma\text{유익성}/(\Sigma\text{비용} + \Sigma\text{유해성})$$

이것은 평가의 기초가 된다.

첫 번째, 모든 해로운 특성이 없어진다.

일부 결점을 없애기 위해서 문제가 해결되며 이러한 관점은 왜 이 요구사항부터 시작하는 것이 타당한가에 대해 설명해준다.

두 번째, 모든 유용한 특성이 유지되고 새로운 유익한 점이 나타난다.

우리는 결점만 제거시키지 말고 새로운 유용한 특성이 도입되고, 유용한 것은 유지되어야 한다.

세 번째, 새로운 해로운 특성이 나타나지 않는다.

제품 개선에 관련되는 빈번한 문제를 보면 새로운 시스템은 초기 문제를 제거하면서 더 많은 새로운 문제점을 만든다는 점이다.

네 번째, 시스템은 더 복잡해지지 않는다(복잡도는 비용을 증가시키고 신뢰성을 낮춘다).

다섯 번째, 해결안은 문제의 고유하고, 주된 가장 중요한 모순을 제거한다.

여섯 번째, 유휴(idle) 자원을 쉽게 사용할 수 있고, 이전에는 무시되었던 자원을 사용한다.

이 여섯 가지 평가 기준은 본질적인 것이고 이는 TRIZ의 기본 개념에 기반을 둔 것이다. 다른 기준은 검토되고 있는 특별한 시스템에 대해서는 특별하나 이는 안전성, 실행 속도, 기존 시스템과의 양립성, (서로 다른 국가에서 다를 수 있는) 정규성 요구사항(regulatory requirements) 또는 기타 논쟁점 등은 같다(triz.or.kr, 2007).

〈표 7-3〉 7가지 기준

① 모든 해로운 특성이 없어진다.
② 모든 유용한 특성이 유지되고 새로운 장점이 나타난다.
③ 새로운 해로운 특성이 나타나지 않는다.
④ 시스템은 더 복잡해지지 않는다.
⑤ 주요 절충과 모순 사항이 제거된다.
⑥ 유휴의, 쉽게 사용할 수 있는, 그렇지만 이전에 무시되던 자원이 사용된다.
⑦ 개발되는 시스템에 관련되는 기타 요구사항들이 충족된다.

제3절 발명의 원리

1. 발명의 원리

트리즈에서 분석한 발명의 원리는 40가지로 구분된다. 알트슐러의 이론을 그대로 인용하였다.

〈표 7-4〉 40가지 발명의 원리

1. 분할(분열)	21. 고속 처리(Rushing Through)
2. 분리(빼내기, 회수, 제거)원리	22. 전화위복 / 해로움을 이로움으로 (Convert harm into benefit)
3. 국소적 성질	23. 피드백(Feedback)
4. 비대칭 변환(비대칭)	24. 매개체(Mediator)
5. 통합(합병)	25. 셀프 서비스(Self Service)
6. 범용성 / 다용도(만능)	26. 복제(Copying)
7. 포개기(끼워 넣기)	27. 일회용품(Dispose)
8. 평형추	28. 기계시스템의 대체 (Replacement of Mechanical System)
9. 선행 반대 조치(사전 반작용)	29. 공기식/수압식 구조물 (Pneumatic or Hydraulic Constructions)
10. 선행 조치(사전 작동)	30. 유연한 막 또는 얇은 필름 (Flexible Membranes or Thin Films)
11. 사전 예방(사전 완충 작용)	31. 다공질 재료(Porous Material)
12. 높이 맞추기(같은 수준으로 만들기)	32. 색상 변경(Changing the Color)
13. 반대로 하기	33. 동질성(Homogeneity)
14. 구형화	34. 폐기 및 재생 (Rejecting and Regenerating Parts)
15. 부품의 동적화	35. 속성 변환(Transformation of Property)
16. 과부족 조치(Partial or Excessive Action)	36. 상전이(相轉移, Phase Transition)
17. 차원 바꾸기(Transition Into a New Dimension)	37. 열팽창(Thermal Expansion)
18. 기계적 진동(Mechanical Vibration)	38. 산화 가속(Accelerated Oxidation)
19. 주기적 작동(Periodic Action)	39. 비활성 환경(Inert Environment)
20. 유익한 작용의 지속(Continuity of Useful Action)	40. 복합 재료(Composite Materials)

40가지의 발명원리는 하나의 원리 또는 몇몇 원리를 동시에 사용하여 해결될 수 있고, 시스템은 다른 방법으로 개선될 수 있다. 대부분의 해결책은 하나 이상의 원리가 사용된다. 재미있는 원리를 발견했다면 그 아이디어를 개선할 수 있는 다른 원리를 접목하면 문제 해결에 도움을 준다.

2. 트리즈 발명 기법

1) 분할의 원리

분할 또는 분열은 작은 단계로 세부적으로 시스템이나 물체를 분리하는 것이다. 이는 제품이나 시스템을 분리하기 쉽게 설계하여 사용하기 편리하게 한다.

[사례] 짬자면 그릇, 경영과 지배분리

2) 분리의 원리

제품 또는 시스템에 필요한 부분을 별도로 분리해서 제품 사용에 편리하도록 일부분을 분리한다.

[사례] 컴프레서 분리

자동차 정비센터에서 공기압을 넣는 도구와 압축기의 분리 : 압축기의 소음을 제거하기 위하여 건물 밖으로 압축기를 배치하고 호스를 이용하여 공기를 정비센터 안에서 넣도록 분리한 방법이다.

3) 국소적 성질의 원리

한 제품이 다른 모양이나 성능을 갖추도록 개발하는 것으로 제품의 각각의 부분을 다른 유용한 기능으로 사용토록 개발한다. 예로 칼의 경우 칼날 쪽을 담금질하여 강하게 만들고, 도시락은 하나의 보온도시락 내에 다층의 칸을 분할하여 작은 통을 넣어 뜨거운 것은 뜨겁게, 차가운 것은 차갑게 하는 기능이다.

[사례] 보온도시락의 칸 분리

4) 비대칭의 원리

비대칭은 새로운 물질이나 형상을 추가하는 방법으로 기존의 대칭의 형태를 비대칭의 형태로 제품을 개발하는 방법이다. 서비스산업에서도 적용이 가능하다. 서비스의 경우 고객에게 동일한 서비스를 제공하던 방법을 각각의 고객에 맞게 맞춤형 서비스를 개발하는 것 역시 비대칭의 원리이다. 또한, 특성화된 고객에 맞도록 맞춤형 제품이나 서비스를 개발하여 제공하는 방법 역시 비대칭의 원리이다.

[사례] 바람 부는 날 사용할 수 있도록 개발된 비대칭 우산

5) 통합의 원리

통합의 원리는 동일한 제품을 통합하거나 기존의 제품과 전혀 다른 부분과 통합하여 새로운 제품을 개발하는 것이다.

[사례] 계량용 스푼과 전자저울의 통합

6) 범용성의 원리

범용성의 원리는 다용도의 원리로써 제품이 다양한 기능을 할 수 있도록 고안한 것이다. 예로서 커피숍에서 책을 파는 것, 주유소에서 편의점 운영 방법이다.

[사례] 멀티콘센트 / 낚시와 고기 굽기를 동시에 함

7) 포개기 원리

이중 구조의 기름 탱크와 같이 하나의 제품에 차례로 포개어 넣은 것으로 소시지나 우리의 순대 그리고 라디오 안테나가 유사한 사례이다.

[사례] 우산

8) 평형추의 원리

[사례] 헬륨풍선 : 풍선과 헬륨의 원리

평형추는 제품의 무게를 맞추기 위하여 다른 제품 또는 다른 환경이나 전혀 다른 기술을 결합하여 상호작용하게 하는 기술이다.

예로 잠수함 안의 공기탱크는 잠수함과 다른 환경의 공기 부력을 만들어 잠수함이 상승하게 하는 역할을 한다. 비행기의 날개 역시 유사한 작동의 원리이다.

9) 선행 반대 조치(Prior Counteraction)

제품을 사용하면서 발생할 문제를 미리 예방하기 위하여 사전에 조치를 취하는 것으로 총열과 같이 녹이 나는 것을 미리 방지하기 위하여 검은 녹을 입혀 미리 사전방지하는 방법이며, 주사 놓기 전에 엉덩이 때리기도 사례이다.

[사례] 불법 전단지를 붙이지 못하게 선행반대 조치를 취한 전봇대

10) 사전조치(Prior Action) 원리

사전조치는 제품이나 서비스의 파손이나 시간 지연 등 시스템의 변화가 있기 전에 미리 조치를 취하여 시간 단축이나 작업의 편리성을 높여주는 기법이다. 예로 과자봉지에 미리 절취선에 홈을 내놓아서 쉽게 포장지를 개봉할 수 있게 하는 방법과 의료보험에서 암이 발생하기 전에 주기적 무료 검진으로 사전에 예방하는 조치, 목조건축 시공에서 미리 목재를 재단하고 홈을 만들어 놓으면 쉽게 집을 지을 수 있도록 사전조치한다.

[사례] 목욕탕 수건이 자꾸 없어지는 것을 대비하여 만든 수건

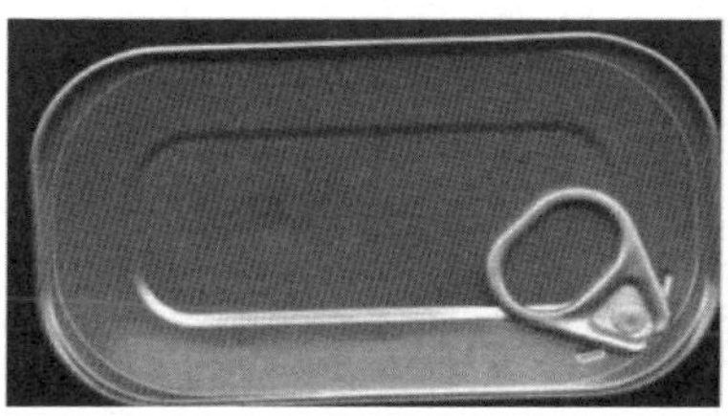

11) 사전예방(Cushion in Advance) 원리

사전예방의 원리는 제품이나 서비스의 부족한 부분이나 취약한 부분을 미리 보호할 비상수단을 마련하는 것으로 운동경기 중 사고를 대비하여 구급차를 미리 대기시키는 것과 비상계단을 만드는 것, 자동차 에어백 등이 있다.

[사례] 구급약

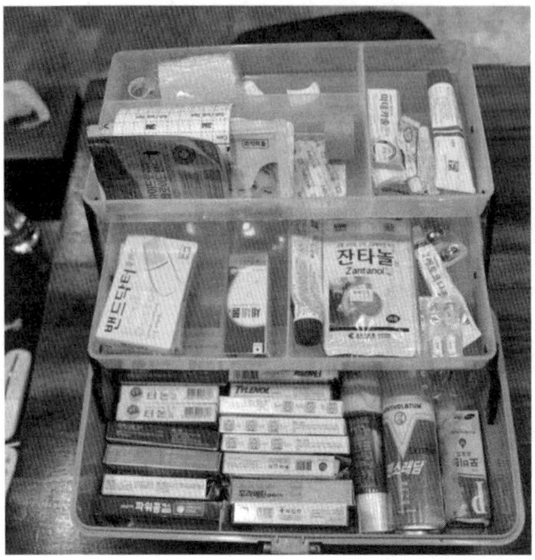

12) 높이 맞추기(Equipotentiallity) 원리

위치에너지에서 작동의 필요성을 제거하기 위해서 환경이나 동작을 제거하는 변화로써 물류창고의 트럭 상하차 대의 경우 화물칸의 높이에 맞게 설치하는 방법으로 물체를 옮길 때 꼭 들어 올려서 옮겨야 하나? 질문을 던져보면 아이디어가 나온다.

[사례] 자판기와 같은 무거운 물건을 계단으로 이동할 때 계단 수레의 바퀴를 계단 높이와 맞추어 쉽게 운반하도록 함

13) 반대로 하기(Inversion) 원리

문제 해결에 필요한 작동을 기존의 방식에서 반대로 작동하도록 아이디어를 창출한다. 거꾸로 한다(물체를 냉각하는 대신에 가열한다) 정지된 물체나 이동할 수 있는 정지상태의 물체는 동적인 물체로 만든다. 예로 패스트푸드 대신에 조리된 음식이나 늘어나는 출퇴근 시간을 해결하기 위하여 재택근무제도를 채택하는 방법이나, 회의에 참석의 불편함을 제거하기 위하여 화상으로 회의하는 방법 등이 있다.

[사례] 기존의 그릴은 아래에서 위로 열을 가하여 고기를 뒤집어야 하는데 바닥과 뚜껑에 열선을 장착하여 위에서 아래로 열을 가하여 뒤집는 과정을 제거함/ 거꾸로 타는 보일러

14) 구형화(Spheroid) 원리

정사각형과 직사각형 등 모서리가 있는 형태를 곡선 혹은 원형의 형태로 변환시킨다. 이와 같은 방법으로 볼이나 나선형 그리고 반구 등을 이용하거나 직선운동을 회전운동으로 전환하는 방법으로 과거 직사각형의 권위주의 회의 테이블에서 원형(원탁) 회의 테이블로 구형화하여 친근감과 권위를 탈피하는 회의 방법도 사례이다.

[사례] 사각침대를 원형침대로 구형화함.

15) 부품의 동적화(Dynamicity) 원리

하나의 제품을 각각 따로 움직일 수 있도록 부분적으로 분리한다. 고정된 물체라면 움직일 수 있게 하는 아이디어이다. 생산현장에 유연 생산시스템(FMS) 도입도 경영현장에서 구형화의 사례이다.

[사례] 마우스 휠과 닥트

16) 과부족 조치(Partial, Overdone, or Excessive Action) 원리

제품의 성능이 100%의 목표 달성을 할 수 없다면 주어진 목표보다 더 많게 아니면 조금 적게 설정하여 쉽게 해결하는 방법으로 의도한 목표를 달성하기 위하여 극단적인 방법을 찾아본다.

[사례] 페인트칠할 때 미리 사전 조치를 취하고 과도하게 뿌려주고 초과된 부분은 제거하는 방법

18) 기계적 진동(Mechanical Vibration) 원리

제품에 진동(자유, 강제 진동)이 있다면 진동수를 증가시키거나 공명주기를 이용한다. 기계적 진동 대신에 전기적 진동을 이용할 수 있다. 또는 초음파와 전자기장을 합하여 진동을 이용한다. 사례로 초음파 진동을 이용하여 담석 기계, 유압식 해머, 진동 안마의자 등이 있다.

[사례] 초음파 진동세척기와 진동안마기

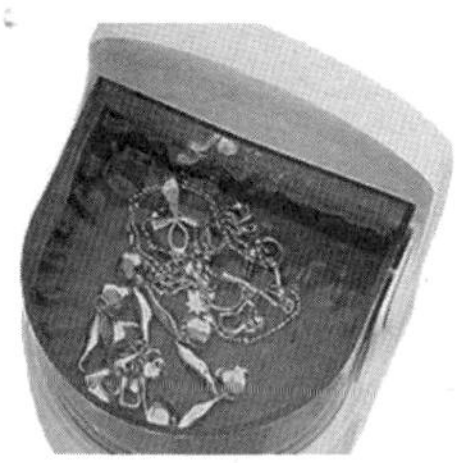

19) 주기적 작동(Periodic Action) 원리

제품의 기능 중에서 연속적인 작동 대신 주기적인 작동 기능을 활용한다. 만일 작동기능이 주기적이라면 주파수와 주기의 크기를 변경할 수도 있다. 경보용 랜턴의 경우 연속적인 빛 신호 대신에 주기적인 섬광 빛을 활용하여 경고를 전달하는 방식이다. 타이머가 장착된 플러그와 같이 지정된 시간에 작동하고 일정 시간 후 작동이 멈추는 기능이 사례이다.

[사례] 타이머 콘센트

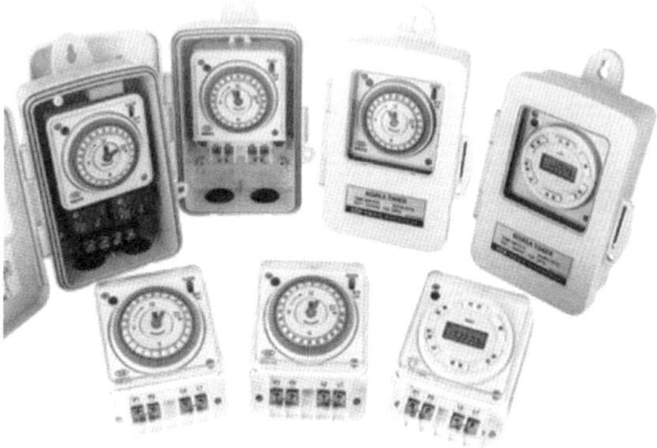

20) 유익한 작용의 지속(Continuity of Useful Action) 원리

유효 작용을 지속시켜서 계속되는 움직임이나 작동을 얻어서 아이디어를 얻는 방법으로 수력발전의 경우 물의 지속적인 낙차를 이용하여 발전하며, 풍력발전 및 에스컬레이터가 유사한 사례이다.

[사례] 개폐형문은 외부 공기 차단이 안 되나 회전문은 연속적 작용으로 외부공기 차단이 가능하다.

21) 고속 처리(Rushing Through) 원리

[사례] 고속사다리차

위험하거나 유해한 작업 혹은 영향을 피하기 위하여 진행속도를 높이는 방법이다. 예로 끓는 물이 튀지 않도록 하기 위해 다른 한 손으로 뚜껑을 붙잡고 살아있는 생선을 빨리 넣는 것과 상처에 밴드를 붙이고 땔 때 빠른 속도로 떼는 것이 이 원리이다.

22) 전화위복 원리

독감 예방과 같이 유해한 독감 바이러스를 미리 주사하여 항체를 형성하게 만드는 작용으로 해를 끼치는 작용을 유익한 작용으로 변환시키는 방법과 유해한 작용에 다른 유해한 작용을 첨가함으로써 문제를 해결하는 방법, 그리고 유해한 작용이 더 이상 유해하지 않을 때까지 유해한 요소를 확대하는 방법이다. 곰팡이에서 페니실린 개발, 바이러스 예방 주사약 등이 있다.

[사례] 폐기물 재활용

23) 피드백 원리

프로세스 과정의 결과가 원인으로 작용하여 다시 프로세스 과정에 영향을 미치는 현상으로 원인에 의하여 나타난 결과가 다시 원인으로 작동하는 것으로 예를 들면 자동 온도조절장치 등이 있다.

[사례] 물이차면 자동으로 밸브가 잠기는 변기물통

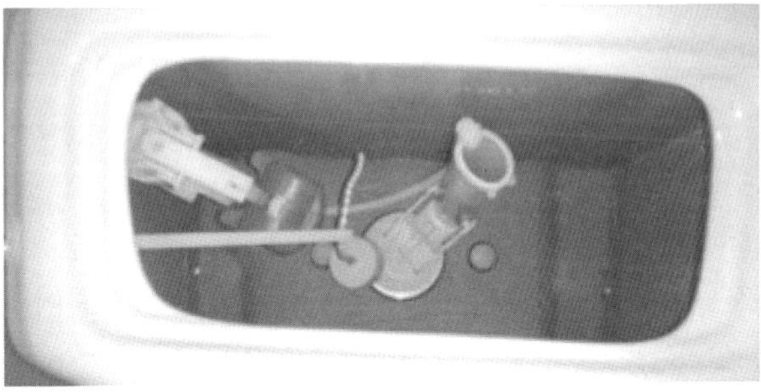

24) 중간 매개물의 원리

제품이나 프로세스에 중간 매개 전달자나 중간 매개 프로세스를 사용하여 쉽게 제거될 수 있는 중간 매개물을 물체에 결합하여 사용한 후 매개물을 제거한다. 예로 얇은 다이아 몬드 판을 만들기 위하여 헝겊 위에 다이아 몬드 가루를 붓고 헝겊을 아세톤으로 녹여낸다.

[사례] 개울을 건너기 위해서 중간 매개물을 사용

25) 셀프서비스

물질이나 시스템이 스스로 보충, 유지, 보수할 수 있도록 유용한 작용을 하도록 하는 것으로 버려지는 자원이나 물질을 이용하여 시스템을 더 좋게 만드는 방법이다. 예로 타이어 펑크를 자동으로 보수해주는 라이노 타이어는 라이노 플렉스 소재를 액체 젤을 고온으로 가열하여 타이어 안쪽에 뿌리고 냉각되면 타이어가 펑크 나도 자동으로 보수가 된다.

[사례] 옷감이 타지 않는 다리미의 작동원리는 의외로 단순하다. 다리미 손잡이에 부착된 터치센서에서 손을 떼면 다리미 아랫부분 열판의 앞쪽과 뒤쪽에서 2센티미터 정도의 다리가 튀어나와 옷에 직접 열이 가해지는 것을 막아주는 것이다. 다리미 손잡이를 잡고 다림질할 때는 다리 부분이 안으로 들어가 일반 다리미와 같은 모습이지만 손을 떼면 다리가 나오면서 옷과 다리미 사이에 간격이 생기는 방식이다.

26) 복제물 원리

제품이 고가이거나 망가지기 쉬운 부품을 간단하고 값싼 복제물로 대체하는 방법으로 제품을 전시할 때 제품 파손이 우려되면 사진으로 대체될 수 있다. 예로 시뮬레이션 실험이나 자동차 충돌 테스트 시 인형을 탑재하여 사용하는 방법 등이 있다.

[사례] 작물을 보호하기 위하여 사람이 새를 쫓는 일을 허수아비 복제품 사용

27) 값싸고 버리기 쉬운 물건 활용 원리

비싼 물질을 다양한 값싼 물질로 대체한다.

[일회용 카터]

[사례] 일회용 종이 컵, 일회용 수술도구

28) 기계적 작동 대체 원리

기계적인 작동을 광학적, 음향적, 맛이나 냄새를 감지해내는 방법으로 전환하는 방법이다. 예로 자기부상 열차나 잉크젯 프린터, 침입 감지기 등이 있다.

[사례] CD Player : 소리에 대한 DATA가 디지털 신호로 CD위에 새겨져 있으며 CD에 새겨진 디지털 신호는 반사율의 차이로 구성되어 있다.

29) 공기와 유압 원리

물질이나 시스템의 고체 부분 대신에 가스나 액체를 사용한다. 예로 춤추는 바람인형, 공기쿠션 등이 있다.

[사례] 고무보트

30) 유연한 껍질, 얇은 필름 사용 원리

딱딱한 물체 대신 얇은 막이나 유연한 표피를 사용하는 방법으로 유연한 표피로 물질이나 시스템을 외부환경과 차단할 수 있다. 예로 유리창에 붙이는 열 차단용 필름이 있다.

[사례] 종이코팅으로 종이를 보호하기 얇은 비닐 막을 형성하는 방법 및 액정보호 필름

31) 다공질 재료 원리

제품의 재료를 다공질 재료로 사용하거나 다공질 재료를 첨가하여 유용한 제품을 개발하거나 만약 물체가 다공질 제품이라면 다공질 속에 다른 물체로 채운다. 다공성 물질은 경량이고 단열 및 흡수효과가 좋으며 충격을 흡수할 수 있다. 예로 고어텍스 아웃도어는 물을 차단하고 공기는 통과시키는 다공질 재료의 사례이다.

[사례] 로마 콜로세움과 수도교(퐁뒤가르) 건축은 다공질 석회를 활용하였다. 재료는 탄산석회와 벽돌 그리고 콘크리트와 다공질 석회를 사용함

32) 색상 변화(광학적 특성 변화) 원리

물체나 외부환경의 색을 변화시키거나 투명도를 바꾼다. 이미 색이 들어 있다면 발광 추적이나 추적 원자를 사용한다. 예로 온도계가 부착된 맥주병으로 온도에 따라 색이 변하는 시온 잉크를 사용하여 맥주 맛이 가장 좋은 온도가 되면 시온잉크가 반응하도록 고안하였다.

[사례] 적정온도가 되면 색이 변하는 젖병

33) 동질성 원리

다른 부품이나 재료를 사용하여 개발된 제품을 동질성의 물질 또는 동일한 특성을 가진 물질로 사용한다. 예로 내용물이 용기에 의하여 반응하는 것을 방지하기 위하여 내용물과 용기를 동일 재료로 사용하는 방법으로 플라스틱 가방으로 배달된 플라스틱이다.

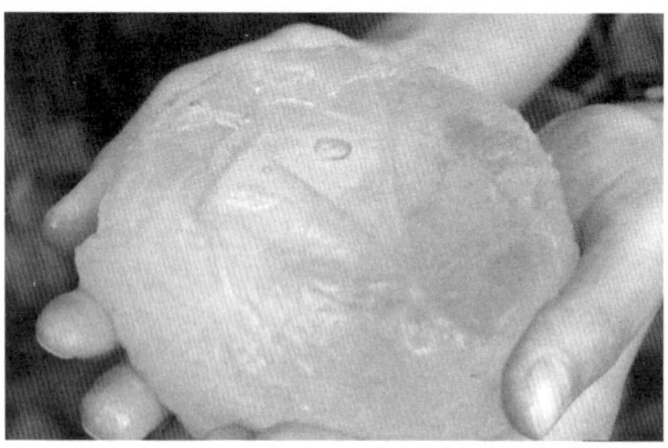

[사례] 먹을 수 있는 용기

플라스틱 물병의 공해 방지를 막기 위하여 물방울 형태의 물을 담는 용기를 만드는 것으로 이중 젤라틴 막을 만들어 물을 안에 가두는 방식으로 갈색 조류와 염화칼슘을 사용하여 젤화되어 굳는 기술이다.

34) 폐기 및 복구 원리

주 기능의 작동이 완료되면 부분은 제거되거나 시스템이 동작하는 동안에 다른 것으로 변환시키는 원리로써 기능이 동작하는 동안 소모된 부분을 다시 회복시키거나 기능이 완료된 부분은 녹이거나, 버리거나 증발시킨다. 예로 의료용 봉합용 실은 일정 시간이 지나면 녹아 없어지게 하는 방법과 우주왕복선의 추진 로켓이 대기권을 벗어나면 버려지는 원리이다.

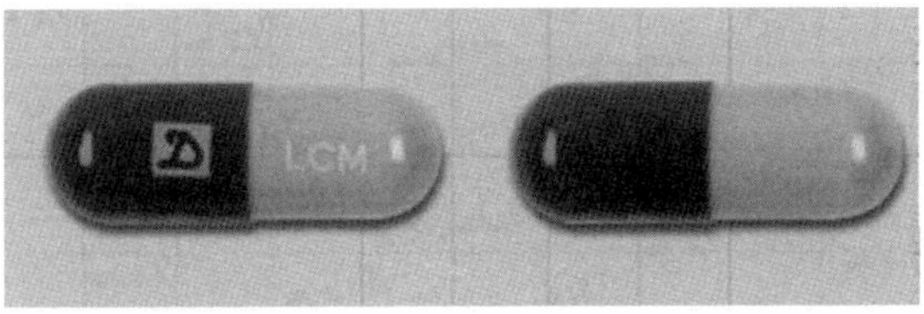

[사례] 마이신의 캡슐은 몸속에 들어가서 일정 시간이 지나면 녹아서 버려진다.

35) 특성변경(Parameter Changes) 원리

물체(Object)의 물리적 상태를 변화시키거나(가스화, 액체화 또는 고체화 등), 농도(Concentration)나 밀도(Consistency)를 변화시키거나 온도를 변화시킨다.

[사례] 액화가스

36) 상(相) 전이 원리

상(相) 전이 과정에서 발생하는 현상을 이용하는 것으로 부피 변화, 열의 손실이나 흡수 등이 있다. 많은 상전이는 일반적으로 고체-액체-기체 플라스마 변화되는 것과 약자성체-강자성체 그리고 전도체-초전도체 등을 포함한다. 그러나 많은 유용한 현상이 '고체-고체'의 결정학적인 변화, 초유동, 반(反)강자성 등과 같은 특이한 전이와 함께 일어난다. 예로 고체 이산화탄소를 분출하여 청소할 표면을 얼게 하여 불순물이 수축되어 쉽게 떼어 낼 수 있다.

[사례] 드라이아이스 세척기 : 이물질을 드라이아이스로 급냉하여 제거하는 원리이다.

37) 열팽창 원리

물체의 열팽창(또는 수축)을 이용하는 것으로 여러 가지의 열팽창 계수를 가진 다중물질(Multiple Materials)을 활용한다. 예로 병뚜껑이 잘 열리지 않을 때 병을 뜨거운 물에 넣어두면 병의 꽉 끼인 금속 뚜껑이 헐렁하게 되어서 쉽게 열수 있게 되는 것도 같은 예이다.

[사례] 다리의 상판이 계절에 따라 온도 변화에 의하여 팽창 및 수축되어 다리에 균열이 발생하는 것을 방지하기 위하여 신축 이음쇠를 설치하거나, 음료수 회사에서 음료수병에 음료수를 가득 채우지 않고 빈 공간을 두는 것은 열팽창에 의한 파손이나 누액을 방지하기 위함이다.

38) 산화촉진 원리

일반 수준의 산화를 더 강한 산화작용으로 변화시키는 방법과 일반적인 공기를 산소가 많은 공기로 바꾸는 방법과 또는 일반적 공기를 순수 산소로 대체하는 방법이다. 산소나 공기를 이온화를 촉진하는 열에 노출시키거나 이온화된 산소를 활용하여 이온하거나 이온화된 공기나 산소를 오존으로 대체하는 원리로써 공기청정기, 이온 살균기 등이 있다.

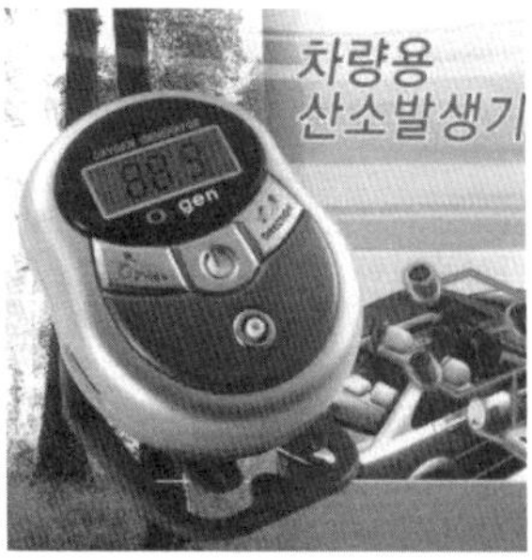

[사례] 산소를 발생하여 운전 중 졸음을 방지하는 산소발생기

39) 불활성 환경 원리

부패, 노화, 마모, 변형 등을 방지하기 위하여 중성 물질이나 불활성 첨가제를 물체나 시스템에 추가하여 일반 환경을 불활성 환경으로 바꾼다. 예로 용접 시 용접부위 금속이 산화되는 것을 막기 위해 이산화탄소나 아르곤 같은 불활성 가스를 사용한다. 열대과일을 포장하여 운송할 때 신선도를 유지하기 위하여 질소를 충전하여 운반한다. 이와 같은 불활성의 원리는 산소와 결합하여 부식이나 산화작용을 방지하기 위한 원리로써 진공포장이나 통조림 제품이 대표적 사례이다.

[사례] 진공포장 원리

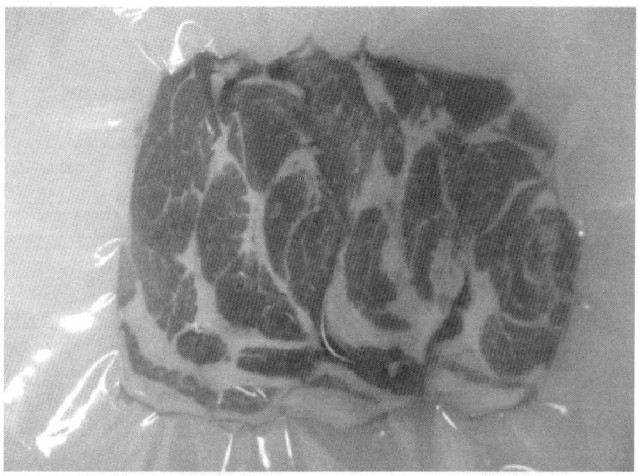

40) 복합물질 원리

여러 가지 물질이나 시스템을 복합적으로 이용하여 더욱 효율적인 제품이나 시스템을 개발하는 것으로 복합물질의 원리는 두 가지 이상의 서로 다른 재료가 조합되어 보다 유용한 가치를 창출하는 것이다.

[사례] 골프공 및 타이어의 복합물질 구조

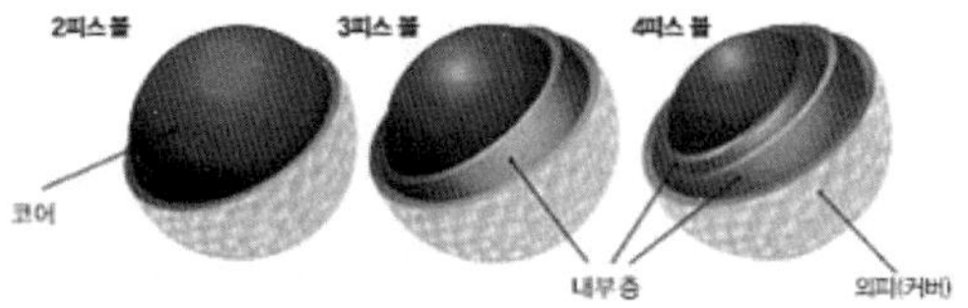

학습목표 요약

1. 트리즈란 무엇을 의미하는가?

트리즈는 일종의 연산형을 지닌 구체적이고 도식화된 단계를 밟아가는 이론으로 현재까지 수많은 문제를 해결하여 오고 있다. 트리즈는 수십만 건의 특허 및 기술발전의 역사를 분석하여 문제 해결 원리를 추출한 것으로 체계화된 연구개발 및 기술혁신 이론이다.

2. 트리즈에서 이상성이란 무엇인가?

이상성(ideality)은 트리즈의 중요한 기본 개념 중의 하나로 유용한 기능을 증가시키고 유해한 기능을 감소시킴으로써 달성할 수 있다고 하였다. 이러한 능식의 기대 값을 IFR(Ideal Final Result)이라고 한다. 모든 시스템은 그 시스템 자체가 목적이 아니라 어떤 특수한 기능을 수행하기 위해서 존재한다.

3. 발명의 원리 40가지는 무엇인가?

〈표 7-4〉 40가지 발명의 원리

1. 분할(분열)	21. 고속 처리(Rushing Through)
2. 분리(빼내기, 회수, 제거)원리	22. 전화위복 / 해로움을 이로움으로 (Convert harm into benefit)
3. 국소적 성질	23. 피드백(Feedback)
4. 비대칭 변환(비대칭)	24. 매개체(Mediator)
5. 통합(합병)	25. 셀프 서비스(Self Service)
6. 범용성 / 다용도(만능)	26. 복제(Copying)
7. 포개기(끼워 넣기)	27. 일회용품(Dispose)
8. 평형추	28. 기계시스템의 대체 (Replacement of Mechanical System)
9. 선행 반대 조치(사전 반작용)	29. 공기식/수압식 구조물 (Pneumatic or Hydraulic Constructions)
10. 선행 조치(사전 작동)	30. 유연한 막 또는 얇은 필름 (Flexible Membranes or Thin Films)
11. 사전 예방(사전 완충 작용)	31. 다공질 재료(Porous Material)
12. 높이 맞추기(같은 수준으로 만들기)	32. 색상 변경(Changing the Color)
13. 반대로 하기	33. 동질성(Homogeneity)
14. 구형화	34. 폐기 및 재생

	(Rejecting and Regenerating Parts)
15. 부품의 동적화	35. 속성 변환(Transformation of Property)
16. 과부족 조치(Partial or Excessive Action)	36. 상전이(相轉移, Phase Transition)
17. 차원 바꾸기(Transition Into a New Dimension)	37. 열팽창(Thermal Expansion)
18. 기계적 진동(Mechanical Vibration)	38. 산화 가속(Accelerated Oxidation)
19. 주기적 작동(Periodic Action)	39. 비활성 환경(Inert Environment)
20. 유익한 작용의 지속(Continuity of Useful Action)	40. 복합 재료(Composite Materials)

용어해설

- 절충 모순(Tradeoff Contradiction)

  만일 어떤 좋은 일이 일어나면 역시 나쁜 일도 일어난다는 의미
- 고유 모순(inherent contradiction)

  두 가지 반대되는 성질을 갖는 하나를 원하는 것을 의미
- 자원이란?

  문제 해결에 이용 가능한 모든 것으로 문제의 주변 환경에서 쉽게 이용할 수 있는 것
- ARIZ

  모순의 분석과 해결안을 찾는 긴 다단계 과정이다(ARIZ : Algorithm for Inventive Problem Solving, 창의적 문제 해결을 위한 알고리즘).

제8장

융합경영

학습목표

1. 융합경영이란 무엇을 의미하는가?
2. 스마트 시대 마인드 공유 전략은 무엇인가?
3. 융합의 패러다임은 무엇인가?
4. 미래 주도형 융합기술은 무엇인가?

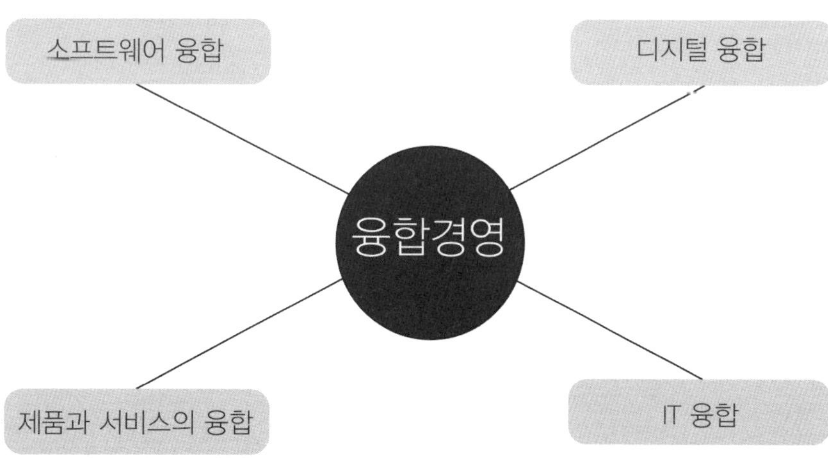

제1절 융합경영의 배경

1. 전략적 융합

1) 융합경영의 의의

융합이란 2가지 이상의 재료를 혼합하여 하나를 만드는 의미로써 융합경영은 그동안 개별적 운영되고 연구되었던 분야를 서로 혼합하여 새로운 경영방식을 구축하는 것을 의미한다.

즉, 독립적으로 존재하던 개체(학문, 기술, 산업, 서비스, 제품, 문화 등)를 결합을 통해 새로운 개체를 창조하는 활동이다. 이는 이질적인 투입 요소를 여러 가지 결합방식(물리적, 화학적, 생물학적 결합)을 동하여 새로운 산출물로 만들어 내는 생산과정이다(김덕현 외, 2011).

2) 하이브리드 경영(Hybrid Management)

융합경영과 비슷한 의미로 하이브리드(hybrid) 경영, 퓨전(fusion) 경영, 매시 업(mash-up), 크로스오버(cross over), 복합, 컨버전스(convergence) 통섭 등의 용어가 사용되고 있다(김덕현 외, 2011).

하이브리드 경영은 국제 경영론에서는 본사의 경영방식과 현지의 경영방식을 결합한 혼합 경영 또는 융합경영 등을 의미한다. 생물학이나 유전학에서는 서로 다른 종의 융합으로 인한 새로운 속성의 발현을 하이브리드 효과라고 부른다는 점에서 두 종류의 경영방식의 융합, 혼합으로 인한 본국 또는 현지의 경영방식과는 다른 제3의 새로운 경영방식 개발을 하이브리드화라고 하며 현지 경영의 이상적 모델로서 하이브리드 경영을 강조하는 경우도 많다. 하지만 하이브리드 경영의 구체적 내용, 시스템에 대해서는 애매하며 무엇을 본국 내지 세계적 표준 방식으로 하고, 어디에 현지 방식을 채용해 융합화할 것인지를 명확히 하여 현지 경영의 방향성을 제시하는 것이 중요하다(네이버 지식백과, HRD 용어사전, 2010. 9. 6., (주)중앙경제).

3) 경영계의 융합

경영 환경이 복잡해지고, 경영학 중심의 접근이 한계에 이르자 융합을 경영 전략으로 접근하는 방법이 주창되고 있다. 김덕현 등(2011)은 이를 융합 경영이라 표현하며 경영 전략으로서 융합을 말하고 있다. 융합 경영은 아직 경영 일선에서 널리 받아들여지고 있지 않지만, 학계와 연구계에서 주목을 받고 있다. 대학에서 최근 '서비스 기반학과', 'IT 융합 비즈니스 전공' 등 융합 경영을 핵심으로 하는 새로운 학과가 설립되고 있고, 산업계에서도 융합 기술, 융합 서비스 등에 대한 경영을 다루는 부서를 신설하는 등 융합 경영에 대한 관심이 증가하고 있다.

융합 경영을 서로 다른 신기술의 융합, 제품 및 서비스나 산업의 융합 등을 통해 기업과 고객의 가치를 혁신하기 위한 전략과 이를 효과적으로 실행하기 위한 체제로 정의하고 있다. 융합 경영은 기존 경영학 중심의 접근을 부정하는 것이 아니라 종래의 경영학 이론과 기법을 바탕으로, 그 위에 여러 가지 신기술을 가치혁신 수단으로 활용할 수 있는 능력, 그리고 혁신 대상인 기존 제품 · 서비스와 프로세스 등에 대한 이해를 추가하는 것이다.

융합 경영의 중요성이 강조되는 이유는 전 세계적으로 거의 모든 기업이 처한 위기 상황을 종래의 제품 · 서비스와 업무 방식으로 해결하는 데는 한계가 있기 때문이다. 즉, 오늘날 기업들은 경쟁의 고도화, 제품 · 서비스에 대한 고객의 기대 상승, 영역의 파괴, 원자재 가격 인상, 인건비 상승, 환경 보호에 대한 사회적 압력 가중, 신기술의 급격한 발전 등에 따른 압박을 받고 있다. 이와 같은 압박 속에서 기업이 최소한 생존하고 나아가 성장할 방법은 다른 업종 간 융합을 통해 새로운 영역을 찾아내는 것이다.

예를 들어 통신회사들은 자사의 정보통신 기술을 헬스 · 자동차 · 로봇 등 다른 산업과 융합시켜 새로운 산업과 시장을 만들고 있다. SK텔레콤은 로봇 벤처기업인 로보메이션과 공동 개발한 스마트 로봇 알버트를 개발하고 국내외 시장에 출시했다. 알버트는 스마트폰을 로봇의 두뇌로 활용, 20만 원 수준의 저렴한 가격에 교육 프로그램을 이용할 수 있는 서비스다. 또한, 에너지 회사들은 '석유'라는 사업 키워드에 '전자정보'와 '녹색기술'이라는 새로운 키워드를 융합해 신사업 영역을 개척하고 있다. 대기 중으로 방출되는 이산화탄소를 재활용해 친환경 플라스틱 소재를 생산하는 것도 융합 경영을 키워드로 하는 신사업의 하나다. 즉, 융합은 혁신 수단으로 활용되며 개별 기술-제품-서비스-산업을 새로운 방식으로 결합함으로써 강력한 시너지를 만들어 낼 수 있다(네이버 지식백과, 창조경제와 융합, 2014. 4. 15., 커뮤니케이션북스).

2. 융합경영 전략

1) 소프트웨어 융합

애플·구글·페이스북·트위터의 공통점은 경영 전략으로서 융합을 받아들여 적극적으로 스마트 혁명에 대처했다는 점이다. 융합 경영은 바로 창의성 중심의 혁신적 사고와 서비스로 변화와 혁신을 이루어 나가는 소프트 파워 중심의 전략을 구사하는 것이다. 하드웨어의 경쟁력이 제품 판매의 결정적 요인이었던 시대에는 내구성과 기능성이 가장 중요한 요소였다. 그러나 최근에는 하드웨어 기술의 빠른 진보로 더 차별화가 어려울 정도로 기술 장벽이 낮아졌다.

하드웨어 자체 기술이 평준화·범용화 되면서 서로 경쟁적으로 제품에 더욱 많은 차별화 기능과 복잡한 구조들을 추가하고 있고, 다양한 서비스도 가능하게 되었다. 이 때문에 제품의 사용성이 중요한 변인으로 주목받았으며, 양질의 콘텐츠가 성패를 좌우하고, 서비스 중심(service-oriented architecture)으로 변화하고 있다. 즉, 이제는 네트워크나 하드웨어 기반의 경쟁이 아닌 사용자 차원의 편의성, 창의성, 콘텐츠 같은 소프트 파워에서 경쟁 구도가 형성된 것이다. 하드 기반의 BMW 기업도 사용자 상호작용을 강화한 '커넥티드 드라이브'라는 프로젝트로 소프트 융합에 박차를 가하고 있다.

소프트 파워는 원래는 군사력·경제력 같은 국가의 힘(하드파워)과 대비되는 NGO 활동이나 문화적 협력을 뜻하는 정치학 용어였다. 스마트 시대에는 하드웨어 파워에 대비해 소프트웨어·콘텐츠·디자인 등의 중요성과 그 가치를 강조하는 것으로 그 의미와 중요성이 확대되고 있다. 오늘날 IT 서비스 산업은 하드웨어, 소프트웨어, 그리고 경영·경제, 인문·사회·디자인 등 다양한 분야의 정보와 지식을 창조적으로 결합해야 하는 융합의 산업이다. 세계적으로 융합이 화두인 가운데, 최근 융합 추세는 하드웨어에서 소프트 파워로 그 중심축이 급속도로 전이되고 있다. 최근 영국 모노클이 발표한 소프트 파워 국가별 순위에서 한국이 11위에 오른 것은 고무적인 일이다.

문화적 측면에서 <강남스타일>과 K팝 돌풍에 힘입어 소프트 파워가 높아지고 있으나 실제로 국내 산업의 융합에 대한 담론은 아직도 기술적 융합, 즉 하드웨어 융합만을 강조하면서 정작 중요한 소프트 파워 요소들이나 본질적 이슈들을 간과하고 있는 듯하다. 이 문제점은 한국적 모델에 대한 충분한 고민 없이 미국이나 유럽의 융합 사례를 그대로 수용하는 오류에 기인한다.

예를 들어 미국 과학재단의 NBIC(Nano, Bio, Information, Cognition)의 4대 프레임을 그대로 원용하거나 왜곡해 받아들여 신성장 동력 발굴을 위한 특정 산업 분야만을 집중적으로 육성하는 것으로 인식되고 있다. 미국과 유럽연합의 융합 틀이 융합 기술을 통한 인간의 수행 능력 향상이라는 목표를 궁극적으로 추구하는 데 반해, 한국의 융합 틀은 그 궁극적 목적을 간과한 나머지 그 목표를 이루는 하나의 수단인 하드웨어 기술 개발을 최종 목적으로 수립하는, 목표와 수단이 전도되는 현상이 심해지는 것 같다.

그래서 융합이라는 의미가 다른 기술 결합이라는 협소한 의미로 받아들여지는 경향이 있다. 한정된 융합에 대한 정의로 융합이 일부 공학 학자들의 고유 영역으로 받아들여지고, 기술적 하드웨어를 생산하는 일부 산업계에 국한되어 있는 것으로 여겨지는 경향이 농후하다. 유럽연합의 융합 전략이 인문사회과학을 포함한 다학제적 입장에서 인간 개개인의 퍼포먼스 향상이라는 소프트적, 인간 중심의 목표를 추구하는 반면, 한국은 견고한 하드 기기의 생산을 융합의 목표로 삼고 있다. 한국의 하드웨어 기술력은 세계 최고 수준이지만 사용자 친화적이고 공유·개방적이며 핵심 특징을 갖도록 만드는 독창적 철학을 갖는 소프트 파워는 부족하다. 소비자가 느끼고 경험할 수 있도록 제품과 기술에 창조적인 철학과 영혼을 불어넣는 소프트 파워를 더욱 육성해야 할 때가 됐다.

아이패드나 아이폰은 기술 혁명이 아니라 소프트 혁명이라는 측면에서 보면, 우리나라도 융합 전략에서 좀 더 하드웨어적 기술 외의 소프트적 이슈에 집중할 필요가 있다. 기존의 물질과 기계 중심의 '하드' 과학기술의 관점에서 이제 소프트 과학, 소프트 기술로 발상의 전환을 해야 한다. 물론 '하드' 과학, 기술의 중요성을 부정하거나 경시하는 것이 아니라, 하드웨어 기술 자체를 궁극적 목표로 삼거나 하드웨어 지상주의를 넘어서야 한다는 것이다. 그것을 넘어서서 인간 삶의 본질적 측면에, 인간 중심으로, 인간-기술 상호작용의 본질 중심으로 인식의 전환을 이루어야 한다는 것이 스마트 시대의 소프트 파워 전략이다.

미래 사회는 시간, 공간, 지식, 관계가 확장됨에 따라 새로운 가능성이 형성되거나 핵심 가치가 변화하는 모습을 보인다. 특히 하드웨어적 가치보다 감성·지식·문화·창의성 등에 바탕을 둔다는 인간 중심적 가치가 중요해지고 있다. 아이폰·아이패드라는 인간 중심의 기술이 탄생하기까지 수많은 분야의 다양한 사람들이 인간의 본질을 이해하려고 했고, 인간 환경의 생태계를 담아내려는 산고의 노력을 기울였다. 만약 이러한 과정을 간과한 채, 아이패드라는 기술적 하드웨어에만 초점을 두었다면 애플은 성공 신화를 쓸 수 없었을 것이다.

이제 앞으로 ICT 환경은 모든 도메인의 경계가 허물어지며 하나의 거대한 플랫폼으로 이용될 것이다. 이런 플랫폼 위에서 모든 기술과 사람이 자연스럽게 연결되고 새로운 가치를 만들어 낼 것이다. 문화 예술 분야에서 획기적 돌풍을 일으킨 <강남스타일>과 같이 스마트 플랫폼 환경에서도 소프트 파워의 혁신이 국내에서 일어날 것이다(네이버 지식백과, 창조경제와 융합, 2014. 4. 15., 커뮤니케이션북스).

2) 스마트 시대 마인드 공유 전략

융합 경영 전략의 하나로 마인드 공유 전략이 있다. 마인드 셰어(mind share)란 소비자나 사용자들이 특정 기술이나 제품에 대해 공유하고 있는 생각이고, 그 생각은 바로 그들의 인식이나 경험에 기반을 둔다. 예를 들면 "지금 생각나는 스마트폰 브랜드는?"이라는 질문에 몇 퍼센트의 소비자가 애플의 스마트폰을 떠올릴까? 이때 나오는 몇 퍼센트 숫자가 마인드 셰어다. 한 상품이 가지고 있는 마켓셰어(market share)는 중요한 성과 지표지만 스마트 시대가 도래하면서 마인드 셰어의 중요성이 한층 더 주목받고 있다.

하이 콘셉트의 경쟁 시대로 돌입하면서 제품이나 서비스의 경쟁력이 콘셉트 디자인, 창의력, 스토리 등 감성적 가치로 고도화되면서 고객들에게 명확한 상표 이미지와 감성적 가치를 심어 줄 수 있는 마인드 포지셔닝을 구축해야 하는 시대가 왔다. 과거 기술은 그저 사용자에게 제품을 판매하는 것에 머물렀지만 스마트 시대에는 사용자들에게 기술을 경험하고 사용하고 싶도록 잠재적 이미지와 가치를 호소해야 비로소 제품의 생명력이 발휘된다. 강력한 감성적 공감대를 형성해 마인드 셰어를 획보하지 못한다면 결국 시장점유율과 이익률도 저하될 것이다.

스티브 잡스는 "지금은 마인드 셰어를 위한 싸움이고 고객의 잠재된 가치를 끌어내는 것이 관건이다"라고 말하며 객관적 지표인 시장점유율을 넘어선 마인드 셰어의 중요성을 역설한 바 있다. 그의 마인드 셰어 전략대로 애플의 아이팟은 독창적인 콘셉트로 MP3 플레이어 시장은 물론 다양한 시장으로까지 애플만의 마인드 시장을 창출해 내었다. 불과 몇 년 전만 하더라도 한국 기업들은 MP3 플레이어 시장에서 높은 점유율을 차지했지만, 애플이 새로운 콘셉트로 무장한 아이팟을 출시하면서 전 세계 MP3 플레이어 마켓을 상당 부분 흡수했다. 아이팟은 기능적 측면의 MP3 플레이어 개념을 뛰어넘어 단순하고 세련된 디자인과 다양한 컬러를 제안해 누구나 주머니에 꽂고 다니고 싶은 머스트 해브 디지털 액세서리(Must-have digital accessories: 디지털 필수 기기)로 인식됐다(네이버 지식백과, 창조경제와 융합, 2014. 4. 15., 커뮤니케이션북스).

3) 마인드 셰어에서 가치 셰어로

마인드 셰어가 핵심 요인으로 부상하고 있지만, 미래는 이보다 한발 더 나아간 밸류 셰어(value share, 가치 지향적 접근)의 문제가 중요해질 것이다. 사용자 가치에 중점을 두는 새로운 가치 지향적 마케팅 전략이다. 사용자 가치란 제품 · 서비스 사용 경험에 따라 사용자가 스스로 느끼고 얻을 수 있는 모든 가치를 의미한다. 이때 말하는 가치에는 다른 사람과 차별된다는 느낌, 제품에 대한 신뢰, 트위터 등을 할 때의 사회적 교감 등이 있다. 다양한 사용자들이 보편적으로 공유하는 태도, 만족감, 효능, 용이성, 유용성 등이 사용성이라는 범주로 망라될 수 있다. 그러한 것들이 기존에는 개별 요인으로 사용자의 요구나 수요를 측정하는 객관적 요소들이었다.

반면, 융합의 스마트 시대에는 그러한 피상적 요인들을 인간의 근원적, 원초적 차원에서 접근해야 한다는 점에서 가치 지향적 경영이라 할 수 있다. 사용자들의 경험 속에 잠재된 가치는 무한하며, 새롭게 발굴될 가능성이 크기 때문에 향후 킬러 애플리케이션적 기술은 사용자와 기술 간 가치 창출의 문제로 귀결될 것이다. 예를 들어 아이팟이 파는 것은 휴대용 MP3 플레이어가 아니라 아이튠즈를 통한 음원 판매와 청취 경험이다. 플랫폼의 편의성을 강화함으로써 고객 참여와 공유라는 중요한 가치를 발굴하고 증대시켰기 때문에 가능한 성공담이다. 소비자 경험은 반드시 수익 창출 메커니즘과 연결해 있어야 한다. 애플이 중시하는 것은 시장점유율과 이익률이 아닌 브랜드 파워와 그를 통한 사용자 경험의 극대화다.

미래의 기술 개발에서 사용자의 가치를 능동적으로 반영하며 실제 사용에 그 가치가 적극적으로 활용되며 사용자 간 선순환 구조를 통해 새로운 가치를 확대 재생산하는 것이 중요해질 것이다. 예를 들어 SNS는 사용자들에게 가치를 획득하고 공유하는 공간으로, 더 나아가 가치 공유 활동 자체가 또 다른 가치를 만들어 내는 집단지성을 이루는 중요한 공간으로 자리 잡고 있다. 그 SNS를 기반으로 한 애니팡 게임은 바로 사용자 참여와 공유라는 중요한 가치를 발굴해 냄으로써 성공할 수 있었다.기업들은 앞으로 잠재된 사용자 가치를 어떻게 발굴해 내고, 그것을 기술 디자인에 발현하며, 가치의 선순환 구조에서 어떻게 새로운 가치를 창출할지에 심혈을 기울여야 할 것이다(네이버 지식백과, 창조경제와 융합, 2014. 4. 15., 커뮤니케이션북스).

3. 융합의 패러다임

1) 융합의 패러다임

융합경영의 목표는 서로 다른 요소를 결합하여 획기적이 물질이나 경영기법을 발견하는 것이다. 융합의 대상은 투입요소는 개념적 개체(예, 학문, 기술, 문화), 논리적 개체(예, 방법론이나 절차), 물리적 개체(예, 상품), 가상적 개체(예, 가상 체험) 등으로 나눌 수 있다. 융합 공정의 특성은 결합방식에 따라 복합(패키지), 하이브리드, 컨버전스 등으로 나눈다. 융합의 결과인 성과는 개선과 혁신으로 나눌 수 있다(김덕현 외, 2011).

2) 학문과 기술의 융합

학문은 2가지 이상의 학문이 연계되어 보다 의미 있는 이론을 만들어 내거나 복잡한 현실 문제를 해결할 수 있다(김덕현 외, 2011).

예로서 메카트로닉스(mechatronics : mechanics + electronics)는 전자공학과 기계공학을 결합이며, 바이오닉스(bionics : biology + electronics), 기술경영(MOT : management of technology) 등이다.

인지과학은 인간의 마음이나 뇌에서 정보가 표현, 전달, 변환되는 과정에 대한 연구로서 언어학, 신경과학, 철학, 인류학, 심리학, 인공지능 등이 융합된 학문이다.

3) 제품과 서비스 융합

제품과 서비스 융합은 융합기술을 이용해서 기존의 제품+제품, 제품+서비스, 서비스+서비스를 결합하여 고객의 가치를 향상하는 방법이다.

〈표 8-1〉 제품과 서비스의 융합 특성

융합 형태	융합방식	융합상품 예	제공 기능	수요동인
제품+제품	복합	프린터, 복합기	프린팅, 복사, 팩스, 전화 등	고객요구
	하이브리드	스마트폰	전화, 카메라, PDA, 모바일 앱 등	차별화, 고객요구
	컨버전스	랩온어칩	채혈, 분석, 진단 등 기기 융합	기술혁신
제품+서비스	복합	정수기 랜탈	정수기+랜탈/유지보수/서비스	차별화
	하이브리드	e-book	책, 다양한 지식 서비스	기술혁신
	컨버전스	스크린 골프	도시에서 즐기는 골프	고객요구, 기술혁신
서비스+서비스	복합	방카슈랑스	은행+보험 서비스	조직통합, 고객요구
	하이브리드	IPTV	인터넷, TV, 전화, 쇼핑, 교육	기술혁신
	컨버전스	가상피팅	옷 디자인/맞춤, 옷 입어보기	기술혁신

출처 : 김덕현 외(2011), 융합경영, 글로세움

(1) 융합제품

바이오+나노 면역치료제, 기능성 휴대폰(당뇨폰, 효도폰, 감성폰), 스팀청소기, 뉴오백 의자, 기능성 음료, 전기면도기, 전동칫솔, 수술로봇, 그린 에코 빌딩, 은 나노섬유, 자동항법장치, 전기자동차, 스마트카, 타이어 압력 감지기, 도시 광산, 드립 쉽, 연료전지, 스마트 그리드, 홈 오토메이션, 무인정찰기, 관광 안내 단말기, 스마트 의류, 크루즈 선박, 감성 조명, 기능성 신발, PMP, 4D 영상관, 전자악기, 전자담배 등이 있다.

(2) 융합서비스

실버타운, 레이저 치료, u-Health, u-City, 의료관광, 참여형 게임 솔루션, u-러닝, 신문화공간(스타벅스, 민들레 영토 등), 신개념 찜질방, 에듀테인먼트 등이다(김덕현 외, 2011).

4) 산업 간 융합

산업 간 융합은 특정 산업이 자체적으로 발전하는 데 한계를 인식하여 다른 산업 분야에서 통용되는 지식, 기술, 서비스를 기존 산업에 접목하는 것으로 산업융합을 2종 이상의 산업에서 활동 중인 단위 기업이 융합기술 기반의 상품을 개발하고 판매함으로써 시장에서 고객의 요구에 부응하기 위하여 기업생태계를 재구성하는 것으로 스마트 자동차, 임베디드 소프트웨어, 센서, 텔레매틱스 등을 결합하는 것으로 IT융합이라고 부르고 있다(김덕현 외, 2011).

5) IT 융합

IT의 Sensing, Networking, Computing, Actuating 기술이 부품 또는 모듈로서 내재화(embedded)되어 타 산업의 제품/서비스 및 공정을 혁신하거나 새로운 부가가치를 창출하는 것으로 IT를 제품/서비스에 구현될 기능/속성으로 보는 가운데 IT융합을 IT의 강점인 지능성, 내재성, 이동성, 연결성, 실시간성, 통합성 등 전통 제조업이나 서비스업에 부가해서 새로운 산업이나 제품/서비스를 창출하는 것으로 다음과 같은 사례가 있다(김덕현 외, 2011).

(1) IT + 자동차

스마트 카(친환경, 안전, 여가 및 오락 등 지원), 차세대 텔레매틱스, 차량 간 통신을 통한 안전 서비스, 자동차 원격진단 서비스

(2) IT + 건설

지능형 빌딩, 친환경 빌딩, 유비쿼터스 도시(u-City), 3D 가상건설

(3) IT + 조선

디지털화된 작업장, 전자해도 및 선박의 통합운항시스템(e-Navigation), u-Safety, 지능형 조선 기자재, 친환경 고효율 엔진

(4) IT + 섬유

스마트 섬유, 스마트 의류(웨어러블 컴퓨터 내장), 3D 피팅

(5) IT + 기계

지능형 공작기계, 공정의 지능화/자동화

(6) IT + 국방

네트워크 중심의 전장관리(NCW : network-centric warfare), 전투지휘통제체계, 로봇 병사, 무인 차량, 무인 정찰기

(7) IT + 에너지

CO_2 배출 모니터링 시스템, 빌딩관리 시스템, 스마트 그리드

(8) IT + 로봇

산업용, 가정용, 교육용 로봇

(9) IT + 유통

미래형 매장, 전자 카탈로그

(10) IT + 물류

녹색 물류

(11) IT + 금융

모바일 뱅킹, 금융기관 간 협업체계

(12) IT + 교육

e-러닝, u-러닝, 전자책

(13) IT + 의료

원격의료(u-healthcare), 지능화된 의료장비(수술용 로봇), 신약

제2절 창의적 융합경영 비즈니스 모델 구축

1. 미래 주도형 융합기술

융합기술은 상상했던 미래를 현실로 만들어 내는 기술 중 하나이다. 융합경영은 시대가 요구하는 새로운 경영으로 융합기술뿐만 아니라 새로운 조직원리가 필요하다.

융합기술은 소비자에게는 더욱 인간다운 생활을 제공하고 생산자에게는 보다 큰 성과를 보장한다. 이러한 신기술을 활용한 패러다임의 변천 과정은 다음의 표와 같다(김덕현 외, 2011).

〈표 8-2〉 기술 기반의 기업경영 페러다임

신경영기법	경영 목표	기술 목표	기반기술 사례
정보경영 (e-커머스, e-비즈니스)	업무 효율화, 기업 내부 및 기업 간 통합	정보의 디지털화 정보 교환/공유 프로세스 통합	IT (인터넷/웹, 지불/보안, 거래 및 협업)
유비쿼터스 경영 (m-커머스[5], u-비지니스)	개인생활, 기업/산업, 정부 서비스 등의 고도화	실시간 정보처리 지능형 정보처리 내장, 이동, 초고속, 사물과의 통신	u-IT (차세대 컴퓨터, 광대역 통합망/BcN, 센서 네트워크/USN)
융합경영 (기획, 조달, 생산, 유통, 조직운영 등의 혁신)	기업의 가치 또는 고객 가치 향상	제품/서비스 혁신 공정/프로세스 혁신 지속가능성 증대	융합기술 또는 지식의 통합 연계

출처 : 김덕현 외(2011), 융합경영, 글로세움

- BcN(광대역 통신망) : broad band communication network의 약어로 전송로의 단위는 음성 대역보다 넓은 지역의 광대역 통신망이며 고속 팩시밀리, 고속 데이터 전송, 텔레비전 전화 등의 전송에 쓰인다.
- 유비쿼터스 센서 네트워크(USN : Ubiquitous Sensor Network) : 첨단 유비쿼터스 환경을 구현하기 위한 근간으로, 각종 센서에서 수집한 정보를 무선으로 수집할 수 있도록 구성한 네트워크를 말한다.

---

5) m-커먼스 : 이동통신 단말기와 통신 네트워크를 이용해 무선 인터넷으로 각종 정보와 서비스를 이용하고, 상품을 구입할 수도 있는 전자상거래 방식을 말한다(두산백과, 2018).

2. 융합(convergence)으로 신사업 개척

융합(convergence)은 기존 인프라를 통해 새로운 서비스를 제공하거나 새로운 형태의 기반시설(infrastructure)을 개발하고 새로운 능력을 제공하기 위해서 기존 서비스와 기술을 향상하는 것으로 컨버전스를 통한 신사업은 서로 다른 산업의 핵심역량이나 경쟁우위의 결합을 통해 시너지 효과를 찾는 것이다(김덕현 외, 2011).

1) 디지털 융합

하나의 기기나 서비스에 모든 정보통신기술이 융합되는 현상을 말한다. 기본적인 통화 기능뿐만 아니라 디지털카메라, MP3, 방송, 금융 기능까지 갖춘 휴대전화, 와이브로(Wibro)와 같은 유무선의 결합 등이 대표적인 예이다. 또 통신과 방송을 연결한 DMB 서비스가 상용화되면서 휴대전화나 차량용 리시버에서 방송을 시청할 수 있게 됐다. 이처럼 영상, 음성, 데이터 등 종류가 다른 미디어가 단말기나 네트워크와 관계없이 융합되어 새로운 서비스를 만들어낸다(위키백과, wikipedia.org, 2018).

디지털 컨버전스가 적용된 사례로는 스마트폰, 스마트 TV, 복합기 등이 있다. 기업의 경우 간접 자재의 유지, 보수, 운영을 관리하는 MRO, 인터넷 기반의 B2B 전자상거래 데이터 교환 표준 프레임 워크 ebXML, 분산 환경에서 객체 간 정보를 교환하는 XML 기반의 프로토콜인 SOAP, 중간 서버 개입 없이 PC를 직접 연결해 데이터를 이용하는 무선 휴대 인터넷인 P2P, 휴대전화처럼 언제 어디서나 초고속 인터넷을 이용할 수 있는 WIBRO 등도 디지털 컨버전스 기술이다.

포털 사이트, SNS 등도 이메일, 블로그, 게임 쇼핑 등 다양한 서비스를 제공하므로 넓은 의미에서는 디지털 컨버전스에 속한다(KH정보교육원, 2018).

2) IT 융합

IT는 이미 IT산업을 넘어서 모든 분야에서 혁신을 이루는 바탕이 되고 있다. 이에 따라 세계 각국은 IT융합기술 개발을 미래를 위한 주요 과제로 삼고 있다. 기존의 전통산업에 IT 기술을 접목함으로써 기존 산업을 더욱 고부가가치 산업으로 끌어올리고, 생산, 고용, 부가가치 창출이 가능한 새로운 산업군을 개척하려는 것이다. 산업적인 면을 떠나 IT융합은 국민 삶의 질을 높이기 위해서도 절대적으로 필요한 기술이 되고 있다(전자신문사, 2008.12.26). IT 융합은 산업 간의 경계를 붕괴시키고 새로운 형태의 산업이 나타난다. 따라서 IT 융합은 산업 전 분야에 큰 변화를 일으킬 것으로 전망한다. 이는 IT 융합 주도권이 세계 경제의 주도권이 될 전망으로 많은 나라에서 주도권 확보에 노력하고 있다.

3. 제품과 서비스의 융합

제품과 서비스 분야도 융합시대에 따라 산업 간 영역이 붕괴되고 융합형 제품이나 혁신적 서비스로 경쟁하며, 이에 따라 기업의 패러다임은 바뀌고 있다. 산업현장에서는 제품의 서비스화, 서비스의 제품화, 서비스 대통합 등이 추세로 자리 잡고 있다. 이에 따라 제품/제품, 제품/서비스, 서비스/서비스 융합을 통하여 새로운 제품과 비즈니스 모델을 창조하고 있다(김덕현 외, 2011).

제품과 제품의 융합은 사용자의 사용 패턴이 유사한 기기를 결합하는 것으로 세탁기+건조기, 복합기 등이 있다. 제품과 서비스의 융합은 제품과 서비스를 일체화하는 형태로 제품 사용에 필요한 서비스를 일괄 제공하는 형태로서 카메라+온/오프 인화 서비스 등이 있다. 서비스와 서비스 융합은 소비자의 라이프 스타일을 조합하여 서비스와 연계하는 방법으로 방송과 인터넷 그리고 전화를 융합하는 방법이 있다(김덕현 외, 2011).

학습목표 요약

1. 융합경영이란 무엇을 의미하는가?

융합이란 2가지 이상의 재료를 혼합하여 하나를 만드는 의미로써 융합경영은 그동안 개별적으로 운영되고 연구되었던 분야를 서로 혼합하여 새로운 경영방식을 구축하는 것을 의미한다.

즉, 독립적으로 존재하던 개체(학문, 기술, 산업, 서비스, 제품, 문화 등)를 결합을 통해 새로운 개체를 창조하는 활동이다. 이는 이질적인 투입 요소를 여러 가지 결합방식(물리적, 화학적, 생물학적 결합)을 통하여 새로운 산출물로 만들어 내는 생산과정이다.

2. 스마트 시대 마인드 공유 전략은 무엇인가?

융합 경영 전략의 하나로 마인드 공유 전략이 있다. 마인드 셰어(mind share)란 소비자나 사용자들이 특정 기술이나 제품에 대해 공유하고 있는 생각이고, 그 생각은 바로 그들의 인식이나 경험에 기반을 둔다. 예를 들면 "지금 생각나는 스마트폰 브랜드는?"이라는 질문에 몇 퍼센트의 소비자가 애플의 스마트폰을 떠올릴까? 이때 나오는 몇 퍼센트 숫자가 마인드 셰어다.

3. 융합의 패러다임은 무엇인가?

융합경영의 목표는 서로 다른 요소를 결합하여 획기적이 물질이나 경영기법을 발견하는 것이다. 융합의 대상은 투입요소는 개념적 개체(예, 학문, 기술, 문화), 논리적 개체(예, 방법론이나 절차), 물리적 개체(예, 상품), 가상적 개체(예, 가상 체험) 등으로 나눌 수 있다. 융합 공정의 특성은 결합방식에 따라 복합(패키지), 하이브리드, 컨버전스 등으로 나눈다. 융합의 결과인 성과는 개선과 혁신으로 나눌 수 있다.

4. 미래 주도형 융합기술은 무엇인가?

(1) IT + 자동차 : 스마트 카(친환경, 안전, 여가 및 오락 등 지원), 차세대 텔레매틱스, 차량 간 통신을 통한 안전 서비스, 자동차 원격진단 서비스

(2) IT + 건설 : 지능형 빌딩, 친환경 빌딩, 유비쿼터스 도시(u-City), 3D 가상건설

(3) IT + 조선 : 디지털화된 작업장, 전자해도 및 선박의 통합운항시스템(e-Navigation), u-Safety, 지능형 조선 기자재, 친환경 고효율 엔진
(4) IT + 섬유 : 스마트 섬유, 스마트 의류(웨어러블 컴퓨터 내장), 3D 피팅
(5) IT + 기계 : 지능형 공작기계, 공정의 지능화/자동화
(6) IT + 국방 : 네트워크 중심의 전장관리(NCW : network-centric warfare), 전투지휘통제체계, 로봇병사, 무인 차량, 무인 정찰기
(7) IT + 에너지 : CO_2 배출 모니터링 시스템, 빌딩관리 시스템, 스마트 그리드
(8) IT + 로봇 : 산업용, 가정용, 교육용 로봇
(9) IT + 유통 : 미래형 매장, 전자 카탈로그
(10) IT + 물류 : 녹색 물류
(11) IT + 금융 : 모바일 뱅킹, 금융기관 간 협업체계
(12) IT + 교육 : e-러닝, u-러닝, 전자책
(13) IT + 의료 : 원격의료(u-healthcare), 지능화된 의료장비(수술용 로봇), 신약

용어해설

- 하이브리드 경영

본사의 경영방식과 현지의 경영방식을 결합한 혼합 경영 또는 융합경영 등을 의미한다. 생물학이나 유전학에서는 서로 다른 종의 융합으로 인한 새로운 속성의 발현

- BcN(광대역 통신망)

broad band communication network의 약어로 전송로의 단위는 음성 대역보다 넓은 지역의 광대역 통신망이며 고속 팩시밀리, 고속 데이터 전송, 텔레비전 전화 등

- 유비쿼터스 센서 네트워크(USN : Ubiquitous Sensor Network)

첨단 유비쿼터스 환경을 구현하기 위한 근간으로, 각종 센서에서 수집한 정보를 무선으로 수집할 수 있도록 구성한 네트워크

제9장

감동 상품기획

학습목표

1. 저 성장시대 소비자의 행동은 어떻게 행동하는가?
2. 우량기업의 약점은 무엇인가?
3. 히트 상품의 특징은 무엇인가?
4. 스캠퍼(SCAMPER) 법이란 무엇인가?

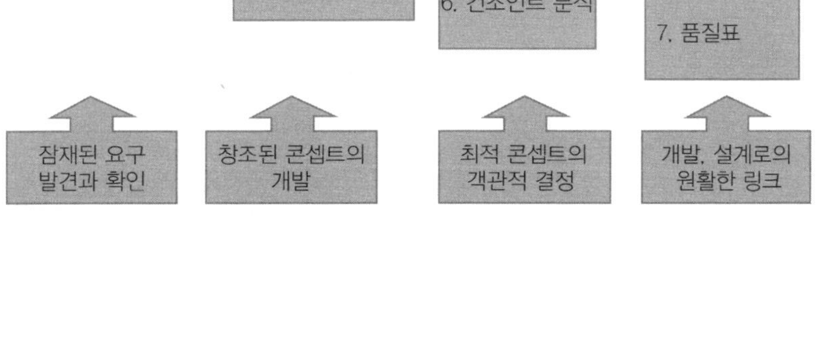

제1절 상품기획 시스템

1. 제조업의 상황

최근 한국경제는 원화 강세, 고유가, 부동산 투기 등으로 고통을 받고 있다. 특히 중국 경제가 붐을 이루고 있으며, 일본 경제가 살아나고 있다. 한국의 부동산 거품 붕괴로 장기적인 경제 침체를 뜻하는 '잃어버린 10년의 일본의 전철을 밟지 않기 위해 부동산 거품의 형성과 붕괴, 저성장 시대 도래 등에 대비한 종합적 경제 대책을 마련해야 한다'는 주장이 나왔다. 저성장 기간 속에서 살아남을 수 있는 길은 다음과 같다.

① 경제성장 저하에 따른 국민의 소비력은 낮아지나 구매력이 완전히 소멸한 것은 아니다. 소비지는 필요한 물건은 구매한다. 즉, 소비자의 구매형태는 완전히 분리됨으로 제품의 판매도 격차가 명확하게 생긴다. 이는 잘 팔리는 제품과 그러지 않은 제품 간의 격차가 분명하여 중간의 제품은 시장에 내놓을 필요도 없다는 것이다. 곧 소비자는 부가가치가 높은 제품이라면 구매를 하겠다는 뜻이다.

② 우리나라 기업들은 매우 높은 기술력을 보유하고 있다. 그러나 이러한 기술은 상품에 응용되지 못하고 있다. 앞으로 이를 더욱 활용하여 멋진 상품을 기획하고 세계시장에 제안해야 한다.

③ 국제화 시대가 열리면서 생산의 거점도 세계 어디서나 확보할 수 있다.

④ 경영 시스템의 체계화가 필요하다.

〈표 9-1〉 상품기획의 이미지 비교

기존상품 기획	감동상품 기획
부정형이다.	정형적이지만 자유롭다.
발상의 폭이 좁다.	발상의 폭이 매우 넓다.
애매한 점이 많다.	애매한 점이 적다.
감성에 치우친다.	기술력이 추진 동력이다.
감에 의하여 개발한다.	시스템적으로 접근한다.
특별한 사람에 의하여 개발된다.	누구나 동의한다.
표준화가 불가능하다.	표준화가 가능하다.
결과 : 외형적으로는 훌륭하다.	결과 : 감동상품 생각(concept)

2. 상품의 구매력6)

노리아키(2005)는 팔리는 상품과 팔리지 않는 상품의 구분이 뚜렷해지고 있다고 하였다. 잘 팔리지 않는 시대에서 무엇이든 잘 팔리는 거품경제 시대로 갑자기 시계가 거꾸로 돌아갈 이는 없다. 오히려 제대로 된 비즈니스를 목표로 삼고 있는 기업에게는 '잘 팔리던 시대는 다시 돌아오지 않는다.'고 생각하는 것이 나을 것이라고 하였다. 다음의 그림에서와 같이 기업의 노력부족과 상품 기획력의 부족을 볼 수가 있다.

[그림 9-1] 경제의 부진과 기획력

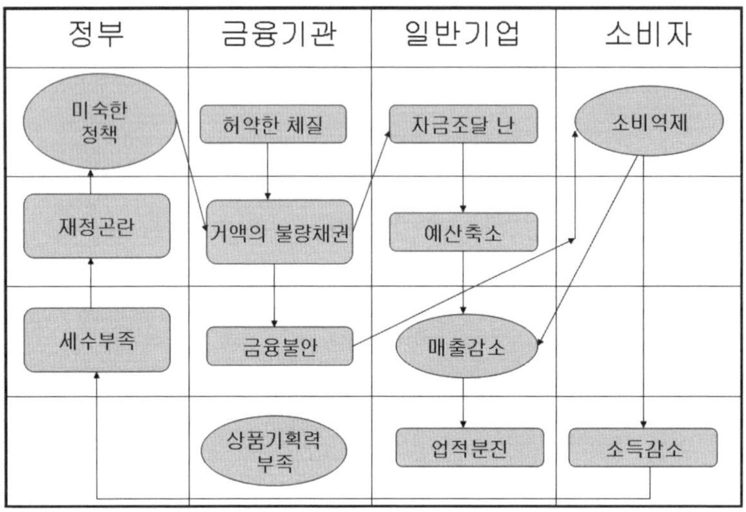

출처 : 칸다 노리아키(2005), 세븐툴.

노리야키(2005)는 일본의 저 성장시대 소비자의 행동으로 ① 소비자는 가치가 있는 것에는 투자를 아끼지 않는다. ② 돈이 없는 것이 아니다. ③ 기업이 더욱 가치 있는 상품을 시장에 내놓아야 한다. 결국 "소비 불황"이라 불리는 현재의 경제상황을 명쾌하게 나타내고 있다. 모두가 가난하고 저축해 둔 돈이 없어 사고 싶어도 살 수 없는 개발도상국과는 상황이 다르다. 말하자면 상당한 "사치 불황"이다. "심리 불황"이라 해도 좋을 것이다. 이러한 시대 소비자의 행동은 그림과 같다.

---

6) 이하 칸다 노리야키(2005), '세븐 툴'을 인용함

[그림 9-2] 저 성장시대 소비자 구매행동

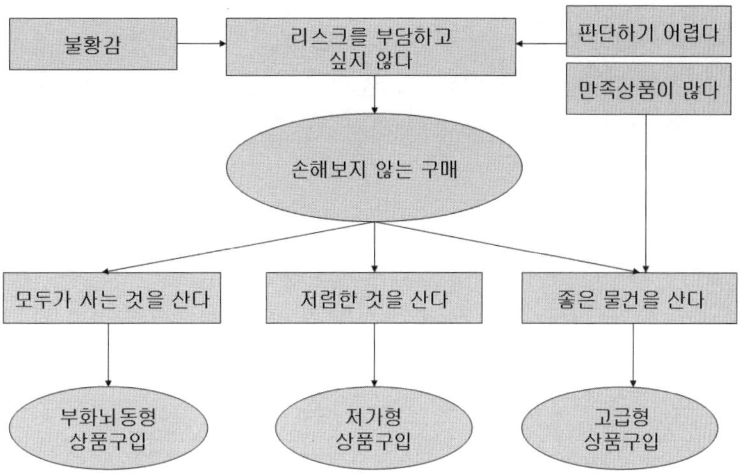

출처 : 칸다 노리아키(2005), 세븐툴.

3. 우량기업의 약점

우리나라는 부존자원이 부족하여 지금까지 기술력으로 성장했다. 지난 10년을 제외하고 한국경제는 고도의 성장을 지속하여왔다. 그러나 IMF란 한국 국민이 상상하지 못했던 경제 대란과 이후의 저성장에 따른 소비위축은 소비자의 지갑을 닫게 만들고 있다.

이러한 성장의 둔화 추세에서 기업들은 스스로 역량을 집중할 대상을 찾아야 한다. 특히 기술적으로 우수한 기업은 다음과 같은 문제점이 나타나고 있다.

만약 기업에서 다음 문제점 중 7~8개 이상의 문제가 나타난다면 매우 심각한 상황이 다가오고 있다는 징조이다.

1) 지속적 성장에 따른 위기의식이 희박하다.

자본력과 기술력이 튼튼한 기업일수록 지속적 성장에 따른 경험을 바탕으로 특별한 창의력 없이 저가의 제품, 빠른 납기, 높은 품질에만 제품력을 치중하는 것이 전부이다. 이러한 조직문화는 언젠가는 되겠지! 우리가 최고라는 사고에 빠져들게 되므로 위기의식이 없게 된다.

2) 품질과 기술의 병

국제화 시대에서 품질관리는 일상적인 기업의 문화가 되고 있다. 과거처럼 품질을 강조하고 기술력을 강조하는 시대는 지나고 있다. 품질과 기술은 당연하기 때문이다. 앞으로는 기술력과 품질을 이끌어갈 기획력을 갖추어야 한다.

3) 상품기획 시스템 부족

그동안 상품기획이 감이나 경험에 의존하였다면 미래의 기획은 프로세스 즉, 시스템에 의하여 독창적인 것, 만인이 놀랄만한 히트상품을 개발하게 될 것이다.

4) 모방제품에 의존

과거의 신제품은 이미 출시된 상품을 변경하거나 성능을 개선한 제품과 기업의 기존 제품을 향상해 신제품으로 둔갑한 제품으로 소비자의 눈을 가려 나갔다. 미래의 시장 환경은 독창성과 신뢰성이 고객의 마음을 사로잡게 될 것이다. 따라서 상품기획력을 향상하고 종업원의 아이디어를 최대한 존중하고 반영해 주어야 한다.

5) 시장 감각의 부족

상품기획력의 부족은 날카로운 시장분석을 막고 있다. 참신한 아이디어, 좋은 아이디어는 시장에서 고객으로부터 창출될 수 있다. 감각이 부족한 시장분석은 일반적인 보고서에 그치기 때문이다. 날카로운 기획력으로 판단하지 못하고 있기 때문이다.

6) 철저한 고객만족 조사의 부족

고객을 파악하는데 고객의 의견을 충분히 듣고 실제로 우리의 제품을 사용하는 현장을 살펴보아야 한다. 상품 기획가는 개인의 가정을 방문하여 제품의 성능, 편리성, 활용성 등 사용 현황을 분석하고 파악하여야 한다.

7) 고정관념에 빠짐

우수한 상품기획은 발상의 전환과 창의력이 필요하다. 특히 엔지니어들과 같이 전문분야의 사람들은 고정관념에 묶여 있어 새로운 발상을 하는데 기존의 기술과 접목하여 부정적인 결과를 끌어낸다. 따라서 고정관념을 완전히 벗어 버리고 새로운 창의력 프로세스를 통하여 발상의 제안을 시행할 수 있도록 제도적 장치를 만들어야 한다.

8) 연구소에서 상품기획

상품기획을 추진하는데 연구소 혹은 엔지니어들만이 모여서 기획하는 경우가 많다. 특히 영업, 기획부서의 직원을 상품기획에서 제외하는 경향이 있다. 이는 그들은 기술적으로 "몰라서"라는 사고에 빠져 있기 때문이다. 상품기획은 고정관념에 빠져있는 엔지니어의 집단보다는 발상이 다양한 영업, 기획부서 등 사무업무에 종사하는 직원 및 필요한 경우 소비자도 함께 참여하는 것이 자유로운 발상과 창의력이 나타나게 된다. 따라서 창조적 아이디어를 발휘하도록 지원해주고 보상해주는 제도가 마련되어야 한다.

9) 성과는 과대 포장

작은 성과에는 인색한 것이 우리 기업의 현실이다. 작은 성과도 과대 포장하여 포상하고 알려야 한다. 또한, 기획력이 부족하면 외부기관을 이용하면 더욱 효과적이다. 여기서 외부기관은 연구기관, 컨설팅사 등의 기술력을 지닌 전문 기관과 협조하는 것으로서 성과의 결과는 외부에도 알리는 것이 효과적이다.

10) 기술력에만 치중하는 풍토

그동안 우리나라는 공업경제, 기술 한국 등을 외치고 기술력에만 의존했다. 그러나 시대의 변화 속에서 공업계통의 우수인력을 양성하는데 어려움이 따르고 있다. 많은 학생이 문과계통을 선호하고 있기 때문이다. 이러한 현상은 제조업 기피현상을 초래할게 될 것이다.

4. 팔리는 제품의 공식

노리아키(2005)는 상품 판매량에 관한 공식을 다음과 같이 제시하였다. 먼저 상품 판매량의 차이는 무엇인가?이다. 상품개발은 대개 ① 콘셉트 결정 ② 연구개발 ③ 사업화의 3단계를 밟아서 진행된다. 근본적으로 매출은 다음의 두 가지에 영향을 받는다.

공식 1 : 매출＝상품력×판매력

여기서, 상품력은 상품 자체가 지닌 장점, 즉 고객이 '사고 싶다'라는 충동을 불러일으키는 매력을 총칭하며, 판매력은 상품을 실제 사게 만드는 힘으로 여기에는 영업 활동, 광고, 선전, 과거의 상표 인지도, 판매원의 서비스나 대응 등도 포함된다. 입소문은 가장 기본적인 고객의 행동이며 입소문을 만드는 것은 상품력이지만 결과적으로는 광고, 선전과 유사한 효과를 얻는다. 다음으로 상품력은 상품에 매력을 더하는 요소로써 가치(value)에 가깝다. 상품력은 품질, 가격, 감동으로 집약될 수 있으며 품질은 당연히 상품의 기본 요건이며 여기서 뛰어난 성능, 사용의 편리성, 고장이 적고 오래 사용할 수 있을 것, 상품 간에 차이가 없이 균일할 것 등이 포함된다. 최근 히트 상품은 다음의 두 가지 특징을 지니고 있다.

1) 창조성

깜짝 놀랄 만한 독창성이 있을 것, 놀라움이라는 요소를 지닐 것, 감동을 주는 상품은 우선 시장에 유사 상품이 없고 신선하며 활력이 있다.

2) 잠재된 욕구에 대한 적합성

고객의 잠재된 욕구를 발굴하여 이를 충족시키는 것이야말로 고객이 수긍하고 이 정도라면 나도 써보고 싶다고 생각하게 하는 요건이 된다.

공식 2 : 감동 = 창조성 × 잠재된 욕구에 대한 적합성

5. 상품 기획에 필요한 자세

1) 기획 시스템 구축

잘 팔리는 상품을 기획하려면 기획담당자는 폭넓은 지식과 탐구심, 유연한 사고력, 동기부여 그리고 뛰어난 의사소통 능력과 적극성 등이 필요하다.

2) 자세한 탐구력

25시간을 관찰하고 기획하는 철저한 탐구력이 필요하다. 출근길에서도 음악을 들으면서도 동료와 대화를 통해서도 소재의 힌트를 찾는 것이다.

3) 조사와 분석의 전문가

조사는 고객의 욕구를 파악하고 검증하는 좋은 도구이다. 자신이 선택한 신상품에 대한 분석을 통하여 검증하기 위한 것으로 과학적 조사 방법을 연구할 필요가 있다.

4) 상품기획은 누구나 가능

아이디어의 발상은 누구나 할 수 있다. 특정 분야의 전문가가 아니라도 할 수 있다. 단지, 신중하게 검토하고 분석하여 시도하면 쉽게 아이디어를 찾을 수 있다.

5) 최고의 방법을 선택

많은 아이디어가 창출되면 어느 아이디어를 선택할 것인가? 아이디어를 좁혀가는 것이다.

6) 기술과 연계

지금까지 조사하고 분석한 것을 토대로 개발한 아이디어를 엔지니어나 개발 전문가와 협의하여 결론을 찾는 것이다.

제2절 제품 기획 도구

1. 제품 기획 7가지 도구

노리아키는 상품을 기획하고 혁신적인 개념을 찾아내거나 창조하기 위한 실천적 방법론이 문제가 된다고 하였다. 이러한 기회 기법의 이상적인 모습으로 ① 감동 상품의 기획을 첫 번째 목표로 삼을 것. ② 고객 욕구의 발견, 검증, 발상의 도약, 최적화 등을 위해 정성적·정량적 기법이 잘 섞여 있는 것이 이상적이다. ③ 과학적이고 실증적이면서도 컴퓨터로 쉽게 다룰 수 있을 것. ④ 전체가 하나의 긴밀한 흐름을 구성하고 있으며, 논리적으로도 이해할 수 있을 것이다. 그가 주장하는 상품기획의 7가지 도구의 기법은 다음과 같다.

[그림 9-3] 상품기획의 7가지 도구

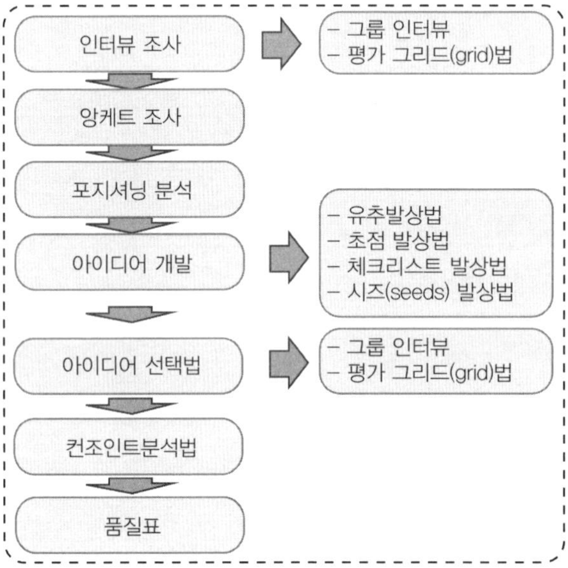

2. 단계적 기획방법

1) 인터뷰 조사

인터뷰를 통한 시장조사의 단점으로는 대체로 응답자의 마음 심층에 파고 들어

갈 수 없고 얻어진 정보가 파생적으로 되기 쉬우며 때로는 고객은 자신의 욕구를 인식하지 못할 수도 있고 표현하지 못할 수도 있다. 때에 따라 많은 시간과 인원이 필요하고 조사자의 능력과 기술이 문제가 된다.

이러한 인터뷰 조사방법으로 그룹 인터뷰, 평가 인터뷰의 두 가지 방법을 선택할 수 있다.

그룹 인터뷰는 이용자를 몇 사람 모아서 자유로운 의견을 교환하도록 하고 그 중에서 신상품의 힌트를 얻는 기법이다.

[그림 9-4] 입욕제의 인터뷰 사례

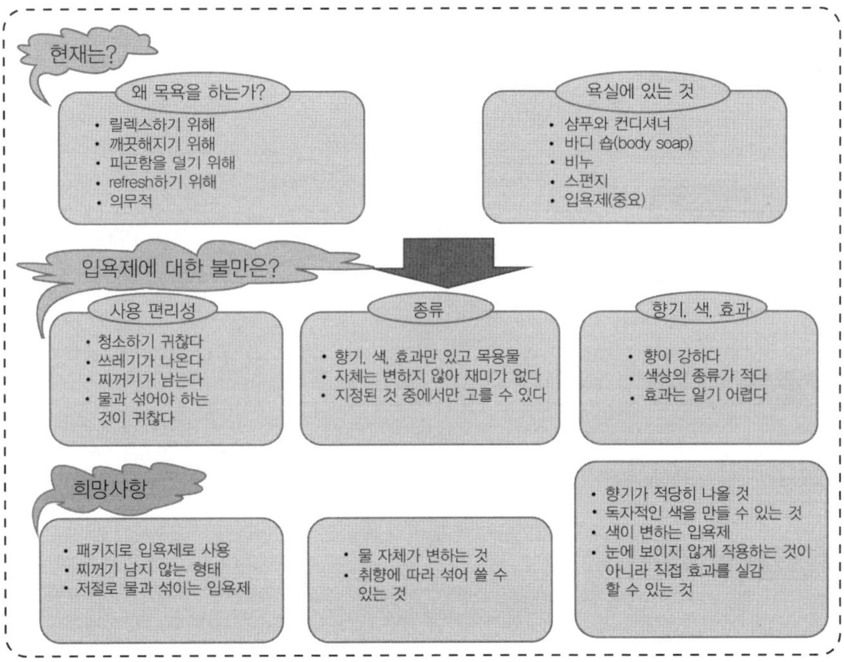

출처 : 칸다 노리아키(2005), 세븐툴.

평가 그리드 법은 그룹 인터뷰보다 자유분방하고 독특한 의견은 나오기 어렵지만 각 개인이 일정한 평가 대상을 일정한 방식으로 평가하도록 하므로 시간과 장소의 제약이 적고 누구라도 인터뷰할 수 있다.

또한, 인터뷰를 통하여 아이디어를 얻는 방법으로써 대인 면접법이 있는데 대인 면접은 훈련된 면접원에 의해 가정, 직장, 거리, 쇼핑몰 같은 특정 장소 등에서 수행되며, 방문조사는 표본추출과 면접을 정확히 했을 경우 조사 결과를 모집단으로 일반화시킬 수 있으므로 모집단에 대한 표본의 대표성이 요구되는 대부분의 여론

조사, 마케팅 조사에 유용하다.

그리고 심층 면접은 면접원이 직접 질문하지 않으며, 중립적인 태도를 유지하고, 응답자가 잘 이야기할 수 있도록 격려하고 응답자에게 공감을 표시해야 한다.

집단토론 방법은 7~8명 정도의 참석자들이 모여 사회자의 안내에 따라 정해진 주제에 관해 이야기하는 조사 방법인데, 사회자는 참석자들의 이야기를 통해 정보나 아이디어를 수집하고 해결하고자 하는 문제에 대한 답을 얻게 된다.

[그림 9-5] 평가 그리드법의 결과

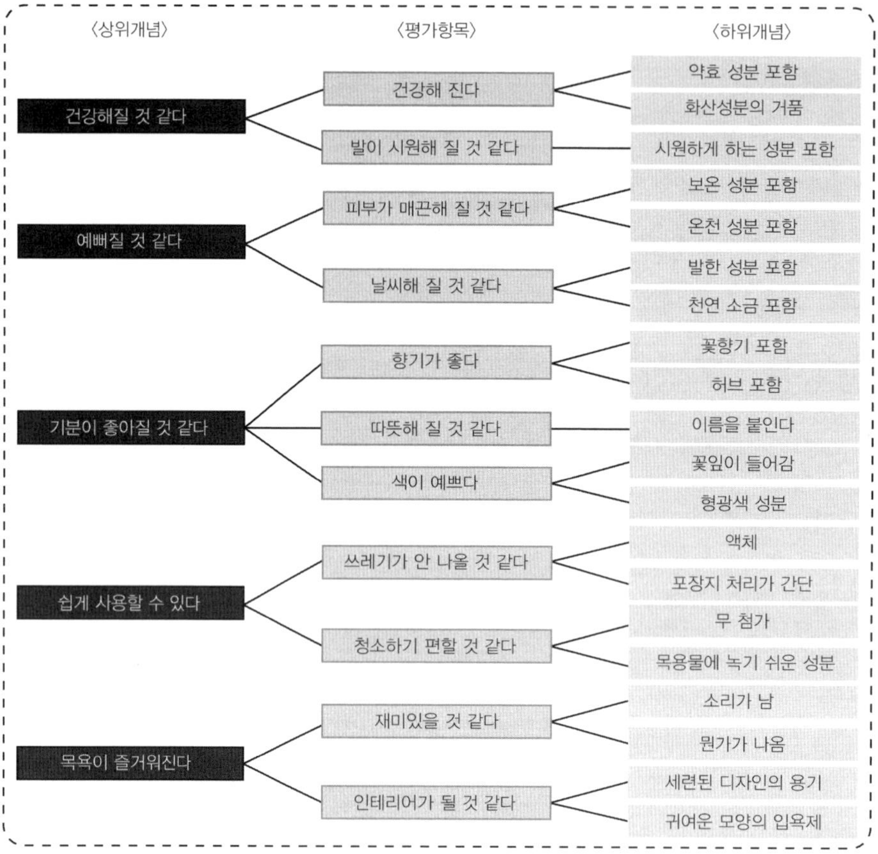

출처 : 칸다 노리아키(2005), 세븐툴.

2) 여론조사

통계조사에서 여론조사는 간접조사의 일종으로 직접 대상을 관찰하지 않고 관찰하고자 하는 사항에 대해 미리 정보나 지식을 가지고 있는 전문가에 대해 알고자 하는 것을 자문함으로써 그 목적을 달성하는 방법이다. 여론조사의 구체적인 방법으로는 자기식(自記式) 조사표를 배포하여 의견을 구하는 방법이 취해진다. 최근에는 조사대상이 그 영역에 대하여 당연히 전문적 지식을 가지고 있다는 전제하에 자기식 조사표를 사용하는 조사를 여론조사라고 하는 경우가 많다.

여론조사는 사전에 충분한 가설을 설정해야 하며, 통계분석에 필요한 가설 검증을 염두에 두고 작성해야 한다. 여론조사는 다음의 4가지 포인트를 강조한다.

(1) 명확한 목적과 가설

상품기획을 위한 조사는 다음과 같은 목적을 가지고 실시한다.

① 인터뷰 조사 등에서 끌어낸 가설을 검증한다.
② 고객의 평가 데이터를 모아 포지셔닝에 연결한다.

(2) 적절한 조사 방법과 조사 대상자

누구를 대상으로 언제, 어떤 방법으로 조사할 것인가? 검증적이고 정량적인 조사가 되기 위해서는 매우 계획적으로 실시할 필요가 있다. 여론조사방식으로는 전화, 우편, 면접, 인터넷 등이 있다.

(3) 적절한 설문지

응답자가 보기 쉽고 이해하기 쉽고 대답하기 쉬운 설문지를 작성할 필요가 있다. 다음과 같은 사항에 유의해야 한다.

① 너무 길거나 짧지 않을 것 : 응답 시간이 10분 정도(A4용지 4장 이내)
② 전체상 명쾌할 것 : 조사의 의미나 의도를 알 수 없으면 대답하다 지쳐서 하기 싫어지고 만다.
③ 사전에 키워드를 선정해 둘 것 : 단 10분 걸리는 여론조사라도 3일 정도는 검토한 후 실시해야 한다.
④ 자유 응답식보다는 선택 방식을 사용할 것
⑤ 분석을 알면 여론 설문 작성이 전혀 달라진다.
⑥ 상품 평가를 포함시킨다.
⑦ 세심한 체크 필요

· 간단한 질문으로 시작하고 어려운 질문은 후반에 배치했는가?
· 비슷한 내용을 묻는 말이 너무 많지 않은가?
· 단계평가는 홀수로 되어 있으며 좌우대칭으로 되어 있는가?

· 한 가지 질문에서 두 가지 내용을 묻고 있지 않은가?
· 의미가 분명하지 않은 단어는 없는가?
· 복수응답을 허용하고 있지는 않은가?
· 응답을 유도하고 있지 않은가?
· 종합평가 항목을 몇 개나 넣었는가?

[사례] 여론 조사

(4) 적절한 분석

[그림 9–6] 수량화 Ⅲ류를 이용한 관련성 map

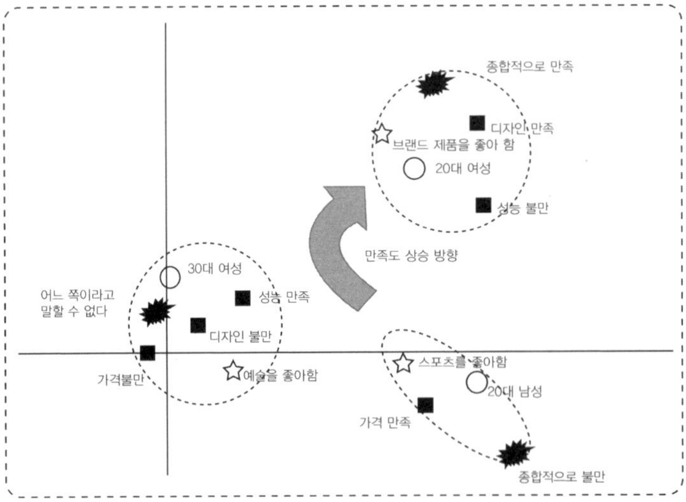

출처 : 칸다 노리아키(2005), 세븐툴.

[그림 9-7] 스네이크 플롯(snake plot)의 사례

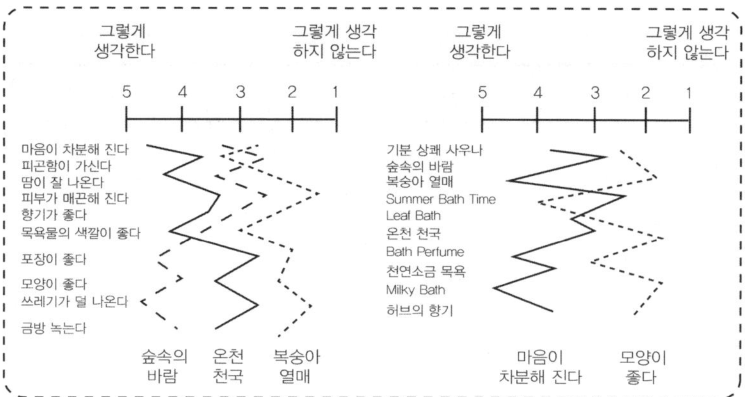

출처 : 칸다 노리아키(2005), 세븐툴.

3) 포지셔닝(positioning) 분석

포지셔닝(positioning)은 중심적인 핵을 이루는 요인을 파악해야 하며, 포시셔닝 선략은 제품의 속성 및 특별한 응용, 경쟁 관계, 소비자의 행태 혹은 제품 분류의 특징으로 분리된 여러 가지 방법 속에서 표현되고 실행된다. 이들 각각은 모두가 소비자의 마음속에서 이미지를 강화하거나, 개발한다는 궁극적인 목적이 있다.

이 방법은 크게 나누어 소비자 포지셔닝, 경쟁적 포지셔닝, 재포지셔닝 등으로 볼 수 있다. 이들은 어느 방법이나 소비자 마음속에 비교 대상 제품과 상대적 위치 관계 설정이라는 관점이 반드시 포함되어 있다.

이러한 포지셔닝 분석 방법으로 소비자 분석 단계는 제품군에서 소비자들이 얻고자 하는 것이 무엇인지, 그리고 기존 제품에 대해서는 어떤 불만을 가졌는지 등 소비자 요구와 기존 제품에 대한 불만족 원인을 파악하는 과정이다. 2단계는 경쟁자 확인으로 개발하고자 하는 제품의 경쟁 상대를 파악하는 과정이다. 이때 주의할 것은 표적 시장을 어떻게 설정하느냐에 따라 경쟁자가 달라질 수 있다. 3단계는 경쟁제품의 위치 분석으로 경쟁 제품이 소비자들에게 어떻게 인식되고 평가받는지 파악하는 작업이다. 4단계는 자사 제품의 위치 개발로 경쟁 제품에 비하여 소비자의 욕구를 더 잘 충족시킬 수 있는 적합한 자사 제품의 포지션을 결정한다. 5단계는 포지셔닝의 확인 및 재 포지셔닝으로 제품이 목표한 위치에 포지셔닝 되었는지를 확인한다.

[그림 9-8] 지각도와 이상적인 벡터-인자 I과 인자 II

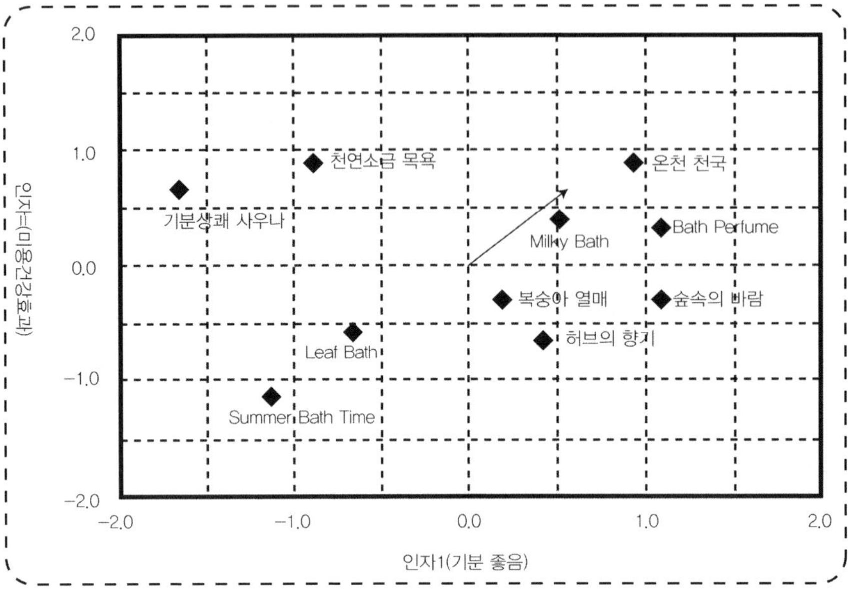

출처 : 칸다 노리아키(2005), 세븐툴.

[그림 9-10] 지각도와 이상적인 벡터-인자 I과 인자 III

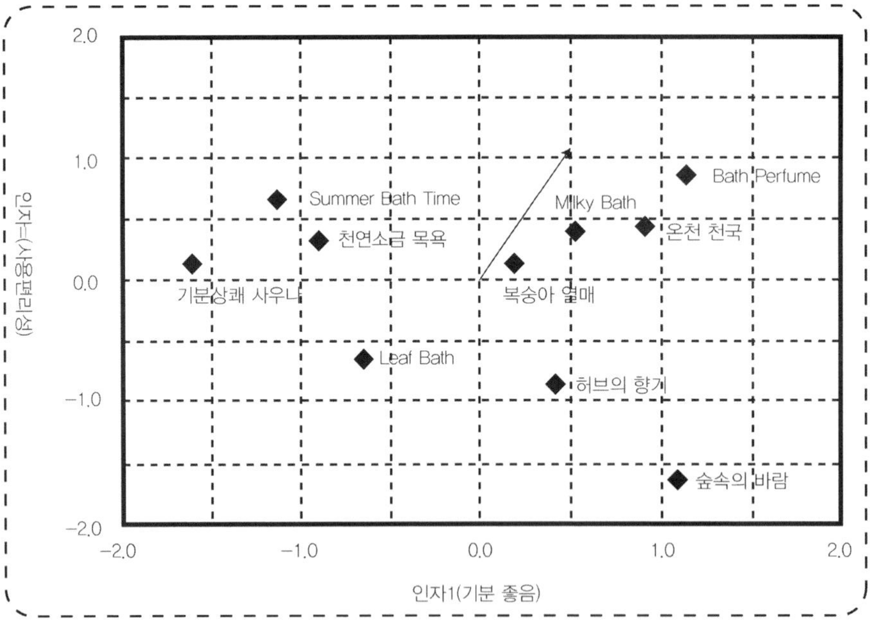

출처 : 칸다 노리아키(2005), 세븐툴.

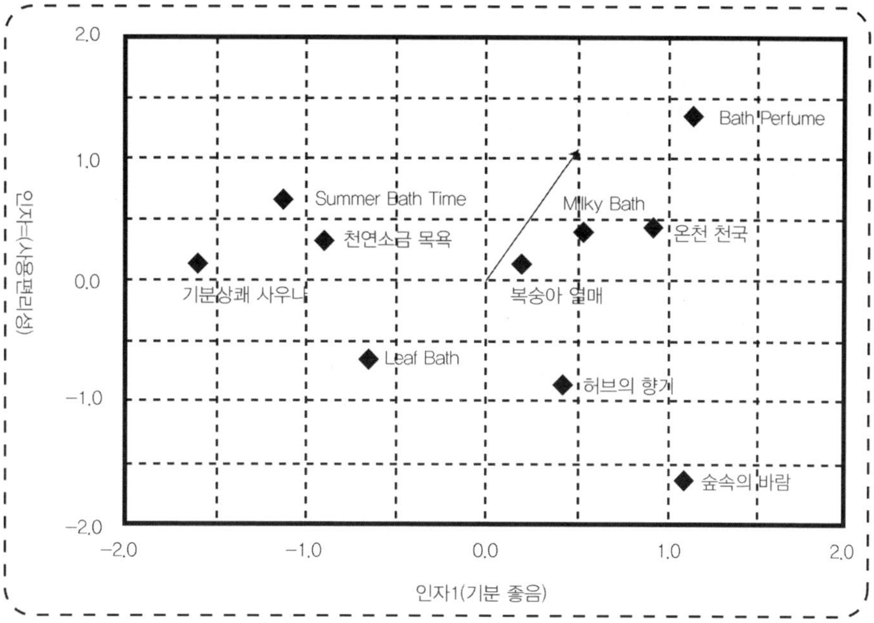

출처 : 칸다 노리아키(2005), 세븐둘.

4) 아이디어 발상

아이디어 발상법이란 포지셔닝 분석에서 얻은 최적의 방향에 따라 창조적인 발상을 하는 것으로 상품력을 비약적으로 높일 수 있는 중요한 단계이다. 일반적으로 개인의 아이디어나 감에 의존하는 상품기획에서는 이 단계만 중시되는 경향이 있어 다른 단계와 심한 불균형을 이룬다. 아이디어 발상을 도와주는 기본요건은 다음과 같다.

① 풍토 : 이단(異端)이나 실패를 허용하는 자유로운 조직 풍토를 배양한다.
② 환경 : 어울리는 직장 환경을 만든다. 쾌적함과 자극이 양립되도록 촉진한다. 너무 소용해노 너무 시끄러워도 안 된다.
③ 정보 : 정보를 쉽게 수집하고 분석할 수 있는 환경을 정비한다.
④ 팀 : 세 사람이 모이면 없던 지혜도 생기는 법이다. 서로 다른 사람으로 팀을 짤 것. 성별, 문과/이과 출신, 나이 균형을 이루도록 하면 서로 다른 발상이 나올 수 있다.
⑤ 동기부여 : 보수, 인사평가 등에 반영시킨다.
⑥ 안테나 : 호기심을 가지고 뭐든지 흡수해버릴 것과 같이 감성을 갈고닦는다.
⑦ 집중 : 잡음을 피하고 편안하게 하면서 집중한다.

⑧ 그리기 : 이미지를 끊임없이 그리고, 손으로 쓰는 것은 두뇌를 자극한다.
⑨ 관찰 : 무엇을 하고 있는지? 왜 그런지, 문제는 어디에 있는지? 실제로 현장에서 관찰하면 매우 유용한 힌트를 얻을 것이다.
⑩ 발상법 : 힌트를 단기간에 대량으로 효과적으로 만들어내는 기법이다.

상품 기획의 7가지 도구의 발상법에서는 여러 발상법 중에서 다음의 3분류 4기법을 추천한다.

① 혁신형 발상법 : 아날로지 발상법, 초점 발상법, 깜짝 놀랄 만한 독특한 아이디어를 얻기 위한 발상법이다.
② 개량형 발상법 : 체크리스트 발상법, 기존 상품의 개량품을 만들고 싶을 때 새로운 시점이나 방향을 만드는 데 편리한 체크리스트이다.
③ 응용형 발상법 : 시즈(seeds) 발상법, 자사에서 보유하고 있는 강력한 기술, 소재, 부품 등의 새로운 응용을 탐색하기 위한 발상법이다.

5) 아이디어 발상 방법

(1) 아날로지(analogy : 유추) 발상법

상식을 뒤엎는 획기적인 아이디어를 얻고자 할 때 사용하면 좋다. 구체적으로는 〈표 9-2〉에서와 같이 상식에서 시작하여 이를 부정함으로써 발생하는 문제점을 해결하거나 활용한다. 다음의 6단계를 통해 전혀 다른 것으로 바꿔볼 수 있다.

① 상식 : 고정된 부문, 당연한 부문, 의외로 알아채지 못한 것도 많으므로 의식적으로 당연한 것을 찾는다.
② 역(逆) 설정 : 그 상식을 거꾸로 뒤집는다(부정한다).
③ 문제점 : 상식을 뒤집으면 대개 문제가 발생하는데 그 문제를 기술한다.
④ 키워드 : 무리해서라도 문제점을 해결하기 위한 키워드를 찾는다.
⑤ 아날로지(유추) : 상품화를 촉진하기 위해 유사한 것을 생각해 본다. 이 세상에 있는 시스템, 생물, 상품 가운데 이 경우에 사용할 수 있는 것은 없는지? 이와 가까운 것은 없는지 찾는다.
⑥ 상품 : 아날로지를 응용·변형·종합하여 키워드의 개념을 실현한다.

〈표 9-2〉 아날로지 발상법의 예

건강식품 〈예〉	① 상식	② 역 설정	③ 문제점	④ 키워드	⑤ 아날로지	⑥ 상품
선술집	술이 있다	술이 없다	술을 마실 수 없다	가게 밖에서 산 물건을 가지고 안으로 갖고 들어온다.	선술집	주류상점과 합쳐진, 음식물을 갖고 들어올 수 있는 선술집
패밀리 레스토랑	주차장이 있다	주차장이 없다	차로 올 수 없다	사람들이 모이기 쉬운 곳에 만든다.	편의점	쇼핑이 가능한 편의점 패밀리 레스토랑
건강식품	드링크	반고체	이미지가 약하다	우아한 모양	슈크림	두 가지 맛을 즐길 수 있는 이중구조로 된 젤리
건강식품	여러 가지 성분이 들어 있다.	들어 있는 성분이 적다	무엇으로 범위를 좁힐까?	건강하게	초콜릿	과라나 엑기스 함유
				즐겁게	주스	비타민C 함유

출처 : 카나 노리아키(2005), 세븐툴.

(2) 초점 발상법

특정 사물에 초점을 두고 그 요소를 열거한다. 각 요소를 상품에 강제적으로 연결 지어 본다. 연상 게임과 같은 발상법인데 의외로 짧은 시간 내에 유용한 아이디어를 얻을 수 있다. 초점의 대상은 가능하면 자신이 좋아하는 대상이나 규모가 큰 것 또는 복잡한 것이 좋다.

〈표 9-3〉 아이스크림으로부터 여성용 카메라의 아이디어 도출

〈요소〉	〈중간 아이디어〉	〈상품 아이디어〉
토핑	카메라를 장식하는 것	카메라의 겉 부분을 교체 가능하게
맛이 다양함	색상이 다양함	그날의 복장에 어울리는 패션 카메라
콘이 있음	지원하는 도구	초소형 삼각대 내장
우유	액체가 들어있음	액정화면으로 촬영한 사진을 확인할 수 있는 간이 디지털 카메라 내장

출처 : 칸다 노리아키(2005), 세븐툴.

(3) 스캠퍼(SCAMPER)법

스캠퍼 기법은 미리 문제 해결의 착안점을 정해 놓고 그에 따라 다각적인 사고를 통하여 아이디어를 창출하는 방법으로 아이디어 촉진 질문법이다. 이 기법은 기존의 제품을 개선하거나 신제품을 만들어 낼 때 유용하다.

시점이나 방향을 바꾸고 싶을 때 도움이 되는 힌트 모음으로 브레인스토밍의 도구로 써도 좋다. 〈표 9-4〉는 아홉 가지 대항목 안의 소항목으로 만들어지는 체크리스트를 힌트로 아이디어를 짜내는데 특별히 순서는 없고 무작위로 활용한다. 범용 리스트이기 때문에 마음대로 고쳐 쓸 수 있고 다른 목적에 도움이 된다. 자사 혹은 자신만의 전용 리스트를 개발하면 가장 좋다.

〈표 9-4〉 스캠퍼(SCAMPER)법

1	다른 것으로의 전용(轉用)은?(Put it other use?)
2	다른 것으로의 응용은?(Adapt?) 그 밖에 이것도 비슷한 것은 없는지? 과거에는 비슷한 것이 없었는지? 뭔가 흉내 낼 수 없는지?
3	변경한다면?(Modify?) 편하게 만든다면? 사용법을 바꾼다면? 의미, 색상, 움직임, 소리, 냄새, 양식, 디자인 등을 바꿀 수 있는지?
4	확대한다면?(Magnify?) 더 강하게, 더 높게, 더 길게, 더 두껍게, 더 고급으로 한다면? 고기능으로 한다면?
5	축소한다면?(Minify?) 뭔가 줄일 수는 없는지? 더 작게, 농축, 소형화, 더 낮게, 더 짧게, 더 가볍게 한다면? 기능을 몇 가지로 줄인다면? 분할시킬 수는 없는지?
6	다른 것으로 대신하여 사용한다면?(substitute?) 다른 소재, 다른 동력(動力), 다른 장소는?
7	재배열(Arrange), 다시 한다면?(Rearrange) 요소를 바꾼다면? 다른 패턴으로는? 다른 레이아웃은? 다른 순서로는?
8	거꾸로 한다면?(Reverse?) (사진의) Positive와 Negative를 바꾼다면? 거꾸로 하면 어떤지? 실패 사례를 교훈으로 한다면? 앞뒤 방향을 바꾼다면? 위아래를 뒤집는다면? 반대 역할은?
9	종합한다면?(Combine?) 브랜드(Blend), 합금, 세트 상품의 구성, 앙상블은 어떤지? 아이디어를 조합한다면? 캐릭터를 추가한다면?

출처 : 칸다 노리아키(2005), 세븐툴.

(4) 시즈(seeds) 발상법

사내에서 배양된 기술이나 어떻게 응용하면 좋을지 모르는 특허, 용도를 충분히 개발하지 못한 소재 등을 응용한 상품을 개발하기 위한 기법이다. 기술, 특허, 소재, 부품, 시스템, 구조 등 응용하고 싶은 종자(seed)를 여기서 총칭하여 부른다.

〈표 9-6〉 시즈 발상법(음성 인식기술 예)

시즈(seeds)에 의한 이점	이점의 변환	문제점	키워드	아날로지(analogy, 유추)	아이디어
목소리로 입력 가능하다	〈거꾸로 하면?〉 음성으로 출력한다.	입력하면 그대로 출력되는 것만으로는 재미없다	대화를 한다.	대화를 한다.	대화를 한다.
누구 목소리인지 인식할 수 있다	〈확대하면?〉 여러 사람의 목소리를 동시에 인식할 수 있다.	음성인지 소음인지 인식할 수 없다	듣고 싶은 목소리만 선택한다.	멀티 채널형 TV	멀티 채널형 TV 회의시스템
인식 스피드가 빠르다	〈결합하면?〉 ATM과 결합한다.	안정성(security)은 괜찮은가?	음성을 인식한다.	잘 아는 친구	음성 인식 장치 부착 ATM

출처 : 칸다 노리아키(2005), 세븐툴.

6) 아이디어 선택

여러 아이디어 중에서 가장 좋은 것을 골라내기 어려우면 이 기법을 사용한다.

(1) 가중 평가법

고객에게 간단한 앙케트를 실시하고 복수의 평가 항목에 미리 설정해둔 가중치를 적용해 합계 점수가 높은 아이디어를 채택한다.

〈표 9-7〉 가중 평가법

	기분 좋을 것 같다	미용, 건강에 효과가 있을 것 같다	사용하기 편리할 것 같다	재미있을 것 같다	종합	평가
가중치	0.27	0.45	0.72	1	–	–
① 오블라트 처럼 봉지가 녹는 입욕제	3.6	2.6	4.8	4.1	10.06	◉
② 자동으로 나와 녹는 입욕제	3.4	3.0	4.6	4.5	10.42	◉
③ 자기가 만드는 정통 입욕제	3.7	4.1	3.2	3.7	9.22	○
④ 도중에 색깔이나 효과가 바뀌는 입욕제	4.1	4.0	3.5	4.4	10.24	◉
⑤ 욕조 세정 효과가 있는 입욕제	2.2	3.0	4.2	3.2	8.39	△
⑥ 향기만 나는 투명한 입욕제	3.6	3.3	3.2	3.2	8.32	△
⑦ 캐릭터가 나오는 입욕제	3.6	2.8	3.2	4.7	9.60	○
⑧ 소리 나는 입욕제	3.8	3.5	3.0	4.4	9.54	○
⑨ 잠이 오게 하는 입욕제	3.9	3.3	3.1	2.8	7.96	×
⑩ 정량 이상은 나오지 않는 계량 입욕제	2.8	3.1	4.2	2.7	8.16	△
⑪ 감기를 낫게 하는 입욕제	2.6	4.5	3.0	3.1	8.25	△

출처 : 칸다 노리아키(2005), 세븐툴.

(2) 일대일 비교평가법(AHP)

2개 항목씩 중요도를 비교하는 것을 반복하여 가중치를 결정하고 아이디어 평가도 마찬가지로 2개씩 일대 비교한다.

〈표 9-8〉 일대일 비교법

	가중치/득점			가중치/득점	
실현 가능성	0.585		수요	0.373	
비용	0.353		프로모션	0.448	
개발 기간	0.062		화제성	0.179	
봉지가 녹는다.	0.057		봉지가 녹는다.	0.035	
자동으로 나온다.	0.310	◉	자동적으로 나온다.	0.313	◉
자신이 만든 정통	0.029		자신이 만든 정통	0.040	
색이나 효과가 변한다.	0.266	○	색이나 효과가 변한다.	0.284	○
캐릭터가 나온다.	0.299	○	캐릭터가 나온다.	0.288	○
소리가 난다.	0.040		소리가 난다	0.040	
오오후지 연구개발부장, 이마노 제조부장 두 사람의 응답			오카모토 마케팅 부장, 나카자와 영업부장 두 사람의 응답		

출처 : 칸다 노리아키(2005), 세븐툴.

7) 컨조인트 분석(Conjoint analysis)

컨조인트 분석은 제품과 서비스 속성들을 통해 소비자들의 의사결정을 제시해 주는 방법이다. 소비자들의 행동과 관련된 정보를 입력함으로써 예측 변수의 조합을 통해 소비자의 행동과 관련된 행동을 예상할 수 있다.

8) 품질표

노리아키는 아무리 강력한 감동 상품의 개념을 찾아냈어도 실제로 상품화되지 않으면 의미가 없다고 하였다. 상품력이 높은 상품을 만들려면 개념 자체의 완성도나 매력도는 물론 품질 레벨이나 환경 대응 등에도 부족함이 있어서는 안 된다. 품질표는 이를 위해 요구되는 품질 항목을 정리하고 기술 특성을 변환하는 역할을 하고 있다. 품질표의 작성 절차는 다음과 같다.

① 컨조인트 분석으로 얻은 최적의 요소에
- 조사, 발상 등의 단계에서 얻은 고정적인 요소(꼭 실현해야 할 성능, 기능, 내구성, 가격 등)
- 사회적 요청(환경에 대해 배려, 안전성 등 고객으로부터 요구가 없어도 실현해야 할 사항)

② ①의 상품 개념을 계통적으로 정리한 “기대 항목 전개 표”를 만든다.

③ 이를 기술적으로 실현하기 위한 특성, 설계 시에 명확히 해야 할 특성을 모아 계통적으로 정리한 “기술특성 전개표”를 만든다.

④ ②,③을 매트릭스화 한다.

⑤ 크로스 된 부분에 대응 관계의 강약을 ◎(강한 대응), ○(대응 있음), △(대응이 예상됨)으로 기재한다.

〈표 9-9〉 품질표

기술특성전개표 / 기대항목전개표	1차	취급성				배합성분				외장형태				구입성			화제성			
1차	2차	녹는 시간	녹는 온도	배합 용이성	포장 재질	유효 성분량	색소 배합 비율	방향제 배합량	첨가제 배합량	패키지 모양	패키지 중량	포장 모양	포장 크기	보존 기간	판매가격	유통 충실도	릴렉스 정도	안전도	주목도	건강관심도
마음이 차분해진다.	잠이 잘 온다							○	◎								◎			
	목욕물의 색이 예쁘다.						◎										○		◎	
재미있다.	시간 간격을 두고 다른 입욕제가 나온다.	◎			◎					○									◎	
	거품 소리가 난다.								◎									○	◎	
	캐릭터가 나온다.				◎							○	○						◎	
피곤함이 가신다.	몸이 따뜻해진다		○			◎														○
	오랫동안 목욕할 수 있다.						○	○									◎			
	땀이 잘 나온다.					◎			○											◎
쓰고 싶어진다.	중간에 색이나 효과가 바뀐다.	◎				◎	◎	○	○					○			○			○
	피부가 매끈해진다					○			◎											
사용하기 쉽다.	포장까지 물에 녹는다.	◎	◎		◎									○					○	
	저절로 물과 섞인다.	○	○						◎	○	○									
	포장이 잘 되어 있다.									◎		◎	○						◎	
안심하고 쓸 수 있다.	마셔도 안전하다.				◎	○								◎				◎		
	쓰레기나 찌꺼기가 안 나온다.				◎					○	○									
경제적이다.	장기간 보존할 수 있다.				◎								○	◎	◎			◎		
	부담 없이 구입할 수 있다.											○			◎	◎				
	어디서나 살 수 있다.								◎							◎				

학습목표 요약

1. 저 성장시대 소비자의 행동은 어떻게 행동하는가?

① 소비자는 가치가 있는 것에는 투자를 아끼지 않는다.
② 돈이 없는 것이 아니다.
③ 기업이 더욱 가치 있는 상품을 시장에 내놓아야 한다.

결국 "소비 불황"이라 불리는 현재의 경제상황을 명쾌하게 나타내고 있다. 모두가 가난하고 저축해둔 돈이 없어 사고 싶어도 살 수 없는 개발도상국과는 상황이 다르다. 말하자면 상당한 "사치 불황"이다. "심리 불황"이라 해도 좋을 것이다. 이러한 시대 소비자의 행동은 그림과 같다.

2. 우량기업의 약점은 무엇인가?

1) 지속적 성장에 따른 위기의식이 희박하다.
2) 품질과 기술의 병이 있다.
3) 상품기획 시스템 부족하다.
4) 모방제품에 의존한다.
5) 시장 감각이 부족하다.
6) 철저한 고객만족 조사가 부족하다.
7) 고정관념에 빠져있다.
8) 연구소에서 상품기획을 한다.
9) 성과는 과대 포장한다.
10) 기술력에만 치중하는 풍토가 있다.

3. 히트 상품의 특징은 무엇인가?

1) 창조성

깜짝 놀랄 만한 독창성이 있을 것, 놀라움이라는 요소를 지닐 것, 감동을 주는 상품은 우선 시장에 유사 상품이 없고 신선하며 활력이 있다.

2) 잠재된 욕구에 대한 적합성

고객의 잠재된 욕구를 발굴하여 이를 충족시키는 것이야말로 고객이 수긍하고 이 정도라면 나도 써보고 싶다고 생각하게 하는 요건이 된다.

4. 스캠퍼(SCAMPER)법이란 무엇인가?

스캠퍼 기법은 미리 문제 해결의 착안점을 정해 놓고 그에 따라 다각적인 사고를 통하여 아이디어를 창출하는 방법으로 아이디어 촉진 질문법이다. 이 기법은 기존의 제품을 개선하거나 신제품을 만들어 낼 때 유용하다.

용어해설

- 혁신형 발상법

아날로지 발상법, 초점 발상법, 깜짝 놀랄 만한 독특한 아이디어를 얻기 위한 발상법

- 개량형 발상법

체크리스트 발상법, 기존 상품의 개량품을 만들고 싶을 때 새로운 시점이나 방향을 만드는 데 편리한 체크리스트

- 응용형 발상법

시즈(seeds) 발상법, 자사에서 보유하고 있는 강력한 기술, 소재, 부품 등의 새로운 응용을 탐색하기 위한 발상법

- 아날로지(analogy : 유추) 발상법

상식을 뒤엎는 획기적인 아이디어를 얻고자 할 때 사용하면 좋다. 상식에서 시작하여 이를 부정함으로써 발생하는 문제점을 해결하거나 활용한다.

- 초점 발상법

특정 사물에 초점을 두고 그 요소를 열거한다. 각 요소를 상품에 강제적으로 연결 지어 본다.

- 시즈(seeds) 발상법

사내에서 배양된 기술이나 어떻게 응용하면 좋을지 모르는 특허, 용도를 충분히 개발하지 못한 소재 등을 응용한 상품을 개발하기 위한 기법

제10장

블루오션

학습목표

1. 블루오션 전략의 6가지 원칙은 무엇인가?
2. 레드오션 전략과 블루오션 전략을 비교해 보면 어떤 차이가 있는가?
3. 블루오션 추진전략은 어떤 절차를 따르는가?
4. 블루오션에서 장애물이란 무엇인가?

블루오션 추진 프로세스

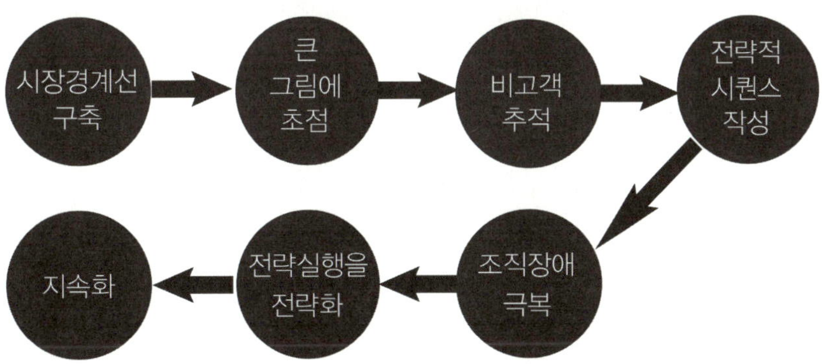

제1절 블루오션 전략

1. 새로운 시장

블루오션(blue ocean) 전략은 김위찬과 르네 마보안 교수가 현명한 전략의 이동이 블루오션을 창출하는 지름길이라는 것을 발견하고 유혈 경쟁에서 벗어나 새로운 기회에 도전하는 블루오션 전략을 수립하였다. 레드오션은 오늘날 존재하는 모든 산업을 뜻하며 이미 세상에 알려진 시장 공간이다. 블루오션은 현재 존재하지 않는 모든 산업을 나타내며 아직 우리가 모르고 있는 시장 공간이다. 레드오션에서는 산업 간의 경계선으로 명확하게 구분되어 있다. 이와는 대조적으로 블루오션은 미개척 시장 공간으로 새로운 수요 창출과 고수익 성장을 향한 기회로 정의된다. 블루오션은 기존 산업의 경계선 바깥에서 완전히 새롭게 창출되는 예도 있으나 대부분 기존 산업을 확장하여 만든다.

블루오션에서는 게임의 규칙이 아직 정해지지 않았기 때문에 경쟁과는 무관하지만, 레드오션에서는 경쟁자를 능가하기 위해 붉은 바다를 능숙하게 항해하는 것이 매우 중요하다.

블루오션이란 용어는 분명 새로운 것이지만 블루오션 자체가 과거에 존재하지 않았던 것은 아니다. 즉, 과거에도 있었고 현재에도 있는 비즈니스 라이프의 한 형태이다.

이제 시계를 30년 전으로 되돌려 보자. 이때에도 수십억 달러 규모의 산업 분야가 대거 새롭게 등장했다. 예를 들자면, 뮤추얼 펀드, 휴대전화, 가스 화력 발전소, 바이오테크, 소매 할인점, 특급 택배 서비스, 홈 비디오 등이 있다. 30년 전만 해도 이 산업 가운데 큰 의미가 있는 것은 많지 않았다.

그럼 앞으로 50년 후의 미래로 가보자. 오늘날 존재하지 않은 산업이 그때 존재할 것인지 질문해보자. 역사는 "오늘날 우리에게 알려지지 않은 다양한 산업 분야가 있을 것"으로 미래를 예측할 것이다. 산업은 제자리에 가만히 있는 것이 아니라 지속해서 진화 발전할 것이다. 기업 업무 활동은 개선되고 시장은 확장되며 업계에는 신규 진입자와 퇴출자가 있다.

역사를 통해 보면 새로운 산업을 창출하고 기존 산업을 재창출하는 우리의 능력이 과소평가돼 있음을 알 수 있다.

블루오션의 창출 효과는 기업의 매출과 수익에 대한 블루오션의 영향력을 파악하기 위하여 108개 회사의 새로운 비즈니스 출시를 조사한 결과 86%는 기존 시장 공간에서 부분적 개선이나 라인 확장에 해당하는 레드오션으로 이들의 매출과 수익은 각각 62%와 39%를 차지했다. 블루오션 창출을 목표로 한 나머지 14%의 비즈니스 매출은 38%였으며 수익은 61%로 나타났다.

위 조사에서 레드오션과 블루오션 두 곳의 투자에서 블루오션 창출에 따른 수익이 확연히 높다는 것을 알 수 있다. 블루오션 창출의 절대적인 필요성 이면에는 여러 가지 추진동력이 있다. 기술적 진보가 가속화됨에 따라 산업 생산성이 실질적으로 향상되었으며 공급자는 전례 없는 제품과 서비스 상품을 생산할 수 있게 되었다. 그 결과 수많은 산업 분야에서 공급이 수요를 초과하였다.

세계화 추세는 이 같은 상황을 복합적으로 보여준다. 국가와 지역 간 무역 장벽이 무너지고 제품과 가격 정보는 세계 어디서나 즉시 얻을 수 있으며 틈새시장과 독점시장이 설 자리가 점점 좁아지고 있다.

〈표 10-1〉 블루오션 전략의 6가지 원칙

체계화 원칙	각 원칙이 약화시키는 위험 요소
시장 경계선을 재구축하라 수치가 아닌 큰 그림에 초점을 맞추어라 비 고객을 찾아라. 정확한 전략적 절차를 만들어라	↓탐색 위험 ↓기획 위험 ↓규모 위험 ↓사업 모델 위험
실행원칙	**각 원칙이 약화시키는 위험 요소**
조직의 주요 장애를 극복하라 전략 실행을 전략화하라	↓조직 위험 ↓관리 위험

출처 : 김위찬 외(2005), 블루오션.

2. 생존 틀(paradigm) 변화

최근 기업은 경쟁 환경에 노출되면서 경영의 패러다임(paradigm)이 급격히 변화하고 있다. 그동안 우리나라 기업들의 경영 환경은 온실 속에서 성장하다 자연의 환경으로 되돌아가는 현상이 나타나고 있다. 기업의 경쟁 환경에서 다양한 경쟁자와 경쟁방법이 나타남으로 환경에 적응하지 못하는 기업은 자연에서 멸망하고 자생력을 갖춘 기업은 성장하게 된다. 그러나 기업의 자생력은 타고난 것이 아니라 환경 속에서 만들어가는 것이다. 이와 같은 생존력의 조건은 다음과 같다.

〈표 10-2〉 기업의 생존조건

건강한 생태계	과거의 성공방식	세계화 생존 조건
생명력	창업형 기업가 정신	혁신형 기업가 정신
자연 도태	정부지원, 대마불사	시장선택
다양성	대기업 주도	특정 업종의 군집을 유지하는 산업 주도
공진화	사회의 기업지원	기업, 사회 공진화
개방	국내 시장 보호, 수출주도	세계화/세계화 틈새(niche)

출처 : 김병욱(2006), 독점틈새 블루오션 실천전략.

이처럼 기업의 생존력은 가치혁신을 통한 전사적 시스템적 접근 방법인 기능적, 운영적, 활동의 통합 시스템이 요구된다. 지난 수년간 혁신은 기업에서 부분적으로 혁신을 시도했으나 이는 국지적인 효과로서 환경이 요구하는 전사적 변화를 이루지 못하였다. 따라서 최근 혁신 도구는 블루오션과 같이 전사적 변화를 추구하는 시스템적 도구로 변화하고 있다. 결과적으로 레드오션은 전통적인 접근 방법으로 경쟁에서 이기려는 국지적 방법이나 블루오션은 경쟁자를 벤치마킹하지 않는 가치혁신의 전사적 시스템이라고 할 수 있다. 혁신적 경영은 더욱 높은 고객가치를 창조하는 차별화와 경쟁우위의 경영이다.

〈표 10-3〉 레드오션 전략과 블루오션 전략 비교

레드오션 전략	블루오션 전략
기존 시장 공간 안에서 경쟁	경쟁자 없는 새 시장 공간 창출
경쟁에서 이겨야 한다.	경쟁을 무의미하게 만든다.
기존 수요시장 공략	새 수요창출 및 장악
가치-비용 가운데 택일	가치-비용 동시 추구
차별화나 저비용 가운데 하나를 택해 회사 전체 활동 체계를 정렬	차별화와 저비용을 동시에 추구하도록 회사 전체 활동체계를 정렬

출처 : 김위찬 외(2005), 블루오션.

제2절 블루오션 추진절차

블루오션 전략을 추진하는데 필요한 절차와 도구는 블루오션 창시자의 이론을 기반으로 다음의 같이 절차를 구축하였다.

[그림 10-1] 블루오션 추진절차

1. 시장 경계 재구축

현재 기업의 제품과 경쟁기업의 제품 그리고 소비자들의 태도 등을 분석하여 시장에서 지금의 위치를 찾아본다. 이 방법은 기업의 현재 상황을 분석하고 미래 전략을 수립하는데 근본 자료가 되므로 현실적으로 분석하고 정확하게 판단하여야 한다. 시장의 위치를 분석하는 기법에는 전략 캔버스법, 파레토 그림, 특성 요인도, 연관도, 계통도 등의 기법을 사용할 수 있으며 이장에서는 전략 캔버스 법을 설명하고 다른 기법은 부록의 QC 14가지 기법에서 설명하였다.

전략 캔버스는 매력적인 블루오션 전략을 구축하기 위한 상태 분석의 진단 도구이자 실행 구조이다. 이것은 다음의 두 가지 용도로 활용될 수 있다(김위찬 외, 2005).

첫째 : 이미 알려진 시장 공간에서 업계 참가자들의 현 상황을 파악해 일목요연하게 보여준다. 그 때문에 전략 캔버스는 경쟁자들이 지금 어디에 투자하며, 업계가 제품과 서비스, 유통에서 경쟁하는 요소는 무엇인지를 이해할 수 있게 한다.

둘째 : 고객이 기존 시장의 경쟁 상품으로부터 얻는 것은 무엇인지를 보여준다.

전략 캔버스의 사례로 비타 500을 분석하여보면 다음과 같다.

1. 가격 : 박카스 저렴한 가격, 비타 500 박카스보다 고가 임
2. 개념(콘셉트) : 박카스 - 마시는 자양강장제, 비타 500 - 마시는 비타민 C
3. 이미지 : 박카스 - 카페인 성분 함유, 비타 500 - 상큼 발랄
4. 광고 : 박카스 - 전 계층 그러나 한때는 20대를 겨냥한 광고, 비타 500 - 신세대 웰빙효과
5. 유통 : 박카스 - 약국에서 주로 판매, 비타 500 - 슈퍼마켓 판매로 소비자 접근성 효과
6. 차별성 : 비타 500 - 신세대가 마시는 비타민 C

[그림 10-2] 박카스의 전략 캔버스

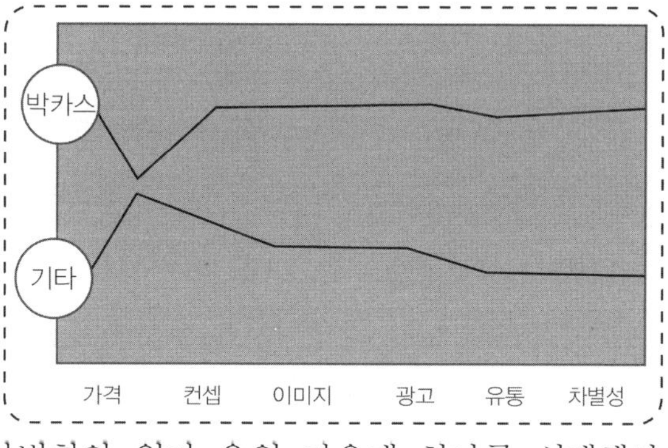

[그림 10-2]에서와 같이 오랫동안 산업을 지배한 박카스 시장의 전략 캔버스를 그려보고 기존 산업에서 근본적으로 전환하려면 처음부터 전략 초점을 바꿔야 한다. 즉, 경쟁 제품의 대안 제품으로 고객에서 비고객으로 방향을 재설정해야 한다. 가치와 비용, 양자를 동시에 추구하기 위해서는 기존 업계의 경쟁자 벤치마킹 혹은 차별화와 원가 우위 가운데 하나를 선택해야 한다는 기존의 전략 논리에서 벗어난 비타 500의 전략을 비교하여 보면 다음의 [그림 10-3]과 같다.

이처럼 새로운 제품으로 고객의 마음을 사로잡을 수 있는 새로운 가치 곡선 도출에 필요한 구매자 가치 요소 재구축을 위해 4가지 행동 구조를 개발했다. 새로운 가치 곡선을 창출하기 위해서는 업계의 전략적 논리와 비즈니스 모델에 도전하는 4가지 중요한 질문을 해야 한다(김위찬 외, 2005).

1. 업계에서 당연한 것으로 받아들이는 요소 가운데 제거할 요소는 무엇인가?
2. 업계의 표준 이하로 내려야 할 요소는 무엇인가?
3. 업계의 표준 이상으로 올려야 할 요소는 무엇인가?
4. 업계가 아직 한 번도 제공하지 못한 것으로 창조해야 할 요소는 무엇인가?

[그림 10-3] 4가지 액션 프레임 워크

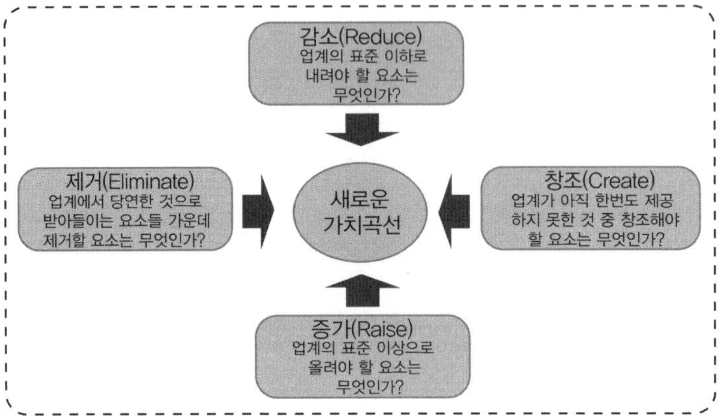

출처 : 김위찬 외(2005), 블루오션.

2. 전체 목표 설정

김위찬 외(2005)는 블루오션의 구조를 바탕으로 조직원의 닫힌 창의력을 열어주는 다양한 시각적 자극 요소를 내포하는 4단계 프로세스를 제시하였다.

〈표 10-4〉 전략 시각화의 4단계

1. 시각적 지각	2. 시각적 탐색	3. 시각적 전략 품평회	4. 시각적 커뮤니케이션
- 현재(as is) 전략 캔버스를 작성하여 경쟁사와 자사를 비교하라. - 현재 전략에서 변화할 필요가 있는 부분을 확인하라.	- 블루오션 창출의 6가지 통로를 탐색하기 위해 현장으로 가라. - 대안 제품과 상품의 차별화 강점을 관찰하라. - 어떤 요소들을 제거, 창조 또는 변화시켜야 할지 확인하라.	- 현장 조사를 통해 얻은 통찰력을 기반으로 미래(to be)전략 캔버스를 작성하라. - 고객, 경쟁자의 고객, 비 고객으로부터 대안 전략 캔버스에 대한 피드백을 받아라. - 피드백을 이용하여 최상의 미래(to be)전략 캔버스를 작성하라.	- 과거와 미래의 전략 프로파일(profile)을 쉽게 비교할 수 있도록 한 장에 담아 사내에 배포하라. - 회사의 새로운 전략 실행에 도움이 되는 프로젝트나 업무만 지원하라.

출처 : 김위찬 외(2005), 블루오션.

3. 비 고객 추적

현재의 고객 개념을 넘어서 새로운 고객 또는 비 고객을 찾는 것은 가치혁신 달성의 중요한 일부분으로 새로운 공급 상품에 가장 큰 수요를 집결시킴으로써 신시장 창출과 연관되는 규모의 위험성을 낮춰준다. 이를 성취하기 위하여 기업은 다음과 같은 두 가지 전략에 도전해야 한다. 하나는 기존 고객에 초점을 두며, 다른 하나는 구매자 차이점에 맞추기 위해 고객층을 더욱 세분화하는 것이다. 일반적으로 기업은 시장점유율을 높이기 위해 기존 고객을 유지하고 확대하려 애쓴다. 이는 흔히 고객의 취향에 더욱 부합하는 상품의 세분화와 표적 맞춤식으로 이어진다.

블루오션을 창출하는 데는 고객을 초점으로 하는 대신 비 고객을 찾을 필요가 있다. 그리고 고객의 차이점에 초점을 맞추기보다는 구매자들이 가치를 두는 강력한 공통점에 기초를 둘 필요가 있다.

새로운 수요 창출을 위하여 고객보다는 비 고객을, 구매자의 차이점보다는 공통점을 세분화 추구보다는 비세분화를 먼저 생각해야 한다. 비 고객은 다음과 같이 세 계층으로 분류할 수 있다(김위찬 외, 2005).

1) 비 고객의 첫 번째 계층

"머지않아 고객이 될 수 있는(STB : Soon To be)" 비 고객은 더욱 나은 상품을 찾는 사람들로 현재 시장이 공급하는 것을 최소한으로 사용한다. 이들은 더 나은 대안품을 발견하면 즉시 그쪽으로 갈 것이다. 첫 번째 계층의 비 고객들은 열리기를 기다리고 있는 미개척 수용의 큰 바다이다.

2) 비 고객의 두 번째 계층

두 번째 비 고객층은 "거부하는 비 고객"이다. 이들은 기존 시장이 제공하는 상품을 받아들일 만한 가치가 없는 것으로 보아 사용하지 않거나 구매 능력이 미치지 못해 사지 못한다. 그들의 욕구는 다른 방법으로 해결되거나 아예 고려되지 않는다. 그러나 "거부하는 비 고객군"에는 엄청난 수요의 바다가 감춰져 있다.

3) 비 고객의 세 번째 계층

세 번째 계층의 비 고객은 업계의 기존 고객으로부터 가장 멀리 떨어져 있다. 일반적으로 이들 “미개척 비 고객”은 지금까지 업계가 한 번도 목표 고객으로 삼지 않았거나 잠재 고객으로도 고려하지 않았다. 그 이유는 그들의 요구와 관련된 비즈니스 기회가 다른 업계 시장에 속하는 것으로 믿었기 때문이다. 기업들이 얼마나 많은 수의 세 번째 비 고객 계층을 놓치고 있는지를 알게 되면 깜짝 놀라지 않을 수 없을 것이다.

4. 경영전략 수립

경영전략은 기업이 추구하는 사업의 가속도와 사업의 전환 속도 그리고 현재의 수준에서 미래를 지향하는 대안으로 안정, 확장, 축소, 결합의 전략을 추진할 수 있다.

1) 안정전략

안정전략은 현재의 사업이 경쟁기업보다 평균 이상의 성과를 거두는 사업 군에서 성공적 운영을 말한다. 이 전략은 현재의 목표와 전략을 유지하면서 안정을 추구하는 전략으로 제품과 서비스 시장의 변화가 없어 방어적 전략을 취하는 레드오션 전략이다.

2) 확장 전략

모든 목표를 성장 지향적으로 설정하고 도전적인 경영 사고로 혁신적 전략을 추구하는 전략으로서 현재의 제품 사고에서 새로운 개념의 제품사고로 전환하고 경영 활동의 속도를 가속하여 전략적인 의사결정을 추구하는 전략이다.

3) 축소 전략

제품의 경쟁 위치가 약화하여 전략적으로 규모를 축소하거나 긴축 전략을 추구하는 것으로 제품 및 서비스가 현금흐름을 창출하지 못하여 기능적으로 개선이 요구되는 레드오션의 제품으로서 레드오션에서 블루오션으로 전환을 요구하는 전략이다.

4) 결합전략

결합전략은 다양한 업종 또는 다양한 제품을 성장 지향적으로 발전시키기 위하여 안정전략, 확장 전략, 축소 전략 그리고 이외의 필요한 전략을 복합적으로 결합하여 추진하는 전략이다.

김위찬 외(2005)는 전략을 수립하는데 다음과 같은 전략적 절차를 만들 것을 요구하고 있다. 첫 번째 단계는 기업이 자사의 블루오션 전략을 구매자 효용성, 가격, 비용, 도입의 순서로 수립할 필요가 있다. 그 출발점은 구매자 효용성이다. 여러분이 내놓을 상품은 예외적 효용성을 가지고 있는가? 대다수의 사람이 그것을 구매할 매력적인 이유는 있는가? 만약 이에 대한 대답이 없다면 그 아이디어는 블루오션을 창출할 만한 잠재력이 없다.

두 번째 단계는 정확한 전략적 가격 책정이다. 기업은 수요 창출을 단지 가격에만 의존하지 않는다는 것을 기억하자. 여기서 중요한 것은 "상품 가격이 최다수의 목표 구매자를 끌어들여 그들이 상품 값을 지급할 수 있도록 책정되었는가?"이다. 만약 그렇지 않다면 구매가 이루어지지 않을 것이다.

세 번째 단계는 비용에 해당한다. 여러분은 목표 비용 내에서 제품이나 서비스를 생산하면서 큰 폭의 수익을 낼 수 있는가? 대다수의 목표 구매자 계층이 쉽게 접근할 수 있는 전략적 가격대에서도 수익을 낼 수 있는가? 비용이 가격을 결정하는 요인이 되어서는 안 된다. 고비용이 전략적 가격대에서의 이익 창출을 방해한다고 해서 상품의 효율성을 줄여서도 안 된다.

마지막 단계는 아이디어 채택을 가로막는 장애에 관한 것이다. 전략 아이디어 전개에 있어 도입 장애는 무엇인가? 여러분들은 이 문제를 정면으로 다루어 본 적이 있는가?

여러분의 아이디어를 성공적으로 실현하려면 처음부터 도입 장애를 처리할 수 있어야 한다. 그래야만 블루오션 전략의 체계화가 완성될 수 있다.

〈표 10-5〉 구매자 경험 사이클

구매	배달	사용	보완성	유지 보수	폐기 처분
• 필요한 제품을 찾는 데 걸리는 시간은 어느 정도인가?	• 제품배달에 걸리는 시간은 어느 정도인가?	• 제품 사용 시 별도의 교육이나 전문가의 도움이 필요한가?	• 제품을 사용하기 위해 다른 제품이나 서비스가 필요한가?	• 외부의 유지 보수가 필요한가?	• 제품의 사용이 쓰레기를 발생시키는가?
• 구매 장소는 매력적이면서 접근하기 쉬운가?	• 포장을 풀고 제품을 설치하는 과정이 얼마나 어려운가?	• 사용하지 않을 때 보관하기 쉬운가?	• 그렇다면 비용이 얼마나 드는가?	• 제품의 유지 보수와 업그레이드는 얼마나 쉬운가?	• 제품 폐기가 얼마나 쉬운가?
• 거래환경은 안전한가?	• 구매자가 직접 배달을 해결해야 하는가? 만약 그렇다면 비용과 난이도는 어떠한가?	• 제품의 특성과 기능은 얼마나 효과적인가?	• 시간은 얼마나 소요되는가?	• 유지 보수에는 얼마나 비용이 드는가?	• 제품을 안전하게 폐기처분을 하는 것과 관련된 법적, 환경적 이슈들이 있는가?

• 얼마나 빨리 구매할 수 있는가?		• 제품이나 서비스가 일반 사용자들의 요구보다 훨씬 더 많은 효용과 옵션을 높이고 있는가? 꼭 필요하지 않은 부품이나 기능이 과하게 설계되지 않았는가?	• 얼마나 어려운가?		• 폐기처분에 얼마나 비용이 드는가?
			• 얼마나 구입이 쉬운가?		

출처 : 김위찬 외(2005), 블루오션.

5. 장애물 제거

블루오션을 추진하는 데 걸림돌이 되는 고정관념의 조직문화를 도전적인 사고로 종업원 마음을 움직여 주어야 한다. 조직문화는 공동체 마음으로 조직의 관습, 마음가짐, 행동으로 정의한다. 조직문화란 사람이 각각 다른 개성을 갖고 있듯이 조직도 다른 조직과 구분되는 독자적인 고유한 정체성과 특성, 능력과 자질이 있다고 인식한다는 것이다. 조직문화의 중요성은 무엇보다도 그 속에 행동 지향성과 고객의 요구에 대한 배려가 있으며, 경영자의 자율성과 기업가 정신이 고취되어 있다는 것이다. 또한, 조직문화는 종업원의 욕구에 관심을 제고시킬 뿐만 아니라 최고경영자가 문화적 가치에 관심을 가져 생산성을 향상하고 조직 구성원에게 핵심적 가치를 주지 시켜 주며, 이것을 증진해주고 명료화하는데 노력하는 기업 철학을 추구할 수 있도록 해 준다.

급소 경영을 통하여 경영자는 불균형적 영향 인자들에만 일관되게 초점을 맞춤으로써 블루오션 전략 실행을 제한하는 요소를 와해시킬 수 있다. 이것은 신속하면서 낮은 비용으로 임무를 완수할 수 있다고 하였다. 이와 같은 변화에 대한 장애 요인과 해결방안은 다음과 같다(김위찬 외, 2005).

1) 인지적 장애

많은 기업은 변화에 있어서 가장 힘든 싸움은 종업원들이 전략적 이동의 필요성을 인식하고 공감하게 만드는 것이다. 대부분의 경영자는 수치를 지적하며 보다 높은 목표를 설정해 달성할 것을 강조함으로써 변화를 시도하려 한다. 수치를 이용한 의사소통 메시지는 사람들에게 오래 기억되지 못한다. 급소 경영 리더십은 사람들의 사고방식 내면으로부터 신속한 변화를 끌어내기 위해 이런 통찰력을 토대로 세워진다. 그들은 인지적 장애요소를 없애려 수치에 의존하기보다는 사람들이 변화의 필요성을 두 가지 방법으로 직접 경험하게 했다.

현 상태를 돌파하기 위해서 종업원들이 최악의 운영상 문제점을 직면해야 한다. 최고 관리자든 중간 관리자든 그 누구도 현실을 추측해서는 안 된다. 수치는 논쟁의 여지가 있고 영감을 주지 못한다. 그러나 저조한 실적을 직접 대면하는 것은 충격적으로 현실을 회피하지 않고 행동할 수 있게 한다. 이러한 직접적인 경험은 사람들의 인지적 장애 요소를 신속히 없애는데 불균일적 영향력을 발휘한다.

인지적 장애를 없애려면 관리자들을 사무실 바깥으로 끌어내 업무상 끔찍한 현실을 보게 해야 할 뿐 아니라 불만이 가장 많은 고객의 목소리를 그들에게 직접 들려줘야 한다. 시장조사 결과에 의존해서는 안 된다.

2) 자원 제약의 장애

적은 예산으로 어떻게 조직이 전략적 이동을 할 수 있게 만들 것인가? 더 많은 자원 획보에 애쓰는 대신 급소 경영 리더는 그들이 보유하고 있는 자원의 가치 증대에 집중한다. 만약 자원이 부족하다면 한편으로는 자원 문제로부터 자유롭게 하며 다른 한편으로는 자원의 가치를 몇 배 증대시키기 위해서 경영인이 지렛대처럼 활용할 수 있는 불균일적 요소가 있다. 즉, 핫 스팟(Hot spot)과 콜드 스팟(Cold spot), 거래(Horse trading)이다.

핫 스팟은 적은 자원 투입으로 높은 잠재적 실적을 내는 업무이다. 반대로 콜드 스팟은 많은 자원을 투입하지만 미미한 실적을 거두는 업무이다. 일반적으로 모든 조직에는 핫 스팟과 콜드 스팟이 두루 있다. 거래는 여분의 자원 격차를 메우기 위해 부서 내 한 영역의 초과 자원을 다른 부서의 초과 자원과 교환하는 것을 뜻한다. 기존 자원을 올바르게 사용하는 법을 배우면 대개의 기업은 자원 제약의 장애를 완진히 제거힐 수 있다.

3) 동기 부여 장애

대부분의 비즈니스 리더는 현 상황을 깨고 조직을 변화시키고 싶을 때 거창한 전략적 비전을 제시하고 거대한 톱 다운식의 전사적 운동에 착수한다. 거대한 반응을 일으키기 위해서는 그에 상응하는 대규모 활동이 필요하다. 그러나 대부분 기업에서는 매우 다양한 동기부여 필요성이 있을 때 비용과 시간이 많이 들고 진행이 순탄치 않은 성가신 과정으로 이루어진다.

그렇다면 방법이 없는가? 변화 노력을 널리 분산시키는 대신 급소 경영 리더들은 정반대의 과정을 택하고 강력한 집중화를 추구한다. 그들은 종업원들을 고무시키는 데 있어 불 균일적인 영향을 미치는 세 요소에 중점을 두는데 이는 소위 킹핀(King pins), 어항 경영, 원자화라고 불린다.

킹핀을 확대 렌즈로 찾아보자. 전략적 변화가 실제 영향력을 발휘하려면 모든 계층의 종업원들이 전사적으로 움직여야 한다. 이를 위하여 노력을 볼링의 킹핀과 같은 조직 내 핵심적 영향력 자들에게 집중해야 한다. 볼링게임에서 킹핀을 명중시키면 나머지 핀들도 연달아 쓰러지듯이 조직의 킹핀을 잘 겨냥하면 모든 사람이 감동하고 변하기 때문이다. 지속적이고 의미 있는 방법으로 킹핀을 동기 부여하려면 반복적으로 잘 보이도록 그들의 활동에 조명을 비추는 게 중요하다. 이것이 "어항 경영(Fishbowl management)"이다.

그리고 조직을 스스로 변화하도록 원자화해라. 원자화는 급소 경영 리더들에게 가장 미묘하고 예민한 일로 전략적 도전 구성과 관련이 있다.

4) 정치적 장애

변화가 더욱 가까워지고 클수록 더욱 맹렬하게 목소리를 내는 부정적인 영향력자는 그들의 자리를 지키기 위해 싸울 것이며 전략 실행 과정을 손상시키고 심지어 이를 탈선시킬 수도 있다. 이런 정치력을 극복하려면 급소 경영 리더는 3가지 불 균일 적 영향요소를 초점을 맞추어야 한다.

대부분의 리더는 마케팅, 운영, 재무 등 강한 기능적 기술을 가진 최고 경영진을 구축하는데 집중한다. 그렇지만 급소 경영 리더는 대부분의 경영인이 생각하지 못한 역할도 최고 경영층에 포함한다.

혼자 싸우지 말라. 여러분과 함께 싸울 더 크고 더 많은 목소리를 얻어라. 비난자와 지지자를 규명하고 - 중간에 있는 사람들은 잊어라 - 양쪽 모두에게 윈-윈 결과를 가져다줄 수 있도록 노력하라. 하지만 신속하게 움직여야 한다. 싸움이 시작되기 전 여러분의 수호천사들과 더욱 넓은 연합 전선을 구축해 비난자를 고립시켜라. 이 방법으로 여러분은 전쟁이 시작되기 전이나 반대세력이 힘을 얻기도 전에 기선을 제압할 수 있을 것이다.

조직 변화에 대한 전래적 이론은 대다수를 변화시키는 것에 바탕을 둔다. 그러나 급소 경영 리더십은 대조적으로 정반대이다. 대다수를 변화시키기 위해 극단의 것을 전환하는 데 중점을 둔다. 바로 성과에 커다란 영향을 미치는 사람, 활동, 업무이다. 이 극단의 것을 변화시킴으로써 급소 경영 리더는 새로운 전략 실행을 위해 신속하면서 낮은 비용으로 핵심을 변화시킬 수 있다.

6. 전략의 실행

김위찬 외(2005)에 의하면 기업의 조직은 전략을 중심으로 하나가 되어 움직이고 전략을 추진하게 될 때 기업은 뛰어난 일관성이 있는 기업으로 된다. 기업의 가장 근본적인 실행의 토대를 마련할 필요가 있다. 근본적인 토대는 조직 깊이 깔린 사람의 태도와 행동이다.

블루오션 전략은 모든 직급의 신뢰와 참여를 고취하고 자발적인 협력을 진작시키기 위해 기업은 처음부터 실행전략을 전략화해야 한다. 이 원칙은 불신과 비협조, 심지어 태업과 같은 관리 위험성을 최소화하는데 도움이 된다. 블루오션 전략을 실행할 때는 중대한 변화를 수반하기 때문에 블루오션에서 관리 위험성은 더욱 크다. 그러므로 블루오션 전략을 실행할 때 이러한 위험성을 최소화하는 것이 중요하다.

1) 완벽한 전략 수립

완벽한 전략계획 없이 추진하게 되면 전문 시스템은 매우 잘 작동되나 조직원의 적대적 감정으로 실패할 수 있다. 이는 전략 수립에 참여하지 못했던 종업원은 전혀 생각하지 못했던 시각으로 전략 시스템을 보며 부정적인 반응을 보이게 된다.

전략에 참여하지 못한 인원은 혁신적 개선 결과에 대하여 인정하지 않으려고 한다. 따라서 전 직원과의 신뢰 구축이 우선시되어야 한다.

2) 공정한 절차

공정한 절차는 조직원이 자발적으로 협력하도록 하는 힘이 있다. 자발적인 협력은 조직원이 기계적으로 업무를 수행하는 것 이상의 힘을 말한다.

따라서 공정한 절차는 참여(engagement), 설명(explanation), 기대의 명확성(clarity of expectation)이라는 세 가지 요소는 상호 보완적 성격을 갖고 있다. 직급에 관계없이 모든 조직원은 이 세 가지 요소를 기대한다.

참여는 조직 구성원 개개인들에게 그들의 생각을 묻고 다른 사람들의 아이디어나 가설의 장점에 대해 이의를 제게 할 수 있게 한다. 따라서 토론을 장려하는 문화는 집단의 지식을 고양한다.

설명은 전략 결정에 영향을 미치는 모든 조직원에게 결정된 전략을 이해시키는 것이다.

기대와 명확성은 결정된 전략에 대해 경영진이 명확하게 전달해 주는 것이다. 비록 목표가 과중하더라도 조직원이 목표를 달성했을 때와 실패하였을 때의 결과를 미리 알려주어야 한다.

이와 같은 세 가지 요소 중에 어느 하나만으로는 공정한 절차가 이루어질 수 없다.

7. 평가와 지속성

1) 평가

성과의 평가는 정량적인 방법과 정성적인 방법으로 평가할 수 있다. 이러한 평가의 결과는 조직원 모두가 공유하여야 하며 결과에 따른 보상이 이루어져야 새로운 블루오션 창출에 도전하게 된다.

2) 지속성

블루오션 창출은 정적인 성취가 아니라 역동적인 프로세스이다. 어떤 기업의 블루오션 창출과 뛰어난 성과가 일단 알려지면 머지않아 모방자들이 나타난다. 따라서 다음과 같은 전략으로 모방 장벽을 차단할 수 있다(김위찬 외, 2005).

① 가치혁신 이동은 기존의 전통적 전략 논리로는 이해가 되지 않는 것이다.
② 상표 인지도는 블루오션 전략 모방을 막아 준다.
③ 시장의 규모가 다른 산업 참가자의 신규 진입을 수용할 수 있을 정도로 충분히 크지 못할 때 자연적 독점은 모방을 막아준다.
④ 특허나 법률적 허가도 모방을 차단한다.
⑤ 가치혁신 때문에 생성되는 큰 규모의 경제는 빠른 비용 우위로 이어져 잠재력 모방자의 비용구조를 불리하게 한다.
⑥ 이베이가 온라인 경매 시장에서 누리는 것처럼 네트워크의 외형 규모 역시 다른 업체들이 블루오션 전략을 쉽게 흉내 내는 것을 막아준다.
⑦ 흔히 모방은 기존 비즈니스 실행에 대한 실제적인 변화를 해야 하므로 조직 내 정치성이 개입하게 된다. 이에 따라 어떤 기업이 블루오션 전략을 전격적으로 모방하려 해도 그 결정을 실행하는 데 몇 년씩 걸린다.
⑧ 어떤 기업이 비약적 가치를 제공하면 순식간에 시장 공간에서 브랜드 인지

도와 충실한 고객군을 갖게 된다. 모방자가 대규모 광고 예산으로 공격적인 자세를 취할지라도 가치혁신으로 획득한 브랜드 인지도를 추월하기는 힘들다.

그러나 언젠가는 블루오션은 모방할 것이다. 여러분의 가치 곡선이 경쟁자들과 비슷한 형태를 나타내기 시작하면 이것은 또 다른 블루오션을 창출해야 한다는 경보이다.

제3절 블루오션 성공사례

1. 크라이슬러와 기아자동차

1984년 수세에 몰려 거의 파산에 이른 크라이슬러는 미니밴을 선보이며 자동차 업계에 새로운 블루오션을 창출하였다. 미니밴이라는 완전히 새로운 종류의 자동차를 만들어냄으로써 자동차와 밴 사이의 경계선을 허물었다. 미니밴은 출시 첫해 베스트셀러가 되었으며, 이는 크라이슬러가 3대 자동차 업체 가운데 하나로 다시 자리매김하는데 이바지하였다.

그 후로 미니밴의 블루오션은 1990년대 스포츠형 다목적 차량(SUV)의 붐을 일으켰으며 크라이슬러가 연 블루오션을 확장하였다.

이와 비슷한 사례는 우리나라에서도 찾아볼 수 있다. 바로 기아산업의 봉고가 바로 그것이다. 1981년 2월 26일 기아산업은 제37기 정기주총을 열고 영업실적을 보고했는데 당기 손실금이 무려 237억 원으로 나타났다. 엄청난 마이너스 성장이 발표된 이틀 뒤인 2월 28일 당시 상공부는 '자동차공업 합리화 조치'를 발표했는데 이 또한 기아산업엔 굉장히 불리한 내용이었다. 영업적자로 가뜩이나 어려움을 겪고 있는 터에 2·28 조치로 승용차 생산마저 할 수 없게 된 기아산업은 걷잡을 수 없는 위기 국면을 맞았다. 이런 와중인 1981년 8월에 내놓은 차가 바로 12인승 '봉고 코치'라는 블루오션이었다.

승용차가 귀하던 시절, 전혀 새로운 승합차인 봉고는 당시로선 상상할 수 없을 정도로 날개 단 듯 잘 팔렸다. 이른바 '봉고신화'를 탄생시킨 것이다. 이러한 기아산업의 자동차 산업의 블루오션으로 기아산업은 존폐의 기로를 벗어나 도약할 수 있는 계기를 마련하였다.

하지만 블루오션의 공통적 패턴에서도 나타났듯이 영원한 산업은 없기에 봉고버스는 출시 5년 만인 지난 1986년 국내 판매 10만 대를 돌파한 데 이어 1991년 30만 대를 넘어섰으며 2003년 7월 총 60만 대 판매를 돌파라는 경이로운 기록을 뒤로한 채, 기아자동차는 또 새로운 블루오션을 창출하기 위해 봉고의 생산을 중단하였다.

2. 델(Dell) 컴퓨터

1990년대 중반 델(Dell) 컴퓨터는 컴퓨터 업계에 또 다른 블루오션을 탄생시켰다. 그때까지 기존의 컴퓨터 제조업체들은 더 많은 기능과 소프트웨어로 더욱 빠른 속도의 컴퓨터를 제공하느라 치열한 경쟁을 하고 있었다. 이러한 빠른 속도경쟁의 레드오션에서 델컴퓨터는 유통부문에서 블루오션을 창출해냈다. 델은 구매자 경험 사이클의 구매와 배달 단계에 변화를 줌으로써 소비자 직접 판매를 통해 기존 컴퓨터의 60% 수준으로 가격을 책정하여도 여전히 수익을 낼 수 있게 된 것이다. 델은 기존의 주문방식을 온라인 및 전화 주문 시스템을 이용하여 기존의 10주 이상의 주문 기간을 단 4일로 단축하는 데 성공하였으며, 그 결과 엄청난 재고 관리 비용 절감과 동시에 1995년 53억 매출에서 2003년 355억 달러의 규모로 급성장하였으며 미국 시장점유율도 2%에서 30%로 성장하는 등 블루 오션 창출은 눈부신 성장을 이끌었다(www.naver.com, 2014).

3. 락앤락

락앤락(Lock&Lock)이라는 밀폐 용기 하나로 국내외 시장에서 돌풍을 일으키고 있는 하나코비는 타파웨어, 루버메이드에 이어서 세계 3위의 밀폐 용기 업체이다. 하나코비의 전략은 첫째 밀폐 용기 제품 기술력, 둘째 세계 1위 기업 달성을 위한 재무적인 헌신, 셋째, 미국과 한국에서 홈쇼핑 채널의 확보와 고객관리 능력, 넷째, 리더의 세계 지향적 리더십으로 요약된다.

한 가지 품목에 매진해 틈새를 발견한 노력과 함께 마케팅 전략도 하나코비의 신화이다. 제품은 홍콩의 전시회를 통하여 좋은 평가를 받았고 이를 계기로 미국 최대 쇼핑 채널인 QVC를 통하여 국내 시장보다는 미국 시장에서 더 인기를 끌었다. 현지 미게팅 기법 체험을 통해 락앤락은 연기를 주입한 성능 실험, 어항 속 실험 등 홈쇼핑에서의 이러한 시도는 곧 소비자의 마음을 설득하기에 충분하였다.

하나코비는 음식을 담는 플라스틱 그릇에 불과한 밀폐 용기를 누구나 갖고 싶어 하는 문화상품으로 소비자의 인식을 완전히 바꿔 놓았다. 그동안 밀폐 용기 시장은 천장형 밀착 방식이 대세였다. 밀폐 용기는 1946년 미국에서 처음 발명된 후 제품의 용도나 디자인에서 거의 변화가 없었다. 또한, 뚜껑과 몸체가 다른 재질로 사용해 밀착력과 내구성이 떨어졌다. 그러나 하나코비는 흡착력이 떨어지는 밀착 방식은 신선도가 떨어진 탓에 소비자들의 불만이 점차 쌓이는 것을 해결하기 위하여 4면 잠금 방식으로 원리부터 다르게 초점을 맞추었다.

또한, 원재료부터 인체에 해가 없고 내구성이 우수한 재료를 선정해 안정성을 강화하였다. 그리고 영하 20도에서 영상 120도까지 온도 변화에도 견디는 제품과 고급형의 경우 끓는 물에 삶아도 되는 수준으로 고급화하였다(김병욱, 2006).

4. CGV(CJ Golden Village)

1996년 한국의 제일제당(CJ)과 홍콩의 골든 하비스트(Golden Havest), 호주의 빌리지 로드쇼(Village Roadshow)가 합작 투자하여 CGV(CJ Golden Village)를 설립하여 1998년 강변 테크노마트에 국내 최초의 복합 상영관 'CGV 강변 11'을 개업하였다. CGV는 심야 관람, 가족 관람, 장애우를 위한 편의 시설로 선진화된 관람문화와 세계 최고의 서비스를 지향해 왔다. 연간 1억 명이 넘는 영화 관객 시대, 한국영화의 비약적인 성장, 저부가가치 사업이었던 극장이 21세기의 고부가가치 산업으로 변모되었다.

복합 상영관이란, 극장 외에도 충분한 문화공간이 함께 있어 영화뿐만 아니라 다양한 문화생활을 복합적으로 누릴 수 있는 공간이다. 즉 널찍한 휴게 공간과 먹거리, 위락시설이 함께 있는 것은 CGV만의 서비스 주제가 있었다.

CGV의 서비스 테마 7

1. 항공기의 퍼스트 클래스를 옮겨 놓은 골드 클래스
2. 영화 관람 중 아기 돌보기 걱정을 잠시 덜어줄 수 있는 유아 놀이방
3. 대기하는 고객들을 배려하기 위한 순번 대기표
4. VIP 고객용 SKY 라운지
5. 삼림욕 효과가 있는 국내산 편백 천연 공조 시스템
6. 여성을 위한 프리미엄 시네마
7. 초대형 환상적 시네마 & 그린 시네마

이는 영화 업계에 새로운 수익성 있는 성장의 블루오션을 창출하였다. 이러한 CGV의 성공적인 블루오션 시장을 보고 많은 모방 기업이 앞 다퉈 멀티플렉스 극장산업에 뛰어들어 이제는 더 이상 블루오션이 아닌 레드오션이 되어 버렸다.

학습목표 요약

1. 블루오션 전략의 6가지 원칙은 무엇인가?

   1) 시장 경계선을 재구축하라.
   2) 수치가 아닌 큰 그림에 초점을 맞추어라.
   3) 비 고객을 찾아라.
   4) 정확한 전략적 절차를 만들어라.
   5) 조직의 주요 장애를 극복하라.
   6) 전략 실행을 전략화하라.

2. 레드오션 전략과 블루오션 전략을 비교하여 보면 어떤 차이가 있는가?

레드오션 전략	블루오션 전략
기존 시장 공간 안에서 경쟁	경쟁자 없는 새 시장 공간 창출
경쟁에서 이겨야 한다.	경쟁을 무의미하게 만든다.
기존 수요시장 공략	새 수요창출 및 장악
가치-비용 가운데 택일	가치-비용 동시 추구
차별화나 저비용 가운데 하나를 택해 회사 전체 활동 체계를 정렬	차별화와 저비용을 동시에 추구하도록 회사 전체 활동체계를 정렬

3. 블루오션에서 장애물이란 무엇인가?

블루오션을 추진하는 데 걸림돌이 되는 고정관념의 조직문화를 도전적인 사고로 종업원 마음을 움직여 주어야 한다. 조직문화는 공동체 마음으로 조직의 관습, 마음가짐, 행동으로 정의한다. 급소 경영을 통하여 경영자는 불 균일 적 영향 인자들에만 일관되게 초점을 맞춤으로써 블루오션 전략 실행을 제한하는 요소를 와해시킬 수 있다.

4. 우량기업의 약점은 무엇인가?

   1) 지속적 성장에 따른 위기의식이 희박하다.
   2) 품질과 기술의 병이 있다.
   3) 상품기획 시스템 부족하다.
   4) 모방제품에 의존한다.

5) 시장 감각이 부족하다.
6) 철저한 고객만족 조사가 부족하다.
7) 고정관념에 빠져있다.
8) 연구소에서 상품기획을 한다.
9) 성과는 과대 포장한다.
10) 기술력에만 치중하는 풍토가 있다.

5. 블루오션 추진전략은 어떤 절차를 따르는가?

용어해설

- 레드오션
  오늘날 존재하는 모든 산업을 뜻하며 이미 세상에 알려진 시장 공간
- 블루오션
  현재 존재하지 않는 모든 산업을 나타내며 아직 우리가 모르고 있는 시장 공간
- 전략적 논리와 비즈니스 모델에 도전하는 4가지 중요한 질문
  1. 업계에서 당연한 것으로 받아들이는 요소들 가운데 제거할 요소는 무엇인가?
  2. 업계의 표준 이하로 내려야 할 요소는 무엇인가?
  3. 업계의 표준 이상으로 올려야 할 요소는 무엇인가?
  4. 업계가 아직 한 번도 제공하지 못한 것으로 창조해야 할 요소는 무엇인가?

제11장

고객감동 경영

학습목표

1. 고객 지향적 사고란 무엇인가?
2. 고객감동 선행조건은 무엇이 있으며 왜 필요한가?
3. 고객감동 구성요소는 무엇이 있는가?
4. 고객감동 측정방법으로 무엇이 있는가?

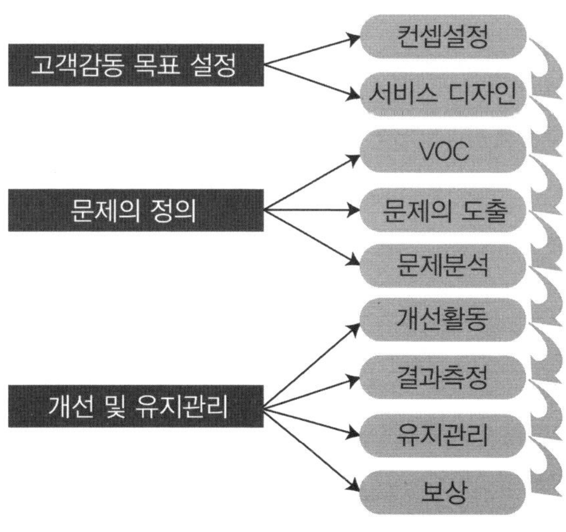

제1절 고객감동 경영

1. 고객감동 경영의 의의

고객만족 경영은 고객 지향적 사고로 경영의 목적을 고객 최우선으로 정하여 고객의 시선에서 제품과 서비스를 창출하는 것이다. 이는 고객 중심 경영이라고도 하여, 생산-판매의 모든 과정을 고객 중심으로 파악하고 고객만족 내지는 고객감동을 달성하기 위해 끊임없이 노력하는 경영이념으로 본다.7)

[그림 11-1] 고객중심경영(customer-based management)

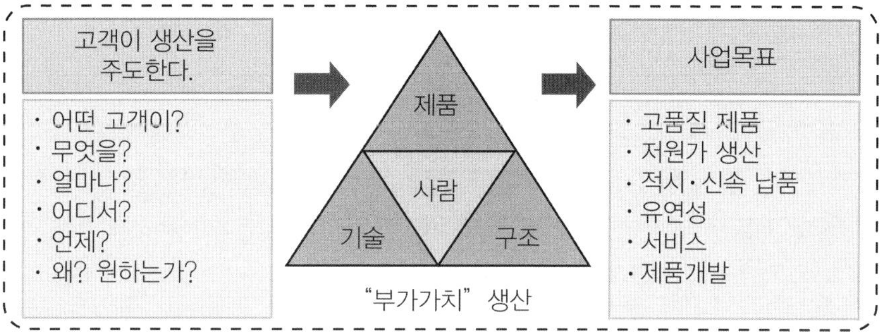

고객만족이란 고객의 기대 수준에 부응하는 제품이나 서비스를 제공함으로써 고객이 그 가치를 인정하는 것이고, 고객감동이란 고객이 전혀 기대하지 못했던 제품이나 서비스의 가치를 제공함으로써 고객에게 감동을 주는 것을 말한다. 고객만족을 통하여 서비스의 재구매가 이루어지며 고객과의 신뢰를 통하여 고객 확보를 추구할 수 있다. 따라서 고객의 관점에서 고객이 원하는 것이 무엇인지를 파악하고 고객 불만이 나타나기 이전에 서비스 절차(process)에서 불만 요소를 제거하여 고객의 기대 서비스보다 인지 서비스를 향상하는 것이다. 고객이 생각하지 못했던 즉, 사전에 인지하지 못하였던 서비스를 개발하여 고객을 절차(process) 내로 이끌어 들여 만족을 통한 충성고객을 창조하는 것이다.

진정한 고객만족은 고객을 단순히 만족시키는 것이 아니라 완전히 만족시키는 것을 의미한다. 단순하게 만족한 소비자는 매력적인 구매조건을 제시하는

7) Richard Whiteley and Diane Hessan, Customer Centered Growth,(Addison-Wesley, 1996)

다른 기업의 제품에 대한 구매욕을 느끼고 구매할 수 있다. 또한, 고객은 제공받는 제품 및 서비스에 대하여 일단 만족하더라도 다음에는 더욱 향상된 제품 및 서비스를 받기를 원하게 된다. 즉, 만족 요구 수준이 높아지게 되고, 기업은 고객의 증가하는 서비스 요구에 대하여 충족하여야 한다.

고객만족을 구성하는 요소는 서비스 기업의 모든 역량에서 나타난다. 기업의 인상(image), 서비스, 상품, 시설, 품질, 절차(process) 등 기업의 전반적 활동에서 나타나며, 이러한 기업의 모든 자원이 조화되어 고객에게 제공됨으로써 고객만족을 창출할 수 있다. 고객만족 요소 중에 가격이나 품질을 중요시하겠지만 정보기술의 발달로 비교 서비스가 가능해졌기 때문에 고객은 사전에 인지하고 서비스를 받게 된다. 따라서 어느 한 부문에서 경쟁자보다 우수하다고 해서 고객은 만족하지 못할 것이다. 만족한 서비스의 종합적 요소는 직접적인 요소와 간접적인 요소의 통합적 결정체이며, 기업의 목표이기도 하다.

고객만족에 대한 도전은 고객의 외형적인 요구에 대한 만족을 의미할 뿐만 아니라 고객의 명확하지 않은 문제들을 찾아내어 이를 만족시킬 수 있는 시스템의 개발을 의미하기도 한다. 이렇게 하면 일단 한번 고객은 영원한 고객이 된다. 이러한 보이지 않는 고객의 기대와 욕구를 충족시키는 것은 많은 차원에서 기업의 노력이 필요하다.

2. 고객지향의 사고

국제화 경쟁에서 경쟁우위의 핵심은 서비스 기업이 현재의 경쟁자 그리고 미래의 도전자보다도 고객이 원하는 욕구를 먼저 파악하고 욕구를 해결할 수 있는 프로세스(process)를 먼저 제공하는 데 있다. 그동안 일부 기업은 제품 및 서비스를 기업의 관점에서 개발하여 고객을 이 프로세스(process) 안으로 끌어들이려는 전략을 추진하였다. 그러나 고객 지향적 사고는 기업의 관점에서 개발하는 것이 아니라 고객의 관점에서 고객의 필요와 요구를 따라가는 것이다.

왜 고객을 만족하게 하고 고객 관점에서 기업을 운영하여야 하는가? 고객감동은 기업의 매출 상승과 신규 고객의 창출 그리고 기존 고객의 반복 구매에서 일어나는 고정 고객화가 가능하기 때문이다. 새로운 고객을 창출하는 것은 기존의 고객을 유지하는 것보다 큰 비용이 든다. 그러므로 신규 고객 창출보다 기존 고객의 유지가 기업의 생존에 더욱 중요하다. 중요성이 있는 기존 고객 유지의 핵심은 고객을 만족하게 하는 것이다. 만족한 고객은 반복 구매를 하며 다른 사람에게 제품에 대해 좋게 평하며, 경쟁업체의 브랜드(Brand)와 광고에 관심을 크게 쏟지 않으며, 그 회사의 다른 제품에 대해서도 호의적인 반응을 보낸다. 따라서 기업은 고객의 가치를 창출하여 주어야 한다. 고객의 가치는 고객이 특정 제품이나 서비스로부터 기대하는 여러 가지 혜택의 묶음과 고객이 지급하게 될 총비용 사이의 차이다. 이러한 고객 가치를 창출하는 가치사슬은 더욱 많은 고객 가치를 창출하기 위한 전략적 도구이다.

3. 고객의 욕구

임종만(2003)은 고객의 욕구는 고객이 접하는 다양한 환경에 따라 변하게 된다. 사실 환경변화에 대한 지각은 어려우므로 고객욕구의 변화를 살펴봄으로써 환경변화가 있었다는 것을 간접적으로 감지할 수 있게 된다. 신제품 아이디어(idea)도 고객의 변화과정을 파악함으로써 하나의 세분 시장을 대상으로 하여 창출된다고 할 수 있다. 욕구란 고객이 필요로 하는 것이다. 이러한 고객의 욕구는 무엇을 받기 원할 때와 주는 것(시간, 노력, 비용)을 원하지 않을 때 발생한다. 즉, 고객의 욕구란 구체적으로 혜택과 비용 두 가지 측면에서 발생한다.

[그림 11-2]에서 고객의 욕구를 분석하고 이해하는데 기본적인 틀을 제공하고 있다. 여기서 우리는 고객 욕구의 발생 시점을 확인하거나 고객 욕구에 대한 발생 원인과 고객 욕구 형태를 분류하고 고객의 욕구를 확인해야 한다.

[그림 11-2] 고객욕구 분석의 틀

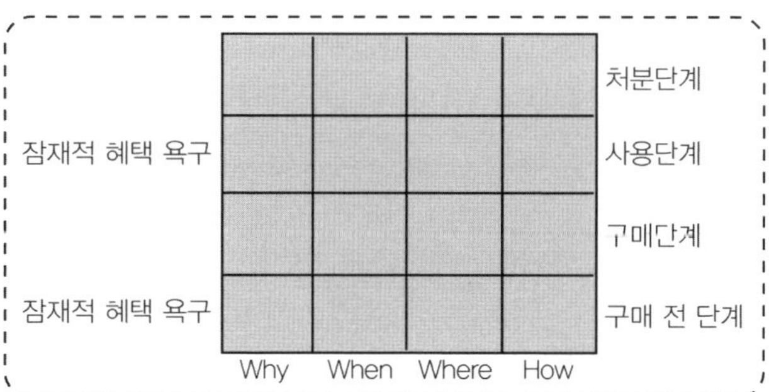

출처 : 임종만 외, 2003.

1) 고객 욕구의 출발점

고객의 욕구는 서비스 단계 어디서나 일어날 수 있으며 서비스 단계를 4단계로 구분하였다. 즉, 고객의 욕구는 발생 시점에 따라 구매 전, 구매단계, 사용단계, 처분단계로 구분한다.

(1) 구매 전 단계

고객이 어떤 서비스를 받을 것인가에 대한 정보를 수집하는 단계이다. 정보는 가격, 서비스 품질, 장소 등의 다양한 정보를 수집하게 된다.

(2) 구매단계

고객이 서비스를 경험하면서 제공되는 서비스가 만족한가를 평가하는 단계이다. 이 단계에서는 서비스를 제공하는 종업원의 서비스가 중요한 요소가 된다.

(3) 사용 시 단계

고객은 서비스를 받으면서 고객 불만을 경험하게 될 수 있다. 이러한 고객 불만을 통하여 고객은 재 구매 시 서비스를 판단하게 된다. 일부 고객은 서비스의 불만족을 표현하여 재 구매 시 개선된 서비스를 원하고, 일부는 다른 곳에서 재구매를 하거나 일부는 불만족에 대해 표현을 하지 않게 된다.

(4) 처분단계

고객 불만족에 대하여 서비스 개선을 원하였지만, 서비스가 개선되지 않았을 때 고객은 부정적인 사고를 같게 된다.

2) 고객 욕구의 발생지

고객의 욕구 발생은 시간, 장소, 목적, 과정에 따라 나타나며 고객의 욕구 분석을 위하여 고객이 무엇을 원하는지 정확히 파악해야 한다.

3) 고객 욕구의 형태

고객이 서비스를 받기 전에 이미 인지하고 있는 혜택을 혜택의 욕구라고 하며, 고객이 서비스를 구매하기 전에 인지하지 못한 혜택을 잠재적 혜택이라고 한다.

4) 욕구 충족

고객의 욕구를 충족시킨다는 것은 고객이 지급한 가치보다 고객이 받은 만족도가 높을 때 발생한다. 특히, 소요시간의 단축과 같은 고객에게 잠재적 혜택을 제공함으로써 인지한 서비스보다 더 높은 가치 제공을 통하여 만족도를 높일 수 있다.

4. 고객감동 경영의 필요성

1) 고객지향 사고

경영혁신 도구들이 유행처럼 나타났다가 기억 속에서 지워지는 것처럼 고객감동도 유행의 흐름이라고 판단하고 정확히 고객감동 경영에 대하여 이해하지 못하거나 불확실한 상태에서 출발하면 확신하지 못하여 단순히 머릿속에서 이해하는데 그치고 자기 행동이나 생활을 고객 지향적으로 바꾸지 못한다. 또한, 기업도 고객 지향적 사고가 기업경영에 실질적으로 반영하지 못하고 형식적인 구호(slogan) 또는 일과성 홍보(campaign)로만 그칠 수 있다.

따라서 고객감동경영이 실질적으로 이루어지기 위해서는 먼저 고객 지향적 사고가 무엇을 의미하며, 왜 고객 지향적으로 사고로 전환해야 하는지 그리고 고객 지향적으로 했을 때 어떻게 달라지는지에 대한 조직 구성원들의 정확한 이해가 있어야 한다.

고객 지향적 경영이란 고객의 욕구를 사전에 찾아서 욕구를 감동하게 함으로써 기업의 목표를 달성하려는 이념이라고 할 수 있다. 고객 지향적 경영이념은 목표고객의 욕구와 필요를 찾아서 이것을 충족시켜 줄 수 있는 제품과 서비스를 제공함으로써 고객의 감동을 극대화하고 이러한 고객감동의 결과가 기업의 목표와 일치시키려는 것을 의미한다.

2) 고객감동경영의 중요성

고객감동경영은 고객이 진정으로 원하는 것을 제공함으로써 충성고객을 만들 수 있다. 무한경쟁시대에서 경쟁우위의 핵심은 다른 어떤 경쟁자보다도 고객의 욕구를 사전에 잘 파악하여 이를 해결할 수 있는 해결책을 제공하는 데 있다. 즉 고객감동경영은 자기의 관점에서가 아니라 고객의 관점에서 고객의 필요와 욕구를 규정하기를 요구한다.

이처럼 고객 관점의 사고는 신규 고객 창출과 기존 고객의 재 구매로 확대하는 경영 전략이다. 그러나 새로운 고객을 창출하는 것은 기존의 고객을 유지하는 것보다 큰 비용이 든다. 그러므로 신규 고객 창출보다 기존 고객의 유지가 기업의 생존에 더욱 중요하다. 이러한 중요성이 있는 고객 유지의 핵심은 고객을 감동하게 하는 것이다.

최근에는 고객감동경영에서는 고객감동을 뛰어넘어 고객을 열광 또는 감탄하게 하는 것을 목표로 삼고 있다. 이것은 고객의 단순한 기대를 충족시키는 것 이상으로, 고객감동보다 더 높은 단계이다.

감동한 고객이 단순한 매체 광고보다 훨씬 효과적인 광고이다. 고객 지향적 사고에 의한 고객감동의 중요성은 감동하지 못한 고객의 행동을 살펴봄으로써 더욱 명확하게 알 수 있다. 한 조사에 의하면 일반적으로 감동한 고객은 제품에 대한 좋은 경험을 3명의 타인에게 이야기하는 반면 감동하지 못한 고객은 11명에게 이야기한다. 즉, 나쁜 내용이 좋은 내용보다 사람들의 입을 통해 더욱 빨리 전달되며, 제품에 대한 소비자의 태도를 쉽사리 나쁘게 만든다.

따라서 고객의 감동도를 정기적으로 측정하는 것은 매우 중요한 일이다. 고객 지향적 기업은 단순히 불감동한 고객이 자발적으로 불평, 불만을 자신들에게 이야기할 때까지 기다려서는 안 된다. 한 조사에 의하면 불감동한 고객의 96%는 회사의 불만을 이야기하지 않는 것으로 나타났다. 따라서 기업은 고객이 불평을 토로할 기회를 극대화하기 위한 고객 제안제도를 마련하거나 소비자 감동도 조사를 정기적으로 실행해야 한다. 이와 같은 제도를 마련함으로써 기업은 자기들이 얼마나 잘하고 있는지를 알 수 있게 되며, 또한, 어떻게 하면 보다 잘할 수 있는지를 배우게 된다.

미국에서 신제품 개발로 유명한 3M은 자사의 신제품 아이디어 중 2/3 이상이 고객의 불평에서 나온 것이라고 말하고 있다. 기업이 고객 지향적으로 되기 위해서는 분기마다 자사의 고객감동 수준을 조사하여 개선 목표를 설정해야 한다.

제2절 고객감동 경영 운영의 원칙

1. 고객감동 경영 선행조건

고객감동 경영 체제를 수립하기 위해서는 고객에 대한 진심으로 우러나는 고객 지상주의 기업 정신을 바탕으로 추진되어야 한다. 고객감동 경영 체제는 다음과 같이 구축할 수 있다.

1) 고객 접점에서의 최우선

고객과 기업은 가장 먼저 고객 접점에서 만나게 되며, 고객의 기업평가는 고객 접점에서 평가하게 되므로 고객 접점에서 고객감동경영의 출발점을 시작하여야 한다. 고객 접점은 종업원과 고객과의 만남으로 전화 응대 및 종업원의 서비스 태도 등과 기업의 인상(image), 실내 분위기, 공조시설 등의 고객감동에 미치는 모든 요소를 말한다.

고객 접점에서 고객이 기업을 평가하고 고객의 만족도가 결정되므로 고객감동 경영은 고객 접점에서 최우선의 경영목표로 선정하여 추진하여야 한다.

2) 정기적인 평가

제품 및 서비스에 대한 고객감동도 조사는 정기적으로 조사되어야 한다. 서비스의 경우 아주 간단한 조사라도 고객의 만족도를 항상 측정하여야 한다. 이러한 조사 방법은 항시 고객의 관점에서 고객의 관심사항과 고객의 변화 추이를 분석하여야 한다. 서비스는 모방이 쉬운 프로세스(Process)로서 정기적인 고객감동도 조사를 통하여 경쟁기업과 비교·분석하여 새로운 서비스 상품을 개발하고 고객의 욕구 변화를 측정하여 프로세스(Process)에 반영하게 된다. 측정은 통계적 기법으로 신뢰할 수 있는 설계에 의하여 해석돼야 하고 해석 결과는 고객감동경영에 꼭 반영하여야 한다.

3) 최고 경영자의 리더십(leadership)

최고 경영자는 고객감동 조사 결과에 대하여 지속적인 관심을 가지고 최일선에서 고객감동 경영을 솔선 추진하여야 한다. 최고 경영자는 조사 결과를 프로세스(process)에 신속히 반영하여 변화된 프로세스(process)를 서비스 접점에서 실행되도록 지휘·감독하여야 한다.

서비스 프로세스(process)의 개선은 복잡한 이해관계가 얽혀 있으므로 문제가 제기되어도 혁신적인 개선 프로세스(process)를 찾아내기는 쉽지 않다. 최고 경영자는 스스로 개선의 선두에 서서 고객감동경영에 대한 의사결정을 신중하고 신속하게 판단하는 것이 중요하다.

4) 경영자의 의지

전사적 품질경영(TQM)을 저해하는 요인 중의 하나가 경영자들의 결단력 부족이었다. 최고 경영진은 의례적인 말만하고 행동을 하지는 않는다. 몇몇 품질 운동은 정말로 시작된 것은 아니다. 다른 품질운동이나 혁신운동도 한동안은 매우 성공적으로 진행되어도 경영자는 새로이 유행하는 혁신기법에 솔깃하여 품질경영 운동을 전환하면 기존의 품질운동이나 혁신운동은 곧 시들해진다(신완선 외, 2003).

식스 시그마(six sigma) 경영에서와 같이 고객감동경영은 변화에 흔들리지 않고 안정적으로 추진하기 위하여 최고 경영자의 강력한 통솔력(leadership)이 요구된다.

5) 기업문화

고객감동경영 혁신을 통한 모든 변화를 구성원들의 행동 규범과 공유가치(shared value)로 연결해 새로운 기업문화로 정착시키는 것이다. 기업문화의 변화는 구성원들의 가치관과 태도 그리고 행동의 변화를 의미하는 만큼, 구성원들의 의식구조 전환과 함께 새로운 행동이 그들에게 만족감을 가져다줄 때 영구적인 행동 변화가 비로소 새로운 기업문화로 정착될 수 있다. 이처럼 새로운 기업문화는 어떤 일시적, 인위적인 그리고 조작적인 방법으로 개발될 수 없다(신완선 외, 2003).

서비스 기업은 기업 전체에 내포된 기업문화가 있어야 한다. 기업문화는 오직 고객감동을 위한 문화가 구축되어야 한다.

6) 종업원 만족

고객감동경영을 성공적으로 정착시키려면 내부 종업원을 만족하게 해야 한다. 자사의 상품과 서비스에 만족하지 못하는 종업원들이 자부심을 느끼고 고객에게 판매활동이나 서비스 활동을 하도록 기대하는 것은 힘들 것이다(원융희 외, 2003).

2. 고객감동경영 운영체계

고객감동경영을 추진하기 위한 조직운영은 대량생산 제도(system)의 삼각형(pyramid형) 조직운영과는 반대로 역삼각(Pyramid)형 조직을 운영하는 것이 서비스산업에서 고객과 사람을 중요시하는 조직 개념이다. 역 피라미드(pyramid) 조직이란 서비스 접점에서의 종업원에게 권한을 이양하고 관리자는 서비스 접점의 종업원을 지원하는 조직이다. 서비스 경영에서의 조직은 종업원 만족이 곧 고객감동으로 연결된다는 것을 명심해야 한다. 서비스 접점에서의 종업원들이 고객에 대한 올바른 주인의식을 갖추고 즐거운 직장을 만드는 경영환경을 조성해야 한다. 종업원 만족이 고객감동에 미치는 영향은 [그림 11-3]과 같다.

고객감동 경영 기업에서의 관리자란 지시하고 권위를 지키는 절대적 권위(charisma)의 관리자가 아니라 조직의 통솔자로서 솔선하는 관리자를 요구한다. 즉, 관리란 조직 내의 역할자로서 조직의 목표와 서비스에 대한 철학, 서비스 프로세스(process)를 통하여 고객감동을 창출하는 것이다.

[그림 11-3] 종업원 만족이 고객감동에 미치는 영향

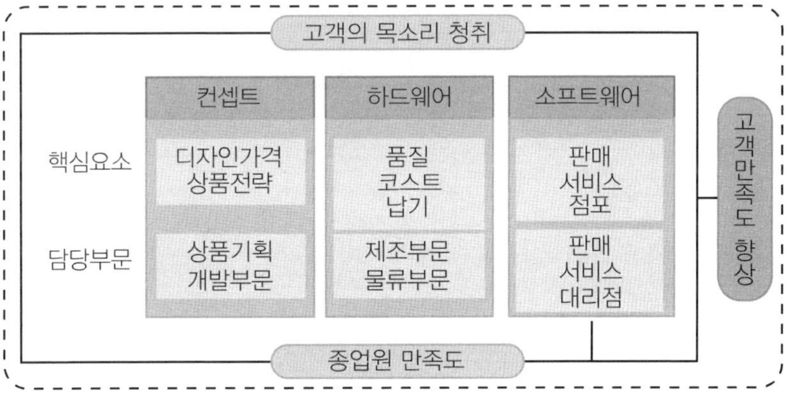

출처 : 김영한, 1992.

3. 고객감동 향상 방법

고객감동도를 높이는 방법으로는 고객의 구매형태에 따라 구매과정에서 사전 기대치와 사후 감동도를 평가하여 고객의 감동도를 향상하는 전략을 수립하여야 한다. 따라서 고객감동에 대한 사전 철저한 분석이 요구된다.

1) 구매단계별 감동

고객은 구매 전 사전 서비스 예측과 구매 중 그리고 구매 후 프로세스(process)를 통하여 경쟁사 또는 유사제품과 서비스를 비교한다. 따라서 고객감동도를 향상하기 위하여 구매단계별로 고객의 혜택을 향상해 주어야 한다.

〈표 11-1〉 구매단계별 고객감동도

구매단계	고객의 감동 도
구매 전	기대 서비스를 높이는 것이 중요함으로 광고나 영업 전략을 통하여 고객에게 더욱 구체적인 메시지를 전달한다.
구매 중	고객이 편리하고 쉽게 제품과 서비스를 구매할 수 있도록 서비스 스테이션(station)을 개선하고 제품의 디자인과 포장 그리고 대금지급방법 등에 변화를 준다.
구매 후	사후 서비스로서 철저한 고객의 불만을 해소해야한다. A/S는 고객의 불만을 감소시키지 못한다. 따라서 제품 및 서비스를 완벽하게 제공하는 것만이 고객감동 도를 향상하는 방법이다.

구매 전은 고객의 기대를 향상하기 위하여 마케팅을 통하여 고객에게 직·간접적으로 접근하여 고객의 기대를 향상한다. 구매 중에는 매장 내에서 고객이 편리하게 제품을 구매할 수 있도록 제품의 전시와 고객의 동선, 결재방법 등 보다 편리한 구매가 이루어지도록 서비스를 제공한다. 구매 후에는 철저한 사후관리를 하여 고객에게 다가가야 한다. A/S는 고객의 감동도를 높여주는 요소는 아니다. 따라서 사후관리가 불충분하면 고객의 불감동도는 극에 달한다.

2) 고객감동 구성요소

고객감동을 구성하는 3대 요소로 제품, 서비스, 이미지가 있다.

(1) 제품

과거 감동하는 제품의 가치는 품질, 가격 등에 비중을 두었지만, 시대의 변화에 따라 제품에 대한 감동도는 디자인(design), 사용상 편리성 등 첨단기술, 하이터치(high touch) 제품으로 가치의 중대성이 이동하고 있다.

(2) 서비스

고객의 마음을 차지하는 방법으로서 서비스는 매장의 분위기, 고객 접점의 종업원의 행동은 고객의 감동도에 많은 변화를 주고 있다. 따라서 제품의 우수성과 판매방법의 혁신에 따라서 고객의 감동 도는 현저하게 차이를 나타나게 된다.

(3) 기업 이미지

기업의 이미지는 고객감동도를 향상하는 간접적인 영향 요소이다. 기업의 이미지로는 기업의 사회 공헌도, 환경경영 등 고객이 느끼는 기업의 경영활동도 고객감동에 중요한 요소이다.

4. 고객지향 사고

1) 고객지향 사고의 필요성

고객 지향적 사고로의 전환이 필요한 것은 시장에서 경쟁이 점점 더 심화하고 있다는 것과 규제조치가 철폐되면서 국내 및 외국의 신규 참여기업이 늘어나고 있고 기업의 생산능력이 대규모로 확충되고 고객의 패턴(pattern)이 다양화됨으로 생산수율 조절이 어렵게 되어 기업은 생산보다는 판매가 중요한 과제가 되었다.

그리고 시장의 경쟁도 브랜드(brand) 간의 경쟁이 주된 경쟁이었으며 현재 우리 기업은 경쟁의 폭과 경쟁구조가 과거보다 훨씬 심화한 경쟁 환경에 놓여 있는 것이다. 예를 들어 금융기관의 경우 과거 은행은 은행끼리, 투신사는 투신사끼리, 보험사는 보험사끼리 경쟁했지만 최근에는 이와 같은 금융업종 간의 구분이 없어지고 모든 금융기관 간의 경쟁이 시작되고 있다.

이 결과 고객의 마음을 사로잡기 위한 시장 경쟁이 치열해지게 되었다. 따라서 소비자는 시장에서 제품 선택의 폭이 많이 늘어나 과거와 달리 훨씬 까다로워진 구매 행동을 보인다. 즉, 현대 소비자는 과거와 달리 제품에 대한 정보를 수집하여 브랜드(brand) 간의 비교 평가를 하여 자기가 지급하는 가격에 비해 가장 많은 가치를 제공하는 제품을 선택하세 된다.

2) 고객지향 사고로의 전환

과거 의료서비스의 경우 대표적인 고객 불감동 현장이었다. 경쟁이 심하지 않았던 경우에는 대부분 의사 및 간호사 그리고 병원 경영자는 환자에 대한 고객 인식이 부족했었고 환자들의 고객감동에 대해서 대부분 무관심했었다. 그러나 최근 의사들의 독점적 진료에서 의사들의 공급 과잉으로 개인병원을 중심으로 자기 병원을 찾는 환자들의 의료서비스에 대한 감동 도를 높이기 위한 고객관리로 특화하는 병원들이 급증하고 있다.

이처럼 의료서비스 기관이 의사 중심의 사고에서 환자 중심의 사고로 전환하게 되는 이유는 시장경제에 따른 경쟁 때문이라고 볼 수 있다. 과거처럼 병원만 개업하면 환자가 찾아오는 시대는 지났으며, 환자의 마음을 사로잡기 위한 경쟁이 치열하게 일어나고 있다.

금융시장에서도 금융시장이 개방되고 자율화되면서 많은 외국 금융기관 예를 들어 은행과 증권회사가 국내 금융시장에 새로이 진출하고 있다. 또한, 기존의 금융기관 간 업무영역의 경계가 무너지면서 금융시장의 경쟁이 그 어느 때보다 치열해지고 있다. 이처럼 금융시장의 경쟁이 치열해지면서 우리나라 금융기관 사이에 고객 지향적 사고의 필요성이 점점 커지고 있다.

5. 서비스에 대한 생각의 변화

마케팅 발전과정을 보면 기업의 경영 전략적 사고는 크게 세 가지로 나눠 볼 수 있다. 첫째 제품 중심 사고, 둘째 판매중심 사고, 셋째 고객 중심 즉 고객지향 사고이다.

1) 제품 중심 사고

제품 중심 사고는 좋은 제품을 만들어 시장에서 비싼 값으로 판매한다는 사고이다. 즉, 세계에서 최고의 독점적 제품을 만들면 고객은 제품을 사려고 몰려들기 때문에 별도의 마케팅이 필요 없는 사고이다. 이러한 사고는 제품 개발기술(engineer)이 강한 회사에서 흔히 찾아볼 수 있다. 그러나 과연 좋은 제품만 만들어 내면 시장에서 잘 팔리는가? 반드시 그렇지 않다는 데 문제가 있다.

제품 중심 사고가 어떤 문제가 있는가를 보여주는 좋은 사례가 있다. 미국의 어느 회사에서 세계에서 제일 튼튼하고 편리한 쥐덫을 만들었다. 이 회사의 사장은 이 쥐덫이 시장에서 성공하여 곧 백만장자가 될 것으로 기대했었다. 그러나 결과는 시장에서 소비자들이 이 쥐덫을 찾지 않아 결국 회사가 파산됐다는 것이다. 왜 이 세계에서 제일 튼튼하고 편리한 쥐덫이 시장에서 실패하게 되었을까? 이 질문에 대한 대답이 바로 제품 중심 사고가 어떤 문제를 갖고 있는가를 보여 준다.

제품 중심 사고가 갖는 문제점은 고객의 욕구보다 제품 그 자체를 중요시하는 것이다. 즉, 고객이 정말 제품을 구매함으로써 충족시키려는 본원적 욕구를 고려하지 않고 단순히 제품 그 자체로 예를 들어 제품의 외형(Style) 또는 제품의 기능만을 잘 만들려고 하는 것이다. 오히려 소비자가 정말 원하는 것은 하드웨어(hardware)로서 제품 그 자체를 원하는 것이 아니라 제품을 통해 충족하려는 욕구에 대한 해결책이다. 즉, 쥐덫 사례에서는 소비자들이 정말 원했던 것은 튼튼하고 편리한 쥐덫 그 자체가 아니라 쥐를 잡는 해결책을 원했다. 그러니까 시장에서 쥐덫보다 쥐를 잡는 더 좋은 해결책, 즉 쥐 잡는 약품이 개발되니까 사람들은 더는 쥐덫을 찾지 않게 되는 것이다.

이처럼 제품 중심 사고가 갖는 문제점은 제품에 대한 고객의 근본적 욕구를 찾지 못하고 제품에만 치중한다는 것이다.

소비자들의 구매 결정에 영향을 미치는 요인에는 우선순위가 있으며 제품에 따라 우선순위가 달라진다는 것이다. 쥐덫의 경우에는 일반적으로 소비자들은 품질보다 가격이 더욱 중요한 구매요인으로 작용한다. 즉, 소비자들이 원하는 일정 수준의 품질이 충족되면 더는 품질이 구매에 크게 영향을 끼치지 못하게 되며, 대신 가격이 중요한 구매요인으로 작용하게 된다는 것이다. 이 쥐덫은 세계에서 제일 튼튼하고 편리하게 만들려고 했기 때문에 생산비가 높게 되고 따라서 가격도 기존 쥐덫의 평균 가격인 9.55달러보다 훨씬 비싼 시장가격이 책정되었다. 소비자는 쥐덫의 경우에는 가장 중요한 구매요인이 가격이기 때문에 추가적인 품질에 더 많은 가격을 지급하려 하지 않았으며 그 결과 이 쥐덫은 시장에서 소비자들이 찾지 않게 된 것이다.

또한, 소비자들의 구매행위는 제품에 대한 사실에 의해서라기보다는 제품에 대한 소비자들의 인식 때문에 결정되는 것이다. 따라서 아무리 좋은 기능과 품질의 제품이라도 소비자에게 그것이 충분히 알려져서 소비자들이 그 브랜드(brand)에 대한 인식이 좋아지지 않으면 시장에서 구매로 나타나지 않는 것이다. 따라서 이 쥐덫의 경우 세계에서 제일 좋은 쥐덫을 만들어 내었으나, 소비자들이 저절로 와서 사서 갈 것이라고 믿고 광고 및 판촉활동을 소홀히 한 결과 소비자들이 제품에 대한 정보를 충분히 갖지 못하게 되어 시장에서 찾지 않게 된 것이다.

2) 판매 위주 사고

판매 위주의 사고는 광고와 판촉을 주된 마케팅(marketing) 수단으로 한다. 판매 위주의 사고가 고객 지향적 사고와의 차이점은 고객지향 사고에서는 고객감동이 목표가 되나 판매 위주의 사고에서는 많이 파는 것이 마케팅 활동의 목표가 된다.

3) 고객지향 사고

고객지향의 사고는 고객이 원하는 것이 무엇인지를 찾아서 이를 충족시켜 주는 제품 또는 서비스를 제공하고, 고객감동을 끌어내는 경영으로 기존의 기업들이 생산자 또는 판매자 중심적인 사고로 기업을 경영하고 고객을 대할 때 이 기업들은 고객지향 사고를 도입하여 제품 개발 및 마케팅 활동을 고객 중심적으로 함으로써 시장에서 성공할 수 있다는 것이다.

고객지향 경영이 비용이 많이 드는 것도 아니고 그 효과가 장기적으로 나타나는 것도 아니며, 적은 비용으로도 할 수 있으며 그 효과가 단기적으로도 나타난다. 중요한 것은 올바른 사고로의 전환이지 결코 비용 또는 시간이 문제가 되는 것은 아니다.

6. 고객감동 측정방법

오늘날 치열한 시장 경쟁에서 살아남기 위한 고객감동 경영을 하기 위해서는 먼저 고객의 기대 수준, 자기 제품에 대하여 고객이 인식하는 성능 수준, 그리고 고객의 감동 수준을 조사하여 측정하여야 한다. 고객감동 도는 제품이나 서비스의 고객감동을 조사하는 방법에는 간단한 기법에서 복잡하고 정교한 기법에 이르기까지 여러 가지 방법이 있다.

1) 고객 제안시스템 이용

고객 제안제도는 고객이 제품과 서비스에 대해 불평과 제안을 쉽게 하도록 하는 방법이다. 호텔 및 콘도 등에서 이용객에게 좋았던 점과 싫었던 점을 묻는 고객 설문지를 비치하여 고객의 의견을 적극적으로 반영하는 방법도 고객 제안제도의 일환이다. 병원에서도 퇴원 환자들에게 불편한 점이 무엇인지를 묻는 설문지를 작성하게끔 하고 환자의 의견을 받는 제안함을 복도에 비치해 놓는 방법과 수신자 부담의 080 고객 상담 클로버 서비스(toll free service)나 고객 불만 처리 부서를 설치하여 고객들이 부담 없이 불만이나 개선책을 전달할 수 있게 한다. 이와 같은 방식으로 수집된 고객의 불만 및 불평 정보는 기업에 많은 새로운 아이디어를 제공해 주며, 또한, 기업이 고객의 불만 사항에 대해 신속하게 반응할 수 있게끔 한다.

2) 설문조사 방법

고객감동도를 직접 설문 조사하는 방법으로서 이 방법의 문제점은 불 감동한 고객의 적극적인 불만의 자료를 얻기가 힘들다는 것이다.

따라서 기업은 단순히 고객 불평의 회수를 고객감동의 측정치로 삼을 수 없으며, 보다 직접 고객감동도를 조사할 필요가 있다. 고객의 반응에 더욱 민감한 기업들은 정기적인 조사를 통하여 고객감동을 직접 측정하는 방법을 사용한다.

이러한 설문조사를 통해 고객감동을 측정하는 방법으로는 고객들에게 직접 묻는 방법으로 고객이 제품이나 서비스에 대해 얼마나 감동했는지를 리커트(likert-type scale) 측정방법으로 1점(아주 불감동)에서 5점(아주 감동)까지 체크(check)하여 측정할 수 있다.

3) 유령 고객 이용

유령 고객을 이용하여 고객감동 수준을 측정하는 방법으로 조사원이 고객으로 가장하여 제품과 서비스를 구매하는 과정에서 경험하는 강점과 약점을 보고하게 하는 방법이다. 이런 유령 고객은 심지어 문제를 제기하여 이를 자사의 판매원이나 종업원이 어떻게 대응하는지를 실험하기도 한다.

4) 이탈 고객 조사

고객 이탈률을 조사하여 고객감동을 측정하는 방법으로 자사의 제품이나 서비스를 구매하다가 구매를 중단했거나 타 구매처로 전환한 고객에 대하여 무엇이 문제인지를 조사하는 방법이다.

IBM의 고객감동경영 사례에서와 같이 IBM의 경우 고객 이탈 현상이 심각하게 발생하여 시장점유율이 급격하게 떨어졌을 때, 새로운 최고 경영자로 등장한 루이 거스터너는 이탈한 예전 고객을 하나하나 방문하여 IBM이 무엇을 잘못하는지 예를 들어 가격이 너무 높은지, 서비스가 부족한지, 제품의 신뢰도가 떨어지는지 즉, IBM의 문제점이 무엇인지를 찾으려고 노력하였다. 그 결과 IBM에 대한 고객의 불만은 제품의 품질이나 기술이 문제가 아니라 IBM에 대해서 고객이 원하는 그리고 IBM만이 할 수 있는 통합적 문제 해결 방법을 제공하지 않는 데 있다는 것을 알았다. 그 결과 고객이 원하는 종합적 문제 해결 방법을 제공함으로써 IBM은 기적처럼 부활하였다. 즉, IBM의 부활은 이탈 고객들 때문에 부활하였다.

7. 고객감동의 효과와 문제점

1) 고객감동의 효과

고객감동 경영의 효과는 다음과 같다(홍석보 외, 1998).

(1) 전사적 확산

경영자의 통솔력에 의해 전사적으로 퍼진다는 점이다. 제품뿐만 아니라 서비스, 관리시스템은 기업 전반의 모든 영역에서 고객감동이 이루어진다.

(2) 고객 중심의 전개

먼저 고객감동경영 도입의 여건 조성부터 시작하여 공감대 조성을 위한 작은 운동 전개, 이에 대한 측정과 평가 그리고 제2의 전략 수립 등의 순서를 단계별 전략과 그에 맞는 전개 내용을 한 걸음씩 밝혀갈 수 있다.

(3) 고객 관계 개선

고객과의 관계가 개선되어 서비스가 좋아졌다는 점이다. 고객을 만나는 접점의 순간을 진실하게 맞이함으로써 보다 나은 고객과의 관계를 유지할 수 있다.

(4) 고객정보 공유

전사에 고객정보를 고유할 수 있다는 점이다. 고객감동성과를 측정하여 고객감동도 결과를 전 직원이 함께 공유하는 효과는 다른 혁신기법에 비해 뛰어나다.

2) 고객감동의 문제점

고객감동경영의 문제점은 다음과 같다(홍석보 외, 1998).

(1) 의식개혁으로 끝날 수 있다.

의식개혁으로 끝날 수 있다는 점이다. 즉 일시적인 친절운동이나 홍보 수준에서 중단되어 조직의 구조적인 개혁을 이루어 기업에 뿌리를 내리지 못한다는 것이다. 한 단계 한 단계 성장한다면 문제가 없지만, 장애 요인 등의 야기로 중도에 포기하거나 혹은 다음 단계의 내용과 연계성이 부족된다면 각각의 의식개혁적인 효과만을 낳게 된다.

(2) 구조적 개혁으로 연결 부족

구조적 개혁으로 연결이 부족하다는 점을 지적할 수 있다. 고객감동에서 고객은 외부 고객만을 의미하는 말은 아니다. 그러나 외부 고객의 기대에 부응해야 한다는 기본적인 생각이 내부 고객의 감동 때문에 외부 고객이 감동할 수 있다는 사실을 놓치기 때문이다.

3) 내부 고객감동

(1) 내부고객

그동안 우리는 고객감동 경영의 초점을 외부고객을 감동하게 하기 위해서 추진하였다. 그러나 외부고객을 감동하게 하기 위해서는 먼저 내부고객을 감동하게 하는 것이 중요하다. 고객과의 접점에 있는 판매사원 또는 현장 종업원을 감동하게 해 종업원이 고객과 가지는 상호관계의 질을 높이는 것도 중요하다. 감동하지 않은 종업원이 고객과의 만남에서 감동적인 서비스를 제공할 수 없다.

특히 서비스 산업은 생산과 소비가 동시에 일어나기 때문에 직접 제공하는 종업원과 동시에 이를 받아 소비하는 고객과의 직접적인 접촉에서 일어난다. 따라서 이와 같은 고객과의 상호관계의 질을 높이는 것이 외부 고객감동에 중대한 영향을 미친다.

(2) 내부고객감동 방법

고객감동에 큰 영향을 미치는 종업원과 고객과의 관계의 질을 높이려면 종업원을 고객으로 인식하고 종업원을 감동하게 해야 한다. 따라서 내부 고객감동을 위하여 종업원들에게 고객감동을 위한 효과적인 교육 훈련 및 동기부여를 제공하며 모든 지원 서비스를 제공하는 사람들이 하나의 팀(team)으로 일하게 하는 것을 의미한다.

제3절 고객감동 전략

1. 서비스 개념(concept) 설정

[그림 11-4] 서비스 개념 설정 단계

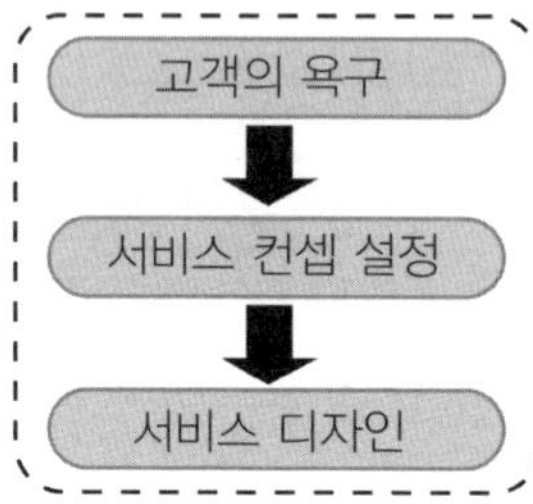

고객을 감동하게 하기 위하여 우선 기업이 제공하고자 하는 서비스의 차별성을 설정하여야 한다. 서비스에 대한 개념(concept)은 고객이 무엇을 원하는지를 먼저 파악하여야 한다. 고객의 욕구에 맞추어 기업의 고객감동 개념(concept)을 설정한다.

우리가 추구하고자 하는 고객감동을 위한 서비스 개념은 고객의 욕구, 특히 주요 고객의 욕구를 파악하고 이를 기반으로 서비스 개념을 결정하고 디자인(design)한다.

고객은 모든 고객이 주요 고객은 아니다. 기업이 제공하고자 하는 서비스의 디자인(design)은 제품 및 서비스의 특성에 따라 주요 고객층을 설정하고 이들 고객에 맞는 개념을 결정하여야 한다. 주요 고객층의 구분은 나이별, 성별 등을 기준으로 주요 고객에 대한 개념을 설정한다. 또한, 우리의 주요 고객은 무엇을 어떻게 원하는지를 분석할 필요가 있다.

주요 고객이 결정되면 차별화하는 개념을 정하여야 한다. 서비스 개념은 독창적이며 고객의 눈높이에서 설정한다. 개념(concept)은 우선 고객에게 전달하고자 하는 메시지(message)의 키워드(key word)를 설정하고 이를 문장으로 설정한다.

2. 서비스 디자인(service design)

기업의 서비스에 대한 개념(concept)이 결정되면 이 개념(concept)에 맞는 고객에게 제공할 적절한 서비스를 독창적으로 디자인(design)하여야 한다. 이러한 서비스 디자인(service design)은 서비스를 제공하는 직원과 고객과의 만남의 시점에 대하여 디자인(design)한다. 이를 우리는 진실의 순간이라고도 한다.

진실의 순간(moment of truth)은 고객과 서비스를 제공하는 종업원 사이에 짧은 순간 이루어지는 서비스에서 나타나는 고객의 만족과 불만족의 판단이다. 이러한 짧은 순간에 종업원은 회사의 책임과 권한을 갖고 회사의 서비스를 고객에게 입증하여야 한다. 따라서 고객은 회사의 서비스 공간에 들어와서 상품을 구매하기까지 종업원과의 몇 번의 짧은 만남을 통하여 순간의 서비스를 경험하게 되는데 서비스를 제공하는 종업원은 고객이 만족할 수 있도록 최대의 역량을 동원하여 고객감동을 창출하여야 한다.

서비스 경영자는 고객 접점에서 눈에 보이는 서비스를 담당하는 요원뿐만 아니라 눈에 보이지 않는 전화 서비스, 용모 등을 전 직원에게 서비스 정신을 배양하여야 한다.

서비스를 제공하는 종업원 본인이 만족하지 않으면서 고객에게 만족한 서비스를 제공한다는 것을 기대하기는 어렵다. 따라서 종업원에 대한 보상 시스템도 잘 갖추어져야 한다.

[그림 11-5] 서비스접점 삼각구조

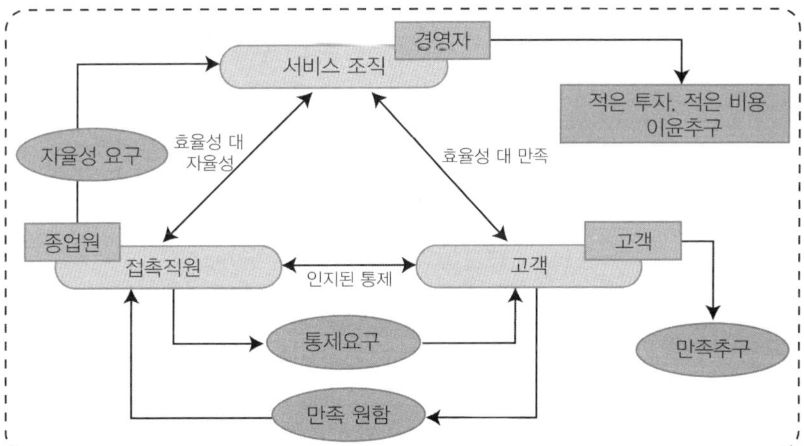

디자인(design) 단계는 고객이 우리의 시비스 접전에서 고객이 떠날 때까지의 모든 단계를 디자인(design)한다. 예로 음식점의 경우 고객의 동선을 살펴보면, 먼저 고객이 전화로 예약할 때 전화예약에 대한 서비스 디자인(service design)을 하며, 고객이 음식점을 찾았을 때 그리고 주차장에 차를 주차하고 홀(hall) 안으로 들어와서 자리를 안내받고 자리에 앉을 때 그리고 메뉴(menu)판을 받고 주문하고 식사가 끝나면 후식을 주문하고 식사가 완료되면 대금을 지급하고 주차장에서 차를 운전하여 음식점을 떠날 때의 모든 프로세스(process) 서비스를 디자인하여 서비스 접점에서 표준을 디자인하여 종업원들이 서비스를 제공할 수 있도록 하여야 한다.

〈표 11-2〉 백화점 디자인 사례

서비스 과정	MOT	주요 고객 요구사항
백화점에 들어오기 까지	• 주차장 안내원 접객 태도 • 주차장 안내원 복장 • 입간판/매장의 안내 표지판 • 매장의 외관 • 이용 편리성	• 주차장 안내원이 미소를 지으며 친절했으면 한다. • 주차장 안내원의 복장이 깔끔해서 보기에 좋았으면 한다. • 내가 주차하기 쉽도록 주차장 안내원이 신속하고 정확했으면 한다. • 주차 시설이 좋았으면 한다. • 매장의 안내 표지판이 적절하게 붙어 있어서 매장으로 들어가기 쉬웠으면 한다. • 외관이 깨끗해서 들어갈 때 기분이 좋았으면 한다.
해당 코너에 도착하기까지	• 눈에 띄는 판매원의 태도 • 헬프 데스크(help desk) 안내원의 친절도/정확도/신속도 • 엔트런스의 상태 • 점포 내의 외관 • 진열 용구의 관리 상태	• 매장들을 둘러볼 때 판매원들이 친절했으면 한다. • 헬프 데스크(Help desk)의 직원이 내 질문에 정확하고 신속하며 친절하게 답했으면 한다. • 매장 입구의 우산꽂이/에어컨/난방이 좋았으면 한다. • 매장에 들어섰을 때 깔끔하고 고급스러웠으면 한다. • 화장실/엘리베이터/층별 상품 등 표지판이 잘 보여서 즐거운 쇼핑이 되었으면 한다. • 상품들이 깔끔하게 진열되어 구경하기 편했으면 한다.
구입하기까지	• 매장의 판매원 접객 태도 • 판매원의 정보 제공 태도 • 계산원의 접객 태도 • 계산원의 정확도/신속도 • 제품 진열 상태	• 매장의 판매원이 인사, 언행 등이 친절했으면 한다. • 내가 질문했을 때 신속/정확/쉽게 설명했으면 한다. • 계산 직원은 신속/정확/친절하게 결제해주었으면 한다.
구입 후 백화점에서 나가기까지	• 경비원의 접객 태도 • 주차장 안내원의 태도 • 출구상태 • 주차장 이용 편리성	• 경비원의 태도가 위압적이지 않고 친절하다는 느낌을 주었으면 한다. • 주차장 안내원이 미소를 지으며 친절했으면 한다. • 주차장 안내원 복장이 깔끔해서 보기에 좋았으면 한다. • 매장 밖으로 나가기 쉽게 주차장이 운영되었으면 한다.

출처 : 박휘섭 외, 2005.

제4절 고객감동 경영의 추진절차

고객감동경영은 다른 모든 경영시스템과 같이 최고경영자의 강력한 의지와 통솔력을 통하여 서비스 접점에 있는 종업원까지 조직원 전원이 참여하는 종합적 경영시스템이다. 고객감동경영을 통하여 고객의 가장 중요한 문제를 해결함으로써 고객 가치 창출에 영향을 미치게 된다.

1. 단계별 추진절차

1단계 : 고객감동경영 기업문화 확립

고객을 최우선으로 존중하는 기업문화를 만들고 최고 경영자의 의지를 선포하고, 전사적 행동지침을 개발하여 참여 정신을 함양하는 단계이다.

2단계 : 추진 책임자 선정

고객감동경영의 추진 팀(team)을 구성하고 책임자를 선발하여 고객감동경영의 핵심을 구축하는 단계로서 외부기관과 협력하여 함께 추진할 수도 있다.

3단계 : 고객감동도 조사

고객감동도 조사는 객관적이고 정확한 자료를 수집하여 분석하는 것이다.

4단계 : 목표 설정

고객감동경영 이념을 토대로 고객감동의 목표와 개선을 위한 뚜렷한 목표를 설정하여 전 사원이 공통된 목표를 추진하도록 한다.

5단계 : 마음의 정신(mind) 조성

전 사원이 고객감동경영의 목표 안에서 왜 추진하여야 하는가의 목적 수립과 마음가짐 변화를 위하여 교육과 훈련을 통하여 전사적 마음의 정신(mind) 조성이 필요하다.

6단계 : 절차서 작성

고객감동경영 실천 프로그램(program)을 작성하여 서비스 접점에서 고객에 대한 대응능력을 함양시켜준다. 이 단계에서는 교육과 홍보를 통하여 고객을 위한 서비스 프로세스(process)를 강조한다.

7단계 : 상품 및 서비스의 개선

이 단계는 수집, 분석된 정보를 제품 및 서비스 프로세스(process) 개선에 적용하는 단계이다.

8단계 : 결과에 대한 평가

전 단계에서 개발된 상품과 서비스 프로세스(process)를 점검하고 평가하는 단계이다. 평가는 공정성을 유지하여야 하며 객관적인 평가가 이루어져야 한다. 또한, 개선된 사례가 적용되기 이전에 여러 단계의 실험(test)을 거쳐 확신성을 인증받아야 한다.

9단계 : 보상

기업에서는 종업원에 대한 적정한 보상을 해주는 것이 매우 중요하다. 어떤 의미에서 보상을 고려하지 않는 인적자원관리란 존재하지 않는다. 고객만족을 위하여 노력한 결과에 대한 종업원의 보상이 없다면 고객감동경영은 일시적인 유행으로 그치게 된다. 따라서 최고경영자는 개선된 프로세스(process)를 추진한 개인 및 팀(team)에 대한 보상은 꼭 필요한 요소이다.

10단계 : 환류(feedback)

개선된 프로세스(process)를 전사적으로 정착하고 운영되도록 개선된 프로세스(process)와 지침서를 홍보한다. 이러한 문화가 기업 전체에 전파되도록 관리하여야 하며 하나의 개선 프로젝트(project)가 끝나면 새로운 도전을 할 수 있도록 문화를 만들어야 한다. 또한, 개선된 프로젝트(project)도 고객의 욕구 변화에 따라 새롭게 개선할 필요가 있으므로 항시 처음의 마음가짐을 유지하고 자만에 빠지지 않게 한다.

2. 고객감동도 측정

1) 고객감동 측정 도구

다음의 표는 항공회사의 고객감동도 조사의 사례로서 미국에서 사용되는 것을 참고로 만들었다. 자료를 참고로 하여 서비스 기업에 적용하면 효율적일 것이다(원융희 외, 2003).

〈표 11-3〉 항공회사의 앙케이트 조사 미국사례

항상 저희 회사를 이용해 주셔서 감사합니다. 보다 좋은 서비스를 하기 위한 아래와 같은 조사에 협력해 주신다면 기쁘겠습니다. 나중에 회수해 가겠습니다.

1. 비행에 대하여

1. 어느 클래스에 탑승하셨습니까?
① 퍼스트 클래스 ② 비즈니스 클래스 ③ 이코노미 클래스

2. 항공 운임료 지불은?
① 자기 자신 ② 회사 ③ 친지, 친구 ④ 기타

3. 이번 여행의 목적은?
① 비즈니스 ② 관광 ③ 기타

4. 이번 여행은 다른 항공사를 이용하셨어도 되셨습니까?
① 아니요
② 예(만약 그렇다면, 저희 회사를 선택해 주신 이유는 무엇입니까?)
① 가격 ② 시간의 편리 ③ 서비스의 질 ④ 평판 ⑤ 특전제도 ⑥ 기타

2. 서비스에 대하여

5. 저희들의 서비스에 대하여 평가해 주십시오.
① 모르겠다 ② 안 좋다 ③ 보통이다 ④ 좋다 ⑤ 멋지다

ⓐ 예약했을 때
- 접수담당원의 효율 .... ⑤ ④ ③ ② ①
- 접수담당원의 응대 .... ⑤ ④ ③ ② ①

ⓑ 공항에서
- 접수계의 효율 .... ⑤ ④ ③ ② ①
- 접수계의 응대 .... ⑤ ④ ③ ② ①
- 탑승순서 .... ⑤ ④ ③ ② ①
- 수하물 취급 .... ⑤ ④ ③ ② ①

6. 저희 회사에 대해 어떻게 느끼고 계십니까?
① 신뢰할 수 있다 ② 효율적이다 ③ 친근감이 있다 ④ 혁신적이다
⑤ 편리하다 ⑥ 요금이 싸다 ⑦ 유능하다 ⑧ 책임진다.

7. 지불하신 항공운임에 근거하여 가치가 어느 정도 있었다고 생각하십니까?
① 근사하다 ② 좋다 ③ 보통 ④ 좋지 않다 ⑤ 최저

8. 모든 것을 묶어, 이번의 비행여행을 어떻게 평가하십니까?
   ① 멋지다 ② 좋다 ③ 보통이다 ④ 좋지 않다 ⑤ 최저

9. 다음 항공사와 비교하여 저희들은 어떻습니까?
   ⓐ 전체적인 서비스는
   ① 좋다 ② 비슷하다 ③ 나쁘다

10. 당신자신에 대하여

11. 직업
   ① 경영 관리직 ② 전문직 ③ 공무원 ④ 영업직 ⑤ 학생 ⑥ 주부
   ⑦ 퇴직자 ⑧ 여행업자 ⑨ 기타

12. 학력
   ① 대졸 ② 고졸 ③ 중졸 ④ 재학생

13. 연령
   ① 18세 미만 ② 18-24세 ③ 25-34세 ④ 35-49세 ⑤ 50-64세 ⑥ 65세 이상

14. 성별
   ① 남 ② 여

15. 연간수입
   ① 1백만 원 이하 ② 1백만 원-3백만 원 ③ 3백만 원-5백만 원
   ④ 5백만 원-1천만 원 ⑤ 1천만 원 이상

많은 협조에 감사드립니다. 기타 의견이 있으시다면 여백에 적어 주십시오.

출처 : 원융희 외, 2003.

제5절 고객의 소리

1. 고객의 소리란?

고객의 소리(VOC : voice of customer)는 단순히 고객의 불만을 접수하고 처리하는 과정이 아니라 다양한 경로(Channel)를 통해 고객의 소리를 수집하고 이를 분석하여 가치 있는 정보로 만들어 기업 경영에 적극적으로 활용하는 것이다(ksac.co.kr, 2008).

고객을 유지하는데 들어가는 비용이 $10, 고객을 잃는데 10분, 고객을 다시 얻는 데는 10년이 걸린다. 이는 고객 서비스의 Ten, ten, ten 법칙이다. 고객을 한번 잃으면 다시 찾는 데 많은 노력이 필요하므로 사전에 고객을 잃을 수 있는 일들을 방지하는 것이 중요하다는 의미를 내포하고 있다. "고객이 무엇을 좋아하고, 싫어하는가?"를 정확히 알아내어 그에 맞는 서비스를 개발하는 방법의 하나가 고객의 소리에 귀를 기울이는 것이다(박휘섭 외, 2005).

고객의 소리는 고객으로부터 들려오는 모든 의견 및 불평, 건의사항 등과 고객 접점에서 담당자가 작성한 고객의 소리 카드(card), 소비자 상담실의 접수 사항, 고객 엽서, 홈페이지(homepage) 고객의 소리 등이 있다.

기업의 생존에 미치는 가장 큰 영향 중의 하나가 고객의 소리에 얼마나 빨리 대응하느냐이다. 고객의 소리에 귀를 기울이고 고객의 마음을 사로잡기 위하여 전 종업원이 신속하게 대응하는 것만이 기업이 생존경쟁에서 살아남는 방법의 하나이다.

2. 고객의 소리를 통한 개선 절차

고객의 소리는 고객이 우리에게 원하는 소중한 자료이다. 이러한 고객의 소리를 접수하여 새로운 상품 및 서비스 개발에 적용하여 고객 중심의 신제품 및 서비스를 창출하여야 한다. 고객의 소리에 대한 처리 절차는 다음과 같다.

1) 고객의 소리 수집

고객의 소리를 수집하는 방법에는 고객의 소리 카드(card) 작성, A/S 센터의 접수 현황, 고객 접점의 직원의 고객 불평 청취, 전화 상담, e-mail 접수, 홈페이지

(homepage) 고객의 글 등 다양한 방법으로 고객의 소리를 접수할 수 있다.

2) 고객의 소리 공유

접수된 고객의 소리를 전 직원이 공유하고 평가하여 진정 고객이 원하는 것이 무엇인지를 분류한다. 분류된 고객의 소리는 주제별로 개선 팀(team)이 주제로 선정하여 개선을 추진한다.

3) 개선활동

개선 팀(team)은 선정된 주제를 고객의 관점에서 개선을 추진하고 개선된 결과를 측정한다. 수집된 고객의 소리는 통계적 기법을 통하여 측정 분석하고 개선 결과는 프로세스(process)에 반영하여 전 직원이 공유하도록 한다.

4) 개선활동

개선 결과는 문서로 만들고 고객에게 개선 결과를 홍보한다. 개선 결과 프로세스(process)가 지속해서 반영되는지에 대한 프로세스(process) 점검을 통하여 측정한다.

3. 단계별 고객의 요구사항 수집 방법

고객이 진정으로 원하는 것이 무엇인가? 그리고 시간이 지남에 따라 고객의 요구와 욕구사항, 고객 태도의 변화를 이해하는 데는 훈련과 인내력과, 창의성, 민감성, 과학 그리고 때로는 행운을 조합한 이상적 창의력이 필요할 것이다(고기전 외, 2003). 고객감동 경영을 통하여 고객의 요구사항, 경쟁사의 활동들, 시장 변화를 지속해서 추적하고 갱신하는 전략과 시스템(system)이 고객의 소리(VOC) 시스템이다.

1) 1단계 : 전략 개발

(1) 고객의 소리 전략 개발

많은 기업은 서비스 상품을 개발하는데 고객의 요구사항을 잘 파악하지 못하고 있다. 이러한 문제점을 해결하기 위하여 고객의 소리를 기반으로 새로운 데이터(data)에 기반 둔 서비스 상품 개발에 노력하여야 한다. 고객의 요구를 얼마나 명확하게 이해하고 고객의 소리에 주의를 기울이고 있는지 측정하는 것이 필수적이다.

(2) 고객의 소리 핵심 요소 개발

효과적인 고객의 소리를 얻기 위하여 지속적인 관심과 집중이 필요하다. 일시적인 유행에 따른 고객의 소리를 얻는 것은 변화의 속도에 적응하지 못하는 발상이다. 고객의 소리 핵심 요소는 누가 우리의 고객인가를 파악하는 것이다. 예를 들면 화난 고객, 특별한 것을 요구하는 고객은 새로운 프로세스(process)를 개발하는데 시험할 수도 있다.

(3) 광범위한 조사방법 활용

과거의 고객 소리 조사법은 고객의 요구사항을 자세히 파악할 수 없었다. 전통적인 도구는 정보와 고객의 선호도는 정확히 파악하지만, 고객이 요구하는 세부사항은 파악하지 못하고 있다. 따라서 새로운 세대의 고객의 자료 수집 기법이 요구되고 있다.

〈표 11-4〉 고객의 소리 소사 빙법

전통적인 방법	새로운 세대의 방법
• 설문조사 • 일부집단(focus group) • 회담(interview) • 정형화된 불만 시스템(system) • 시장조사 • 전문 구매 프로그램(program)	• 목표가 있으며 다양한 수준의 인터뷰(interview)와 설문조사 • 고객 채점표(scorecard) • 데이터웨어하우징(data warehousing)과 데이터마이닝(data mining) • 고객/공급자 '감사' • 품질 기능 전개

출처 : 신완선 외, 2003.

(4) 상세한 데이터 마이닝(data mining)

고객의 소리를 통하여 고객의 핵심 요구 시항을 찾아서 시장의 변화에 한 발 앞서 나가는 것이 목표이다. 고객은 자신의 정보가 노출되는 것을 꺼리기 때문에 효과적인 고객과의 의사소통은 쉽지가 않다. 따라서 고객이 원하는 것을 명확히 찾아내기 위하여 데이터(data)의 충분한 검토와 분석이 필요하다.

(5) 정보의 활용

많은 기업이 정보를 수집하여 이용 가능한 자료를 수집하였지만 수집된 정보로 새로운 프로세스(process)에 이용하려고 하지 않는다. 정교하고 훌륭한 정보를 효과적으로 활용될 수 있도록 경영진의 적극적인 관심이 필요하다.

(6) 현실적인 목표부터 출발

고객의 소리를 수집하는데 하루아침에 이루어질 수 없다. 고객의 자료를 수집하기 위하여 처음부터 광범위하게 목표를 설정하는 것이 아니라 현재 기업의 약점을 보완해줄 자료 수집부터 출발하는 것이 효과적이다.

2) 2단계 : 표준 개발

(1) 고객의 구체적 요구사항의 개발

고객이 원하는 구체적이고 객관적인 최종의 서비스 상품 및 서비스의 유용성과 효과성에 대한 조사 결과의 결과물 목록을 작성한다.

(2) 고객의 요구사항에 대한 설명서 작성

고객의 목소리를 통하여 얻은 분석 자료에 고객 요구사항에 대한 설명서를 구체적으로 작성하고 고객 요구가 발생한 원인을 설명하여야만 좋은 자료가 된다.

〈표 11-5〉 고객의 요구사항 설명 사례

잘못된 작성 사례	잘 작성된 사례
고객은 빠른 배달을 원한다.	고객은 주문 후 30분 이내 배달을 원한다.
고객은 가족처럼 대하기를 원한다.	고객이 들어오면 10초 이내 인사를 한다.
가정에서 쉽게 조립하기를 원한다.	성인이 10분 이내 조립할 수 있게 한다.

3) 3단계 : 요구사항 우선순위 정립

고객의 요구사항을 개선하기 위하여 주요 사항의 구체적인 활동 기준을 설정하고 우선순위를 결정한다.

학습목표 요약

1. 고객 지향적 사고란 무엇인가?

고객 지향적 사고는 기업의 관점에서 개발하는 것이 아니라 고객의 관점에서 고객의 필요와 요구를 따라가는 것이다. 고객감동은 기업의 매출 상승과 신규 고객의 창출 그리고 기존 고객의 반복 구매에서 일어나는 고정 고객화가 가능하기 때문이다.

2. 고객감동 선행조건은 무엇이 있으며 왜 필요한가?

- 고객 접점에서의 최우선 : 고객 접점은 종업원과 고객과의 만남으로 전화 응대 및 종업원의 서비스 태도 등과 기업의 이미지, 실내 분위기, 공조시설 등의 고객감동에 미치는 모든 요소를 말한다.
- 정기적인 평가 : 제품 및 서비스에 대한 고객감동도 조사는 정기적으로 조사되어야 한다. 이러한 조사 방법은 항시 고객의 관점에서 고객의 관심사항과 고객의 변화 추이를 분석하여야 한다.
- 최고 경영자의 지도력 : 최고 경영자는 고객감동 조사 결과에 대하여 지속적인 관심을 가지고 최일선에서 고객감동 경영을 솔선 추진하여야 한다.
- 경영자의 의지 : 고객만족 경영을 저해하는 요인 중의 하나가 최고 경영자의 통솔력과 결단력 부족이었다. 고객감동경영은 변화에 흔들리지 않고 안정적으로 추진하기 위하여 최고 경영자의 강력한 지도력이 요구된다.
- 기업문화 : 고객감동경영 혁신을 통한 모든 변화를 구성원들의 행동규범(norms)과 공유가치(shared value)로 연결해 새로운 기업문화로 정착시키는 것이다.
- 종업원 만족 : 고객감동경영을 성공적으로 정착시키려면 내부 종업원을 만족하게 해야 한다. 자사의 상품과 서비스에 만족하지 못하는 종업원들이 자부심을 느끼고 고객에게 판매활동이나 서비스 활동을 하도록 기대하는 것은 힘들 것이다.

3. 고객감동 구성요소에는 무엇이 있는가?

고객감동을 구성하는 3대 요소로 제품, 서비스, 이미지가 있다.

- 제품 : 제품에 대한 감동도는 디자인(design), 사용상 편리성 등 첨단기술, 하이터치(high touch) 제품으로 가치의 중대성이 이동

- 서비스 : 고객의 마음을 차지하는 방법으로서 서비스는 매장의 분위기, 고객 접점의 종업원 등의 행동은 고객의 감동도에 많은 변화를 주고 있다.
- 기업 이미지 : 기업의 이미지는 고객감동도를 향상하는 간접적인 영향 요소이다. 기업의 이미지로는 기업의 사회 공헌도, 환경경영 등 고객이 느끼는 기업의 경영활동도 고객감동에 중요한 요소이다.

4. 고객감동 측정방법으로 무엇이 있는가?

1) 고객 제안제도 이용
2) 설문조사 방법
3) 유령 고객 이용
4) 이탈 고객 조사

용어해설

- 고객만족 경영(customer satisfaction management)은?

고객 지향적 사고로 경영의 목적을 고객 최우선으로 정하여 고객의 시선에서 제품과 서비스를 창출하는 것

- 고객만족이란?

고객의 기대 수준에 부응하는 제품이나 서비스를 제공함으로써 고객이 그의 가치를 인정하는 것이고, 고객감동이란 고객이 전혀 기대하지 못했던 제품이나 서비스의 가치를 제공함으로써 고객에게 감동을 주는 것

- 제품 중심 사고란?

좋은 제품을 만들어 시장에서 비싼 값으로 판매한다는 사고이다.

- 판매 위주의 사고란?

광고와 판촉을 주된 마케팅을 수단으로 한다.

- 고객지향의 사고는?

고객이 원하는 것이 무엇인지를 찾아서 이를 충족시켜 주는 제품 또는 서비스를 제공함으로써 고객감동을 끌어내는 경영

- 유령 고객이란?

고객감동 수준을 측정하는 방법으로 조사원이 고객으로 가장하여 제품과 서비스를 구매하는 과정에서 경험하는 강점과 약점을 보고하게 하는 방법이다.

제12장

벤치마킹

학습목표

1. 벤치마킹이란 무엇인가?
2. 벤치마킹의 핵심은 무엇인가?
3. 벤치마킹은 어떤 유형이 있는가?
4. 벤치마킹의 원칙은 무엇인가?
5. 벤치마킹 4단계는 무엇인가?

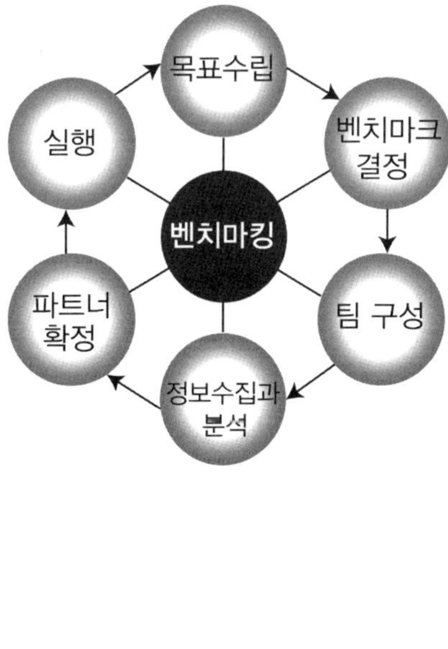

제1절 벤치마킹의 사고

1. 벤치마킹의 출발

1) 벤치마킹의 의의

벤치마킹(Benchmarking)은 1979년에 시작한 제록스(Xerox)사의 기업혁신사례와 같다. 그 당시 이름도 없던 일본 캐논(Canon)사의 복사기는 제록스의 생산가보다도 낮은 소매점 가격으로 시장에 일대 돌풍을 일으켰는데 제록스는 그에 대항하기 위하여 최초로 캐논사에 대한 벤치마킹을 시작하였다. 1987년 로버크 캠프(R. Camp)는 이것을 "성공 벤치마킹"이라는 저서를 통하여 정식으로 소개를 하였으며 비로소 이론으로 정착되었다.

우물 안 개구리 식 사고를 탈피하여 상대로부터 나보다 더 나은 점을 지속해서 배우고, 배운 것은 공유하여 함께 행동으로 옮기는 것까지 그리고 쉬지 않고 계속하는 것을 벤치마킹이라고 불렀다. 즉, 벤치마킹은 초우량기업으로 성장하기 위해 특정 분야에서 뛰어난 업체를 선정, 그 경영방식을 배우면서 자기혁신을 추구하는 경영기법이라고 할 수 있다(홍석보 외, 1998).

2) 벤치마킹의 발전단계

벤치마킹은 타사 제품을 분해하여 부품을 비교·분석하여 모방하는 역 엔지니어링(Reverse Engineering)의 단계인 제1세대로 출발하여 제2세대는 상품을 비교하여 생산과정을 비교하는 차원으로 제품 원가를 비교하여 개선 대안을 벤치마킹하는 단계이다.

제3세대 벤치마킹은 종전의 제품 중심적 벤치마킹 단계를 넘어 경쟁사의 프로세스를 비교·분석하여 자사에 유리한 프로세스를 벤치마킹하는 단계이며, 제4세대 벤치마킹은 전략적 벤치마킹 세대로 변화를 추구하는 다수의 기업이 모여서 서로 벤치마킹하여 기업의 전반적인 변화와 혁신을 추구하는 단계이다.

제5세대 벤치마킹은 21세기 들어서면서 글로벌 경쟁 시대에 적응하기 위하여 국제적으로 적용 가능한 경영 프로세스 및 국제 비즈니스 프로세스 개선에 필요한 국제적으로 선도해 나가는 기업을 벤치마킹하는 글로벌 벤치마킹 단계로서 이와 같은 벤치마킹의 흐름은 다음의 [그림 12-1]과 같다.

[그림 12-1] 벤치마킹의 발전단계

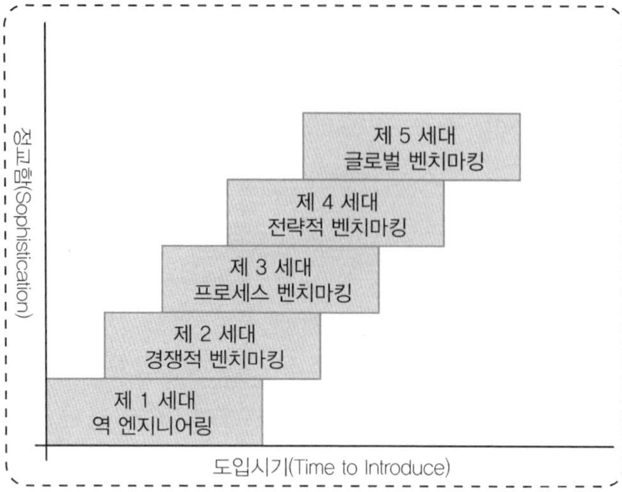

출처 : 그레고리 왓슨(신홍철·변지석·이경주 역), 전략적 벤치마킹.

3) 벤치마킹의 핵심

성공적 벤치마킹은 벤치마킹의 핵심을 찾는 것으로 효과를 거두지 못해 실망스럽다면 방법을 탓하기보다 '핵심'을 잘 유지하고 지켰는지를 살펴보는 것이 중요하다. 대부분은 핵심은 모두 버려두고 엉뚱한 일에 집착하는 경우가 많기 때문이다.

벤치마킹은 최상을 대표하는 기업을 선정해 그 회사의 강점을 조사하고 분석하는 과정이다. 최상의 기업은 최고의 성과를 보이는 경쟁업체일 수 있지만, 동종업종이 아니어도 좋다. 제품, 서비스, 프로세스는 또 다른 핵심이다. 벤치마킹은 완제품이나 최종 서비스에 국한되지 않는다. 오히려 조직 내 업무 실행이나 작업 프로세스, 운영 활동, 조직 기능 등 다양한 분야에서 시행될 수 있고 그 과정을 이해하는 데 유용하다.

또한, 벤치마킹의 핵심은 지속성이다. 지속성은 모든 경영혁신 활동과 개선 활동의 필수적 전제로서 어떤 핵심보다 중요하다. 벤치마킹은 일회성 행사가 아닌 지속적이고 순환적인 과정이다. 끊임없이 변화하는 경영환경과 경쟁을 이해하기 위해서는 지속적인 벤치마킹 활동이 필요하다. 물론 그대로 따라 하라는 것이 아니다. 미래에 전개될 경쟁과 시장의 구도를 이해하기 위한 것이다.

4) 벤치마킹의 유형

벤치마킹은 내부적 벤치마킹, 경쟁적 벤치마킹, 기능적 벤치마킹, 전략적 벤치마킹으로 분류하며 벤치마킹의 유형은 다음과 같다.

(1) 내부 벤치마킹

내부 벤치마킹은 동일 기업 내에서 서로 다른 사업장이나 부서, 사업부 사이에서 일어나는 벤치마킹 활동을 말한다. 내부 벤치마킹은 정보를 수집하기에 쉽다는 장점이 있으며 반면에 자사 내에서의 활동이기 때문에 근시안적인 조사와 분석 활동이 될 수 있다는 한계를 가지고 있다.

(2) 경쟁적 벤치마킹

경쟁적 벤치마킹은 같은 고객을 대상으로 제품 또는 서비스를 판매하는 직접적인 경쟁자 사이의 벤치마킹 활동을 말한다. 동종업종이기 때문에 우리와 직접 관련 있는 정보를 얻을 수 있고 비교도 가능하다는 장점이 있다. 반면에 정보를 수집하기 어렵고 서로 적대적인 관계라면 활동이 사실상 불가능한 단점이 있다.

(3) 기능적 벤치마킹

최신의 제품, 서비스, 프로세스를 가지고 있는 것으로 인식되는 조직을 대상으로 한 벤치마킹을 말한다. 새롭고 혁신적인 기법을 발견할 수 있다는 장점이 있지만 서로 다른 업종이기 때문에 방법을 이전해 올 수 없는 한계가 있다. 이런 문제들로 인해 벤치마킹 활동에 많은 시간이 걸리는 단점도 발생한다.

(4) 전략적 벤치마킹

기업의 프로세스를 벤치마킹을 이용하여 근본적인 프로세스 변화를 일으키는 것이다.

(5) Cost 벤치마킹

중장기적인 경쟁우위를 확보하고 기업의 가치 및 경쟁력 향상을 위하여 동종 또는 이종업계의 모범실무(Best Practice)를 대상으로 수행한다. 이 방법은 생산성 및 직접 비용에 초점을 맞추어 가치사슬이 다른 시점별로 누적 원가 및 생산성을 비교하며, 조직 능력 및 인력 충원의 효율성 등의 원천을 밝혀 종업원 각자를 대상으로 간접비를 비교한다. 이때 동종 및 이종 산업을 대상으로 특정 프로세스에 대한 최선의 프로세스를 정의함으로써 재설계 노력에 대한 목표를 분명히 하고 필요한 변화 과정의 도식화(Mapping)를 지원할 수 있다.

(6) 직접적 벤치마킹

벤치마킹 대상을 직접 방문하여 수행하는 방법이다. 이 방법은 필요로 하는 정확한 자료의 입수 및 조사를 할 수 있으며 접촉 점(Contact Point)의 확보로 벤치마킹 이후에도 계속 자료 입수 및 조사를 할 수 있는 장점이 있지만, 벤치마킹 수행과 관련된 비용 및 시간이 많이 소요되며 적절한 벤치마킹 대상 선정에 한계가 있다는 단점이 있다.

(7) 간접적 벤치마킹

인터넷 및 문서 형태의 자료를 통해서 수행하는 방법이다. 이 방법은 벤치마킹 대상의 수에 제한이 없고 다양하며, 비용 또는 시간적 측면에서 상대적으로 많이 절감할 수 있다는 장점이 있지만 벤치마킹 결과가 피상적이며 정확한 자료의 확보가 어렵고, 특히 핵심자료의 수집이 상대적으로 어렵다는 단점이 있다.

〈표 12-1〉 벤치마킹의 유형

유 형	비교연구 대상	장 점	단 점
내부 벤치마킹	• 같은 기업 내 다른 지역, 부서, 사업부 간의 유사한 활동	• 자료수집이 쉬움 • 다각화된 우량기업의 경우 효과가 매우 큼	• 관점이 제한됨 • 편중된 내부시각 우려
경쟁적 벤치마킹	• 고객을 공유하는 직접적 경쟁기업	• 경영성과와 관련된 정보 입수가 가능 • 비교 가능한 업무/기술 • 정보수집의 지속성	• 자료입수가 어려움 • 윤리적 문제의 발생 소지 • 적대적 태도
기능적 벤치마킹	• 제품, 서비스 및 프로세스에 있어 가장 우수한 실무를 보이는 조직 또는 기업	• 혁신적인 실행을 발견할 가능성이 큼	• 다른 환경에 최선의 실행을 적용하였는데도 효과를 보지 못할 가능성
전략적 벤치마킹	• 경영방침에 따른 프로세스	• 환경 변화에 따른 지속적인 대처 능력	• 빠른 효과를 기대하기 어려움

출처 : 홍석보 외(1998), 전략적 경영혁신기법.

2. 벤치마킹의 원칙

G. H, Watson(1993)에 의하면 벤치마킹의 원칙을 호혜성, 유추, 측정, 타당성으로 분류하였다. 이러한 원칙의 상세 내용은 다음과 같다.

1) 호혜성(Reciprocity)

성공적인 벤치마킹의 핵심은 호혜 성(互惠性)의 원칙으로 '양자 승리(Win-Win) 신화 창조'에 나타나 있는 상호 교환적 관계에 기반을 둔 실무자가 벤치마킹한다. 회사 상호 간의 정보교환 및 정보공유의 결과 모든 참여회사는 곧 승리자가 된다. 그러나 호혜성은 그냥 이루어지지 않는다. 조사를 수행함으로써 얻고자 하는 사항과 더불어 정보의 범위 및 자료교환에 대해 명시적인 협상이 이루어져야 한다고 하였다.

2) 유추(Analogy)

벤치마킹 파트너 간에 가장 고도의 지식 전수가 이루어지기 위해서는 반드시 운영 활동의 프로세스가 경쟁적이거나 유사해야 한다. 이는 팀이 자신의 회사로 되돌아오게 되는 경우 터득한 교훈을 어떻게 응용하고 실행할 것인가를 설명할 수 있어야 한다.

3) 측정(Measurement)

벤치마킹은 측정치를 토대로 두 회사 간의 성과를 비교하는 것이다. 이러한 프로세스 성과의 원인과 방법은 프로세스 원동력 또는 프로세스 실행 동인(Process enabler)이라고 한다.

4) 타당성(Validity)

프로세스 실행 동인을 관찰하고 이를 성과지표 또는 성과 측정치와 관련짓기 위해서는 진실한 사실과 자료를 수집하여야 하며 이를 프로세스 비교 목적으로 이용하여야 한다. 직관이나 의견 또는 가정에 의존하게 되면 타당성이나 신뢰도가 확실치 않은 추측만을 만들 뿐이다. 과장될 수 있는 위험을 고려할 때 이들 두 요인은 효과적인 프로세스에 필수적이다.

제2절 벤치마킹 절차

1. 미국의 생산성본부의 벤치마킹 4단계

1) 계획단계

(1) 목표 설정(주제 선정)

목표 선정의 대상은 상품, 서비스, 경영지표, 프로세스 등의 영역을 설정한다.

(2) 대상 기업 선정

벤치마킹 대상 기업의 이전 가능성, 접근성, 혁신성 등을 고려하여 대상 기업을 선정한다. 대상 기업의 선정 시 주의 사항은 수준이 낮은 기업은 피하여야 하며 대상 기업은 여러 기업이 유리할 수도 있다.

2) 자료수집 단계

(1) 현재 우리 기업의 수준 파악

벤치마킹 대상 기업의 자료를 수집하기 이전의 단계로서 현재 우리 기업의 수준을 파악하여 격차를 분석하여야 한다. 이는 벤치마킹 기업에 우리 회사의 자료를 공개하지 않으면 신뢰성에 문제가 발생할 수도 있다.

(2) 조사방법

벤치마킹 대상 기업의 직접 조사와 간접조사 방법이 있다. 직접 조사는 전화조사, 현장방문과 견학 등을 통하여 필요한 자료를 수집하고 우리 회사의 현황을 설명하고 이에 대한 벤치마킹의 수준을 정하는 것이다.

또한, 간접조사는 벤치마킹 대상 기업의 제품이나 서비스를 구입하여 이를 분석하는 방법과 인쇄물, 출판물, 내부자료 등을 통하여 조사할 수 있다.

3) 분석 단계

우리 회사와 벤치마킹 대상 기업과의 격차 분석방법은 정량적 분석과 정성적 분석이 병행되어야 한다. 분석방법의 세부 내용은 기업진단 자료를 참고하면 된다.

4) 행동단계

(1) 프로젝트의 선정

대상 기업의 벤치마킹 결과를 우리의 전략에 맞게 선정하고 우선순위의 절차에 따라 실행한다.

(2) 개선 목표 설정

개선 목표를 설정할 때는 다음과 같은 점을 유의하여 설정하여야 한다(홍석보 외, 1998).

- 현재성, 진척상항의 파악을 가능하게 하려고 측정 가능한 것으로 설정한다.
- 개선 활동 분야와 그에 대한 시간적 틀의 명확한 제시가 요구된다.
- 달성하고자 하는 최종 목표에 이르는 단계적 목표로 구분하는 것이 효과적이다.

(3) 실행

활동계획의 진척 정도를 파악하여 검토 수정하는 중간 점검을 거쳐 목표와 일정을 비교하는 평가를 한다. 목표에 미달할 경우 설정 단계부터 재검토한 후 재실시 여부를 결정한다(홍석보 외, 1998).

2. 벤치마킹 프로세스

1) 목표 수립

벤치마킹을 하고자 하는 기업은 명확한 목표를 설정하여야 한다. 목표는 구체적으로 측정할 수 있는 수단을 취하여야 한다. 구체적인 목표는 실행계획을 수립하고 필요한 자원을 평가하는 데 도움이 된다. 또한, 성과를 보다 정확하게 측정하고 평가할 수 있도록 함으로써 확실한 통제 효과를 나타낸다. 예를 들면, '올해 말 이전에 특정 제품의 생산비용을 7% 절감한다.'와 같은 목표를 설정한다면 이것은 단순히 '생산비용의 절감'과 같은 목표에 비교하여 보다 실제적인 의의를 지닌다고 할 수 있다. 목표의 내용은 최소한 다음과 같은 두 가지 요소를 포함한다. 첫째, 목표는 판매량, 제조비용, 종업원 유동률 등과 같은 활동 항목 또는 성과 표준에 있어서 도달하려고 하는 수준을 포함한다. 예를 들면, '생산량의 10% 증가,' '제조비용의 5% 절감'과 같은 것을 말하는데 이것을 '성과 수준(performance level)'이라고도 한다.

2) 의사결정 및 계획 수립

벤치마킹을 도입하기로 하였다면 벤치마킹을 수행하기 위한 계획을 수립하게 된다. 벤치마킹 계획 수립단계는 다음과 같이 3단계로 나누어 이루어진다(G. H, Watson, 1993).

① 기업의 전략적 의지, 핵심역량, 능력도, 핵심 비즈니스 프로세스, 주요 성공요인 등을 파악해야 한다. 자사의 프로세스 성과에 대한 파악과 기업 외부에 대한 학습이 경영진을 잠에서 깨어날 수 있게 한다는 점을 고려하여야 한다.

② 벤치마킹 대상 프로세스의 잠재능력을 파악하기 위하여 프로세스를 문서로 만들고 그것의 특징을 기술한다. 이 단계에서 비즈니스 프로세스 분석의 목적으로 기본적인 품질관리 기법이 이용된다.

③ 일단 벤치마킹 목적이 정해지면 벤치마킹 목적에 맞는 파트너를 선정하거나 특정 기업의 벤치마킹 파트너로서의 적합성 여부를 평가하면서 필요한 기준을 확정한다.

3) 팀 구성

벤치마킹을 위한 팀 구성은 프로젝트 조직과 매트릭스 조직으로 구성하는 것이 효율적이다. 프로젝트 조직 구성과 매트릭스 조직 구성 방법은 다음과 같다(박영배 외, 2004).

(1) 프로젝트 조직

2차 세계대전 이후에 정부와 기업을 포함하여 많은 대형 조직은 앞에서 설명한 각종 조직형태를 가지고는 구체적이고 중대한 과업을 효과적으로 완성할 수 없다는 것을 깨닫기 시작하였다. 다시 말하면, 앞에서 설명한 기능이나 과정을 기초로 부문화한 조직 아래에서는 의사소통과 협조가 힘들거나 완만하게 이루어질 뿐만 아니라 그러한 기능부문이나 과정부문을 계속 유지해야 할 것인가 하는 것도 문제가 된다. 또한, 어떤 특수한 과업을 수행하기 위하여 조직 내에 장기적으로 유지할 필요가 없는 공식부문을 특별히 설치해야 할 경우에도 그때마다 전체의 조직부문을 대대적으로 개편하게 되어 인력과 재력을 증대시켜야 하는 부담이 따르게 된다. 따라서 이러한 문제점들을 해결하기 위하여 '프로젝트팀'(project team) 또는 '태스크 포스'(task force)라 불리는 조직구조가 나타나게 되었다.

미국에서는 이러한 프로젝트팀의 조직형태가 국방과 우주개발계획에 처음으로 응용되었다. 그리고 그 후에 이러한 조직형태는 기타의 특정 목적과 시간적 제한이 필요한 중대한 계획상에도 응용할 수 있게 되었다. 예를 들면, 기업의 신제품 개발·연구개발·시장 개발 등과 같은 성질의 계획에 있어서 프로젝트팀은 효과적으로 응용될 수 있다. 프로젝트팀은 일반적으로 다른 부문들과는 독립적으로 최고경영자의 밑에 설치되어 한 사람의 전문적인 프로젝트 경영자의 책임으로 관리된다. 그리고 팀은 주어진 과업을 달성하는데 필요한 각종 전문 인력으로 구성된다. 이러한 팀의 가장 큰 특색은 그 지위가 독립되어 있고 과업이 매우 구체적이라는 것이다. 다음의 그림은 이러한 프로젝트 조직의 기본적인 형태를 보여준다.

[그림 12-2] 프로젝트 조직

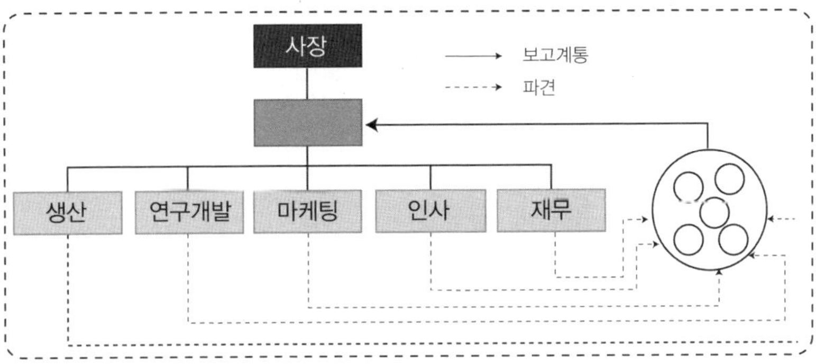

프로젝트 조직의 가장 큰 장점은 다음과 같다.

첫째, 상당한 신축성이 부여되기 때문에 과업의 상황과 필요성에 따라서 설치와 해산 그리고 확충과 긴축이 비교적 자유롭다. 따라서 전체 조직의 구조와 업무에 영향을 미치지 않는다.

둘째, 구성원들은 일상 업무의 영향을 받지 않기 때문에 주어진 과업을 완성하는 데 온 힘을 집중할 수 있다.

셋째, 필요에 따라서 여러 방면의 인재와 전문가를 흡수하여 그들의 지식을 충분히 활용할 수 있다. 따라서 창의적이고 과학적인 계획에 가장 적합하게 응용할 수 있다.

넷째, 주어진 과업이 구체적이고 명확하므로 팀의 구성원은 비교적 큰 성취감과 만족감을 느낀다.

그러나 이러한 조직 방식을 채택하는 것이 문제가 없는 것은 아니다. 예를 들면 다음과 같은 사항은 특별히 주의해야만 한다.

첫째, 프로젝트팀과 조직의 공식부문 사이에 충돌이 발생하기 쉽다. 특히 팀의 구성원이 공식부문에서 파견되는 경우에는 공식부문이 계획과 직무를 수행하는 데 지장을 받게 된다.

둘째, 프로젝트팀 구성원은 주어진 과업을 달성하는 데에만 너무 열성적으로 온갖 노력을 기울임으로써 그의 조직에 대한 영향이나 대가가 가치가 있는지 하는 것에 대해서는 무관심하기 쉽다. 다시 말하면, 구성원은 자신의 직무에 대하여 감정적으로 되기 때문에 객관성을 잃어버리기 쉽다.

셋째, 프로젝트팀은 반드시 최고경영층의 지지를 받을 수 있어야 한다. 그러나 최고경영자가 프로젝트팀의 활동에 관한 관심이 과도하여 사사건건 간섭하게 되면 조직의 신축성과 창의성의 장점을 해치게 된다.

넷째, 프로젝트팀이 일정한 성과를 달성한 후에는 조직 자체가 해체됨으로써 원래의 성과와 노력이 계속 지지받지 못한다. 따라서 모처럼 이룬 성과를 그르치게 되거나 용두사미의 결과를 가져올 수 있다. 이러한 현상은 특히 신제품을 개발하기 위한 과업에서 빈번히 발생한다.

이러한 프로젝트 조직은 전체 조직 내에서 여러 가지의 지위를 가질 수 있다. 극단적인 예로 프로젝트팀은 다만 최고경영자의 스태프에 불과하여 명령이나 지휘의 권한이 주어지지 않고 모든 일을 최고경영자나 원래의 기능부문을 통하여 실행해야 하는 경우가 있다. 그러나 어떤 때는 프로젝트 조직의 책임자는 자체의 인원과 설비를 가지고 모든 직무를 나름대로 수행할 수 있는 완전한 권한을 부여받기도 한다.

(2) 매트릭스 조직

라인 조직이나 라인 스태프 조직과 같은 효율성 지향의 조직, 사업부제 조직과 프로젝트 조직과 같은 유연성 지향의 조직 사이에서 기업은 효율성 목표와 유연성 목표를 동시에 달성할 수 있는 조직형태에 관심을 끌게 된다. 이러한 의도를 최초로 담고 만들어진 경영조직의 기본 형태가 매트릭스 조직이라고 할 수 있다.

매트릭스 조직(matrix organization)은 한편으로는 생산·재무·마케팅·인사·공정·자재·노무 등과 같은 전통적인 기능부문 또는 과정부문이 있고, 또 한편으로는 최고경영자에 직접 속해 있는 프로젝트팀이 있다. 프로젝트팀의 구성원은 대부분 원래의 기능부문으로부터 파견된다. 그러나 프로젝트가 진행되는 기간에는 프로젝트팀의 경영자에게 귀속된다. 이러한 조직 방식 아래에서 원래의 기능부문 경영자는 종적인 권한을 행사하게 되고, 프로젝트팀의 경영자는 각 기능부문을 초월하여 횡적인 권한을 행사하게 된다. 다음의 [그림 12-3]은 이와 같은 매트릭스 조직구조를 예시한 것이다.

매트릭스 조직은 기술과 시간에 좌우되며 고도로 전문화된 재화나 용역을 소량 주문 생산하고 판매하는 조직, 고도의 정보처리가 요구되는 불확실성에 직면하는 조직, 그리고 인적·물적 자원의 제약을 다루어야 하는 조직 등에 적용될 때 그 장점이 크게 나타날 수 있다. 그러나 매트릭스 조직은 이중적 지휘체계에 기인하는 구성원들의 역할 갈등과 역할 모호성에 따라 스트레스를 유발할 수 있으며, 많은 이해관계를 가진 사람들이 얽혀 있으므로 의사결정 자체가 복잡해지고, 기능부서와 프로젝트 구성원 사이에 권력투쟁이 발생하는 등 적지 않은 문제점도 동시에 가지고 있다.

[그림 12-3] 매트릭스 조직

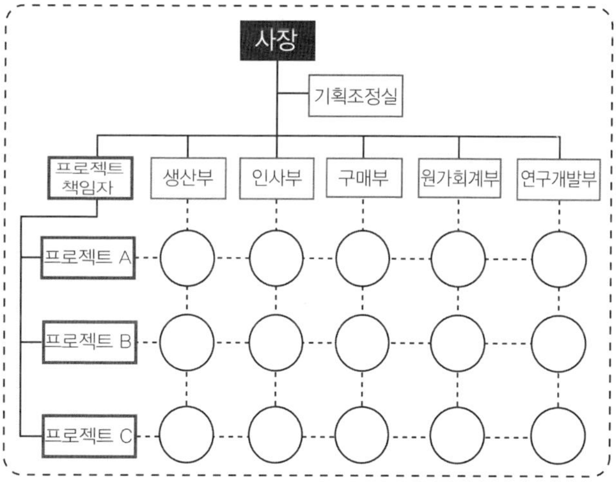

4) 정보 수집과 분석

G. H, Watson(1993)은 벤치마킹을 위한 예비 설문지의 개발이 완료되면 2단계 작업이 진행된다. 예비 설문지는 특정 주제에 대한 설문 응답자의 대답을 분석하여 참고자료로 활용함으로써 자료조사에 대한 팀의 생각을 조직화하는 도구로 이용되며 다음에 벤치마킹 대상 기업 선택 시 비교 기준 역할을 한다.

또한, 자료수집 과정은 다음의 3가지 작업을 차례로 행함으로써 진행된다. 즉, 내부자료 수집(품질관리 기법의 적용), 2차 자료 조사 그리고 내부 자료조사와 같은 방법을 적용하여 구하는 1차 외부 조사 및 자료의 수집 등이다.

벤치마킹 프로세스 모델의 분석 단계는 자료 분석, 자료 발표, 근본 원인의 분석, 결과의 추정, 실제 행동의 파악 단계로 분류하고 있다. 이 단계의 목표는 적용 가능한 프로세스 실행 동기를 파악하는 데 있다. 또한, 이 단계에서는 QC도구를 이용하여 다음과 같은 구체적인 작업을 수행한다.

① 성과 격차를 파악하기 위해 자료를 정리하고 그래프로 나타낸다.
② 공통의 측정기준으로 성과를 표준화한다.
③ 현재의 성과를 벤치마크와 비교할 수 있는 데이터를 설정한다.
④ 성과 격차를 파악하고 격차의 근본 원인을 분석할 수 있도록 기준을 설정한다.
⑤ 향후 3년에서 5년까지의 성과를 예측한 목표를 설정한다.
⑥ 사례연구에 대한 목표를 설계한다.
⑦ 도입 후 기업문화에 미칠 영향을 예측한다.

5) 파트너 확정

벤치마킹에 대한 구체적인 기준을 검토한 후 이를 토대로 최고 중의 최고만을 추구하는 대신 유사한 프로세스에서 성공적인 성과를 실현하고 있는 것으로 알려진 파트너를 선정하는 것이 바람직하다. 또한, 벤치마킹 대상 기업 선정 시의 유의사항으로 사전에 프로젝트의 범위 및 주요 성공 요인을 명확히 파악하여야 하며, 벤치마킹을 통해서 얻는 교훈은 자사의 실정, 사업, 전략과 반드시 관련이 있음을 인식해야 한다.

벤치마킹 대상 기업 선정 원칙으로는 다양한 조직을 대상으로 최선의 실무를 보이거나 가장 독특한 프로세스를 수행하는 회사를 선정하는 것이 좋다. 따라서 공식적인 벤치마킹 정보망의 구축을 통해 대상 기업을 선정하여야 한다.

6) 실행 및 평가

(1) 실시단계

개선 단계에서 목표는 단기 목표(short-term goal), 등가 목표(parity goal), 리더십 목표(leadership goal)의 3단계로 설정할 수 있다. 단기 목표는 벤치마킹 활동을 하지 않을 때에도 자사 업무의 분석으로 인해 얻어질 수 있는 개선 목표를 말한다. 등가 목표는 벤치마킹 파트너의 프로세스 및 동인을 분석하여 적용함으로써 얻어질 수 있는 목표를 말하며, 리더십 목표는 여러 회사를 벤치마킹한 장점의 효과를 살리고 시너지 효과를 증가시켜 경영자가 경쟁사의 성과 이상으로 책정한 성과 목표를 말한다.

개선 단계에서는 다음과 같은 활동을 수행한다(G. H, Watson, 1993).

① 현재의 성과 격차를 줄이고 해소하고 향후 선도적 수준을 추월할 수 있는 목표를 설정한다.
② 고려해볼 만한 최선의 실무와 실행 동인을 선택한다.
③ 기업문화와 조직구조에 적합하도록 프로세스 실행 동인을 수정한다.
④ 팀의 관점에서 프로세스 개선점을 통합하기 위한 목적으로 이들 실행 동인을 보완한다.
⑤ 개선점을 구현하기 위하여 구체적인 활동계획을 수립한다.
⑥ 경영진의 승인을 얻는다.
⑦ 필요한 자원을 확보한다.
⑧ 예상되는 변화에 대한 승인, 지원, 확약, 권한 등을 얻는다.

(2) 평가 단계

벤치마킹을 실시한 결과에 대한 평가 단계로서 우리 회사의 프로세스와 벤치마크 대상 기업의 프로세스 간의 성과 격차를 파악함으로써 변화의 중요성 정도를 파악한다. 이 경우 현재의 수준을 예측하여 미래의 격차(Gap)를 구하는 것이 바람직하다. 평가 단계에서 유의할 사항은 다음과 같다.

① 비교 가능한 상태로 환원시킨 후 비교해야 한다.
② 절대 비교에 집착해서는 안 된다.
③ 계산의 정확성보다는 방향성 있고 실행할 수 있는 수준의 정확도를 추구해야 한다.
④ 필요한 추정에 대한 강한 의지를 갖춰야 한다.

3. 벤치마킹 성공 조건

홍석보 외(1998)는 벤치마킹의 성공 조건으로 특정 분야의 뛰어난 업체를 선정하여 그 경영방식을 배우면서 끊임없이 혁신을 추구하는 벤치마킹을 수행하려면 다음과 같은 조건이 충족되어야 한다고 하였다.

1) 최고경영자의 지지와 참여

최고 경영진은 기업이 당면하고 있는 전략적 이슈와 우선순위 프로세스를 잘 파악하고 있으므로 벤치마킹 조사에 필요한 자원을 제공하며 리더십을 발휘해야 한다.

2) 교육과 훈련

벤치마킹으로 인한 조직의 변화를 위해 적절한 교육과 훈련은 필수적이며 이는 종업원의 사고를 변화시키고 필요한 행동을 유발한다. 벤치마킹 조사팀이 변화의 주체가 될 프로세스 책임자를 참여시키는 것도 변화의 필요성에 대한 인식을 높이고 변화에 대한 거부감을 줄이기 위해서이다.

3) 정보수집기능 확보

벤치마킹도 계획-자료수집-분석-시정이라는 4단계 순환주기를 거치는 프로세스이며 수행에 필수적인 조사 및 정보수집 기능을 담당한다. 프로세스 문제점을 근본 원인까지 검토할 수 있는 능력을 갖춘 유능한 내부 전문가 층의 확보 및 유지가 필요하다.

4) 네트워크 확보

벤치마킹이 효과를 발휘하기 위해서는 일차적으로 조직 내부에서 얻어낸 교훈이나 정보를 상호 공유할 수 있는 내부채널 확보와 외부 파트너와 공동으로 벤치마킹을 수행할 수 있는 네트워크 구축이 필요하다.

5) 충분한 사전 준비

효과적인 벤치마킹이 이루어지기 위해서는 자신이 수행하는 제반 작업 과정에 대한 이해와 문서화, 즉 내부평가가 선행되어야 한다. 내부평가는 벤치마킹의 시행착오를 최소화하는데 유용할 뿐 아니라 상대방의 협조를 구하기 위해 필요한 최소조건에 해당한다.

학습목표 요약

1. 벤치마킹이란 무엇인가?

상대로부터 나보다 더 나은 점을 지속해서 배우고, 배운 것은 공유하여 함께 행동으로 옮기는 것까지 그리고 쉬지 않고 계속하는 것을 벤치마킹이라고 불렀다. 즉, 벤치마킹은 초우량기업으로 성장하기 위해 특정 분야에서 뛰어난 업체를 선정, 그 경영방식을 배우면서 자기혁신을 추구하는 경영기법

2. 벤치마킹의 핵심은 무엇인가?

대표하는 기업을 선정해 그 회사의 강점을 조사하고 분석하는 과정이다. 최상의 기업은 최고의 성과를 보이는 경쟁업체일 수 있지만, 동종업종이 아니어도 좋다. 제품, 서비스, 프로세스는 또 다른 핵심이다.

벤치마킹의 핵심은 지속성이다. 지속성은 모든 경영혁신 활동과 개선 활동의 필수적 전제로서 어떤 핵심보다 중요하다.

3. 벤치마킹은 어떤 유형이 있는가?

(1) 내부 벤치마킹

내부 벤치마킹은 동일 기업 내에서 서로 다른 사업장이나 부서, 사업부 사이에서 일어나는 벤치마킹 활동

(2) 경쟁적 벤치마킹

경쟁적 벤치마킹은 같은 고객을 대상으로 제품 또는 서비스를 판매하는 직접적인 경쟁자 사이의 벤치마킹 활동

(3) 기능적 벤치마킹

최신의 제품, 서비스, 프로세스를 가지고 있는 것으로 인식되는 조직을 대상으로 한 벤치마킹

(4) 전략적 벤치마킹

기업의 프로세스를 벤치마킹을 이용하여 근본적인 프로세스 변화

(5) Cost 벤치마킹

중장기적인 경쟁우위를 확보하기 위하여 기업의 가치 및 경쟁력 향상을 위하여 동종 또는 이종업계의 모범실무(Best Practice)를 대상

(6) 직접적 벤치마킹

벤치마킹 대상을 직접 방문하여 수행하는 방법

(7) 간접적 벤치마킹

인터넷 및 문서 형태의 자료를 통해서 수행하는 방법

4. 벤치마킹의 원칙은 무엇인가?

1) 호혜성(Reciprocity)

성공적인 벤치마킹의 핵심은 호혜 성(互惠性)의 원칙으로 '양자 승리(Win-Win) 신화창조'에 나타나 있는 상호 교환적 관계에 기반을 둔 실무자가 벤치마킹한다.

2) 유추(Analogy)

벤치마킹 파트너 간에 가장 고도의 지식 전수가 이루어지기 위해서는 반드시 운영 활동의 프로세스가 경쟁적이거나 유사해야 한다.

3) 측정(Measurement)

벤치마킹은 측정치를 토대로 두 회사 간의 성과를 비교하는 것이다.

4) 타당성(Validity)

프로세스 실행 동인을 관찰하고 이를 성과지표 또는 성과 측정치와 관련짓기 위해서는 진실한 사실과 자료를 수집하여야 하며 이를 프로세스 비교 목적으로 이용하여야 한다.

5. 벤치마킹 4단계는 무엇인가?

1) 계획단계 : 목표 설정, 대상 기업 선정
2) 자료수집 단계 : 현재 우리 기업의 수준 파악, 조사방법
3) 분석 단계
4) 행동단계 : 프로젝트의 선정, 개선 목표 설정

용어해설

- 제5세대 벤치마킹

  글로벌 경쟁 시대에 적응하기 위하여 국제적으로 적용 가능한 경영 프로세스 및 국제 비즈니스 프로세스 개선에 필요한 국제적으로 선도해 나가는 기업을 벤치마킹

- 벤치마킹 팀 구성

  프로젝트 조직과 매트릭스 조직으로 구성

- 벤치마킹 대상 기업 선정

  이전 가능성, 접근성, 혁신성 등을 고려하여 대상 기업을 선정

- 등가 목표

  벤치마킹 파트너의 프로세스 및 동인을 분석하여 적용함으로써 얻어질 수 있는 목표

제13장

전략적 제휴

학습목표

1. 전략적 제휴(strategic alliance)란 무엇인가?
2. 전략적 제휴의 동기는 무엇인가?
3. 전략적 제휴의 필요성은 무엇인가?
4. 전략적 제휴의 유형에는 어떤 것이 있는가?

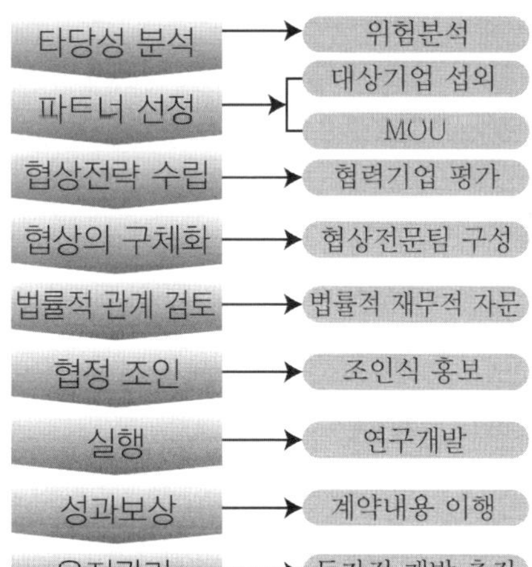

제1절 전략적 제휴의 이해

1. 정의

Joseph L. et al.,(1994)은 제휴는 간단하고 약식의 것으로부터 관련 회사들이 정말로 별개의 회사인지를 말할 수 없을 정도로 아주 뒤얽힌 관계에 이르기까지 다양하다. 그러나 본질에서 제휴는 조직상의 조치이고 운영정책인데 그것을 통하여 개별 회사들이 행정권한을 공유하고 사회적 연결을 형성하고 공동소유를 수락하고 또한, 그것으로 더 느슨하고 더 개방적인 계약이 고도로 구체적이고 경직된 계약을 대체한다. 그런 조치는 기업들의 경계를 모호하게 하며 흔히 지식이 기업 간 경계를 더 쉽게 흐르는 것을 허용한다고 하였다.

또한, 제휴가 1980년대의 일시적인 유행인가 아니면 기업이 경쟁하는 하나의 방법으로서 영구적이고 심대한 변화인가? 협력의 개별행동의 전통적인 동기는 이런 질문들 모두에 적절하게 대답하지 않는다. 대답은 경제적, 사회적, 행정적이고 또한, 정치적인 요소를 동시에 포함한다. 이런 요소는 서로 영향을 주는데 흔히 다른 상황에서 비중을 변화시킨다. 그런데도 기본적인 유형은 영향의 모자이크(mosaic)에서 생겨난다. 지식이 추진하는 힘은 강력한 방법으로 경쟁을 재형성하고 기업을 위한 새로운 문제와 기회를 만들고 경영인들이 더 많은 제휴를 맺게 유도한다.

전략적 제휴(strategic alliance)란 기업 내부적으로 해결할 수 없는 약점을 보완하기 위한 것으로서 단기간에 자신이 구축할 수 없는 기술과 능력을 상대방에게서 얻고 배운다는 전략적 의도이다. 이 같은 제휴는 수직적 통합, 규모의 경제성 확보, 시너지 효과 창출, 기술이전 등 4가지 유형의 이점을 누릴 수 있는지에 초점을 맞추어야 한다.

전략적 제휴란 기업들이 각각의 경쟁전략을 효율화시키기 위하여 상호 간에 우수한 기술과 제품 그리고 지식을 제공하는 협력관계로서 시장점유 확대, 첨단기술, 상품개발 등을 목적으로 하는 기업 간에 각자의 경쟁 우위적 요구를 바탕으로 상호보완적이고 지속적인 협력관계를 구축함으로써 다른 경쟁자에 대해 경쟁우위를 확보하고자 하는 것이다.

2. 목적과 동기

1) 전략적 제휴의 목적

전략적 제휴의 사전적 의미에서 목적은 기존 합병 형태나 독립기업 간의 외부 거래보다 원하는 기술이나 능력을 얻는 데 효과적이고 저렴하며, 목적 달성 후에도 철수가 쉽기 때문이다. 특히 규모의 경제성 추구, 위험 및 투자비용의 분산, 경쟁우위 자산의 보완적 공유, 기술획득 및 이전 수단, 시장의 신규 진입과 확대 모색, 과다한 경쟁 방지 등이 제휴를 하는 구체적 동기이다.

최근 벤처기업과 대기업이 각각 연구개발, 생산 · 판매 등을 역할 분담하여 대등한 입장에서 공동사업을 추진하기도 한다. 또한, 벤처기업들이 목적의식을 가지고 제휴를 맺는 예도 있다.

종래 기업 체제는 어느 한쪽 기업이 주도권을 갖는 계열화, 자회사화라는 점을 강했지만, 서로가 자신 있는 분야를 적극적으로 추진하여 공존공영을 꾀하는 점에서 과거의 제휴와 구별된다.

또한, 전략적 제휴의 목적은 사업전략에 비추어 자사에 부족한 것을 타사로부터 구하는 것으로 제휴를 통하여 타사로부터 얻을 수 있는 것은 제품, 기술, 브랜드, 기능 등이다. 기업은 사업 전략상 이들 가운데 무엇이 부족한지를 명확히 하여 그것을 보충하는 수단으로써 전략적 제휴의 가능성을 검토하게 된다. 타사로부터 무엇을 보충할 것인가를 명확하게 한다는 것은 동시에 자사만의 강점, 즉 핵심역량을 분명히 인식하는 것이기도 하다. 그런 의미에서 전략적 제휴는 강력한 특화된 경영을 실행하기 위한 전략으로 자리 잡게 된다. 우리나라 기업 간의 전략적 제휴는 시장 신규 진입 또는 확대, 기술 습득 및 기술이전, 상호보완적인 자산의 상호 공유 등을 목적으로 추진되고 있다. 기업 간의 전략적 제휴는 기업의 경쟁력을 강화하기 위한 적극적인 목적과 더불어 기업의 경쟁력을 보호하기 위한 방어적 목적이 있다(전웅수 외, 2000).

(1) 적극적 목적

협력 기업 간의 협력을 통하여 개별기업 단독으로 추구하는 것보다 더 큰 전략적 가치를 달성하기 위한 것이다. 협력 기업으로부터 학습을 통하여 기존의 핵심능력을 보완하기 위한 것이다.

(2) 방어적 목적

경영전략과정에서 당면하는 정치적, 기술적, 경쟁적 위험에 대비하여 경영전략의 옵션과 대안의 범위를 증대시킴으로써 경영전략의 위험부담을 감소시키기 위한 것이다. 기업이 자체의 핵심능력을 보호하려면 핵심능력을 구성하는 기술과 비결 그리고 정보자료가 철저히 관리되어야 한다. 따라서 기업 간의 제휴를 통하여 협력 기업의 전략을 파악하는 것은 물론 핵심능력과 관련된 자원(기술, 정보 등)의 유출을 통제하기 위한 것이다.

2) 전략적 제휴의 동기

전략적 제휴는 다음과 같은 동기에 의하여 실시되기도 한다(전용수 외, 2000).

(1) 경쟁우위의 제고

전략적 제휴는 기업 간의 경쟁 관계에 영향을 미칠 수 있다. 합작투자의 경우 잠재적 경쟁기업을 전략적 제휴 파트너로 영입함으로써 잠재적 경쟁기업의 대응능력을 무디게 할 수 있으며, 합작투자는 여러 기업의 내부 자원을 결합함으로써 보다 강력한 경쟁기업이 될 수 있게 한다.

(2) 보완 기술의 이전

전략적 제휴는 기술이전을 통하여 전략적 편익을 제공한다. 그런데 전략적 제휴는 기업 간의 단순한 기술이전 이상의 것으로서 장기간의 기업 관계를 포함하는 것이어야 한다.

(3) 연구개발(R&D) 비용의 경감과 위험분산

전략적 제휴는 어느 제휴 당사자도 제휴 활동의 모든 위험이나 자본을 부담하지 않는다는 점에서 위험회피를 위한 바람직한 체제(mechanism)이다.

(4) 전략적 해외시장에 대한 접근

해외시장 경험이 부족한 중소기업의 경우에 최초의 해외시장 진출은 흔히 전략적 제휴를 활용하는 경향이 있다. 생산능력은 보유하고 있지만 해외시장 경험이 없는 기업은 전략적 파트너에게 의존할 수가 있는 것이다. 해외시장 경험이 많은 기업도 새로운 해외시장 진출과 세계시장 전략이 전략적 제휴 관계를 가짐으로써 촉진될 수 있다.

(5) 핵심 제품계열 보충

기업은 기존의 제품계열에 핵심 제품을 보충하기 위해 전략적 제휴를 하기도 한다. 예를 들면 Ford사는 자사의 제품계열에 핵심품목을 보충하기 위하여 전략적 제휴에 의존하고 있다. Ford사는 일본의 Mazda사와의 장기적 제휴 관계로 다양한 제품 모델을 제조할 수 있게 되었을 뿐만 아니라 극동 아시아 시장에도 진출할 수 있게 되었다.

(6) 생산 합리화 규모의 경제 달성

동일 산업 내 기업은 전략적 제휴를 통하여 생산을 합리화하고 규모의 경제 효과와 경험 효과를 높일 수 있게 되어 생산원가를 낮출 수 있게 된다.

(7) 저원가 생산능력에 대한 접근

기업은 저원가 생산능력을 가진 기업으로부터 적정 수준 이상인 품질의 제품을 조달할 수 있다. 예를 들면 GE는 전자오븐을 한국의 삼성전자로부터 조달하고 있다.

(8) 산업발전 단계별 동기

산업발전 단계별로 보면 경쟁우위 확보를 위한 전략적 제휴는 성장산업에서 활발히 추진되고 있지만 성숙산업에서는 과점적인 산업구조로 시장 진입이 어렵다는 점과 국제적인 산업 재편 추세에 따라 상대적으로 부진한 편이다. 그러나 최근 들어 성숙산업 내에서도 기술혁신을 통한 공정기술의 개선과 개량된 신제품의 개발을 위해 전략적 제휴가 점차 증가하고 있다.

3. 전략적 제휴의 필요성과 효과

1) 전략적 제휴의 필요성

전통적으로 기업은 독자적으로 경쟁우위 요인을 개발하고 구축시켜 왔으나 경영환경이 급변하는 전면 경쟁 시대에는 한 기업이 모든 부문에서 독자적인 경쟁우위를 구축하기 힘들어졌으며, 환경변화에 신속한 대응을 목표로 하는 전략적 제휴의 필요성은 더욱 증대되었다.

또한, 전략적 제휴는 기업의 경쟁 패러다임이 Win-Lose Game에서 Win-Win Game으로 변하고 있는 상황에서의 전략적 제휴의 필요성을 살펴보면 다음과 같다(홍석보 외, 1998).

(1) 위험 공유(Risk Sharing)

혼자서는 더욱 투자위험을 감당할 수 없는 처지에 놓이게 되었을 때 위험을 분산시키거나 공유하기 위해 전략적 제휴가 필요하다.

(2) 규모의 경제(Economies of Scale)

경쟁력을 높이기 위해 더욱 큰 규모가 필요하지만, 그 기업이 속해있는 산업이 높은 고정비를 요구하여 규모의 경제를 이루기 위해 전략적 제휴가 필요하다.

(3) 특정 시장에의 접근(Market Segment Access)

대고객 관계, 유통 관련 기반시설(infrastructure)에 대한 기본적인 이해가 결핍되어 있을 때 특정 시장에 접근하는 방법적인 차원에서 전략적 제휴가 필요하다.

(4) 핵심기술에의 접근(Technology Access)

심각한 기술 격차에 직면해 있지만, 기술을 구축할 시간이나 자원이 부족할 때 전략 파트너의 기술을 이용하기 위해 전략적 제휴가 필요하다.

(5) 지리적 접근(Geographical Access)

성공 가능성이 있는 제품을 보유하고 있지만, 외국시장에 침투하는데 상당한 어려움을 겪고 있을 때, 즉 지리적 접근 가능성의 난이성을 극복하는 방법으로 전략적 제휴가 필요하다.

(6) 자금 제약(Funding Constraints)

상당한 개발비용 증가에 직면해 있을 때, 상대방의 비용분담을 원칙으로 하는 전략적 제휴가 필요하다.

(7) 경영기술(Management Skill)

새로운 경영 비결을 필요로 할 때 전략적 제휴가 필요하다.

(8) 부가가치 장벽(Value-Added Barriers)

부가가치를 높이기 위한 기술과 산업 내 경쟁력을 강화하고자 할 때 전략적 제휴가 필요하다.

(9) 인수 장벽(Acquisition Barriers)

인수 기회가 기업 규모나 지리적인 제약, 소유주의 경영권 상실 우려 등으로 제한적일 때 전략적 제휴로 인수 장벽을 넘고자 하는 필요성이 나타난다.

이러한 요인은 제휴사도 모두 같다. 다만 제휴사에서 볼 때 제휴사는 그 이유가 조금씩 달라질 수 있다.

2) 전략적 제휴의 효과

전략적 제휴의 효과는 시너지 효과, 학습효과, 신뢰성 창출 효과, 이미지 개선 효과, 매출 증대 효과 등을 들 수 있다.

또한, 이른바 외부효과의 내부화라 지칭되는 내용을 구체적으로 살펴보면 다음과 같다(홍석보 외, 1998).

(1) 시너지 효과

상호 부족한 부분을 보완하여 효율을 올리며 성과를 높이려는 것은 가장 기본적인 효과이다. 일본 기업의 제품 개발 유연성과 속도는 각사에 산재하고 있는 다양한 자원을 활용하여 온 결과이다. 이 밖에도 종래에는 없었던 새로운 기술이나 제품을 창출하는 시너지 효과도 기대할 수 있다.

(2) 집적효과

제휴로 인하여 정보가 공개되고 공유된다. 각 기업이 전문화되면 분업을 담당하면서 자사의 독자성을 가지는 가운데 협동하는 형태, 즉 1개소에 집중하여 자리 잡는 네트워크형 집적효과가 기대된다.

(3) 학습 효과

타 기업의 교류는 새로운 기업문화나 기업 행동을 학습, 흡수하는 효과를 거둘 수 있다. 특히 학습효과는 실무담당자가 가지고 있는 구체적인 정보와 기술의 학습효과에 의하여 효과를 거둘 수 있다.

(4) 혁신 효과

기업 간 동맹은 항상 혁신적이므로 기업에 활력을 준다. 제휴는 협조적인 경쟁관계로 기존 시스템이 구축하여 온 균형을 파괴하는 때도 있으며 새로운 시스템을 만들어 내는 에너지도 될 수 있기 때문이다. 이러한 시점에서 폐쇄적이며 전통적인 계열화에 의한 기업집단의 활동 원리와는 전혀 다른 새로운 이념이다.

혁신적 창조성은 합리적인 연구개발 활동의 결과로부터 생겨난다기보다는 보다 많은 시행착오 속에서 개선, 개량, 혁신하는 가운데 탄생하는 것이다. 중요한 점은 이러한 활동을 확산시킬 수 있는 조직을 지원하는 기업이 되어야 한다.

(5) 신뢰성 향상 효과

제휴의 목적은 단순히 경제적인 것만이 아니다. 회사, 지역사회, 주주, 종업원, 고객 및 협력업체로부터 기업의 이미지를 향상하는 데 효과를 발휘한다.

4. 전략적 제휴의 유형

1) 상호 의존도에 따른 분류

전략적 제휴의 형태에는 특허 사용, 자본참여, 합작투자, 기업매수 및 인수합병(M&A) 등이 있다. 협력은 다른 기업과 공동으로 어떠한 업무를 수행할 환경을 갖추는 것이고 특허 사용은 기술, 브랜드, 판매 활동 등에 관한 권리를 인정하는 것으로서 자본 관계를 전제로 하지는 않는다. 특허 사용을 세분화하면 자사의 권리를 사용토록 하는 대신 사용료(royalty)를 받아내는 경우와 반대로 타사 권리를 사용하기 위해 사용료(royalty)를 지불하는 경우 상호 간의 권리 사용을 서로 인정하는 특허 공동사용의 경우로 나뉜다. 자본 관계를 수반하는 형태에서는 자본참여, 합작투자, 기업합병의 순으로 결합하는 정도가 강해진다(전웅수 외, 2000).

2) 협력 내용에 따른 분류

협력 내용에 따른 분류로 기술 제휴, 조달 제휴, 생산 제휴, 제조 및 판매 제휴, 업무 제휴 등으로 분류할 수 있으며 구체적인 제휴 내용은 다음과 같다(전웅수 외, 2000).

(1) 기술 제휴

종래의 기술 제휴는 특허, 상표, 제조 노하우, 엔지니어링 서비스 등의 제공이 종래의 주종을 이루고 있었다. 그러나 1980년대에 선진 다국적 기업은 기술의 복잡화, 융합화, 네트워크화가 가속화되고 기술개발 경쟁의 심화와 시장 수요의 다양화로 기업의 기술개발 투자 수익성이 하락하자 전략적 기술 제휴를 적극적으로 추진하고 있다.

(2) 조달 제휴

조달 제휴는 최근 부품과 제품의 상호보완적 공급, 동일 제품의 상호 공급 제휴로 안정적 공급원의 확보를 목적으로 하는 다국적 기업의 전 세계적 물자조달 전략의 목적으로 제휴 상대 기업에 부품조달이나 주문자 상표 부착 생산 방식(OEM)을 통해 제품 생산을 위탁하는 장기적 계약관계 형성을 의미한다.

(3) 생산 제휴

생산 제휴는 과거 기술 등 경영자원을 상호 공급하여 합작투자를 통한 지분소유형태로 이루어져 왔으나 최근에는 소수 지분 참여 형태나 일방의 지분참여가 배제되고 공동연구개발의 관점에서 시장 확보와 기술 습득에 목적을 두고 있다. 이러한 생산 제휴는 공동생산, 주문자 상표 부착 생산 방식(OEM)과 아웃소싱, 부품의 공용화 등이 있다.

(4) 제조 및 판매 제휴

제조 및 판매 제휴는 제조업체와 판매업체 간 제휴를 통해 상품의 공동기획 및 개발, 생산하는 것을 말한다.

여기에는 소매업 주도형, 제조업 주도형, 도매업 주도형 등의 유형이 있는데 소매업 주도형은 소매업이 기획력과 판매력을 배경으로 팀 상품화(Merchandising)에 의한 신상품 개발을 축으로 한 제휴이고, 제조업 주도형 메이커의 소매점 지원 강화로 진행되고 있다. 또한, 도매업 주도형은 제조업과 소매업이 수직으로 연결된 제조, 판매 제휴의 확대에 대한 위기감에 대한 대응 전략으로서 도매, 소매, 메이커 3자가 유통 전체의 효율화를 목표로 하는 것으로서 그 핵심이 되는 것은 재고 정보의 공유화이다.

(5) 업무 제휴

업무 제휴는 금융, 유통 등의 서비스 분야에서 기업 간 제휴를 통해 정보 중개 및 국제 업무 능력을 높이고 적시에 고객 서비스를 제공하는 것이다. 특히 외국기업과 제휴를 통해 선진 서비스 능력 및 노하우의 획득, 현지 거점을 확보할 수 있다. 국내 기업들의 영업업무 제휴로서 항공, 보험, 해운 업무의 제휴와 신용카드 업무 제휴 등 다양한 형태가 있다.

3) 협력과 경쟁의 관계에 따른 분류

(1) 프로 경쟁적 제휴

프로 경쟁적 제휴는 다른 산업에 속하는 제조업체와 공급업체 간의 수직적 가치사슬 관계로서 협력 기업 간의 잠재적 갈등은 비교적 작고 상호 간의 상호 작용도 주로 하위계층에 국한되는 경향이 있다. 협력 기업이 경쟁 관계에 있지 않기 때문에 기업의 핵심능력을 보호하거나 학습을 통한 새로운 기술의 습득은 강조하지 않지만 여러 업체와 제휴를 통하여 가치 추구를 중요시하는 유형이다.

(2) 비경쟁적 제휴

비경쟁적 제휴는 같은 산업의 비경쟁 업체가 공동 협력하는 유형이다. 협력 기업을 경쟁자로 보지 않기 때문에 잠재적 갈등은 비교적 작다. 협력 기업 간의 상호작용은 비교적 많고 상위계층과 많은 기술 인력이 동원되며 많은 자원이 투입되어야 하므로 다른 업체들과의 중복 제휴나 핵심능력의 방어는 강조되지 않는다.

(3) 경쟁적 제휴

경쟁적 제휴는 협력 기업 간에는 공동목표 달성을 위하여 상호 간에 긴밀히 공동협력 하지만 시장에서 서로 경쟁 관계에 있는 유형이다. 전략적 융통성보다는 학습과 핵심능력의 보호를 더 중요하게 고려하는 유형이다.

(4) 선 경쟁적 제휴

선 경쟁적 제휴는 다른 산업의 기업이 새로운 기술개발과 같은 명백하고 구체적인 활동에 공동 참여하는 유형이다. 협력 기업은 이 새로운 기술 분야에서 단독으로는 성공할 수 없는 기술이나 마케팅상의 비결을 가지고 있으므로 공동협력이 필요하지만, 신기술개발에 성공하는 경우 각기 자체적으로 이를 판매하기 때문에 서로 경쟁적 관계에서 갈등의 가능성이 많이 있다.

〈표 13-1〉 전략적 제휴의 종류

구 분	제 휴 방 법
기술 제휴	- 특허 사용계약 - 기술권리교환 - 공동연구개발
자본 제휴	- 합작투자
생산 제휴	- OEM(주문자 생산 방식) - 하청, 공동생산
판매 제휴	- 교차판매 - 조달계약

출처 : 홍석보 외(1998), 전략적 경영혁신 기법.

제2절 전략적 제휴 절차

1. 검토 단계

1) 1단계 : 타당성 분석

타당성 분석은 기술적 타당성 분석(Engineering Feasibility Study)과 재무적 타당성 분석(Financial Feasibility Study)으로 구분하여 분석한다.

기술적 타당성 분석은 계획하고 있는 전략적 제휴 프로젝트의 비재무적인 사항에 대한 분석으로 생산기술, 설비능력, 공정계획, 기술, 제조기법, 기술이전의 무형 효과 등을 기술적으로 산출하며 일차적으로 제휴 기업 내부에서 수행하지만 외부 전문가에 의한 제삼자적 검토를 통해 더욱 객관적이고 정밀한 분석을 의뢰할 수도 있다.

또한, 재무적 타당성은 전략적 제휴를 추진하면서 흔히 발생하는 오류 중 하나는 부채를 이용하지 않은 자본구조 아래에서 제휴 결과의 수익성만을 기준으로 대안을 판단하는 데 있는데 재무적 타당성 분석은 다른 자본/부채 구조 아래에서 제휴에 투입되는 부채의 속성을 정확히 현금흐름에 반영함으로써 현실적인 전략적 제휴 재무모델을 구축하기 위한 검토이다.

재무적 검토는 재무적 건전성을 판단하는 과정으로서 전략적 제휴에 따른 위험 분석 결과를 바탕으로 제휴에 영향을 미치는 모든 요소를 계량화하여, 해당 제휴에서 필요한 자금이 충분히 확보될 수 있는지를 검토하는 것이다. 또한, 재무적 타당성 분석은 제휴를 통한 현금흐름에 대한 예측 및 비율 분석 등 제휴로부터 발생 가능한 다양한 상황에서도 사업성을 유지할 수 있는가를 보여주는 민감도 분석(Sensitivity Analysis) 등이 포함된다.

2) 2단계 : 파트너 선정

(1) 대상 기업 섭외

파트너를 고르는 일은 모든 전략적 제휴의 중심과제이다. 경험이 있는 경영진은 한 번 파트너를 잘못 선택하면 엄청난 손실을 본 다는 것을 잘 알고 있다. 따라서 협력기업을 선정하기 이전에 협력기업 기업의 문화, 전략 등을 파악한다. 또한, 서로 간의 견해의 차이가 있음을 인식해야만 한다. 중요한 것은 파트너의 핵심적 장점과 기본적인 약점이 무엇인지를 파악한다(홍석보 외, 1998).

(2) MOU 체결

양해각서(MOU : memorandum of understanding)의 사전적 의미로는 본 조약이나 정식 계약의 체결에 앞서 국가 사이에 이루어지는 문서로 된 합의를 가리키지만, 지금은 보다 포괄적 의미로 쓰인다. 전자의 경우 당사국 사이의 외교교섭 결과에 따라 서로 양해된 사항을 확인 · 기록하거나, 본 조약 · 협정의 후속 조치를 목적으로 작성한다. 공식적으로는 법적 구속력을 갖지는 않지만, 조약과 같은 효력을 갖는다. 지금은 협정이나 조약과는 상관없는 내용을 담는 예도 있다.

기업간 합의에 의해 작성하는 양해각서는 주로 정식 계약을 체결하기에 앞서, 쌍방의 의견을 미리 조율하고 확인하는 상징적 차원에서 이루어지는 것이 보통이다. 역시 법적 구속력은 없고, 기업을 공시할 때도 자발적 의무 공시사항은 아니지만, 위반했을 때에는 도덕적 책임을 면하기 어렵다.

이처럼 협력 기업이 선정되면 서로 간의 전략적 제휴를 추진하기로 약속하는 양해각서를 체결함으로써 전략적 제휴를 정식으로 검토하고 추진할 수 있다.

3) 3단계 : 협상 전략 수립

전략적 제휴에서 협상은 테이블 위의 전쟁으로 협상에서 상대방을 어떻게 설득시킬 것인가 프로 협상가의 기질을 발휘해야 한다. 이와 같은 협상 전략의 6가지 기법을 소개한다.

(1) 협상 장소가 중요

제휴 협상에 있어서 협상 장소가 협력기업이 제공하는 장수인가, 아니면 우리 기업이 제공하는 장소인가에 따라서 협상의 우위를 차지할 수 있다. 따라서 상대방을 우리가 제공하는 장소로 끌어들이는 것이 유리하다.

(2) 최종 결정권자는 물러서라

최고 경영자가 '반드시 성사시켜야 한다.'라고 지시하면 협상에 끌려갈 수 있다. 따라서 최고경영자는 '이익이 안 되면 체결에 얽매이지 말고 최선을 다하라'라고 힘을 실어 주어야 한다.

(3) 초조하게 만들어라

상대 기업의 상황을 분석하여 우리에게 유리하다고 판단되면 상대를 초조하게 만들어서 유리한 협상을 끌어낸다.

(4) 정보전을 추진하라

상대 기업의 모든 정보를 수집한 후 협상에 임하라. 특히 상대의 약점을 잘 파악하라.

(5) 분열을 조장하라

상대 기업의 협상대표 중에서 협상 결과를 반대하는 사람이 있으면 그를 제거할 방법을 찾아라.

(6) 회유 전략

최종 담판과 같이 상대를 회유하는 기법과 강한 반대 의사와 같은 강·약을 조절하여 협상에 임하여야 한다.

2. 계약단계

1) 4단계 : 협상의 구체화

전략적 제휴 대상 기업이 선정되면 이제는 구체적인 협상 단계에 돌입하게 된다. 협상은 누구나 자기에게 유리한 쪽으로 이끌어 나가려고 한다. 특히 제휴의 경우 제공하는 기업과 받는 기업 간의 차이가 뚜렷하다. 우수한 기술을 제공하는 기업은 당연히 유리한 쪽으로 이끌어 나가려고 하고 기술을 제휴받는 기업의 경우 불리한 경우에도 기업의 미래를 위하여 불리한 협상에서 기술 이전을 받게 된다. 특히 외국 기업과의 제휴 경우 더욱 세심한 검토가 필요하다.

따라서 협상에 임하기 전에 협상 전문 팀을 구성하여 협상에 필요한 모든 자료 하나하나의 문구에서부터 경제적 가치까지를 분석 후 협상에 임하여야 한다. 또한, 전문 프로젝트팀은 해결해야 할 중점과제의 범위를 설정하여 중점과제 관리절차를 수립한다. 중점과제는 인적 요소, 제휴 시기, 고객 및 각종 공급자와의 관계에서 발생하게 된다. 이러한 중점과제를 조기에 파악하고 통제하는 것이 제휴 성패에 큰 영향을 미치게 된다.

2) 5단계 : 법률적 관계 검토

제휴 서류에 서명하게 되면 기업 간의 약속은 시작된다. 따라서 제휴서에 서명하기 이전에 법률적으로 세심하게 검토가 이루어져야 한다. 특히 국제 간 제휴의 경우 기술 도입 국가의 국내법을 면밀히 검토해야 한다. 법적으로 기술제휴가 금지된 품목, 금지 국가, 금지된 기술 등이 있는지를 사전에 검토하여야 한다.

또한, 재무적 검토도 함께 이루어져야 한다. 제휴에 따른 비용 조달 문제와 투입된 자본에 대하여 얻을 수 있는 가치를 재무적으로 분석한다. 이러한 재무적 법률적 분석은 전문가에게 조언을 받아 안정대책을 마련하는 것도 효과적일 수 있다.

3) 6단계 : 협정 조인

모든 검토와 협상이 정리되고 상호 제휴에 대하여 좋은 결과를 얻어 제휴를 결정하게 되면 조인식을 추진한다. 조인식은 기업의 마케팅 전략으로도 활용할 수 있으므로 외부에 많은 홍보가 필요하다. 특히 기술을 이전하는 기업의 경우 언론 등의 홍보를 통하여 자사의 기술 영향력과 우수성 등을 전략적으로 홍보하는 것도 기업 이미지 제고에 효과적이다.

또한, 제휴 추진 업무과정에서 제휴 주도기업과 파트너 간의 제휴에 대한 잘못된 기대와 가정으로 인해 중단되고 실패하기도 한다. 따라서 계약단계에서는 단기적 이익을 얻으려 하기보다는 양자 간의 신뢰성 형성 노력, 윈-윈(win-win) 지향의 태도로 임해야 한다. 이러한 결과로 나타난 최종적인 제휴의 유형은 운영의 통합 정도에 따라 비공식적 제휴, 단기 계약적 제휴, 장기 공식적 제휴, 통합 제휴 등으로 구분된다.

3. 실행단계

1) 7단계 : 실행단계

제휴가 체결되면 계약 내용에 어긋나지 않는 범위에서 제휴를 실행한다. 제휴는 앞에서와 같이 여러 가지 제휴 방법이 있다. 그러나 하나만을 제휴를 하였다고 하더라도 그 기술 하나만을 배우려 하지 말고 제휴 기업의 문화와 독창적 제조기술 등 다양한 경영기법을 전수하는 것이 유리하다. 특히 기술을 제휴받는 기업의 경우 제휴받은 기술을 바탕으로 독창적인 연구개발을 병행하여 제휴 기간이 만료되면 제휴 기술을 기반으로 독창적 제품을 생산할 수 있도록 연구개발을 통하여 실행할 수 있어야 한다.

2) 8단계 : 투자성과 보상

제휴 기업은 제휴계약서에 따라 서로 간의 보상이 이루어져야 한다. 보상에는 기술 이전료, 자문료 등 계약 내용을 수행하여야 한다. 특히 기술을 이전받는 기업의 경우 성공적인 결과를 보았다면 그동안 성과에 대하여 종업원에게 보상하는 것을 잊지 말아야 한다.

3) 9단계 : 유지관리

제휴는 상호 협의로 추진되는 것으로 상호 신뢰성을 유지해야 한다. 그러나 제휴받은 기업은 제휴 기간이 만료되는 시점을 대비하여 독자적인 홀로서기를 준비하여야 한다. 따라서 제휴 기술을 기반으로 독창적인 연구개발을 끊임없이 추진해야 한다.

이와 같은 전략적 제휴 절차는 다음의 그림과 같다.

[그림 13-1] 전략적 제휴 추진단계

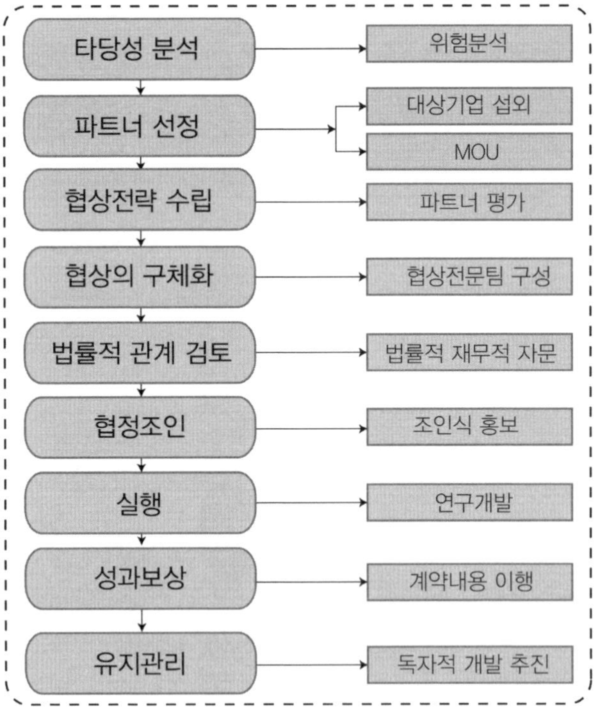

학습목표 요약

1. 전략적 제휴(strategic alliance)란 무엇인가?

기업 내부적으로 해결할 수 없는 약점을 보완하기 위한 것으로서 단기간에 자신이 구축할 수 없는 기술과 능력을 상대방에게서 얻고 배운다는 전략적 의도이다. 이 같은 제휴는 수직적 통합, 규모의 경제성 확보, 시너지 효과 창출, 기술이전 등 4가지 유형의 이점을 누릴 수 있는지에 초점을 맞추어야 한다.

전략적 제휴란 기업들이 각각의 경쟁전략을 효율화시키기 위하여 상호 간에 우수한 기술과 제품 그리고 지식을 제공하는 협력관계로서 시장점유 확대, 첨단기술, 상품개발 등을 목적으로 하는 기업 간에 각자의 경쟁 우위적 요구를 바탕으로 상호보완적이고 지속적인 협력관계를 구축함으로써 다른 경쟁자에 대해 경쟁우위를 확보하고자 하는 것이다.

2. 전략적 제휴의 동기는 무엇인가?

(1) 경쟁우위의 제고
(2) 보완 기술의 이전
(3) 연구개발(R&D) 비용의 경감과 위험분산
(4) 전략적 해외시장에 대한 접근
(5) 핵심 제품계열 보충
(6) 생산 합리화 규모의 경제 달성
(7) 저 원가 생산능력에 대한 접근
(8) 산업발전 단계별 동기

3. 전략적 제휴의 필요성은 무엇인가?

(1) 위험 공유(Risk Sharing)
(2) 규모의 경제(Economies of Scale)
(3) 특정 시장에의 접근(Market Segment Access)
(4) 핵심기술에의 접근(Technology Access)

(5) 지리적 접근(Geographical Access)
(6) 자금 제약(Funding Constraints)
(7) 경영기술(Management Skill)
(8) 부가가치 장벽(Value-Added Barriers)
(9) 인수 장벽(Acquisition Barriers)

4. 전략적 제휴의 유형에는 어떤 것이 있는가?

1) 상호 의존도에 따른 분류
특허 사용, 자본참여, 합작투자, 기업매수 및 인수합병(M&A)
2) 협력 내용에 따른 분류
기술 제휴, 조달 제휴, 생산 제휴, 제조 및 판매 제휴, 업무 제휴
3) 협력과 경쟁의 관계에 따른 분류
프로 경쟁적 제휴, 비경쟁적 제휴, 경쟁적 제휴, 선 경쟁적 제휴

용어해설

- 외부효과의 내부화 효과
시너지 효과, 집적 효과, 학습 효과, 혁신 효과, 신뢰성 향상 효과
- 업무 제휴
금융, 유통 등의 서비스 분야에서 기업 간 제휴를 통해 정보 중개 및 국제 업무 능력을 높이고 적시에 고객 서비스를 제공
- 타당성 분석
기술적 타당성 분석(Engineering Feasibility Study)과 재무적 타당성 분석(Financial Feasibility Study)으로 구분하여 분석
- 양해각서(MOU : memorandum of understanding)
본 조약이나 정식 계약의 체결에 앞서 국가 사이에 이루어지는 문서로 된 합의

제14장

인수·합병

학습목표

1. 기업 인수·합병이란 무엇인가?
2. 합병의 유형에는 어떤 것이 있는가?
3. 기업 분할 전략에는 어떤 것이 있는가?
4. 경제적 측면에는 어떤 것이 있는가?
5. 심리적 측면에는 어떤 것이 있는가?
6. 적대적 인수·합병은 기법에는 어떤 것이 있는가?

제1절 인수·합병(M&A) 유형

1. 정의

전웅수(2000)에 의하면 인수·합병(M&A : Mergers & Acquisition)은 경영의 목표인 기업가치의 극대화를 달성하기 위해 끊임없이 성장을 추구해 나가는데 이러한 기업의 성장은 기업 내부의 경영 활동에 의하여 생산 및 매출을 증대시키는 내부적 성장과 기업 자체에 의한 성장 및 확대가 아니고 다른 기업을 인수 또는 합병하는 기업구조의 재편성을 통하여 생산이나 판매 등의 능력을 확대해 가는 외적 성장으로 구분할 수 있다. 즉, 내적 성장은 기업 내부의 투자 결정, 자금조달 결정 등으로 인한 기업 자체의 성장을 의미하며, 외적 성장은 기업 간의 기업합병, 기업 인수, 자산 취득 및 주식인수 등의 인적·물적·자본적 결합을 통한 기업의 자산규모나 생산능력, 판매능력 등을 확대하는 것을 의미한다. 특히 기업 인수·합병(M&A : Merger & acquisition)은 기업의 경제적 위기를 극복하고 경쟁력을 제고시키기 위한 기업 구조조정의 하나로써 최근 많은 기업이 관심을 두고 있는 경영혁신 기법의 하나이다.

기업 인수·합병은 둘 이상의 기업이 통합되어 하나의 기업이 되는 기업합병(Merger)과 인수 대상 기업의 주식이나 자산을 전부 또는 일부 취득함으로써 경영권을 획득하는 기업 인수(acquisition)를 의미한다. 하지만 넓은 의미로는 기업의 자산, 생산라인, 자회사 및 기업의 일부분 또는 전부를 제삼자에게 매각하는 분리매각, 즉, 역 인수·합병까지도 포함한다.

합병은 둘 이상의 회사가 청산절차를 거치지 않고 하나 이상의 회사가 소멸하는 동시에 소멸회사의 권리, 의무가 존속회사에 포괄적으로 이전하는 회사 간의 계약을 의미하고, 인수는 인수기업이 인수 대상 기업의 주식이나 자산의 일부 또는 전부를 매입한 다음 인수 대상 기업을 존속시키면서 인수 대상 기업의 소유권이나 경영지배권을 행사하는 것을 의미한다.

기업의 인수·합병은 산업의 독점 내지는 경제력 집중으로 인해 자원의 분배를 왜곡시키고 독과점 현상을 가져올 수 있으며, 단기적으로는 실업률을 증가시킬 수 있다. 하지만 장기적으로는 국가의 경쟁력을 향상시켜 고용을 창출하게 된다. 즉, 부실기업이 신속하게 정리되고 자원이 효율적으로 재배치됨으로써 산업구조의 효율성을 제고시킨다.

기업의 인수·합병이란 용어는 인수·합병, 매수·합병, 기업 인수, 합병 매수, 기업 매취 등으로 다양하게 사용되기도 한다. 기업 인수·합병은 단순히 경영권을 가진 지배주주의 변경 즉, 기업지배권의 변경으로만 볼 것이 아니라 기존 기업의 경영지배권에 영향을 미칠 수 있는 일련의 행위를 포괄하여 파악하는 것이 옳을 것이다(한국기술거래소, 2006).

2. 인수·합병의 유형

1) 합병의 유형

합병의 형태는 법률적 관계와 경제적 관계에 따라 다음과 같이 구분할 수 있다.

(1) 기업 확장 전략

① 기업합병

둘 또는 그 이상의 기업들이 청산절차를 거치지 않고 새로운 하나의 기업으로 결합하게 되는 형태 즉, 결합하려는 기업들이 모두 해산되고 새로운 하나의 기업이 설립되어 이 신설기업이 합병에 참여하는 모든 기업의 권리, 의무를 이전받는 형태이다. 합병에 따른 의무가 존속하는 회사를 흡수합병이라고 하고 신설 합병은 기업지배권과 함께 신규 설립회사로 이전된다.

② 기업 인수(Acquisitions)

기업 인수는 주식 매매와 자산매매를 통하여 기업의 지배권과 경영권을 인수하는 것으로 인수기업과 피인수 기업은 독립적 법인체로서 별도의 계약사항이 없으면 인수기업은 피인수 기업의 권리나 의무를 승계하지 않는다.

③ 주식인수(Stock Acquisitions)

인수기업의 지배주주로부터 직접 주식거래를 통하여 인수하거나 불특정 다수의 주주로부터 공개 매수하여 기업의 지배구조를 인수하는 방법이다.

④ 자산인수(Asset Acquisitions)

인수기업이 피인수 기업의 영업권 및 유형의 자산을 인수하는 방법으로 피인수 기업의 주요 자산 전부 혹은 일부를 인수하여 지배구조를 바꾸는 방법이다.

⑤ 공개매수(Tender Offer)

공개매수는 피인수 기업의 불특정 다수의 주주로부터 주식을 특정 기간 동안 특정 가격으로 매입하는 것을 말한다. 공개매수는 단기간에 인수할 수 있어 인수·합병이 가장 적합한 인수방법이다.

인수기업이 특정 기업의 주식을 대량 매입하고자 하면 매수대상 주식의 거래량이 부족하여 충분한 물량을 확보하기 곤란하거나 주식시장을 통하면 목표 물량을 확보하는데 장기간의 시간이 소요되기도 한다. 또한, 대량 주식 보유 신고 및 대량 주식변동신고 등으로 인하여 특정인에 의한 특정 주식의 매집 사실이 장내에 알려지면 주가의 급등을 일으켜 매수비용을 상승시키고 매도 물량도 환수하는 사태가 벌어질 가능성이 있어 주식매수가 쉽지 않다. 따라서 이러한 어려운 점들을 해소하면서 단기간에 목표 물량을 확보하기 위해 선택하는 전략이 공개매수이다(한국기술거래소, 2006).

⑥ 합작투자(Joint Venture)

합작투자는 둘 이상의 회사가 공동의 목적을 달성하기 위하여 공동의 출자로 기업을 설립하여 경영위험을 분담하는 전략이다. 그러나 일부 합작투자 기업에서는 합작 상대 중에서 경영의 주도권을 갖기 위하여 합작투자를 청산하고 지분을 인수하여 단독회사를 설립하기도 한다..

⑦ 전략적 제휴(Strategic Alliance)

합작투자와 유사한 개념의 투자전략으로 전략적 제휴는 지분 합작에 중점을 두지 않고 제휴 기업 간 유리한 혹은 경영상의 우위를 제휴하여 경쟁우위를 이끌려는 방법이다. 전략적 제휴 방법으로는 업무제휴, 컨소시엄, 지분참여 등이 있다.

(2) 기업 분할 전략

① 분리 설립(Spin-Offs)

분리 설립이란 하나의 기업이 둘 이상의 여러 사업 부문으로 나뉘어 영위되는 경우에 특정 사업 부문을 나누어 별도의 회사를 신설, 분리하는 것이다. 이때 신설회사의 자본금, 즉 주식은 모기업의 주주들에게 그들이 가진 주식 수에 비례하여 지급된다. 일반적으로 분리 전의 기존 기업이 상장기업인 경우에는 분리 설립의 결과 설립된 회사의 주식도 상장되어 거래된다. 기존 주주로서는 유상 청약을 하지 않았음에도 불구하고 새로운 주식을 얻게 된다(한국기술거래소, 2006).

② 분리독립(Split-Offs)

분리독립은 분리 설립의 변형된 유형으로서 목적은 유사하다. 분리독립은 각각의 기업들이 독립적으로 운영된다는 점이다.

③ 분리 정리(Split-Ups)

하나의 기업이 여러 사업부를 보유하고 있을 때 각 사업부를 독립기업으로 분리하고 모기업은 청산되는 형태이다.

④ 매각(Divestitures)

모 기업의 사업 부문, 자산, 생산라인, 자회사 등을 경영 전략상 제삼자에게 처분하여 현금을 유입하는 방법이다.

⑤ 지분 공개(Equity Cave-outs)

모 기업이 보유하고 있는 자회사의 보통주의 일부를 공개하여 상장하는 방법이다. 국내의 사례로는 공기업의 민영화 과정에서 정부가 보유한 지분을 일반에게 공개한 사례가 있다.

(3) 경제적 측면

① 수직적 합병

원재료의 안정적 공급을 위하여 원재료가 풍부한 해외에서 기업을 신설하거나 현지 기업을 인수하는 방법으로 원료부문과 제조부문, 제조부문과 판매부분 등 기술적으로 수직적 관계에 있는 산업부문에 속한 기업들이 합병하는 형태이다. 수직적 합병의 목적은 주로 배급 유통에 따른 비용을 절약하고 동시에 기술의 합리화를 달성하는 데 있다.

② 수평적 합병

상품의 제조, 유통, 판매 등의 단계 구조 중에서 어느 단계 구조에 속하는 기업을 합병하는 방법으로 경영상의 취약부문을 보완하는 기법의 하나이다. 일반적으로 시장지배력을 확장하기 위하여 추진된다.

③ 다각적 합병

동일 산업군에 속하지 않는 전혀 관련이 없는 회사 간에 이루어지는 합병의 유형이다. 우리나라의 경우 정부는 공정거래법을 통해 여신, 비업무용 부동산 매입, 지급보증 등을 규제하면서 기업의 다각적 합병을 제한하고 있다.

(4) 심리적 측면

① 우호적 인수·합병(Friendly M&A)

인수기업이 피인수 기업을 사전에 분석하고 인수 대상 기업의 가치를 평가하여 피인수 기업에 인수조건을 제시하고 이를 받아들여 피인수 기업을 우호적으로 인수하는 전략이다.

② 적대적 인수·합병(Hostile M&A)

피인수 기업이 우호적 인수 제안을 받아들이지 않으면 계획된 절차에 따라 인수를 하는 전략으로 적대적 인수·합병(Hostile M&A) 또는 비우호적 인수·합병(Unfriendly M&A)이라고도 한다.

〈표 14-1〉 최근 국내 주요 M&A 사례

(단위 : 십억달러)

산업	인수	피인수	연도	금액	배경
소프트웨어	카카오	다음	2014	3.3	유무선 분야 시너지 강화 등
화학	삼성SDI	제일모직	2014	3.4	삼성그룹 지배구조 개선
자동차	한국타이어	한라비스테온	2014	3.6	자동차부품으로 사업 확대
운송	한진칼	대한항공	2014	15.6	한진그룹 지배구조 개선
에너지	Aramco	S-oil	2014	4.9	한진그룹의 S-oil 지분매각을 통한 재무구조 개선
	SK C&C	㈜SK	2015	24.4	SK그룹 지배구조 개선
건설 · 시멘트	현대엠코	현대엔지니어링	2014	1.2	공종다변화 등 시너지 창출
금융	BS금융	경남은행	2014	1.2	부산에서 경남으로 시장 확대
리테일	MBK	홈플러스	2015	6.4	재매각을 통한 차익 기대
인터넷	소프트뱅크	쿠팡	2015	1.0	온라인쇼핑몰에 대한 투자
통신하드웨어	K텔레콤	SK브로드벤드	2015	0.6	유무선 통합 등 시너지 창출

출처 :Mergermarket, 2018.

3. 인수·합병의 기능

전웅수(2000)에 의하면 M&A는 기업경영의 효율성을 높이는데 자극제 역할을 한다. 인수·합병이 활성화된 세계에서 기업 경영자는 기업경영을 효율적으로 할 수밖에 없다. 과거처럼 안이한 생각으로 자기 자신의 이익을 추구하는 식의 경영을 하게 되면 기업사냥꾼의 표적에서 벗어날 수 없게 되기 때문이다.

인수·합병은 보다 능력 있는 기업가에게 경영권을 주게 함으로써 사회 전체적으로 보면 자원 활용을 극대화하도록 부추기는 역할을 한다. 그뿐만 아니라 인수·합병은 경영의 투명성을 높일 수 있다. 기업을 감시하는 눈이 많아짐에 따라 은밀한 경영 활동으로 대주주가 이익을 챙기는 폐단을 어느 정도 예방할 수 있다. 또 사업구조조정을 하거나 사업 다각화를 추진하려는 기업에 투자비용과 시간을 줄일 기회를 제공한다. 그러나 이 같은 인수·합병의 순기능에도 불구하고 역기능도 많다.

〈표 14-2〉 순기능과 역기능

순기능	역기능
- 경영 효율성 제고 - 경영 투명성 확보 - 시간과 비용의 절약	- 증권시장 질서 교란 - 산업자본 왜곡사용 - 경영역량 분산

4. 인수·합병의 효과

인수·합병은 기업을 인수·합병함으로써 경영성과를 증대시키거나 시너지 효과를 창출하여 이윤을 극대화할 수 있다.

한국기술거래소(2006)에 따르면 인수·합병의 효과는 경영의 효율성이 높은 기업이 낮은 기업을 인수·합병하고 대상 기업의 효율성을 인수기업만큼 증대시킬 수 있다면 인수·합병의 시너지 효과를 누릴 수 있다. 또한, 비효율적 경영이론에 따르면 인수기업과 피인수 기업의 상대적인 효율성의 차이가 아니라 특정 기업의 경영 효율성에 대해 절대적으로 판단하여 비효율적으로 경영되는 기업에 대하여 발생한다고 하였다. 영업 시너지는 수평적, 수직적, 다각적 인수·합병 등 어떤 경우에도 발견할 수 있다. 영업 시너지란 영업적 측면에서 매출액, 매출원가 등의 개선으로 영업이익을 증대시키는 시너지를 말한다. 인수·합병의 효과는 다음과 같다(전용수, 2000).

1) 생산요소의 안정적 공급

생산 활동에 필요한 원자재를 생산하는 다른 기업을 인수·합병함으로써 생산에 필요한 원자재를 안정적으로 공급받을 수 있다.

2) 신기술의 도입 개발

신기술의 도입이 어렵고 기술개발이 어렵거나 단기간 내에 그 기술이 필요한 경우 일반적으로 기업은 전략적 제휴를 하지만 때에 따라서 기술을 보유한 기업을 인수·합병을 하기도 한다.

3) 규모와 범위의 경제 추구

인수·합병은 기계설비의 활용도를 높임으로써 생산력을 확대하고 생산성을 제고시킬 수 있으며, 피인수 합병 기업이 개척해 놓은 시장에 쉽게 진출함으로써 규모와 범위의 경제를 추구할 수 있다.

4) 무역장벽 회피와 해외 유통망 확대

WTO 시대의 도래에 따른 새로운 국제 무역환경에 대응하고 무역장벽에 대응하기 위해서 그리고 해외 유통망을 확대할 목적으로 해외기업을 인수·합병하기도 한다.

5) 저렴한 노동력

국내 기업들은 국내의 임금 상승으로 인하여 원가부담이 증가하였으며 이것은 경쟁력 저하의 원인이 되고 있다. 따라서 기업은 상대적으로 임금 수준이 낮은 동남아, 중국 등으로 진출하기 위해 현지의 기업을 인수·합병하기도 한다.

6) 재무적 효과 추구

기업의 생산 활동과는 관계없이 재무적 측면에서 타 기업을 인수하는 때도 있다. 즉 손실이 발생한 회사를 인수·합병함으로써 이익을 상계하여 세금을 감소시킬 수도 있다. 또한, 수익 흐름의 변동성을 감소시키고 기업 가치를 제고시키기 위하여 수직적 M&A와는 달리 이종업종 간의 인수·합병을 추구하기도 한다.

7) 사업다각화

새로운 사업 분야의 진입이 어렵고 전문 인력 확보가 어려운 경우 이를 극복하기 위하여 인수·합병을 하기도 한다. 즉, 사업 다각화를 추진하기 위하여 기업이 인수·합병을 하기도 한다.

제2절 인수·합병 추진절차

1. 사전단계

1) 경영전략의 수립

인수·합병을 추진하기 위하여 기업의 장기적인 목적을 구체화하고 분명히 하여야 한다. 이처럼 기업의 목적을 명확히 하는 것은 불확실성을 예방하기 위함이다.

인수·합병 경영전략은 기업의 초기 전략에 대한 구체화된 추진 방향을 제시하는 것으로 경영전략 추진 방법 중의 하나이다.

2) 팀 구성

전략이 수립되면 전략을 추진하기 위한 추진 팀을 구성한다. 인수 대상의 규모에 따라 팀원의 차이는 있겠지만 우리나라의 법률적 제한 조건을 이해하고 적절한 절차를 추진할 수 있는 전문적 지식을 소유한 인원을 선발하며, 외부의 도움이 필요한 회계, 법률자문 인원도 팀에 합류시킨다.

[그림 14-1] M&A 절차

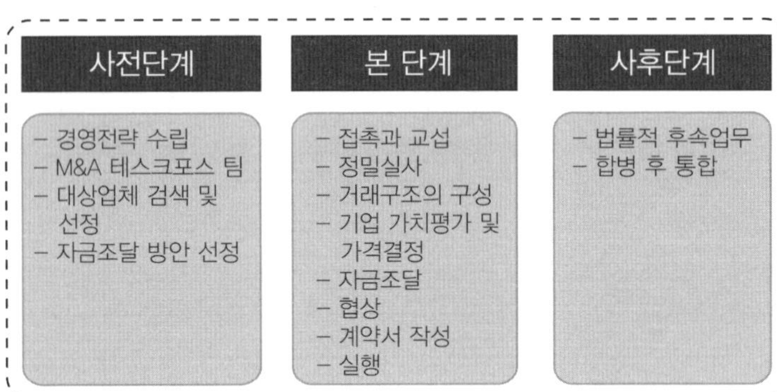

3) 대상 업체 선정

인수하려는 업종 및 세부 사업 아이템을 정하고 이에 적합한 기업을 선별하여 인수 대상 기업 목록을 작성한다. 선정된 인수 대상 기업에 대한 평가 기준을 설정하고 M&A의 목적에 적합하도록 평가한다. 그리고 주어진 정보를 기준으로 선별항목의 기준을 중심으로 적합 회사만을 남겨두고 탈락시킨다. 이렇게 선정된 인수 대상 기업에 대하여 전략적 가치를 분석한다.

[그림 14-2] 대상 기업의 분석절차

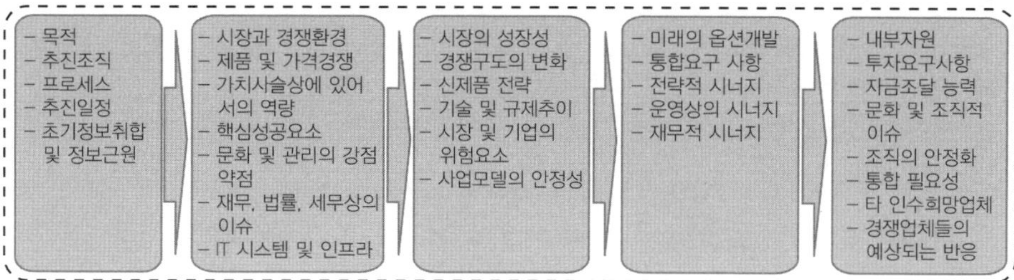

출처 : 한국기술거래소(2006), M&A의 이론과 실제

4) 자금조달 계획 수립

(1) 자금지원협정

기업 인수를 시도하는 측이 인수자금을 조달하려고 은행과 맺는 협정으로 외국에서는 인수자금을 은행 등 금융기관 차입으로 해결하기도 하지만 국내에서는 정부가 주선하는 경우 이외는 대부분 제약되어 있다.

(2) 차입매수

목표 대상 기업의 자산이나 인지도 등을 담보로 자금을 차입하여 기업을 매수하는 방법으로 동원된 자금은 대부분 주식 매입자금으로 지급되므로 인수자는 자금부담 없이 기업을 얻는 장점이 있지만 기업은 재무구조가 나빠질 가능성이 있다. 차입매수 대상이 될 기업은 부동산의 가치가 저평가되었거나 현금을 많이 보유해 신용도가 높은 경우와 시장점유율이 높지만 브랜드 이미지나 특허권 등 무형자산의 가치가 반영되지 않은 경우 등이다.

예를 들면 거평그룹이 대동화학이나 대한 중석을 인수한 뒤 해당 기업을 담보로 거액의 자금을 빌린 경우나 신원이 제일물산 인수 후 전환 사채를 발행한 것 등을 들 수 있다.

(3) 정크본드(junk bond)

상환능력이 다소 의문시되는 고수익 채권을 말한다. 다시 말해 위험성이 높은 대신 수익률이 보통의 회사채보다 4-5% 정도 높은 채권이다. 무디스에서는 BA 이하, S&P에서는 BB 이하를 받은 채권을 정크본드라고 한다.

(4) 연계 자금조달

금융기관과 차입 후 채권을 발행키로 하고 인수자금을 임시로 융통하는 것이다. 이는 장기차입을 할 때 생기는 자금소요 시점과 조달 시점의 차이를 메우기 위해 일시적으로 조달하는 단기차입에서 파생된 기법이다.

(5) Break-up Value

타인자본으로 인수·합병을 시도했다면 차후 자본을 회수해야 한다. 그중 하나는 사업을 재분할해 독립적으로 매각하는 것인데 이때 단위 사업부별 가치를 말한다.

(6) 탈상장

인수기업 가치가 매우 우수하면 자금 부담을 안고서라도 지분 전체를 매수, 자기 것으로 만들 필요가 있을 것이다. 국내의 경우 나이키가 국내에서 철수하기 위해 합작사인 삼나스포츠를 공개 매수해 탈상장한 사례가 있다.

2. 본 단계

1) 접촉과 교섭

(1) 사전협상 단계에서의 방법

한국기술거래소(2006)에 의하면 기업 인수·합병 과정에서 개략적 협상 단계를 살펴보면 사전 계약 조율 단계에서 포괄적인 협상을 비롯한, 우선 협상자 지정(MOU) 후 기업의 실사 과정에서 가격조정 사항 등의 협상, 본 계약 단계에서 확정 인수 가액을 포함한 합병 비율 등 기타 부대 조항들의 확정을 위한 협상과 인수합병 후 상호 의무 준수 및 조정을 위한 협상 등의 과정을 거친다. 인수자측 협상팀에서 사전에 파악해야 할 사항은 다음과 같다.

- 개략적 매각금액
- 기타 부대조건(예로서 기업 인수·합병 시장에 나온 매도 대상 기업은 대개 재무상태가 좋지 않은 경우가 많으므로 대주주의 지분 인수 금액 이외에 추가적인 유상증자를 요구하는 때도 있다)
- 대상 기업의 재무상태 및 시장 개황 등

- 대주주의 기업 매각 사유
- 관계 당국의 허가 여부(독점 규제법상의 규제 관계나 상호저축은행 등 금융기관의 경우 금융감독원의 허가와 관련하여 인수자의 자격 검토가 필수적이다)
- 매도자의 요구조건에 따른 인수자의 자금 일정
- 인수자의 의도에 맞는 일정에 따라 인수 일정 가능 여부
- 사업 시너지 등 인수자의 인수 의도에 따른 경영 전략적 판단
- 협상팀의 구성 및 권한 이양

또한, 매도자 측의 협상팀으로서 사전에 파악해야 할 사항은 다음과 같다.

- 인수자의 대상 기업에 대한 인수 의도
- 인수자의 자금 능력 및 성실성
- 인수·합병에 관련 인수자의 과거 경력 조사 및 평판 조사
- 인수자의 경영권 인수 후 전략적 방향 및 종업원 승계 여부
- 협상팀의 구성 및 권한 이양

(2) 우선협상 대상에서의 방법

우선협상 대상자(MOU)의 선정은 기업 인수·합병 과정에서 반드시 거쳐야 하는 절차이다. 본 계약 이전 상호 협상에 있어서 제삼자에 우선하여 우선 협상 상대방의 우선권을 인정하고 가격 조건을 포함하여 대략의 조건을 확정하고 대상 기업에 대한 실사를 진행하기 위한 절차이다. MOU 단계에서 협상 내용 및 확정해야 할 사항은 다음과 같다(한국기술거래소, 2006).

① 일반사항

- 매도 대상 기업에 대한 사항 및 인수자 인적 사항
- 거래의 기본적인 형태(상황에 따라 본 계약의 조건이 이 시점에서 확정되고 실사에 따른 조정을 부대조건으로 하는 예도 있다)
- 실사 시점, 방법, 실사팀과 관련한 사항, 자료 제시 정도 등과 관련한 사항, 비밀 유지 등 실사 관련 일반사항의 확정
- 독점 교섭과 관련된 사항

② 매매조건

- 거래 가격(합병비율)
- 기타 부대조건
- 위약에 따른 배상금

③ 부대조건

- 본 계약서의 작성 시한
- 경영진과 종업원에 대한 승계 여부
- 통상적 영업 활동의 계속에 대한 사항
- 인수자금의 보장에 관한 사항
- 기타 중요한 진술 및 보증

④ 실사 단계의 협상 내용

- 실사 시기 및 장소
- 실사 범위 및 방법
- 실사 참여 인원 및 대상 기업의 협조 사항
- 실사 차이에 대한 처리방법

⑤ 본 계약단계의 조건

- 매도 대상 기업에 대한 사항 및 인수자 인적사항
- 거래의 기본 형태
- 거래의 구조와 거래조건
- 대상 기업의 법률적 회계적 사항
- 문제점 발생 시 조치사항
- 대금결제 및 경영권 위양 시점
- 면책조항 및 사후 보증
- 계약해지 조건 및 방법

(3) 협상 방법

- 협상은 공동의 파트너 : 경쟁과 시비의 대상이 아니다.
- 정보의 사전 수집
- 협상의 모든 내용은 중요사항이다.
- 협상창구의 일원화
- 협상장에서 즉흥적 수용은 금물
- 두려움을 갖지 말라 : 견해 차이는 크게 나타난다.
- 우리 측 제안이 상대방에게 논리적으로 설명 가능하여야 한다.
- 상대방의 데이터에 끌려가지 말 것
- 일괄 타결에 능숙하여야 한다.

- 논리적인 강경한 협상이 효과적이다.

2) 정밀실사

실사는 인수의향서가 교환되고 일정이 확정되면 상세실사와 최종 실사로 나누어 진행한다. 인수·합병 규모가 클수록 실사의 내용은 복잡하고 방대하여진다. 특히 주요 실사 내용으로는 법률적 측면과 재무적 측면 그리고 운영 측면으로 나누어 실사한다.

[그림 14-3] 실사의 주요내용

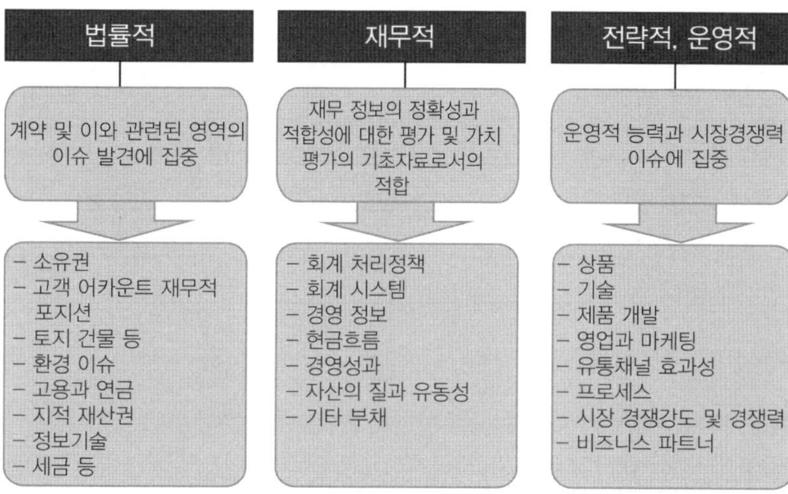

출처 : 한국기술거래소(2006), M&A 이론과 실제.

3) 자금조달

일반적으로 자금을 조달하는 방법은 인수기업의 보유자금으로 지급할 수 있으나 많은 자금이 소요되는 경우 외부자금을 유입하기도 한다. 자금은 인수기업의 신용이나 자산을 담보로 조달하는 방법과 인수 대상 기업의 신용이나 자산을 담보로 조달하는 방법도 있다.

[그림 14-4] 인수자금의 구성

인수하는 주식 또는 자산의 가액
+ 인수종결 될 때 대환이 이루어져야하는 부채
+ 추가로 필요한 운전자금
+ 인수부대비용
+ 인수 이후 소송의 종결을 위해 필요한 비용
− 인수대상 회사가 보유하는 현금
− 인수대상 회사가 보유하는 매각가능 자산

= 인수종결을 위해 필요한 순 자금조달 규모

출처 : 한국기술거래소(2006), M&A이론과 실제.

(1) LBO의 자금조달

LBO 방식은 인수 대상 기업의 신용이나 자산을 담보로 자금을 조달하는 방법이다.

(2) 브리지 파이낸싱

적대적 인수·합병 등 단시일 내에 거래가 종결되어야 하는 경우나 채무증권의 발행에 의한 자금조달이 시간 내에 불가능할 때에 투자은행은 장차 앞순위 담보부 금융이나 뒷순위 채무 혹은 정크본드를 발행해서 인수자금을 대환(Refinancing)한다는 전제를 설정하고 우선 투자은행이 보유하고 있는 자금을 임시로 제공함으로써 거래를 성립시킨다(한국기술거래소, 2006).

(3) 프로젝트 파이낸싱

프로젝트 파이낸싱(Project Financing)은 특정 프로젝트로부터 미래에 발생할 현금흐름을 담보로 해당 프로젝트의 수행 과정에서 소요되는 자금을 조달하는 금융기법의 총칭이다. 건설 및 대형 프로젝트에서 주로 사용되는데 최근에는 현금흐름이 안정적인 사업의 인수자금을 조달하기 위한 형태로도 사용된다(한국기술거래소, 2006).

(4) LBO 펀드 및 LBO론

LBO 투자는 수익성은 높지만, 위험성이 있다. 따라서 위험성을 분산시키기 위하여 LBO 펀드가 나타났다.

LBO론은 통상 담보부로서 정크본드보다 우선적 변제권을 갖고 있다. LBO론은 대형은행 간사단을 조직해서 신디케이트론으로 실행 후 간사단은 25~30%만 보유하고 나머지는 매각하기도 한다.

(5) 매도자 금융

거래 대금 전액을 인수기업에서 지급할 수 없고 외부자금 조달이 어려우면 피인수 기업의 현금흐름으로 인수대금을 상환하는 방법을 말한다.

(6) 주식교환

인수·합병 거래대금의 일부 혹은 전부를 인수기업이 발행한 주식으로 피인수 기업에게 지급하는 방법이나 복잡한 문제를 일으킬 수 있다.

(7) 성과 연계 방식에 의한 지급

연계 자금이란 거래대금 일부를 목표 기업의 향후 경영성과에 연계해 지급하는 방식을 말한다. 이 방법은 다음의 두 가지 의미가 있다. 첫째, 인수 측 제시 가격과 매각 측 제시 가격에 큰 차이가 있을 때 이를 연결시키는 교량 역할을 한다. 둘째, 매각 이후에도 매각 측으로 하여금 목표기업의 경영성과에 관심을 끌게 하는 동기부여의 수단이다. 이 방식의 가장 큰 기능은 인수 위험을 방지하는 데 있다. 인수가 끝나고 나서 목표 기업의 성과가 어긋날 때 조건에 따른 대금의 지급을 유보할 수 있어 인수에 따른 손실을 회피할 수 있다(한국기술거래소, 2006).

(8) 출자전환

출자전환은 채권자인 금융기관에서 채무자에게 대출한 자금을 주식으로 전환하여 부채를 조정하는 방법으로 부실기업의 인수·합병에서 많이 사용되는 방법이다.

4) 계약서 작성

계약서는 구두계약과 서면계약이 있다. 두 방식 중에서 일반적 서면계약이 많이 이루어지고 있다. 계약서가 작성되면 공증인 사무소에서 공증절차를 걸쳐 분실 시 재발행을 받을 수 있는 안전장치를 마련하는 것도 유리하다. 인수·합병 계약서 작성 시 주요 쟁점은 다음과 같다.

(1) 계약서의 구속력

양해각서(MOU)의 법적 구속력 여부로서 어느 범위까지 법적 구속력을 가질 것인가를 결정한다.

(2) 보증금 예치

일반적으로 양해각서가 체결되면 보증금으로 5~10%의 보증금을 예치하는데 쌍방의 귀책사유에 대하여 명확한 규정을 정하지 않으면 귀책에 따른 보증금 몰수에 대한 방지책을 마련하여야 한다.

(3) 계약목적물

매각 대상이 되는 자산, 부채, 계약관계, 종업원 등 구체적인 목록을 작성하여야 한다. '자산의 전부'와 같은 경우 자산의 범위가 불분명함으로 문제를 발생시킬 수 있다.

(4) 대금 지급방법

인수·합병 거래 후 대금을 전부 지급할 것인가와 일정한 기간 경영성과를 통하여 재조정하여 지급할 것인지를 계약서상에 명기한다.

(5) 인수·합병 실행 전 약속사항

계약 체결 후 인수·합병이 완료될 때까지 매도인이 매도기업의 중대한 경영상 변경을 시킬 여지가 있는 행위에 대하여 계약서에 명시한다.

(6) 인수·합병 이후 약속사항

기업을 매도 후 계속 수행해야 하는 것으로 통상 겸업 금지, 대상 회사 직원의 유인 금지 등 경우의 수가 많으므로 신중하게 결정해야 한다.

(7) 손해배상책임

계약 내용의 약속사항을 위반하였을 때 손해배상책임을 두는 것이 일반적이다.

3. 사후단계

1) 법률적 검토

합병 후 유가증권의 발행 및 공시 등에 관한 규정 제86조 및 같은 법 91조, 94조에 따라 합병 등의 종료보고는 합병신고서 등을 제출한 주권상장법인 또는 그 업무를 승계한 합병등기 등을 한때에는 바로 합병보고서 등을 금융감독위원회에 제출하여야 한다.

2) 합병절차

합병절차는 일반적으로 다음의 그림과 같이 진행된다.

그림 14-1 합병절차

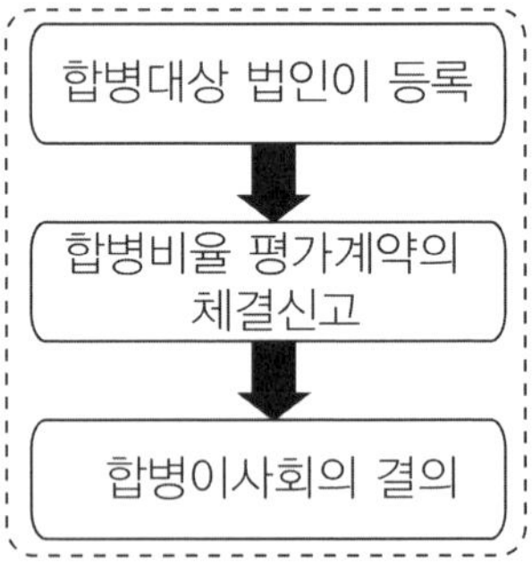

출처 : 금융감독원(2001).

제3절 적대적 인수·합병

1. 적대적 인수·합병 전략

적대적 인수·합병 대상 기업의 최대주주보다 더 많은 주식을 보유하여야 한다. 적대적 인수·합병에서 공격자는 대상 기업을 정확히 골라야 인수·합병에 성공할 뿐 아니라 많은 이익을 낼 수 있다. 적대적 인수·합병은 기법은 다음과 같다(전용수, 2000).

1) 황금알(Crown Jewels)

인수·합병 대상이 될 기업은 저 평가된 부동산이 있거나 주가가 자산 가치에 비교해 낮게 형성돼 있는 경우가 대부분이다. 이들 기업의 부동산이나 영업권, 기술력, 인지도, 브랜드, 시장점유율 등은 기업사냥꾼의 좋은 표적이 되는데 이를 Crown Jewels라고 한다.

2) 벌처(Vulture)

파산기업의 채무증권을 집중 사들여 주 채무자가 되어 기업을 정비해 되팔아 넘기는 기법으로 재무제표의 정확성이 떨어지는 우리나라에선 주의가 필요하다. 다만 법정관리 기업이나 은행관리 기업을 넘겨받으면 상황의 변동적 요소가 존재할 수 있다. 시중금리보다 훨씬 싼 자금을 지원받을 수 있다는 데다 과거 채무에 대한 상환유예 혜택까지 보게 되기 때문이다.

3) 기업사냥꾼

경영권을 장악하거나 시세차익을 노리는 기업사냥꾼을 총칭한다.

4) 그린메일(Greenmail)

기업사냥꾼 중에서도 주식 매수 사실을 해당 기업에 통보해 공개매수 위협을 가함으로써 매입한 주식을 프리미엄을 받고 높은 가격에 다시 매도하는 것을 의미한다. 이와 같은 사람들을 그린메일러(Greenmailer)라고 하며 대주주가 응하지 않으면 이들은 실제로 공개매수를 하기도 한다.

5) 곰의 포기(Bear Hug)

기업 인수자가 공개매수 대상 기업에 인수·합병의 당위성을 설명하고 인수에 협력할 것을 권유하는 행위이다. 이 곰의 포옹은 일반적으로 최고경영자 간에 사적으로 이루어지는 경우가 많아서 잘 공개되지 않는다.

6) 주식 공개매수(TOB : Take Over Bid)

단기간에 대량의 주식을 사들이기 위해 매수 가격과 매수 기간을 정해 장외 시장에서 불특정 다수인을 대상으로 특정 유가증권을 매입하는 제도이다.

7) Saturday night special

인수 대상 기업을 공략하는 방법 중에서도 증권거래소의 매매가 끝난 주말에 전격적으로 매수를 제의해 방어할 틈을 주지 않는 기법이다.

8) 턴어라운드(Turnaround)

자산가치가 높고 현금흐름이 풍부한데도 경영자의 능력이나 자본구조가 취약해서 주가가 내려간 기업을 인수한 뒤 경영을 호전시켜 주가를 올린 다음 매각하는 기법이다.

9) 시장 매집(Market sweep)

공개매수가 공개적으로 단기간에 특정 주식을 장외에서 매수하는 제도이지만, 시장 매집은 장내 시장인 주식시장을 통해 목표 주식을 비공개적으로 원하는 지분율까지 지속해서 매수해 나가는 방법이다. 시장 매집은 공개매수보다 상대적으로 장기간에 걸쳐 이루어진다. 그러나 증권거래법에서는 특별관계인 지분율이 5% 이상 되거나 그 후 1% 이상의 지분율 변동이 있는 경우에는 그 날로부터 5일 이내에 증권관리위원회와 증권거래소에 보고하도록 의무화하고 있다.

10) 위임장

공개매수나 시장 매집은 주총에서 최대주주로서의 의결권을 행사하기 위한 의결권 주식의 확보 방법이다. 하지만 소액투자자들 또는 주요 주주들이 적대적 인수·합병 추진자의 경영권 확보 노력에 협조해준다면 막대한 자금을 동원하여 주식을 매수하지 않고도 주주총회에서 매수자가 원하는 방향으로 영향력을 행할 수 있다.

2. 적대적 인수·합병 방어전략

적대적 인수·합병을 시도하려는 세력을 무력화시키고 경영권을 확보하기 위하여 경영권 방어 전략은 재무적 구조조정 방법, 사업구조 개편, 공개매수에 대한 방어 등이 있다.

1) 황금낙하산(Golden Parachute)

적대적 방법으로 기업이 매수되더라도 기존 경영진의 신분을 보장할 수 있도록 사전에 해놓은 방법이다. 이 방법은 거액의 퇴직금 조항을 만들어 놓는다거나 퇴직 후에도 일정 기간 급여를 받게 하거나 주식매수청구권을 부여하는 등이 이에 해당한다.

2) 주석 낙하산(Tin Parachute)

황금낙하산은 경영진을 위한 것인데 반해 종업원의 퇴직금을 이용한 기법으로 적대적 인수 때 일시적으로 거액의 자금을 들게 하여 매수 동기를 약화하는 기법이다.

3) 경영자 매수(MBO)

경영자가 자기회사 지분을 매수해 회사를 인수하는 기법으로 원래는 대주주가 후계자가 없어 전체를 경영진에게 넘겨주거나 조직을 확장할 목적으로 사업부서 일부를 넘겨주던 것을 말한다.

4) 종입원 지주제도(ESOP)

기업이 종업원에게 자금지원과 같은 편의를 제공, 자사 지분을 매입해 적대적 매수자의 공격에 대응하는 기법이다.

5) 자사 주식 취득(Buy Back)

기업이 자기 회사 주식을 취득해 시장에서 유통되는 주식 수를 줄여 공격 위험을 줄이는 기법으로 자본이 줄어드는 효과가 있다.

6) 증권발행 방어법(Flip Over Provision)

매수 위협에 대비, 정관에 규정된 우선주나 보증사채를 발행해 매수를 어렵게 만드는 방법이다. 이와 같은 예방적 방법이 있지만, 막상 적대적 인수·합병이 시작되면 기업은 더욱 구체적인 대응이 필요하다.

7) 감시 회사(Shark Watcher)

인수·합병 가능성이 있는 기업은 대책반을 운영해 사전에 공격 여부를 점검할 필요가 있는데 내부가 아닌 외부에서 관련 정보를 수집해 제공하는 회사를 말한다.

8) 백기사(White Knight)

공격을 받는 기업이 방어를 목적으로 끌어들이는 우호적 제삼자를 말하는데 때로는 백기사가 해당 기업을 인수할 수도 있다.

9) Killer bees

공개매수를 당하는 기업을 돕는 금융기관을 총칭하는 것으로 이들은 자산 가치나 자본구조를 변경시켜 공격자의 의지를 약화하는 구실을 한다.

10) 우선 매입권(Lock-up Option)

백기사로 참여한 기업은 방어에 실패할 경우 큰 손실을 볼 수 있다. 이에 대한 보답으로 방어 기업이 백기사에게 자사의 유·무형자산이나 주식을 우선 매입할 수 있도록 제공하는 권리이다.

11) 역 공개매수 전략(Pac-Man Strategy)

매수 대상 기업이 매수를 시도하는 기업을 역으로 공개 매수하는 방어 전략이다. 국내에는 상호하는 보유에 대해 의결권을 제한하는 법규가 있어 효율적으로 활용할 수도 있다.

12) 극약처방(Poison Pill)

공격받는 기업이 대규모 채무를 지니거나 자사의 자산을 처분하는 등 매수를 하더라도 손해를 보게 해 매력을 떨어뜨리는 기법이다.

13) 초토화 기법(Scorched Earth Policy)

매수 대상 기업이 자학적으로 자사의 유·무형 자산이나 영업부문을 매각해 매수 기도를 저지하는 방법이다.

14) 상어 격퇴법(Shark Repellent)

적대적 매수의 대비책으로 상법이 허용하는 한도 내에서 적대적 매수자가 의결권을 행사하기 어렵게 정해놓은 규정을 총칭한다.

15) 위임장 대결(Proxy Hight)

공격을 할 때 매수자가 지분의 50% 이상을 장악하는 것은 사실상 어렵다. 이 때문에 주주총회에서 기존 경영자와 매수자 간 표 대결이 벌어지는데 양측은 모두 소수 주주들의 의결권을 위임받아 경영권을 주장하게 된다. 평소 투자자 관리(IR)에 철저했던 기업들은 우호적 소수 주주들을 확보, 매수자보다 적은 지분으로도 경영권을 보장받을 수 있다.

학습목표 요약

1. 기업 인수·합병이란 무엇인가?

둘 이상의 기업이 통합되어 하나의 기업이 되는 기업합병(Merger)과 인수 대상 기업의 주식이나 자산을 전부 또는 일부 취득함으로써 경영권을 획득하는 기업 인수(acquisition)를 의미

2. 합병의 유형에는 어떤 것이 있는가?

기업 확장 전략, 기업합병, 기업 인수(Acquisitions), 주식인수(Stock Acquisitions), 자산인수(Asset Acquisitions), 공개매수(Tender Offer), 합작투자(Joint Venture), 전략적 제휴(Strategic Alliance)

3. 기업 분할 전략에는 어떤 것이 있는가?

분리 설립(Spin-Offs), 분리독립(Split-Offs), 분리 정리(Split-Ups), 매각(Divestitures), 지분 공개(Equity Cave-outs)

4. 경제적 측면에는 어떤 것이 있는가?

수직적 합병, 수평적 합병, 다각적 합병

5. 심리적 측면에는 어떤 것이 있는가?

우호적 인수·합병(Friendly M&A), 적대적 인수·합병(Hostile M&A)

6. 적대적 인수·합병은 기법에는 어떤 것이 있는가?

황금알(Crown Jewels), 벌처(Vulture), 기업사냥꾼, 그린메일(Greenmail), 곰의 포옹(Bear Hug), 주식 공개매수(TOB : Take Over Bid), Saturday night special, 턴어라운드(Turnaround), 시장 매집(Market sweep), 위임장

용어해설

- 정크본드(junk bond)

  상환능력이 다소 의문시되는 고수익 채권

- Break-up Value

  타인자본으로 인수·합병을 시도했다면 차후 자본을 회수해야 한다. 그중 하나는 사업을 재분할해 독립적으로 매각하는 것인데 이때 단위 사업부별 가치

- LBO의 자금조달

  LBO 방식은 인수 대상 기업의 신용이나 자산을 담보로 자금을 조달하는 방법

- 프로젝트 파이낸싱

  프로젝트 파이낸싱(Project Financing)은 특정 프로젝트로부터 미래에 발생할 현금흐름을 담보로 해당 프로젝트의 수행 과정에서 소요되는 자금을 조달하는 금융기법

- 출자전환

  출자전환은 채권자인 금융기관에서 채무자에게 대출한 자금을 주식으로 전환하여 부채를 조정하는 방법

제15장

스피드 경영

학습목표

1. 스피드 경영의 특징의 특징은 무엇인가?
2. 스피드 기업의 성공 포인트는 무엇인가?
3. 신속한 의사결정방법은 무엇인가?
4. 고객관계 경영(CRM) 방법은 무엇인가?

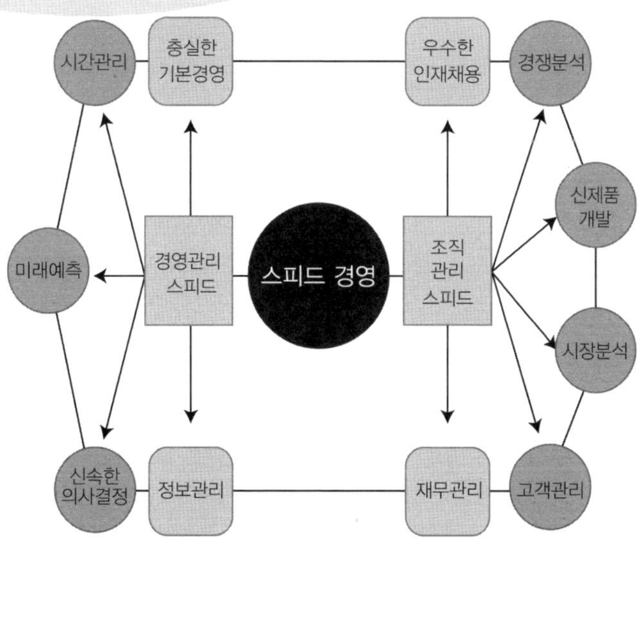

제1절 스피드 경영의 이해

1. 스피드 경영의 정의

경영환경의 변화와 치열해지는 생존경쟁 그리고 소비자 취향의 급변과 기술력의 발전과 인터넷을 통하여 빠르게 전파되는 정보 공유 등이 기업에 스피드(speed)의 경쟁을 불러오고 있다. 스피드는 고객에게 경쟁자보다 항상 먼저 도달하는 것이 경쟁력이다.

그동안 우리 경제가 성장할 수 있었던 것도 스피드 경영에서 근원하였다. 그러나 지난 우리나라 기업들의 빠른 스피드 경영을 통하여 납기 단축, 고도성장을 이룩하였으나 성장이 주는 반대급부로 부실, 불만 등을 초래하기도 하였다. 그러나 이제는 그동안의 무조건 빨리빨리의 고전적 스피드 경쟁에서 벗어나 과학적이고 합리적인 새로운 의미의 스피드 경영을 해야 할 때이다.

기업 경영의 스피드를 결정하는 것은 세 가지로 요약할 수 있다. 인식의 속도, 의사결정의 속도, 그리고 실행의 속도가 그것이다. 인식의 속도는 외부 환경변화의 기회 위협요인을 재빨리 감지해서 기업이 이에 대처할 수 있는 태세를 갖추게 하는 경고 사인을 감지하는 것이라 할 수 있다. 또한, 내부 종업원들이 회사가 중점적으로 추진코자 하는 비전과 핵심과제에 대한 이해와 인식을 같이 하는 속도라 할 수 있다. 의사결정 속도는 말 그대로 최고경영자나 임원, 팀장급들의 의사 결정에 관한 속도를 말하는 것이다. 실행의 속도는 올바르게 의사 결정된 것을 재빠르게 실행해서 성과를 만들어 내는 것을 말한다. 따라서 스피드 경영을 실행하기 위해서는 상기 3가지 요소를 자세히 분석하여 회사 내부에서 어디에 문제가 있는지, 즉 병목이 발생하는 곳이 어딘가를 찾아내어 이를 제거해 주는 작업이 필요하다. 따라서 스피드 경영은 급변하는 경영환경에 대한 대응력을 신속히 극대화함으로써 고객이 만족하는 제품, 서비스를 남보다 빠르게 제공하는 시스템이다. 스피드 경영은 제품 개발부터 시장 장악까지의 기간을 최소화하는 것이다. 즉, 스피드 경영이란 시간과 시점을 중시하는 현대 고객의 특성을 고려하여 현재와 미래 고객이 원하는 상품과 서비스를 가장 빠르게 그리고 고객이 원하는 시점에 맞게 제공할 수 있도록 하는 제반 경영 활동이다(전웅수 외, 2000).

2. 스피드 경영의 특징

그동안의 스피드 경영의 개념과 미래의 경쟁 환경에서 살아남기 위한 스피드 경영의 특성을 구체적으로 설명한다면 다음과 같다.

① 시간 경영 : 신속한 의사결정과 권한 이양으로 비생산적인 업무를 제거한다.
② 의사결정 : 신속한 의사결정으로 고객에게 가까이 간다.
③ 기회 선점 : 경쟁사보다 신상품을 먼저 출시한다.
④ 신제품 개발 : 상품개발 시간을 최대한 줄인다.
⑤ 타이밍 경영 : 필요한 시점에 적절한 상품을 공급한다.
⑥ 고객관리 : 고객의 요구를 최대한 만족하게 한다.

〈표 15-1〉 스피드 경영의 특징

4대 속성	대응방향
먼저(기회선점)	• 미래 유망사업의 조기 발굴 • 경쟁사 대비 신상품 조기 발굴
빨리(시간 단축)	• 상품개발, 주문, 출하시간 단축 • 신속한 의사결정
제때(타이밍)	• 고객과의 납기 준수 • 필요한 때 필요한 만큼 공급
자주(유연성)	• 사람, 돈 등 실시간 관리 • 소량 다품종 경영

출처 : 전웅수 외(2000), 경영혁신 기법과 사례.

스피드 경영의 효과는 경영성과 제고, 고객만족, 내부 조직 구성원의 만족 등으로 다음과 같이 설명하였다(전웅수, 2000).

1) 경영성과

스피드 경영을 통하여 한계사업을 조기에 정리하고 신규시장에 보다 빨리 진출할 수 있으며, 업무처리의 시간을 단축하여 생산성을 높일 수 있고 신제품의 개발 사이클을 단축함으로써 신제품을 조기에 출시할 수 있다. 또한 신속한 고객 대응 등을 통하여 시장점유율을 제고시킴으로써 경영성과를 높일 수 있다.

2) 고객만족

고객은 기다리는 것을 싫어한다. 싫어하는 것이 아니라 아예 기다리지 않는다.

기다리게 하는 회사 말고도 공급자는 얼마든지 많기 때문이다.

그래서 미국의 회사들 가운데는 업무를 통합하고 정보기술(IT)을 이용, 업무처리 기간을 획기적으로 단축한 회사들이 많다. 이미 기업 경쟁에서 최대의 관심사가 스피드 업(speed up) 경쟁으로 바뀌었기 때문이다. 고객의 시간을 단 1초라도 되돌려 주겠다는 자세가 고객만족으로 이어지고 있다. 고객이 주문하는데도 자기들끼리 잡담하거나 고객에게 무관심한 종업원이 근무하는 회사와 시간을 단 1초라도 소중히 여기겠다는 회사 사이에 어느 쪽이 고객으로부터 사랑받을지는 자명하다.

3) 내부 조직 구성원의 만족

절약된 시간을 자기계발 등에 활용함으로써 삶의 질을 향상할 수 있으며, 불합리한 업무를 제거함으로써 보다 가치 있는 업무수행의 기회를 가질 수 있고 신속한 정보의 공유로 정보단절에 의한 소외감을 제거하고 경영지원 업무의 신속한 지원과 처리 등을 통하여 내부 조직 구성원들의 만족을 극대화할 수 있다.

3. 1분 경영

스피드 경영은 경영자마다 다양한 특징의 경영방법을 취하고 있다. 이러한 방법의 하나인 1분 경영은 1982년 Kenneth Blanchard와 Spencer Johnson의 The Minute Manager로 유명하다. 이 책은 모든 경영자는 1분 이내에 끝낼 수 있는 활동에 참여하는 동안 그들의 게임 계획을 단순화하는 데 초점을 맞추었다. 이 타임 베이스 경영철학은 1분 목표 설정, 1분 칭찬, 1분 질책 등 3가지 핵심 기본 기법이다.

1분 목표 설정에서 경영자들과 종업원은 그들의 목표에 합의해 목표를 250자 이내로 설정한다. 이러한 목표가 설정되면 매일 목표 실행상황을 점검한다. 이러한 1분 목표 설정은 합리적이고 자율적 이여야 한다.

1분 칭찬은 경영자들이 종업원의 바람직한 업무수행이 무엇인가를 강화해 주는 역할을 한다. 종업원은 자신이 업무를 추진하면 그에 대한 평가를 어떻게 받을지 미리 듣게 된다. 업무에 대한 종업원의 기대는 경영진의 기대와 관련되어 있다. 경영자는 칭찬함으로써 종업원에게 무엇을 잘 수행했는지를 그리고 그에 대해서 경영자는 어떻게 느꼈는지를 또한, 수준 높은 업무를 수행했을 때 어떤 이득을 얻게 될 것인지를 말해 주고 있다.

1분 질책은 종업원은 경영자들이 목표 달성을 기대하고 있으며, 비생산적인 일에 대해서는 가차 없이 질책할 것이라는 사실을 미리 알고 있어야 한다. 경영자는 종업원에게 그들이 무엇을 잘못하고 있으며, 그에 대해서 어떻게 느끼고 있는지를 말해야 한다. 질책을 받은 종업원은 불만족스러운 상황을 경험해야 하지만 그것으로 끝나는 것이 아니라 자신이 여전히 가치 있는 존재라는 사실을 경영자를 통해 깨닫게 된다. 즉, 질책받은 종업원은 경영진이 그들의 불만족스러운 업무성과에 상관없이 소중한 일꾼으로 생각하고 있다는 것을 알아야 한다. 따라서 질책은 그 자체로 끝나야 한다(Jon W. Jones, 1999).

제2절 스피드 경영의 성공 요인

1. 스피드 기업의 특징

몽골, 흉노족 등의 유목민들이 놀라운 전투력을 보유하고 있었던 것은 스피드가 있었기 때문이다. 상대가 대응할 시간을 주지 않고 빠르게 공격할 수 있었던 것은 감량경영의 방식을 취하였기 때문이다. 이들은 스피드를 높이기 위하여 장비를 경량화하여 말을 빨리 달릴 수 있도록 하였으며 말을 타고 벨 수 있는 반달형 칼을 사용하였다.

이와 같은 스피드 경영은 조직형태, 정보의 창출과 공유 방식, 성과의 측정방법을 중심으로 스피드 경영을 도입하기 전과 도입 후의 차이를 알아보면 다음과 같다.

〈표 15-2〉 스피드 경영기업의 특징

	스피드 경영 도입 전	스피드 경영 도입 후
업무의 조직형태	• 기능별로 개선 • 각 부서의 일괄 업무처리 • 병목현상 제거를 통한 업무의 신속화 • 비용 절감을 위한 투자	• 전체 시스템 주처리과정에 중점 • 연속된 업무의 흐름을 만든다. • 다음 공정에서 나타나는 문제를 완화하기 위해 앞 공정에서 방식을 변경 • 시간 절감을 위한 투자
정보창출과 공유방식	• 전문가가 개발하고 사용자가 공유한다. • 관리자가 조직을 잇는 정보의 다리를 만든다. • 정보는 중앙처리되고 피드백은 늦다.	• 팀이 개발하고 동시에 이용한다. • 다기능 그룹이 일상 업무에 필요한 독자적인 정보원을 만든다. • 정보는 분산처리되고 피드백이 빠르다.
성과측정방법	• 비용이 측정기준 • 재무상의 결과를 본다. • 가동률 중심의 측정 • 개인 또는 부문	• 시간이 측정기준 • 우선 구체적 결과를 본다. • 처리량 중심의 측정 • 팀으로서의 측정

출처 : 전웅수 외(2000), 경영혁신기법과 사례.

2. 스피드 기업의 성공 포인트

전웅수(2000)는 스피드 경영의 성공 포인트를 다음과 같이 제시하였다.

1) 유동 시간 단축

회사에서 시간에 기반을 둔 모든 사항을 조사한다. 고객의 구매 결정과 그러한 요구에 대한 기업의 실행 사이에 걸리는 유동 시간을 줄이는데 미래가 달려있다는 사실을 깨닫도록 노력한다. 고객이 경험하는 요구와 실행 사이의 주요 사이클을 모두 기록하고 가장 시간 소모가 긴 부분을 찾아내어 즉각 시간 단축을 한다.

2) 고객만족 고려

고객 조사를 통해 어느 부분의 어떤 프로세스가 지체되고 있고 이것이 고객만족에 어떤 영향을 미치는지를 결정한 후 그들의 만족을 높여주고 궁극적으로는 그들의 구매 행동을 더 높일 방법을 모색하여야 한다. 즉, 종업원, 경영진, 고객이 같이 참가하는 브레인스토밍을 통하여 비즈니스 프로세스, 서비스 처리 등을 가속할 수 있는 방법을 찾아야 한다.

3) 결과 측정

요구와 실행시간에 걸리는 시간을 항상 측정한다. 이렇게 함으로써 경영진과 종업원들은 시간이라는 이슈에 더욱 민감해질 것이다. 측정되어야 하는 두 가지 중요한 상황은 제조 스피드와 고객에게 도달하는 스피드이다. 경영진은 이들 사이에서 스피드에 관한 표준과 전망을 분명히 제시해야 한다.

4) 노력 촉구

기업이 더 빠른 제품 개발과 신속한 서비스 등을 위한 개선에 주력하고 있다라는 사실을 고객들이 알 수 있게 홍보한다. 경쟁 이익을 얻을 수 있는 곳이면 어디서든지 이를 위한 노력을 촉구해야 한다.

5) 스피드 가격

대부분의 고객은 신속하게 개발되어 제공된 제품에 대해 기꺼이 더 많은 가격을 지급한다는 사실을 상기해야 한다. 요구와 실행 사이클에서 지체되는 부분을 줄이거나 없앤 비용을 고객에게 전가할 수 있는지를 결정한다.

6) 스피드에 대한 보상

시간을 중시하는 기업문화를 개발하는 데 도움을 준 조직 구성원에게 그에 타당한 보상을 한다. 또한, 조직 구성원이 스피드가 단순한 부가가치 이상이라는 것을 깨달아야 한다. 즉, 스피드는 그 기업이 제공하는 모든 제품과 서비스의 필수요소로 인식되어야 한다.

7) 스피드 보장

고객은 기업이 계속 스피드를 보장해 주리라는 생각을 하는 경향이 있다. 도미노 피자는 패더럴 익스프레스와 마찬가지로 정시배달을 보장하며, 웰스 파고 은행은 줄을 서서 5분 이상 기다리는 고객에게 요금을 지급한다. 이 제도는 웰스 파고 은행의 은행원들이 매우 효율적인 태도로 일할 수 있도록 하고 필요할 때는 즉각 창구를 개방하도록 은행원들을 고무시키는 역할을 하고 있다.

제3절 경영관리의 스피드

1. 충실한 기본 경영

1) 기본 경영

성공한 기업가는 목표를 설정하고 설정된 목표는 조직원과 공유하여 비전을 설계한다. 따라서 전략적 경영자는 기업의 모든 계획을 전략적으로 수립하여 전략에 대한 책임과 자원을 배분한다. 이러한 전략을 추진하면서 성공적으로 달성한 전략에 대하여 경영자는 조직원에게 보상하고 업무에 열정을 갖도록 격려와 설득력을 발휘한다. 또한, 경영자는 조직원의 말을 듣고 이를 기반으로 아이디어를 발상한다.

미래의 경영자는 어떤 희생을 치르더라도 반드시 피하고자 노력해야 하는 10가지 치명적 결점은 다음과 같다. ① 무감각 ② 무관심 ③ 배신 ④ 과도한 간섭 ⑤ 지나친 야망 ⑥ 장기적 안목 부재 ⑦ 새로운 상사에게 적응하지 못하는 것 ⑧ 조언자에 대한 지나친 의존 ⑨ 빈약한 고용실적 ⑩ 타당과 문제의 처리능력 부족 등이다(John W. Jones, 1994).

2) 시간관리

유능한 경영자는 시간을 철저히 관리한다. 경영자의 시간 관리는 일에 집착한 시간관리보다는 균형 잡힌 시간 관리를 한다. 효율적인 시간 관리를 위하여 화상회의와 같은 첨단 장비를 이용하거나 이동 중의 시간을 활용하여 자기계발을 하는 방법 등이 있다.

3) 업무의 간섭 배제

그동안 많은 경영자가 전반적인 기업의 업무를 간섭하려고 하였다. 이러한 간섭은 업무 스트레스와 생산성 저하로 연결되고 조직이 위축되기도 하였다. 따라서 과감하게 업무를 이양하고 경영자는 책임경영에 충실하며 새로운 경영기법을 개발하고 사업을 찾아내는 것이 유능한 기업가라고 할 수 있다.

4) 체계화

업무의 우선순위는 스피드를 높이는 훌륭한 도구이다. 우선순위를 정하고 달성도를 점검하기 위하여 업무처리를 체계화한다. 업무의 체계화를 위하여 파일링 시스템을 구축하여 문서를 체계화하고 서류 없는 전자결제를 추구한다. 또한, 메모를 습관화하여 업무를 체계적으로 추진하는 데 활용한다.

또한, 업무를 체계화하기 위하여 동시에 너무 많은 프로젝트를 추진한다면 스피드와 체계성을 잃게 됨으로 프로젝트의 체계성을 정립하고 권한 위임을 통하여 중요한 프로젝트만을 우선순위로 결정하여 추진한다.

5) 결단력

경영자는 결단력이 필요하다. 특히 스피드 경영에서는 경영자의 신속한 의사결정이 경영에 큰 영향을 미친다. 따라서 프로젝트의 목표와 일정을 기록하고 납기를 준수할 수 있도록 중요한 의사결정을 신속하게 내려주어야 한다. 이러한 신속한 의사결정을 위하여 경영자는 자신을 자제할 수 있어야 한다. 너무 흥분하거나 감정에 치우치면 안 된다.

2. 미래 예측

1) 미래의 의사결정

이상 열거한 각종 경영환경의 변화 추세는 경영이론과 실무에도 반드시 그에 상응하는 변화를 유발한다. 몇몇 학자들은 이러한 환경의 변화는 특히 의사결정의 내용·과정·정보에 많은 영향을 미친다고 생각하고 다음의 표에서 보는 것과 같이 현재와 미래의 의사결정을 이들 세 가지 측면에서 서로 비교하였다(Hellriegal and Slocum, Jr., 1974). 그리고 이 표에서 볼 수 있는 바와 같이 미래의 환경변화에 대하여 가장 중요하게 받아들여야 할 것은 바로 '경영의 혁신'이다. 이에 대해서는 아래에서 상세히 설명하도록 하겠다.

〈표 15-3〉 현재와 미래의 의사결정

의사결정	현재의 기업	미래의 기업
의사결정의 내 용	• 작업문제, 기업정책 • 기업의 국내에서의 지위와 경제 및 기술적 발전의 강화	• 전략의 수립, 전략집행시스템의 설계 • 제품과 시장 및 기술의 혁신 • 기업의 국제적 지위와 경제적·사회적·정치적·기술적 발전의 강화
의사결정의 과 정	• 역사적 경험과 판단 및 과거에 유사한 문제를 해결하는 데 사용했던 방법을 강조한다. • 사람을 위주로 하는 과정	• 예측과 합리적 분석 그리고 새로운 의사결정 문제를 해결하는데 필요한 각 방면의 전문가와 기술을 강조한다. • 과학기술을 위주로 하는 과정

의사결정의 정 보	• 내부성과의 표현을 위한 공식적 정보시스템 • 일방적·하향적인 정보의 흐름 • 전산시스템은 용량과 속도가 강조된다. • 정기적인 작업계획과 자본 및 경영지출 예산이 강조된다.	• 예측과 외부환경에 관한 정보를 위한 공식적 정보시스템 • 쌍방향 정보의 흐름 • 전산시스템은 다양성과 탄력성이 강조된다. • 작업과 프로젝트 등에 대한 계속적이고 끊임없는 계획이 강조된다. 그리고 이러한 계획은 그 통제를 쉽게 하기 위하여 비용-효과분석을 기초로 이루어진다.

2) 미래 경영의 핵심

(1) 미래를 공유하지 말고 먼저 읽어라

이미 누군가에 의해 제시되었거나 남들도 공유하고 있는 미래라면 한발 늦은 셈이다. 기업의 미래 대응 방식은 두 가지로 살펴볼 수 있다. 수동적으로 예견하고 받아들이는 기업이 있는가 하면 능동적으로 예측한 내용을 현실로 만드는 기업이 있다. 능동적으로 미래를 예측하고 활용하기 위해서는 누군가 제시한 미래를 손쉽게 받아들이지만 말고 미래를 먼저 읽어내는 노력이 필요하다.

이몬 켈리(Eamonn Kelly)는 그의 저서 What's Next(2002)에서 기업의 경쟁 역량을 3가지 영역으로 구분한다.

첫째는 내부 관점으로 기업의 가치관과 목적, 조직 구조에 기반을 둔 영역이다.

둘째는 시장 관점으로 시장 규모 및 역동성, 고객, 경쟁 기업과의 관계에서 발생하는 영역이다.

셋째는 광범위한 경제, 정치, 사회, 기술 등 외부 관점의 영역이다. 여기서 시장 관점은 '경쟁우위'와 직결되며 외부 관점은 '적응 우위'를 의미한다.

이제 시장에서의 경쟁우위뿐만 아니라 미래 환경에 효과적으로 적응할 수 있는 적응 우위가 중요하게 되었다.

이를 위해 기업 내부에 독자적으로 미래를 예측하는 기능과 조직을 보완하는 것도 도움이 된다. 2002년에 독일 내 60개 대기업을 대상으로 실시한 조사에 따르면 약 43%의 기업이 적극적으로 미래 예측 활동을 벌이고 있었다. 이는 외부 자료의 단순 취합에 그치는 수준이 아니며 30%는 별도의 상설 부서를 운영하는 것으로 나타났다. 미래 예측 분야도 기술에만 한정하지 않고 혁신, 기업,

개인, 사회, 환경, 정책, 법률 등 다양한 영역을 포괄하고 있었다. 독일 이외에도 대부분의 다국적 대기업이 상설 부서를 두고 미래 예측 활동을 벌이고 있다.

(2) 전략과 접목해 실행력을 높여라

기업에서 미래 예측을 하는 이유는 단순한 호기심 차원이 아니다. 미래 예측에만 그치는 것이 아니라 실제 전략적 의사결정과 제품 개발 등에 활용할 수 있어야 한다.

BASF는 예측 시나리오를 기반으로 하여 미래 전략을 수립하고 구체적인 제품 전략까지 연계시키고 있다. 먼저, 인구 변화와 세계화, 소비 패턴, 자원, 환경, 제도의 변화 등 사업에 영향을 미칠 수 있는 주요 요인을 선정한다. 이와 함께 기술 발전 전망에 기반으로 하여 발생 가능한 시나리오를 도출한다. 발생 가능성이 가장 큰 시나리오에 맞추어 구체적인 전략을 수립하게 된다. 이런 과정을 통해 미래 예측 결과를 전사, 지역, 사업 단위의 전략 도출에 유기적으로 연결하는 것이다.

최근에 국내에서도 가시화되고 있는 미래형 고효율 주택인 '3ℓ 하우스'도 에너지 절감과 주거 환경 개선이라는 중심 흐름을 적용하여 사업화한 아이템이다. 3ℓ 하우스는 가정용 연료 전지와 에너지 절감형 건축 기법, 단열재 등을 이용해 제곱미터당 연간 3ℓ 의 연료만으로 최적 온도를 유지할 수 있는 고효율 주택이다. BASF는 이외에도 이동성과 에너지 효율화, 나노 기술이라는 추세를 접목해 나노 큐브를 하고 있다. 나노 큐브는 PDA와 노트북용 연료전지에 활용될 계획이다.

Shell 역시 미래 예측 시나리오에 따라 향후 전략 방향을 결정한다. 비즈니스 활동에 영향을 미칠 수 있는 가능한 모든 환경 조건을 상정하고 그에 따라 전략적 의사 결정을 내린다. 화학 기업인 AKZO는 미래에 나타날 사회적, 정치적, 기술적 변화에 기반으로 하여 정교한 시나리오를 구성하고 상황에 적합한 제품과 서비스를 선택한다.

이에 반해 국내 기업의 신사업 개발이나 신제품 개발 역량이 미흡한 경우가 많다. 이는 특정 사업 기회를 모색할 때만 일회성으로 시장성을 타진하는 데에서 기인한다. 상시로 중장기 추세를 읽고 이에 따라 전략적인 로드맵과 추진 계획을 도출하여 제품 개발을 하는 것이 아니라 단발적인 이벤트에 그치는 경우가 많다. 당연히 신사업 추진과 제품 개발의 효과성이 떨어지고 자원 배분의 최적화를 달성하기도 어렵게 된다.

(3) 추세를 통해 수시로 미래를 타진하라

엄밀한 의미에서 미래와 추세는 서로 구분되는 개념이다. 미래는 앞으로 일어날 상황을 포괄적으로 언급하지만 추세는 좀 더 구체적이고 5년 정도의 짧은 기간을 다루는 게 일반적이다.

기업은 미래 예측을 통해 추세를 예견할 수도 있고 추세를 통해 미래 흐름을 수시로 점검할 수도 있다. 미래 예측이 손에 와 닿을 정도로 구체화하고 제품 개발에도 연계되기 위해서는 세부적인 추세 이해가 병행되어야 한다. 이를 위해서는 기업 내부의 소비자 접점을 확대하고 추세에 대한 외부 정보를 적극적으로 활용해야 한다. 추세 조사 기관을 통해 아이디어를 얻을 수도 있고 소비자들에게 직접 아웃 소싱할 수도 있다.

신제품과 추세에 민감한 소비자들을 트렌드 헌터(trend hunter)로 선발하여 소비자의 관심과 상품 기획 아이디어를 파악하는 방법도 있다. 또한, 기획 중인 내부 아이디어를 사전에 검증받을 수도 있다. 태평양은 라네즈 EO(Elite Women) 클럽을 통해 25세 전후의 전문 직종 여성을 대상으로 시장의 추세를 파악하고 있다. 첫 대상은 국내외 근무를 통해 전 세계 화장품 트렌드에 민감한 스튜어디스였다. 다음엔 파티를 만드는 사람들로 파티 플래너, 웨딩 플래너, 꽃디자이너가 선정되었다. 최근에는 패션업계 종사자인 디자이너, 패션 홍보 담당자들로 구성되어 운영되고 있다. 이들은 온라인과 오프라인 상으로 활동하며 화장품에 국한하지 않고 25세 전후의 세대가 추구하는 패션, 미용, 문화 등의 전 분야를 망라하여 의견을 제시한다. 눈여겨볼 것은 이들이 단지 회사에 정보를 제공하는 역할만 하는 것이 아니라 패션 리더로서 외부에 제품을 홍보하고 전파하는 역할까지 수행한다는 것이다. 사람들이 선망하는 직종의 여성을 선정하고 유행을 따르는 그들의 생활 모습을 공개함으로써 해당 브랜드의 이미지까지 젊고 신선하게 만드는 부수적 효과를 거두고 있다. 트렌드 헌터(trend hunter)는 화장품 업계 이외에도 소비자와 활발한 접촉이 이루어지고 있는 통신, 식음료, 광고업계 등에서 널리 활용되고 있다. 트렌드 헌터 활동은 제품 생산 과정에 관여도가 높아지고 직접 콘텐츠를 만드는데 익숙해진 소비자들의 욕구와 맞물려 더욱더 퍼질 것으로 보인다.

이외에 공모전과 같은 외부 행사를 통해 자연스럽게 시장 정보와 추세를 읽어낼 수 있다. LG생활건강은 주기적인 디자인 공모전을 통해 상품 개념과 디자인에 대한 정보를 수집한다. 공모전을 통해 디자인 개념에 대한 아이디어를 얻을 뿐만 아니라 제출된 작품들에서 고객의 관심사와 시대상을 손쉽게 읽어낼 수도 있다. 공모전 자체가 주최하는 기업의 이미지를 제고시키고 해당 주제에 대한 홍보 활동도 톡톡히 하고 있다. 통신사들도 일련의 광고 주제를 소비자들에게 직접 공모함으로써 아이디어 수렴과 함께 간접적인 홍보 효과를 거두고 있다. 구체적인 아이템 발굴과 홍보 수단으로써 공모전의 활용도 높아 보인다.

그런데, 이러한 추세 분석 시에 주의할 점은 구체적인 성과를 거두기 위해 자칫 눈에 보이는 현상에 관심을 기울이다 보면 장기적인 미래 추세보다는 일시적인 유행 분석에 치우칠 수 있다는 것이다. 물론 제품 개발 사이클이 짧고 시장 대응 속도가 중요한 산업에서는 일시적인 유행에도 신속하게 대응해야 한다. 하지만 기업의 경쟁력은 개별 유행의 성공 여부에 달려있는 것이 아니라 반복되는 유행의 기복에 상관없이 이들을 관통하는 일련의 추세에 대응하는 것이다. 시야를 넓게 가져가면서 신속한 보폭으로 시장에 대응하는 것이 바람직하다. 짧은 걸음에만 급급하다 보면 시장을 주도적으로 이끌지 못하고 큰 보폭으로의 전환이 요구되는 파괴적 혁신 시점에 낭패를 겪을 수밖에 없다.

3) 미래는 현실이다

미래는 눈을 감고 있어도 언젠가는 현실로 실현된다. 현재의 경쟁 구도를 타파할 돌파구를 찾지 못하는 기업이라면 금세 현실로 다가올 미래에 눈을 돌려보는 것도 좋은 방안이 될 수 있다. 지금 당장 처리해야 하는 문제에 급급해 미래 변화에 신경을 쓰지 못한다면 끝이 없이 쳇바퀴를 돌려야 하는 다람쥐와 같은 신세에서 벗어날 수 없다.

미래 예측의 필요성을 인식하기 위해서 10년 전으로 돌아가라는 얘기가 있다. 10년 전의 기술 수준과 지금을 비교해보고 기업의 경쟁 구도 변화를 떠올리게 되면 앞으로 10년 후의 급격한 변화와 대응의 필요성을 깊이 절감하게 될 것이다.

비즈니스 환경에서 시간 여행은 충분히 가능하다. 남들과 다른 시간대를 사전에 공략함으로써 이른바 블루오션을 형성시킬 수 있다. 미래를 바로 눈앞의 현실로 인식하는 기업만이 미래를 선점하고 지속적인 경쟁 우위를 확보하게 될 것이다(엘지경제연구소. 주간경제 858호).

3. 신속한 의사결정

1) 의사결정 방법

피터 드러커는 의사결정은 다음의 모델을 이용하여 신속한 의사결정을 한다고 하였다.

(1) 문제의 본질 파악

문제의 본질이 다른 상황에 대응하여서도 일반화될 수 있는지 아니면 특수한 것으로 간주해야 할 것인지를 결정한다. 일반적인 문제는 규칙, 정책, 원칙 등을 세움으로써 해결될 수 있다. 그러나 특수한 문제는 일반적인 규칙이 적용되지 않으므로 개별적으로 다루어져야 한다.

(2) 분명한 의사결정 목적

성취해야 할 것의 사양을 명확하고 구체적으로 세운 다음 기본적인 목적과 세부적인 목표들을 구분한다. 의사결정은 반드시 목적을 만족하여야 한다.

(3) 정확한 해결방안 도출

토론을 거쳐 여러 사람의 의견을 모아야 한다. 적절한 결정을 내리는데 필요한 양보다 적용을 고려하기 전에 모든 구체적 요소를 충족시켜주는 최상의 결정을 내린다. 합리적인 결정을 함으로써 잘못된 결정으로 초래될지 모르는 문제를 피할 수 있다.

(4) 결정은 즉시 실행

결정된 사항들은 실행한다. 결정을 효과적으로 실행하기 위해 우선 책임 분야의 협력과 모니터링이 필요하다.

(5) 결정의 효과 검증 결정

결정의 효과 검증 결정은 가끔 틀릴 수도 있고 쓸모없어질 수도 있다. 그러므로 필요하다면 결정된 사항들의 효과를 계속적이고 반복적으로 실험하고 수정해야 한다.

의사결정이 늦은 경영자와 신속한 의사결정 경영자의 차이점은 다음과 같다(John W. Jones, 1994).

① 기존의 경영자보다 4배 빠르게 의사결정을 한다.
② 의사결정을 위해 더 많은 정보를 수집하고 이용한다.
③ 딜레마(dilemma)를 해결해 줄 많은 대안을 개발한다.
④ 전문가와 상급 경영자들로부터 다양한 형태의 자문을 얻는다.
⑤ 더욱 빠르고 효과적으로 조직 갈등을 해소한다.
⑥ 운용 계획과 전략적 결정을 빠르게 통합시킨다.

4. 정보관리

1) 정보의 활용

종래의 많은 경영자는 너무나 많은 정보에 둘러싸여 그것을 소화하기 위한 시간이 너무 부족하다고 생각하며 당황해 왔다. 반면 혁신적 경영자들은 급변하는 비즈니스 풍토에서 그들이 성공하기 위해서는 정보가 그들을 지배하기 전에 정보를 익숙하게 조절해야 한다는 것을 이미 인식하고 있다. 따라서 다음과 같은 방법으로 정보의 효율을 높일 수 있다(John W. Jones, 1994).

① 모든 새로운 비즈니스 관련 정보를 정확하고 신속하게 발견한다.
② 본질적 정보와 부수적 정보를 구별할 줄 안다.
③ 온라인 데이터베이스와 같은 최신 기술을 사용하여 정보를 조사한다.
④ 많은 양의 정보를 빨리 읽고, 연구, 습득하여 최대한 이용한다.
⑤ 중요한 사실과 정보를 이해하고 기억하기 위해 말하는 상대에게 주의를 집중한다.
⑥ 새로운 아이디어와 다양한 관점을 제공해 줄 수 있는 전신 뉴스, 온라인 데이터 서비스, 베스트셀러, 경영 잡지, 정보가 될 만한 테이프와 경제신문과 같은 방대한 정보 소스를 검토한다.
⑦ 어떠한 사실이나 수치와 일치하지 않는 정보에 대해 철저하게 생각해 본다.
⑧ 그래픽 화면, 비디오 회의, 음성 통신과 같은 최근의 정보 기술을 이용하여 정보를 전파한다.

2) 정보의 발견

스피드 경영에서 요구되는 정보는 쉽고 빠르게 찾아야 한다. 경영자는 정보를 빠르게 발견하기 위하여 로버트 버그만(Robert Berkman)의 6단계 모델을 이용하여 정보를 개발할 수 있다.

1단계 : 목적의 정의

정보 발견 계획은 정확히 정의되어야 한다. 특정한 정보가 언제, 얼마만큼 필요한지에 대한 계획이 필요하다.

2단계 : 비전문적인 원천 발견

문제의 개념과 정의를 먼저 발견한다. 이 단계에서는 문제에 대한 지식이 매우 적으므로 비전문적인 정보 원천을 먼저 찾는다.

3단계 : 전문적인 원천 발견

전문화된 정보를 획득한다. 문제에 대한 기본 개념이 정립되면 전문적인 정보만을 조사한다.

4단계 : 전문가와 인터뷰

비전문적이고 전문적인 것의 양쪽의 관련 정보를 얻었다면 전문가와 협의한다.

5단계 초점의 정의

이 단계에서는 지금까지 단계를 돌아보면서 진행 과정을 검토한다.

6단계 : 전문가의 검토

최종적으로 정확하고 완벽한 정보를 얻기 위하여 전문가에게 검토를 의뢰한다.

제4절 조직의 스피드

1. 우수한 인재 확보

정보지식사회의 도래로 새로운 아이디어와 기술로 끊임없이 저비용 고부가가치를 추구하는 기업만이 경쟁 속에서 살아남을 수 있다. 이러한 시대적 요구에 따라 기업은 지식근로자, 유능한 인재를 요구하고 있다. 따라서 기업은 자부심과 소명의식을 갖춘 열정적인 구성원을 확보할 필요도 있지만, 지금의 구성원들도 열정이 넘쳐날 수 있도록 해야 한다.

우선 구성원 확보 시에는 단순히 배경이나 학벌이 일등이 아니라 삶 속에서 그리고 일 속에서 '성공의 맛'을 체험한 사람인지를 꼼꼼히 따져야 한다.

또한, 기존 구성원도 구성원들이 자부심을 느낄 수 있도록 작지만 소중한 성공 체험을 쌓을 수 있도록 세심히 배려할 수 있어야 한다.

이렇듯 적합한 인재의 패러다임은 인재를 바라보는 기업의 근본적인 시각을 바꾸고 있다. 하지만 기업에 따라 조금은 다를 수 있는 적합한 인재라 해도, 인재라면 누구나 공통으로 갖추어야 할 모습도 있기 마련이다. 따라서 이러한 인재의 모습을 '진짜 인재'라는 이름으로, 이들이 갖추어야 할 공통된 특징을 7가지 측면에서 살펴본다(LG경제연구원, 2014).

1) 최고를 향한 열망이 높은 사람

진짜 인재의 특징은 보수보다는 자신이 하고 싶은 일 자체에 대해서 열정을 가진 사람이라는 점이다. 그래서 진짜 인재는 최고를 향한 열망(Aspiration) 또한 높다. No. 1이 아니면 생존이 어려운 최근과 같은 경영 환경 아래에서 이와 같은 인재는 그 어느 때 보다 절실히 요구된다. GE를 비롯한 일류 기업들이 인재가 갖추어야 할 최고의 덕목으로 '열정(Passion)'을 강조하는 이유도 여기에 있는 것이다. 하지만 이때 인재의 모습을 단순히 활력이 넘치고 에너지가 있어 보이는 사람 정도로만 생각해서는 안 된다. 열정의 근원은 자신에게 주어진 일에 소명의식과 자부심을 가질 때야 비로소 힘을 발휘하기 때문이다.

따라서 기업은 자부심과 소명의식을 갖춘 열정적인 구성원을 확보할 필요도 있지만 지금의 구성원들도 열정이 넘쳐날 수 있도록 해야 한다. 우선 구성원 확보 시에는 단순히 배경이나 학벌이 일등이 아니라, 삶 속에서 그리고 일 속에서 '성공의 맛'을 체험한 사람인지를 꼼꼼히 따져야 한다. 또한, 기존 구성원도 구성원들이 자부심을 느낄 수 있도록 작지만 소중한 성공 체험을 쌓을 수 있도록 세심히 배려할 수 있어야 한다.

2) 강한 승부 근성을 가진 사람

진짜 인재는 강한 승부 근성을 가지고 있다. 여기서 승부 근성(Challenging Spirit)이란 웬만한 위험에 노출되어도 쉽게 포기하지 않는 불굴의 의지와 이를 극복하려는 억척스러움이 녹아 있는 개념이다. 어려운 일을 줄수록 이를 두려워하지 않는 용기, 더불어 임무를 끝까지 완수하려는 근성과 실행력이 뒷받침되어야 한다.

기업이 구성원에게 승부 근성을 심어주기 위해서는 무엇보다도 구성원들에게 '난 할 수 있어'라는 자신감을 키워주는 것이 중요하다. 그런데 기업이 구성원들의 작은 실패와 실수를 용납하지 않거나, 실패로 얻은 경험을 더 큰 발전으로 승화할 수 있도록 배려하지 않는다면, 아마 이런 기업의 구성원들은 승부 근성은 고사하고 그저 무사안일을 추구하는 보수적 인간형으로 전락하고 말 것이다. 이와 반대로 Nokia, 3M 등 혁신 지향적인 기업에서는 실패하더라도 책임을 탓하기보다 재도전의 기회를 부여하는 'Blame-free Culture'가 강하다. 이렇듯 이들 기업이 실패를 용인하는 문화를 장려하는 이유는 눈앞의 작은 이익에 눈멀어 구성원의 작은 실수에 인색할 경우, 구성원들의 자신감을 해쳐 소탐대실(小貪大失)의 결과를 가져올 수 있다는 사실을 분명히 인식하고 있기 때문이다.

3) 도덕적 겸양이 있는 사람

최고를 향한 열망과 승부 근성을 갖추는 것도 중요하지만 이때 도덕적 겸양이 따라야 진짜 인재라 할 수 있다. 우리는 종종 자신의 실력을 쌓는 데 집중하기보다, 단지 윗사람에게 잘 보이기 위해 지나치게 아첨하거나 정치적 행동을 일삼는 빈 수레형 사람들을 보게 된다. 이들을 접할 때 구성원들의 눈살은 찌푸려지게 되고, 이런 부류의 사람들이 조직 내에서 성공하는 모습에 많은 구성원이 조직에 실망과 염증을 느끼게 된다.

하지만 도덕적 겸양이 있는 인재는 다르다. 한 마디로 외유내강(外柔內剛)형 사람(An Iron Hand in a Velvet Glove)이라 하겠다. 이러한 인재는 자칫 눈에 띄지 않는 것처럼 보인다. 하지만 자세히 살펴보면, 주위 사람들에게 차곡차곡 믿음과 신뢰를 쌓아가고 있는 인재를 발견할 수 있다. 이에 대해 Jim Collins는 위대한 기업을 만든 일류 리더들은 뛰어난 업무 능력만이 아니라, 밖으로 드러나지 않게 제 역할을 묵묵히 수행하는 겸손함도 함께 갖추고 있다고 지적한다.

4) 감성 지능이 높은 사람

감성 지능(Emotional Intelligence)이 높아야 한다. 기본적으로 인재라 하면, 어느 정도의 기술적이고 지적인 능력을 갖추고 있어야 한다. 하지만 이것만으로 인재의 자질이 모두 결정된다고 할 수 없다. 특히, 앞으로의 사회는 다양성의 가치를 보다 폭넓게 이해하고 인간 상호 간의 감성적 교감을 중시하는 방향으로 빠르게 변모할 것이다. 따라서 진짜 인재의 중요한 자질 요건 중 하나는 얼마나 감성 지능을 풍부히 갖추고 있는가에 좌우될 수 있다.

Daniel Goleman이라는 심리학자는 지속해서 높은 성과를 내는 일류 경영자는 공통적으로 감성 지능이 높다고 지적한 바 있다. 그에 따르면, 약 80% 정도의 감성 지능과 20% 정도의 지적 능력이 적절히 조화를 이룰 때, 경영자는 효과적으로 시노력을 발휘할 수 있다고 한다. 여기서 감성 지능이란 자기 자신을 객관적이고 냉철하게 평가하고 솔직할 수 있는 '자아 인식 능력(Self-Awareness)', 자신의 감정이나 기분을 효과적으로 통제할 수 있는 '자기 관리 능력(Self-Regulation)', 다른 사람의 감정을 헤아리고 그에 적절히 대응 조치할 수 있는 '타인 의식 능력(Social-Awareness)'과 '타인 관리 능력(Social Skill)' 등을 말한다.

5) 직업윤리를 갖춘 사람

투철한 직업윤리(Work Ethic)로 무장한 사람이다. 누가 시키지도 않았는데도 일정한 규정(Rule)을 정하고, 보이지 않는 곳에서도 이를 정직하게 실천해내는 사람들이 있다. 바로 이런 인재가 진짜 인재이다. 여기서 규칙이란 단순히 규식과 법규를 지키는 문제로 이해해서는 안 된다. 어떤 목표를 향해 나름대로 신념을 갖고 정당한 절차와 방법을 지켜 가는 것이다.

어찌 보면 최근 많은 기업이 부르짖고 있는 '정도 경영'이나 '윤리 경영'의 실천과도 닮은 개념이라 하겠다. 이와 마찬가지로 'Good to Great' 기업들은 강제가 아닌 자율과 책임을 바탕으로 한 '규율의 문화(Disciplined Culture)'를 형성하고 있는데, 그러한 문화 속에서 모든 구성원이 '규율이 있는 행동(Disciplined Action)'을 보이는 것으로 유명하다.

6) 흡수 능력이 높은 사람

새로운 것을 배우고 소화하는 학습 능력과 함께 주어진 문제를 지혜롭게 해결해 낼 수 있는 문제 해결 능력을 고루 갖춘 사람이 진짜 인재이다. 이를 우리는 흡수능력(Absorptive Capability)이라 말한다. Cohen과 Levinthal이라는 경영학자는 흡수 능력은 '관련된 사전 지식의 양'과 '노력의 강도'에 의해 결정된다고 지적한다.

그러나 이때 명심해야 할 점이 있다. 아무리 아는 것이 많다 해도 끊임없이 새로운 것을 배우려는 자세로 노력하지 않는다면 그 사람의 지식은 바로 진부화되고 만다는 사실이다. 하지만, 지식의 양이 조금 모자란 사람이라 할지라도, 배우려는 욕망과 열정이 넘쳐 꾸준히 노력하는 사람은 장기적으로는 인재로 성장할 가능성이 크다. 따라서 기업은 지금 당장은 큰 성과를 내기에 턱없이 부족한 지식과 능력을 보유한 구성원이라고 여겨질지라도, 배우려는 욕심과 의욕이 넘치는 구성원에 대해서는 이들이 충분히 성장할 수 있도록 적극적으로 지원하고 배려해 주어야 한다.

7) 핵심가치에 맞는 가치관을 가진 사람

회사의 독특한 핵심가치(Core Value)와 생각을 같이하는 인재가 진짜 인재라 할 수 있다. 여기서 핵심가치란 마치 종교적 신념처럼 구성원들이 항상 따르고 지녀야 할 정신적인 밑바탕이다. 이는 기업 고유의 차별적인 행동 코드를 담고 있어, 구성원의 의사결정과 행동 방식의 기준이 된다. 만일 회사가 지향하는 가치와 구성원이 중시하는 가치관을 일치할 수 있다면, 구성원들은 회사와 자신을 하나로 생각할 수 있을 것이다. 또한, 이러한 가치관의 동질화는 구성원이 맡은 일에 최선을 다해 일하고 어렵고 모호한 의사결정 상황에서도 현명한 결정을 내리는 데 도움을 준다.

일반적으로 기업이 인재를 확보하고 육성할 때, 전략에 부응하는 사람을 얘기하는 경우가 많다. 하지만 불확실한 경영 환경 아래에서 전략은 수시로 바뀌는 경향이 있고, 현실적으로도 전략에 맞는 인재를 정해 놓고 확보하는 것에는 무리가 따르기 마련이다. 이는 기업의 인재 경영에 있어 흔히 나타나는 이상과 현실 간의 괴리가 아닐까 싶다. 오히려, 기업에 내재하며 오랫동안 변하지 않는 가치관 즉, 핵심가치에 부응하는 사람을 뽑는 것이 더욱 현실적이라 하겠다.

2. 경쟁 분석

기업은 끊임없는 도전과 경쟁의 세계에서 살아가고 있다. 이와 같은 경쟁은 언제, 누가, 어떻게 도전할지 모른다. 따라서 스피드 경영은 경쟁 기업의 분석을 통하여 경쟁상대를 먼저 연구하여 이에 알맞은 전략을 펼쳐나가야 한다.

스피드 경영에서 경영자는 가장 시의적절하게 필요한 정보를 수집하는 데 주력해야 한다. 기업은 경쟁사에 관해 기본적으로 알아야 할 정보는 다음과 같은 것을 포함한다(John W. Jones, 1994).

① 확장 계획
② 주요 고객
③ 시장점유율 추이
④ 신제품 계획
⑤ 가격 정책 및 판매량
⑥ 전략적 계획

스피드 경영을 추진하는 경영자는 기업이 경험하고 있는 모든 유형의 경쟁을 분석해야 한다. 이러한 경쟁 분석 기법으로 마이클 포터(Michael Porter)의 Five Forces 경쟁 분석 방법을 사용할 수 있다.

마이클 포터는 장기적으로 특정 산업의 수익성 및 매력도는 산업 구조적 특성에 의하여 영향을 받으며 이는 5가지의 힘(Five Forces)으로 결정된다고 하였다.

1) 신규 진입자의 위협

신규 진입자는 시장점유율 및 실질적인 자원을 획득하려 하거나 새로운 능력을 산업에 가져다준다. 또한, 신규 진입자에 의하여 수익성은 가격 경쟁력이나 인플레이션 등으로 낮아질 수 있다. 신규 진입장벽의 결정요인으로 규모의 경제, 제품 차별성, 브랜드, 교체비용, 소요자본, 유통채널 접근, 원가 우위, 학습곡선, 투입 원재료, 낮은 원가 제품 디자인, 정부 정책, 예상되는 보복 등이 있다.

2) 기존 경쟁자 간 경쟁 강도

경쟁은 경쟁자들이 경쟁 위치 개선에 대한 압력을 느끼거나 그 기회를 찾고 있을 때 일어난다. 경쟁의 양상은 가격 경쟁, 광고 또는 홍보 전쟁, 제품 출시 등에서 나타난다. 대부분 산업에서 경쟁 강도와 산업 전체의 수익성을 결정하는 가장 중요한 요인은 그 산업 내에서 이미 경쟁하고 있는 시장 참여자 들(기존 경쟁자들) 간의 경쟁 관계이다. 따라서 기존 기업 간의 경쟁 강도를 결정하는 요인으로는 산업 성장, 고정비, 과잉생산능력/설비, 제품 차별성, 브랜드, 교체비용, 집중과 균형, 정보의 복잡성, 경쟁자의 다양성, 이해관계자, 퇴출장벽 등이 있다.

3) 공급자의 협상력

공급자들은 가격을 인상하거나 품질을 저하하려는 위협으로 협상력을 높일 수 있다. 강력한 협상력을 가진 공급자는 더 이상의 원가를 상승시킬 수 없을 수익성을 잠식하고 있다. 공급자의 협상력으로 투입 원재료 차별성, 교체비용, 대체 원재료의 출현, 공급자 집중도, 공급 물량의 규모, 총 구매가치가 차지하는 상대적 비용, 원가 또는 차별화에 관한 원재료의 영향도, 전후방 통합 위협 등이 있다.

4) 구매자의 협상력

구매자는 가격 인하 및 품질 제고 압력을 통하여 판매 경쟁자 간 수익성을 훼손하도록 조정하면서 산업 간 경쟁하도록 한다. 구매자의 교섭력은 구매자들이 얼마나 가격에 민감한가와 공급자들에 대한 구매자들의 상대적인 교섭능력이다.

5) 대체재의 위협

대체재는 기업이 용인할 수 있는 가격의 상한선을 설정케 함으로써 기존 기업의 잠재적 수익을 제한한다.

3. 빠른 신제품 개발

기업은 신제품에 대한 아이디어와 실제 수익성 있는 제품을 출고하기 까지 걸리는 시간을 단축해야 한다. 신제품의 빠른 출시는 수익의 중요한 원천이며 경쟁의 무기이다. 스피드 경영에서는 신제품 출시가 업계 평균 소요시간보다 신속하게 비교 가능한 제품 개발에 노력하여야 한다(John W. Jones, 1994).

4. 시장분석

기업은 항상 새로운 시장 기회를 포착하려고 노력해야 한다. 어떠한 기업도 현재의 제품과 시장에만 영원히 의존할 수는 없다. 모든 기업은 언제나 풍부한 시장 기회를 얻고 있다. 만일 어떤 기업이 자기에게는 시장 기회가 없다고 생각한다면 그것은 자기 사업이 어떠한 특성과 강점이 있는지에 대해 전략적으로 사고하고 있지 못하다는 것을 의미한다. 새로운 시장 기회를 얻기 위해서는 그것을 확인하고 평가하는 과정, 즉 시장 기회에 대한 분석이 이루어져야 한다(Kotler, 1986 : 유동근, 1987 : 36-41).

1) 시장 기회의 확인

기업이 시장 기회를 확인하거나 발견할 방법은 매우 다양하다. 예를 들면 변화하는 시장을 항상 관심을 두고 주시함으로써 새로운 아이디어를 찾을 수 있고, 또는 신문구독이나 전람회 참석과 같은 방법으로 새로운 시장에 대한 정보를 입수할 수도 있다. 그리고 이와 같은 비공식적 방법이 아닌 공식적이고 보다 체계적인 방법을 사용한다면 더욱 효과적으로 새로운 시장 기회를 확인할 수 있게 될 것이다.

시장 기회를 확인하는 데 사용되는 체계적인 방법의 하나가 '제품 및 시장 확대 그리드'이다. 이 방법은 새로운 시장 기회를 확인하는 데 있어 제품 및 시장과 관련하여 다음과 같은 4가지 방안을 고려할 수 있도록 하는 것이다.

(1) 시장 침투

시장 침투(market penetration)는 현재의 제품을 변경하지 않고 현재의 시장으로부터 더 많은 매출을 획득하는 일이 가능한지에 대해 고려하는 것이다. 기업이 이와 같은 방안으로 더 많은 고객을 확보하기 위해서는 가격 할인, 광고 방법의 변성, 판매 점포의 확대, 더욱 좋은 진열위치의 확보 등과 같은 방법들을 마련할 필요가 있는지를 분석해야 한다.

(2) 시장 개발

시장 개발(market development)은 현재의 제품에 대한 새로운 시장을 확보하는 일이 가능한가를 고려하는 것이다. 이를 위해서 기업은 고객으로서 개인·기관·지역 등의 특성 및 분포에 대한 분석을 통해 새로운 시장의 개발 가능성을 타진해야 한다.

(3) 제품 개발

제품 개발(product development)은 현재의 고객들에게 새로운 제품을 제공하는 일이 가능한지에 대해 고려하는 것이다. 여기서 새로운 제품이란 현재의 제품에 새로운 기능을 추가하거나, 포장을 바꾸거나, 새로운 상표를 부착하거나, 또는 용처는 같지만, 용도를 다르게 한 것 등을 말한다. 이와 같은 신제품으로 현재의 시장에서 새로운 시장 기회를 발견하기 위해서는 현 제품과 자사 상표에 대한 현 고객의 선호도 및 신뢰성, 현 제품 용도의 한계, 고객들의 제품의 품질 및 가격에 대한 선호도 등에 대한 분석이 이루어져야 한다.

(4) 다각화

다각화(diversification)는 현재의 제품과 시장에서 완전히 벗어나 새로운 사업으로 새로운 시장을 개척하는 방안이다. 기업이 이런 다각화에 의해 새로운 시장 기회를 확인하기 위해서는 진입장벽, 경쟁자, 구매자, 공급자, 대체품 등에 대해 면밀한 분석이 이루어져야 한다. 일반적으로 진입장벽이 높고, 현재의 경쟁자가 약하고, 구매자 및 공급자 조직이 나약하며, 획득 가능한 대체품이 적거나 덜 만족스러운 산업일수록 다각화에 의한 성공 가능성이 높은 것으로 알려졌다.

2) 시장 기회의 평가

시장 기회를 확인하는 것과 어떠한 시장 기회가 기업에 적합한지를 결정하는 일은 별개의 문제이다. 즉, 기업이 새로운 시장 기회를 발견했다고 할지라도 거기에서 기업이 마케팅 활동을 통해 경쟁적 우위를 누릴 수 없다면 그것은 결코 매력적인 시장이라고 할 수 없을 것이다. 따라서 기업은 시장 기회를 확인한 후에는 반드시 그에 대한 평가를 해야 한다.

시장 기회에 대한 평가는 시장 기회가 기업의 목표와 자원에 적합한 것인지를 판단하는 것이다. 기업은 먼저 새로운 시장 기회가 이익, 매출량, 매출 성장률, 기업 명망도 등과 같은 기업 목표를 달성하는 데 얼마나 이바지할 것인지를 평가해야 한다. 그리고 기업이 보유하고 있는 자본, 생산 및 마케팅 기술, 유통능력 등과 같은 자원이 새로운 시장 기회에 적합한 것인가를 판단해야 한다. 만일 이와 같은 기업 목표와 기업 자원이 모두 새로운 시장 기회에 부합되는 것으로 평가되었다면, 그것은 매우 매력적인 시장 기회로서 기업이 실제로 진입할 방안을 적극적으로 모색해도 좋을 것이다.

3) 시장 세분화의 기준

시장을 세분화하는 데는 여러 가지의 기준이 사용될 수 있으나 대표적인 것으로는 지리적 요인, 인구통계학적 요인, 심리적 요인, 편익성 요인 등을 들 수 있다(박영배 외, 2004).

(1) 지리적 세분화

지리적 세분화(geographic segmentation)는 지리적 특성에 따라 제품에 대한 요구와 시장의 규모 등이 다를 수 있으므로 고객이 실제로 어디에 살고 있는지에 따라 시장을 나누는 것이다. 이를테면 시장을 국가별·권역별로 나눈다든지, 또는 대도시와 중소도시로 구분한다든지, 또는 기후별·인구밀도별로 나눈다든지 하는 것이다. 지리적 세분화의 가장 큰 장점은 세분화 작업이 비교적 쉽고 비용이 적게 든다는 점이다.

(2) 인구통계학적 세분화

인구통계학적 세분화(demographical segmentation)는 시장을 연령·성별·가족 규모·소득 수준·직업·교육 수준·종교 등에 따라 특성별로 나누는 것이다. 인구통계학적 세분화는 인구통계학적 요인들이 고객의 제품에 대한 욕구·선호도·사용빈도 등과 밀접한 관계가 있고, 또한, 이를 통해 시장규모를 쉽게 예측할 수 있다는 가정 아래서 주로 활용된다.

(3) 심리적 세분화

심리적 세분화(psychological segmentation)는 사람들의 관심·태도·생활 유형(life style) 등과 같은 비교적 추상적인 특성에 기초하여 시장을 세분화하는 것이다. 심리적 세분화는 인구통계학적 요인만으로는 파악하기 어려운 시장을 파악할 수 있다는 장점이 있다. 그러나 이는 소지자의 심리를 객관적으로 측정하기 어렵고, 심리적 변수와 제품에 대한 고객의 욕구나 선호도 사이의 상관관계가 명확하지 않으면 세분 시장에 접근하기가 어렵다는 단점도 있다.

(4) 편익성에 의한 세분화

이는 제품이나 서비스의 편익성(benefit sought)을 염두에 두고 시장을 나누는 것이다. 예컨대 치약을 구매할 때 충치예방·향기·가격·포장·치아 표백 등 고객에 따라서 추구하는 편익은 각기 다를 것이다. 편익성에 의한 세분화는 편익 집단의 규모를 측정하기가 쉽지 않고, 고객이 추구하는 편익의 이면에는 전혀 다른 의도가 내포되어 있을 수도 있으며, 또한 고객에 따라서는 여러 개의 편익을 동시에 추구하는 때 있으므로 세분화의 유용성이 제한되기도 한다. 그러나 이는 인과적 요인에 근거하여 시장을 구분하기 때문에 고객의 욕구와 제품을 곧바로 연결할 수가 있고, 편익 집단을 인구통계학적·심리적 특성과 연관시킬 수도 있다는 점에서 가장 효과적인 시장 세분화 기법이라고 할 수 있다.

4) 표적 시장의 선정과 마케팅 전략

시장을 세분화하고 나면 여러 개의 세분 시장으로 나누어진다. 이제 기업은 이들 세분 시장에 대해 기업의 능력을 고려하여 마케팅 활동을 어떻게 수행할 것인지에 관한 전략을 수립하여야 한다. 이때 기업이 구사할 수 있는 마케팅 전략은 몇 개의 세분 시장을 표적 시장(target market)으로 선정하느냐에 따라 비차별적 마케팅 전략, 차별적 마케팅 전략, 집중적 마케팅 전략 등 세 가지로 분류된다(박영배 외, 2004).

(1) 비차별적 마케팅 전략

비차별적 마케팅 전략(undifferentiated marketing strategy)이란 시장 전체를 하나의 표적 시장으로 삼고 같은 마케팅 전략을 수립하여 구사하는 것을 말한다. 이 같은 전략은 대량생산으로 제조원가, 재고비용, 운송비용, 마케팅 조사비용 등을 절감할 수 있으며, 한 가지 광고매체를 대량으로 이용함으로써 광고비도 크게 절감할 수 있다. 그러나 이는 극심한 경쟁을 유발하고 세분 시장의 다양한 욕구를 충족시키지 못하는 단점이 있다. 비차별적 마케팅 전략은 생필품과 같이 제품이나 시장이 동질적일수록 효과적이다.

(2) 차별적 마케팅 전략

차별적 마케팅 전략(differentiated marketing strategy)이란 두 개 이상의 세분 시장을 표적 시장으로 선정하여 각각에 대하여 서로 다른 마케팅믹스를 제공함으로써 각 세분 시장에서 최대의 매출과 이익 그리고 시장점유율을 실현하는 데 목적을 두는 전략을 말한다. 따라서 이는 비차별적 마케팅 전략에 비해 제조·재고·운송·광고 등에 관련된 비용이 많이 소요된다는 약점을 가지고 있다. 그렇지만 고객 지향적이고 시장 창조적인 적극성을 지님으로써 기업에 대해 고객들이 갖는 인식·이미지·충성심 등이 개선되어 고객들이 그 기업의 제품을 반복하여 구매하도록 유도할 수가 있다. 차별적 마케팅 전략은 카메라, 자동차, 주류 등과 같이 제품이나 시장이 이질적일수록 효과적이다.

(3) 집중적 마케팅 전략

집중적 마케팅 전략(concentric marketing strategy)은 하나 또는 제한된 수의 세분 시장만을 표적 시장으로 선정하여 마케팅 노력을 집중하는 전략이다. 이는 기업의 자원이 한정된 경우에 특정의 시장에서 유리한 시장 지위를 확보하기 위한 목적에서 구사하는 전략으로서, 특정의 세분 시장 내 고객들의 욕구에 대한 전문성을 축적하면서 독보적인 명성을 쌓아 올림으로써 강력한 시장 지위를 획득할 수 있고, 제품의 연구개발·생산·유통·촉진 등에 대한 전문화를 통해 규모의 경제를 실현할 수도 있게 된다. 그러나 협소한 세분 시장만을 대상으로 하므로 시장 내 고객들의 욕구가 갑자기 변할 때에는 표적 시장 전부를 졸지에 상실하는 위험을 감수하지 않으면 안 된다. 예를 들어 국내의 어느 출판사가 경영학이나 경제학 서적만을 출판하는 것이나, 몇몇 회사가 특정 연령층을 주 고객 대상으로 선정하여 여성 의류를 만들어 파는 것은 모두 집중적 마케팅 전략을 구사하는 것으로 볼 수 있다.

모든 기업은 표적 시장과 관련하여 이상의 세 가지 마케팅 전략 중에서 어느 하나를 선택하게 된다. 따라서 기업이 표적 시장을 선정하고 그에 따른 마케팅 전략을 선택할 때에는 신중히 처리할 필요가 있는데, 이때 다음과 같은 몇 가지 요소를 고려하면 큰 도움이 될 것이다(오상락, 1990 : 145-146).

첫째, 비차별적·차별적 마케팅 전략은 모두 많은 자원을 필요로 한다. 따라서 기업의 자원이 한정된 경우에는 제한된 표적 시장을 선정하여 집중적 마케팅 전략을 구사하는 것이 유리하다.

둘째, 제품과 시장의 동질성이 큰 경우에는 전체 시장을 하나의 표적시장으로 하여 비차별적 마케팅 전략을 적용하는 것이 적합하다. 그리고 제품과 시장이 이질성이 큰 경우에는 차별적·집중적 마케팅 전략이 더욱 적합하게 된다.

셋째, 제품 수명주기 상에서 도입기에 있는 제품은 일차적 수요를 창출하기 위해 비차별적 또는 집중적 마케팅 전략이 적합하며, 성장기에 접어든 제품은 경쟁자의 출현으로 시장이 잠식될 수 있기 때문에 차별적 마케팅 전략을 구사하여 이차적 수요를 창출할 필요가 있다.

넷째, 경쟁자가 차별적 마케팅 전략이나 집중적 마케팅 전략을 구사할 때에는 비차별적 마케팅 전략을 구사해서는 안 되고 적극적으로 같은 전략을 활용하여 상대방을 공략하고 그 전략을 중화시키는 것이 바람직하다.

5. 고객관리

성공한 기업은 경쟁사들보다 박진감 넘치게 고객에게 다가가고 있다. 그러나 그동안 새로운 고객을 확보하는데 주력하였던 것도 사실이다. 스피드 경영은 새로운 고객 확보 이전에 기존의 고객에게 한 발 앞서 다가가는 스피드 경영을 강조하고 있다. 이러한 고객만족 스피드 경영으로 CRM(customer relationship management)이 등장하고 있다. CRM은 불특정 다수가 아닌 구매 의사가 있는 고객만을 찾아 표적 마케팅을 하는 방법으로 기존 고객이 대상이 되기도 한다.

CRM이 성공적으로 수행되기 위해서 기업은 고객 데이터의 수집에서부터 활용에 이르는 모든 프로세스를 정립할 필요가 있다. 즉, 고객과 관계를 맺는 순간부터 고객을 유지하고 고객 로열티를 높이며 우량고객을 만들기까지 모든 프로세스를 관리해야 한다. CRM을 전개하기 위해서는 데이터 마이닝을 통해서 예측 가능한 고객패턴을 발견한다. 다음으로 찾아낸 패턴을 통해서 고객 관련 캠페인을 전개한다.

기존의 오프라인 CRM과 달리, e-CRM은 인터넷을 통해서 고객 자료를 수집하고 고객과 의사소통을 할 수 있다는 데 특징이 있다. e-CRM은 인터넷을 활용하는 고객 관계 경영이며, 혁명적인 마케팅 방법, 전체적인 경영 모형을 재구성하는 방법이라고 할 수 있다. 즉, e-CRM은 영업, 마케팅, 서비스 활동에서 고객과 상호작용하는 기업의 모든 경영 프로세스를 조정하기 위해서 정보시스템을 사용하는 경영관리방식이라고 할 수 있다. 따라서 e-CRM의 모든 프로세스는 고객이 중심이 된다. 과거, 기업의 영업, 서비스, 마케팅 프로세스는 구획화되어 있어 고객의 정보가 원활하게 공유되지 못하였다. 고객에 대한 어떤 정보는 회계부서에 저장되고 어떤 정보는 영업부서에 산재해 있는 경우가 빈번했다. 그러나 e-CRM을 통해서 기업은 고객과 기업 간의 물리적인 거리를 제거하고 실시간 반응, 실시간 가격 책정 등을 할 수 있다. e-CRM의 시작은 개별 고객의 행동과 성향을 파악하여 고객이 원하는 '1대 1 서비스'를 제공하는 데 있다. e-CRM을 위해서는 기업의 비전과 전략, IT 인프라스트럭처(전화, e-메일, 무선통신장비, 웹)기반뿐만 아니라 중요 프로세스를 재 조직화하려는 노력이 필요하다(박영배 외, 2004).

6. 재무관리

스피드 경영에 필요한 또 하나의 전략으로 필요한 자금을 어떻게 조달하고 조달된 자금을 어떻게 운용할 것인가 하는 것이 매우 중요한 과제이다. 급속히 변하는 환경 속에서 다양한 위험에 노출된 경영환경을 박진감 넘치게 위험에서 벗어날 경영방법을 찾아야 한다. 따라서 스피드 경영자는 재무관리에 대한 지식을 지니고 재무 분석 자료를 이해하고 대안에 대한 의사결정 능력이 있어야 한다.

기업의 재무제표가 어떻게 작성되었는지 분석하고 이용하는 것은 재무기능을 효율적으로 수행하는 데 도움을 준다. 재무제표의 분석방법에는 여러 가지가 있으나 일반적으로 비율 분석방법을 주로 이용한다. 재무제표 분석은 유동성 비율, 활동성 비율, 수익성 비율, 안전성 비율 등으로 구분한다. 스피드 경영은 이와 같은 재무제표의 흐름을 보고 신속한 대응전략을 수립한다.

■ 유동성 비율(Liquidity Ratio) : 단기채무의 지급능력을 나타내는 판단 비율

$$\text{유동비율} = \frac{\text{유동자산}}{\text{유동부채}} \times 100(\%) \quad \text{표준 : 200\% 이상}$$

$$\text{당좌비율} = \frac{\text{유동자산} - \text{재고자산}}{\text{유동부채}} \times 100(\%) \quad \text{표준 : 100\% 이상}$$

$$\text{현금비율} = \frac{\text{현금·예금}}{\text{유동부채}} \times 100(\%) \quad \text{표준 : 높을수록 좋음}$$

■ 활동성 비율(Activity Ratios) : 기업이 보유하고 있는 모든 자원의 효율적인 활용도 측정 비율로서 매출액에 대한 중요자산의 회전율

$$\text{총자산회전율} = \frac{\text{매출액}}{\text{총자산}} \times 100(\%), \text{ 높을수록 양호}$$

$$\text{고정자산회전율} = \frac{\text{매출액}}{\text{고정자산}} \times 100(\%), \text{ 높을수록 양호}$$

$$\text{총자본회전율} = \frac{\text{매출액}}{\text{총자본}} \times 100(\%), \text{ 높을수록 양호}$$

$$\text{재고자산회전율} = \frac{\text{매출액}}{\text{재고자산}} \times 100(\%), \text{ 높을수록 양호}$$

$$\text{자기자본회전율} = \frac{\text{매출액}}{\text{자기자본}} \times 100(\%), \text{ 높을수록 양호}$$

$$\text{타인자본회전율} = \frac{\text{매출액}}{\text{타인자본}} \times 100(\%), \text{ 높을수록 양호}$$

■ 수익성 비율(Profitability Ratios): 기업의 경쟁력을 나타내는 기본적인 지표

$$총자본이익율 = \frac{순이익}{총자산} \times 100(\%)$$, 높을수록 양호

$$자본이익율 = \frac{순이익}{자기자산} \times 100(\%)$$, 높을수록 양호

$$매출액총이익율 = \frac{매출총이익}{매출액} \times 100(\%)$$, 높을수록 양호

■ 안정성 비율(Stability Ratios): 기업의 장기적인 지급능력과 재무구조의 건실성 여부를 판단하는 지표

$$부채비율 = \frac{부채}{자기자본} \times 100(\%)$$, 표준 : 100% 이하

$$유동부채비율 = \frac{유동부채}{자기자본} \times 100(\%)$$

학습목표 요약

1. 스피드 경영의 특징은 무엇인가?

① 시간 경영 : 신속한 의사결정과 권한 이양으로 비생산적인 업무를 제거한다.
② 의사결정 : 신속한 의사결정으로 고객에게 가까이 간다.
③ 기회 선점 : 경쟁사보다 신상품을 먼저 출시한다.
④ 신제품 개발 : 상품개발 시간을 최대한 줄인다.
⑤ 타이밍 경영 : 필요한 시점에 적절한 상품을 공급한다.
⑥ 고객관리 : 고객의 요구를 최대한 만족하게 한다.

2. 스피드 기업의 성공 포인트는 무엇인가?

유동 시간 단축, 고객만족 고려, 결과 측정, 노력 촉구, 스피드 가격, 스피드에 대한 보상, 스피드 보장

3. 신속한 의사결정방법은 무엇인가?

문제의 본질 파악, 분명한 의사결정 목적, 정확한 해결방안 도출, 결정은 즉시 실행, 결정의 효과 검증 결정

4. 고객관계 경영(CRM) 방법은 무엇인가?

CRM이 성공적으로 수행되기 위해서 기업은 고객 데이터의 수집에서부터 활용에 이르는 모든 프로세스를 정립할 필요가 있다. 즉, 고객과 관계를 맺는 순간부터 고객을 유지하고 고객 로열티를 높이며 우량고객을 만들기까지 모든 프로세스를 관리해야 한다.

용어해설

- 스피드를 결정하는 세 가지

  인식의 속도, 의사결정의 속도, 실행의 속도

- 10가지 치명적 결점

  ① 무감각 ② 무관심 ③ 배신 ④ 과도한 간섭 ⑤ 지나친 야망 ⑥ 장기적 안목 부재 ⑦ 새로운 상사에게 적응하지 못하는 것 ⑧ 조언자에 대한 지나친 의존 ⑨ 빈약한 고용실적 ⑩ 타당과 문제의 처리능력 부족

- 의사결정의 차이점

  ① 기존의 경영자보다 4배 빠르게 의사결정을 한다.
  ② 의사결정을 위해 더 많은 정보를 수집하고 이용한다.
  ③ 딜레마를 해결해 줄 많은 대안을 개발한다.
  ④ 전문가와 상급 경영자들로부터 다양한 형태의 자문을 얻는다.
  ⑤ 더욱 빠르고 효과적으로 조직 갈등을 해소한다.
  ⑥ 운용 계획과 전략적 결정을 빠르게 통합시킨다.

- 시장 침투(market penetration)

  현재의 제품을 변경하지 않고 현재의 시장으로부터 더 많은 매출을 획득하는 일이 가능한지에 대해 고려하는 것

- 시장 개발(market development)

  현재의 제품에 대한 새로운 시장을 확보하는 일이 가능한가를 고려하는 것

- 제품 개발(product development)

  현재의 고객들에게 새로운 제품을 제공하는 일이 가능한지에 대해 고려하는 것

- 다각화(diversification)

  현재의 제품과 시장에서 완전히 벗어나 새로운 사업으로 새로운 시장을 개척하는 방안

제16장

전사적 품질경영

학습목표

1. 품질관리의 목표는 무엇인가?
2. TQM단계별 시행전략은 무엇인가?
3. 계량형과 계수형 데이터 정리 방법은 무엇인가?
4. 관리도란 무엇을 의미하는가?
5. 샘플링 검사 방법에는 어떤 것들이 있는가?

제1절 품질경영의 이해

1. 품질관리의 정의

품질관리란 넓은 의미로는 시장성이 높은 제품 및 서비스를 경제적으로 생산하기 위한 일련의 체계적 관리를 의미한다. 그러나 일반적으로 품질관리는 좁은 뜻의 해석이 통용된다.

초기의 품질관리(QC : Quality control)는 제품 및 서비스의 규격, 중량 등과 재료의 화학적 성분 등을 측정하고, 그것을 미리 정해 놓은 품질표준과 비교하여 합격 여부를 판정하는 방법이 취해졌다. 이 경우 그 측정은 과학성이 낮으며 또 전수검사이기 때문에 비용에서도 부담이 컸다. 이 같은 결점을 극복하고자 1920년대에 벨전화연구소의 W.A.슈하트 등이 통계학을 품질관리(QC)에 응용하였다. 이로써 근대적 QC로서 통계적 품질관리의 성립을 보게 되었는데, 이것이 SQC (Statistical quality control)이다. 현재의 품질관리는 품질 수준의 유지 · 향상을 도모하는 SQC만으로는 불충분하므로, 넓은 뜻의 개념으로서 앞에 밝힌 바와 같은 활동까지도 QC 속에 포함해야 한다는 주장이 있어, 그 경우를 SQC에 비교해 종합적 품질관리 또는 TQC(Total quality control)라고 한다. QC는 품질표준의 설정, 품질의 검사 및 보정으로 구성된다.

2. 품질비용

1) 품질비용의 정의

품질비용(Quality cost) 개념은 1951년에 출간된 「품질관리 핸드북」(Quality Control Handbook)에서 쥬란(J.M. Juran)이 회피 가능 품질 코스트를 '금광에 묻힌 황금(Gold in the mine)'으로 묘사한 데서 비롯된다.

전통적인 품질관리에서 추구하던 불량률, 결점 수 등의 물량적 평가척도로는 경제적 품질관리를 이루는 데 한계가 있다. 품질을 화폐 척도로 나타내고 이에 따라 품질개선활동을 측정·평가하고 관리하는 능력을 갖춘 객관적인 평가척도는 품질경영에서 필수적 요소이다. 품질의 경제성 향상과 품질경영에서 전제되어야 하는 것은 경제성 평가이며, 이에 긴요한 평가척도는 품질 코스트라 할 수 있다.

품질 코스트란 물품이나 서비스의 품질과 관련해서 발생하는 비용(Cost)으로 기회비용[8]을 포괄한 개념이다. 즉, 품질 코스트에는 품질을 이룩하고 이를 관리하는데 소요되는 일치 비용과 품질불량 즉, 품질이 일정(시방·요구·고객만족 등) 수준에 미달하여 발생하는 손실, 즉 불일치 비용이 포함된다.

품질 코스트는 품질이나 품질문제의 중요도를 화폐가치로 나타내고 불합리한 품질개선 활동을 객관적으로 나타낼 수 있어 품질경영의 목적을 구체적으로 제시하고 품질개선활동을 객관적(화폐가치)으로 측정·평가할 수 있다. 또한, 품질을 품질코스트로 제시함으로써 최고경영층이나 구성원들의 품질에 관한 관심을 불러일으키고, 불량을 손실이나 비용의 값으로 나타냄으로써 품질개선활동의 성과를 정확히 평가하고, 조치를 시급히 취해야 할 품질활동의 우선순위와 중점을 명확히 규명할 수 있다. 품질비용의 주요 기능을 이용주체별로 나열하면 다음과 같다.

① 경영자가 품질경영이나 품질문제의 중요성을 이해시키려고 독려하는 데 필요한 정보와 지표를 제공하여 경영자원의 효과적 배분을 도모한다.
② 현장 경영자나 관리자가 품질 코스트의 절감 목표를 설정하고 이들 계획을 수립하는데 필요한 정보와 지표를 제시한다.
③ 품질 문제가 어디에 있는지? 어느 정도 심각한지를 제시하여 현장관리자가 효과적인 해결방안을 모색하도록 한다.
④ 경영자가 현장의 관리자나 구성원들이 야심적인 목표를 설정하도록 동기를 부여하고 아울러 목표를 달성하도록 한다.

2) 품질비용의 종류

품질비용을 분석하기 위해서는 기본적으로 세 가지의 관점에서 분석한다.

첫째, 불량품이 왜 발생하는지 그 원인을 분석한다.

둘째, 어떻게 하면 불량품의 발생을 보다 경제적으로 예방할 수 있는지에 대하여 분석한다.

셋째, 성과에 대한 측정방법이다.

품질비용은 크게 품질 통제 비용과 품질 실패비용으로 구분한다. 그러나 품질비용에 속하는 자세한 항목은 산업에 따라 다르다. 호텔에서의 품질비용이 자동차 공장에서의 품질비용과 같을 수는 없다.

8) 기회비용 : 어떤 재화의 여러 가지 종류의 용도 중 어느 한 가지 만을 선택한 경우, 나머지 포기한 용도에서 얻을 수 있는 이익의 평가액(評價額).

3) 품질 통제 비용

품질 통제 비용은 생산 흐름에서 불량품을 제거하는 활동과 관련된 비용으로써, 경영자가 스스로 통제할 수 있는 비용이다. 품질 통제 비용은 품질 보증비용이라고도 한다. 품질 통제 비용은 다시 예방비용과 평가비용으로 구분된다.

(1) 예방비용

예방비용(Prevention cost)은 P-cost라고도 하며, 기업이 고객에게 제공하는 제품과 서비스에서 불량품이 발생하지 않도록 예방하는 일체의 비용을 말한다. 예방비용은 불량의 원인을 분석하고, 그 원인을 제거하기 위한 필요한 비용으로써, 제품을 실제로 생산하기 이전에 발생하는 비용이다. 그래서 일반적으로 예방비용은 제품 설계단계나 공정개발단계에서 발생한다. 불량품을 방지하기 위해서는 처음부터 품질이 좋은 제품과 서비스를 만들어야 한다. 그래야만 비용도 감소하고 불량률도 감소한다.

예방비용은 점차로 그 중요성이 증가하고 있다. 이것은 일본이 경쟁력 강화에 그 영향이 있다. 일본 제품이 높은 품질 수준을 유지하는 데에는 여러 가지 이유가 있지만, 그 중 한 가지는 바로 일본 기업의 예방비용에 대한 높은 관심이다. 또 불량품을 사전에 방지하는 것이 품질비용을 가장 적게 하는 제일 효율적인 방법이라고 일본 기업은 굳게 믿고 있다. 그래서 지속적으로 불량의 원인을 파악하고, 제거를 통해 불량의 원인을 사전에 방지한다.

〈표 16-1〉 예방비용

1. 기업의 제품과 서비스에 대한 고객과 사용자의 욕구 조사 1) 고객과 사용자의 욕구에 대한 마케팅 조사 2) 경쟁자와 비교하여 고객과 사용자에 대한 의식 조사 3) 고객과 사용자의 계약서와 문서 검토
2. 제품과 서비스의 설계와 개발 1) 실제로 생산이 이루어지기 이전의 설계비용 2) 품질에 관련된 설계 지원 활동 3) 시제품에 대한 타당성 테스트 4) 새로운 서비스에 대한 타당성 테스트 5) 시제품에 대한 실제 현장 테스트
3. 구매 예방비용 1) 공급업자 조사 2) 공급업자 평가 3) 주문서에 있는 기술적인 자료에 대한 검토 4) 공급업자의 제품에 대한 품질계획

4. 운영(생산 또는 서비스) 예방비용
1) 확실하게 규격에 맞는 제품을 생산할 수 있도록 하기 위한 비용 2) 운영 품질계획 : 품질 측정과 통제기구의 설계와 개발 3) 운영보조 품질계획 4) 작업자들에 대한 품질교육 5) 품질 프로그램을 집행하기 위한 교육비
5. 품질관리 1) 품질관리 직원들에 대한 급여 2) 집행비용 3) 품질매뉴얼 작성과 보관, 품질 기록, 예산, 품질전략 4) 품질성과 보고 5) 품질교육 6) 품질개선 7) 품질 시스템 감사
6. 기타 품질비용

(2) 평가비용

기업은 생산한 제품이 불량인지 아닌지를 조사해야 하며, 또 발생한 불량품을 제거해야 한다. 이러한 행위에 관련된 모든 비용이 평가비용이다.

즉, 평가비용(Appraisal cost)은 제품의 품질특성이 미리 정한 기술적인 품질규격에 적합한지를 측정 및 평가하는 비용으로 일명 A-cost라 부른다. 원자재, 부품, 완제품의 품질특성이 표준규격에 적합한지를 검사하며, 표준규격에 적합한 제품을 공정에서 생산할 수 있는지를 측정 및 검사하고, 분석하는데 소요되는 모든 비용이 평가비용이다. 그리고 평가비용은 소비자에게 제품을 판매하기 이전에 발생하는 비용이다. 미국 품질학회의 품질비용위원회에서는 평가비용에 속하는 비용을 〈표 16-2〉와 같이 열거하였다.

〈표 16-2〉 평가비용

1. 구매업자 평가비용
1) 외부에서 구매하는 부품과 원자재에 대한 검사와 테스트 2) 검사 측정기구 3) 공급업자의 제품에 대한 인증 4) 구매업자의 공장에서 실시하는 검사비용
2. 운영(생산 또는 서비스)에 대한 평가비용 1) 계획하는 검사, 테스트, 검사비용 ① 검사자가 아닌 작업자의 검사비용 ② 검사자의 작업비용 ③ 검사와 테스트를 할 때 사용되고 파괴되는 자재

2) 기계작동 준비검사와 처음 생산되는 제품에 대한 테스트 3) 특수테스트(제조) 4) 공정통제 측정 5) 실험실비용 6) 검사측정기기와 테스트 측정기구 ① 감가상각비 ② 자산 처리되지 않는 모든 측정기구 비용 ③ 보전과 측정에 사용되는 인건비 7) 외부에 검사를 의뢰하였을 때의 비용
3. 외부 평가비용 1) 고객에게 실시하는 제품에 대한 검사, 테스트, 감사활동 2) 수명, 환경과 신뢰성 테스트 3) 엔지니어링 변경과 장기간의 보관으로 인한 재고 조사
4. 테스트와 검사 자료에 대한 평가
5. 다양한 품질 평가

4) 품질 실패비용

품질 실패비용(Failure cost)은 일명 F-cost라고도 하며, 제품의 품질이 표준규격에 미달하여 발생하는 비용이다. 품질 실패비용은 공정 중 또는 제품이 고객에게 판매된 후에 발생하며, 대부분의 제조업체에서 품질비용 중 가장 많은 비중을 차지하고 있다. 대개는 실패비용이 품질 총비용의 70% 이상을 차지하고 있다. 그러나 실패비용이 관심을 많이 받지 못하고 있는 이유는 실패비용을 측정하기가 쉽지 않기 때문이다.

제품 불량의 이면에는 반드시 원인이 있다. 그러므로 실패비용을 측정하는 이유는 실패를 일으킨 원인을 파악하고, 그 원인을 제거하여 품질을 향상하려고 하는 것이다. 실패비용은 다시 내부 실패비용과 외부 실패비용으로 구분된다.

(1) 내부 실패비용

내부 실패비용(Internal failure cost)은 기업 내에서 발생하는 실패비용을 말한다. 즉, 내부 실패비용은 불량품이 고객에게 전달되기 이전에 기업 내에서 발생하는 비용이다.

〈표 16-3〉 내부 실패비용

1. 제품 또는 서비스 설계에 대한 실패비용 1) 설계수정비용 2) 잘못된 설계 때문에 발생하는 재가공 3) 설계변경 때문에 발생하는 폐품 4) 잘못된 설계 때문에 발생하는 계획하지 않은 지원부서의 비용
2. 구매와 관련된 실패비용

1) 불량품 때문에 발생하는 쓸데없는 문서, 수송비, 평가 2) 불량품 때문에 새로 교체하는 비용 3) 불량품 때문에 발생하는 시정조치비용 4) 인수하였지만 불량품 때문에 기업에서 수행하는 재가공 5) 도난, 파손 때문에 발생하는 자재손실
3. 운영(생산 또는 서비스) 실패비용 1) 자재 조사와 시정조치비용 ① 폐품 ② 실패분석비용 ③ 실패분석을 위해 사용하는 추가적인 분석비용 ④ 시정조치비용 2) 재가공과 수리비용 ① 재가공 ② 수리 3) 재검사와 재 테스트 비용 4) 부가적인 작업비용 5) 재가공을 다시 할 수 없어 발생하는 폐품 6) 등급조정 7) 불량품 때문에 발생하는 근로자와 기계의 유휴시간
4. 기타 내부 실패비용

(2) 외부 실패비용

외부 실패비용(External failure cost)은 불량품이 고객에게 판매된 다음에 발생하는 비용이다. 그래서 외부 실패비용은 고객 서비스와 관련된 비용에 해당된다.

〈표 16-4〉 외부 실패비용

1. 소비자 불만조사와 고객서비스
2. 반환품
3. 재조정비용
1) 리콜(Recall)비용
4. 품질보증비용
5. 위약금
6. 벌금
7. 이미지 훼손
8. 판매량 감소
9. 기타 외부 실패비용

5) 숨겨진 실패비용

좋지 않은 품질은 기업 경영성과와 이미지에 나쁜 영향을 끼치며, 기업의 실패비용을 증가시킨다. 나쁜 품질은 지금까지 설명한 실패비용 이외에 또 다른 실패비용을 발생시킨다. 이 비용이 숨겨진 실패비용(Hidden quality costs)이다. 숨겨진 실패비용은 기업에 상당한 손실을 발생시키지만, 경영자들이 잘 인식하지 못하는 비용이다. 그리고 이 비용은 파악하고 측정하기가 상당히 어렵다. 우리가 실제로 측정하는 실패비용은 총 실패비용의 아주 미미한 부분에 지나지 않고, 숨겨진 실패비용이 예상보다 높다는 사실을 알 수 있다. 그러므로 경영자는 기업의 경쟁력에 크게 영향을 끼치는 이 숨겨진 실패비용을 반드시 파악하고 측정하여 개선하도록 하여야 한다.

구체적으로 숨겨진 실패비용으로는 다음과 같은 비용이 있다.

① 종업원의 이직
② 종업원의 사기 저하
③ 생산성의 저하
④ 취소된 주문
⑤ 생산능력의 감소
⑥ 재고 증가
⑦ 엔지니어와 경영자의 시간 낭비
⑧ 품질문제 때문에 발생하는 재설계 비용
⑨ 품질규격을 만족하지 못하는 제조공정을 변경하는 비용
⑩ 보고되지 않은 폐품
⑪ 기계와 설비의 유휴시간

6) 품질비용의 체계

(1) 분류체계

일반적으로 품질 코스트는 예방비용(Prevention Cost), 평가비용(Appraisal Cost), 실패비용(Failure Cost)으로 분류하였다. 여기에 파이겐바움(A. V. Feigenbaum, 1983)은 실패비용을 내부 실패비용과 외부 실패비용으로 세분화하였다.

송재근(2006)에 의하면 유럽품질관리기구(EOQC : European Organization for Quality Control)의 품질비용위원회는 품질비용은 적어도 4가지의 의미로 사용되는데 첫째, 생

산기업의 측면에서 품질 비용, 둘째, 소비자 측면에서 사용자 품질비용, 셋째, 판매자 측면에서 품질보증 원가, 넷째, 일정 품질의 제품을 제조하는 경우의 총 품질비용의 의미로 사용될 수 있다고 하였으며 이와 같은 분류는 생명주기(life cycle) 관점에서 제시된 것이라고 분석된다.

생명주기(life cycle) 관점에서 품질비용으로 파이겐바움(A. V. Feigenbaum, 1983)은 품질비용을 생산자 비용과 사용자 비용 등으로 나누고 생산자 비용은 조업 품질비용, 품질평가 설비의 품질비용 및 공급자 품질비용으로 분류하였다.

[그림 16-1] 품질 코스트 분류체계

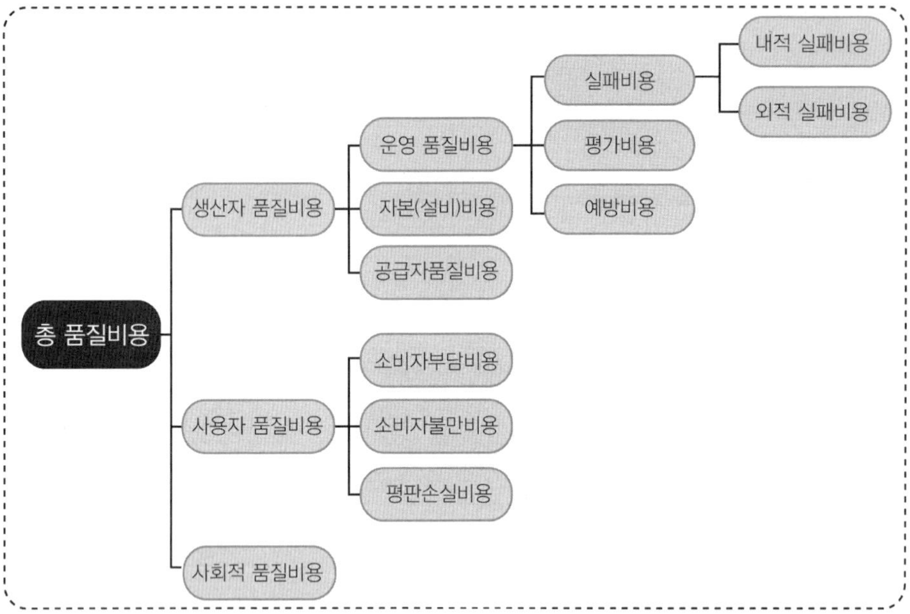

출처 : 송재근(2006), 「Q-COST & COPQ」.

(2) 생산자 품질 코스트

이순룡(1998)은 제조업을 대상으로 분류한 품질 코스트 분류 항목으로 예방비용, 평가비용, 내부 비용(스크랩비, 재 작업비) 등으로 구분하였다. 그러나 이와 같은 분류방식은 제조방식, 설비 방식, 생산방식 등에 따라 차이가 발생할 수 있으므로 개선 팀은 명칭에 대한 같은 개념을 구축하여 추진하는 것이 효과적이다.

(3) 사용자 품질 코스트

사용자 품질은 사용의 적합성으로 쥬란(J.M. Juran, 1974)에 의하여 주장되었다.

사용자 품질비용은 소비자 부담비용과 소비자 불만 비용, 명성 상실비용으로 해링턴(H. J. Harrington, 1981)은 분류하였다.

제품 중심적 사고의 품질경영의 모순으로 소비자의 불만을 소비자에게 전가하는 것으로 이러한 불만은 기업의 이미지 실추와 재구매, 충성고객 확대 등에 영향을 미치게 된다. 이와 같은 모순은 기업의 잘못된 품질경영이 소비자에 넘어가는 잘못된 경영정책으로 이와 반대되는 개념은 사용자 관점의 품질 경영이 추진되는 것이다.

〈표 16-5〉 생산자와 소비자 관점의 차이

구 분	생산자 관점	소비자 관점
판매 대상	· 생산자에 의해 만들어진 제품	· 사용자에 의해 요구되는 서비스
품질의 정의	· 시방과 일치	· 사용자 적합성
품질 비용	· 생산자 품질비용	· 사용자 품질비용
서비스 책임	· 보증기간 내	· 내용연수 전체

출처 : 송재근(2006), 「Q-COST & COPQ」.

(4) 사회적 품질비용

송재근(2006)은 사회적 품질 비용으로 기업이 제공하는 제품 또는 서비스의 부적합이나 결함 또는 환경 등에 미치는 영향이 과거에는 단순히 직접 구매하여 사용하는 소비자에게만 미쳤으며 그에 따른 A/S나 배상으로 해결할 수 있었다. 지금은 소비자뿐만 아니라 이해관계자 나아가서 국가 전체에 미치는 영향으로까지 부적합이나 결함에 따른 기업의 책임에 대한 의무가 강화되고 있다. 예를 들면 지구온난화에 직접적인 영향이 있었던 냉장고의 프레온가스는 이제는 환경친화적인 대체물질로 바뀐 제품을 출시하지 않으면 안 되며, 대기오염의 주범이자 자동차 배기가스의 오염으로 인해 앞으로는 무공해 자동차를 만들어 판매하지 않으면 안 된다는 것이 이를 잘 설명해주고 있다. 다시 말해 프레온가스가 내장된 제품들로 인하여 범지구적인 측면에서 환경문제는 이상기온 및 호수 등과 같은 자연재해를 부르고 있다. 이러한 자연재해에 따르는 피해복구를 위해 들어가는 상상초월의 천문학적인 비용이 바로 사회적 품질이다.

3. 품질관리의 목표

1) 목표 품질

목표 품질은 자사의 기술 수준과 공정 능력상 실현 가능하다고 인정하여 제품의 설계에 반영된 품질 특성을 실현하기 위하여 기획하고, 사양으로 정리하여 체계화한 품질기준이다.

2) 설계품질

설계품질은 신제품의 도입이나 제품 개발단계에서 제품 설계 시 목표로 하는 품질로서 생산과정에서 제조된 제품의 품질로서 현장의 품질관리는 제조 품질을 설계품질에 적합하도록 향상하는데 노력을 뜻하며 제조 품질이 설계품질의 허용오차를 벗어날 때 이를 부적합품이라고 한다.

설계품질은 품질을 높이면 품질 코스트가 올라가고 아울러 품질가치도 올라가지만 최적 수준을 지나면 가치와 비용의 차이가 점점 작아진다. 반대로 설계품질이 최적 수준 이하로 내려오면 품질 코스트는 적게 들지만, 품질저하로 인한 시장가치는 더 크게 하락한다.

3) 제조 품질

제조 품질과 설계품질이 합치된 합격품이 출하되어 소비자가 사용 시 만족을 주는 품질이다. 제조 품질의 총비용은 공정 코스트와 품질 코스트의 합계로, 공정코스트를 높여 제조 품질을 향상하면 품질 코스트는 감소되나 공정 코스트가 상대적으로 증가하여 총원가가 높아진다. 또한, 공정 코스트가 낮아지면 공정능력이 나빠지기 때문에 제조 품질이 저하되어 부적합품이 많이 발생하고, 상대적으로 품질 코스트는 높아져 총원가가 급상승하게 된다.

4) 시장 품질

시장 품질(Quality of market)은 소비자에 의해 실제 사용상에서 평가되는 품질로 사용품질(Quality of use)이라고도 하며 설계품질의 결정에 중요한 정보가 된다.

시장 품질에서도 설계품질과 제조 품질에서와 같이 경제적인 최적 수준의 품질을 고려할 수 있다. 즉, 품질에 대한 소비자의 만족도를 소비자 측에서 부담하는 소비자 비용과 생산자 측에서 부담하는 서비스 비용과의 관계에서 찾을 수 있다.

5) 서비스 품질

일반적인 품질경영은 제품의 품질 향상에만 중점을 두었으나 제품에 녹아 들어간 서비스라는 무형적인 가치를 중요시해야만 한다. 따라서 제품 자체뿐만 아니라 서비스를 포함한 광의의 제품을 고객들이 만족하도록 설계하고 제공하는 것이 중요하다. 이처럼 무형의 품질을 서비스 품질이라고 한다. 서비스 품질이란 서비스 프로세스를 설계하여 전달된 서비스를 고객이 얼마나 만족하는가?로 평가된다.

제2절 전사적 품질경영(TQM)

1. TQM의 특성

1) TQM의 특징

TQM은 베리(Berry)가 지적한 바와 같이 수익성 및 경쟁력의 제고, 조직 유효성 향상, 그리고 고객만족(CS) 또는 고객감동(Customer delight)을 실현할 수 있으며, 표에서와 같이 전통적 경영과 차이점을 보인다.

〈표 16-6〉 TQM과 전통적 경영의 차이점

TQM	전통적 경영
· 고객에 초점 · 품질우선 · 복수의 품질차원 · 경영자/종업원의 헌신노력 · 공정(Process) 지향적	· 경영(관리)에 초점 · 이익우선 · 단일의 품질차원 · 종업원의 헌신노력 없음 · 결과(Results) 지향적

2) TQM의 핵심적 가치

고객이 원하는 초점에 맞추는 TQM활동은 다음과 같은 열 가지의 핵심적인 개념이 있다(김기영, 1999).

(1) 이윤창출을 위한 품질

기업이 생산하는 제품이나 서비스, 경영과정 및 인적자원의 질을 높임으로써 기업은 많은 이윤을 얻을 수 있다. 제품 및 서비스 경영과정에서 발생할 수 있는 비용은 기업이 아무런 행동을 취하지 않으면 기업 측면에서 비용으로 작용하여 결국 이윤을 잠식하는 결과가 된다. 따라서 세계적 우수기업은 전사적 차원의 품질향상 프로그램을 실시하고 있다.

(2) 적시의 무결점 활동

TQM은 결함 없는 작업이 가능하다는 전제로 추진하고 있다. 이는 작업 과정에서 완전함을 추구하는 것인데, 목표점에 일치한다는 사실보다는 '완벽한 업무를 달성하기 위한 마음가짐'이 더 중요하다. 적시에 적합한 일을 하여 무결점을 추구하는 것은 사전예방에 대한 강조와 함께 측정 및 업무과정 통제, 데이터를 기반으로 낭비와 실수 제거 등의 지속적인 활동을 통해 이루어질 수 있다.

'무결점'은 지속적인 향상을 달성하기 위한 목표가 되며, 우수한 품질을 확보하기 위하여 기업은 사후조치가 아니라 예방에 초점을 맞추게 된다. 이는 어느 정도의 불량품을 허용하는 전통적인 품질 개념에서 벗어날 수 있는 사고 전환을 요구하는 것이다. 즉, TQM에서는 비용과 결점이 동시에 감소할 수 있다는 것을 전제로 하여 무결점 상태에 도달할 수 있다고 본다. 지속적인 개선과 예방은 바로 이와 같은 사고를 기초로 하고 있다.

(3) 품질비용

품질비용은 양질의 제품이나 서비스를 생산함에 있어서 발생하는 모든 경영상의 비용을 의미하는데, 예방비용, 평가비용, 내부 실패비용, 외부 실패비용 등이 있으며, 고객의 요구 수준을 초과한 비용과 기회비용 등이 포함된다.

(4) 경쟁적 벤치마킹(Benchmarking)

시장에서 기업성과는 항상 경쟁적인 관점에서 파악되어야 한다. 기업이 경쟁력을 지니기 위한 전략 수립과 시행, 그리고 경쟁력의 근원으로 작용할 수 있는 기술 및 품질능력의 확보 등은 모두가 고객을 근원으로 하여 경쟁적인 상황에서 이루어지는 것이다. 이러한 측면에서 경쟁적 벤치마킹은 기업의 지속적 성과향상에 기초가 되는데, 기업이 경쟁사와 자신에 대해 평가를 하여 시장에서의 우위성 확보를 위해 활용할 수 있게 하는 지속적인 경영과정을 의미한다.

(5) 전 구성원의 참여

제품이나 부품의 어느 부분에서 결함이 발생하게 되면 어느 특정한 사람이나 공정에 문제가 있는 것으로 생각하기 쉬우며, 이러한 생각은 개선할 수 있는 많은 문제를 경시해 버리게 된다. 조직 구성원 모두가 제품의 결함을 발생시킬 수 있으며, 모든 사람이 양질의 제품을 생산하고 품질비용을 절감해야 하는 책임이 있다.

(6) 팀 활동에 의한 시너지 효과

시너지의 의미는 부분의 합보다 전체가 더 큰 효과를 내는 것을 의미하는데, TQM에서도 협력과 합의, 창조적 갈등과 팀(Team) 전체의 성공을 진작시키기 위해서 사용된다.

(7) 주인의식과 자율경영

TQM 프로그램은 어떤 문제에 처했을 때 그 문제를 자신의 것이라고 인식하고, 자료조사와 해결책을 강구하여 궁극적으로 바라는 성과를 내는 것이다. TQM은 심리적인 면에서 소유의식을 강조함으로써 조직 구성원에 대한 전통적인 관리·통제보다는 조직개발 관점에서 자율경영을 전략적으로 이용하고 있다.

(8) 역할 모델로서의 관리자

TQM은 최고경영층으로부터 진행되어야 하며, 모든 계층의 경영자는 그들 자신이 역할 모델이라고 할 수 있다. TQM 프로그램은 경영 피드백 시스템에서 형성됨으로써 경영자가 품질을 위한 역할 모델로서 어떻게 행동해야 하는가를 생각할 수 있도록 해야 한다.

(9) 인정과 보상

TQM 프로그램에서 적절한 인정과 보상시스템은 중요하며, 특히 품질개선 과정이 이루어지는 일상적인 작업 집단에서는 더욱 중요한 의미를 갖는다. 인정이란 개인이나 집단의 실적을 칭찬함으로써 격려하는 것을 의미한다. 보상이란 성과와 관련하여 재정적인 혜택을 주고 인정해 주는 것을 말한다. 실적을 증가시키고 참여적인 문제 해결에 의한 지속적인 성과향상을 위해서는 인정과 보상을 통한 적극적인 동기부여가 중요하다.

(10) 품질 전달체계

품질 전달체계를 명확하게 정의함으로써 모든 구성원이 자기 일이 중요한 작업 활동이라는 확신을 심어줄 수 있으며, 팀워크를 통해 구성원들의 복합된 기술, 사고와 경험 등을 이용할 수 있다.

2. TQM 시행전략

1) 1단계 : 품질이 무엇인가를 결정

TQM의 성공적인 시행을 위해서는 품질에 대한 인식을 명확하게 하는 것이 선행되어야 하지만, 더 중요한 것은 품질목표를 구체적으로 설정하는 것이다. TQM

에서 품질은 고객의 기대를 만족하게 하거나 능가하는 데에 있으며, 6시그마(Six sigma) 품질목표는 하나의 좋은 예이다.

2) 2단계 : 조직이 TQM을 받아들일 수 있도록 준비

최고경영진의 TQM전략을 기업 내에 확산시키고, TQM의 지지를 얻기 위해 종업원의 팀워크(Teamwork)를 강화해야 하는 단계이다. 준비해야 할 사항은 다음과 같은 것이 있다.

① 모든 조직 구성원에게 품질은 조직 전체의 책임임을 인식시킨다.
② TQM전략을 수용할 인사정책을 수립한다.
③ TQM 전략 시행에 중추적인 역할을 할 인물을 선정한다.

3) 3단계 : 종업원을 교육하고 권한을 부여

일반적으로 TQM의 성공을 위해서는 두 가지의 필수적인 교육이 요구된다. 즉, 하나는 성과를 측정하고, 문제를 분석하며, 문제의 원인을 제거하기 위해 시행되는 통계적 기법의 교육이며, 다른 하나는 계량적인 방법으로 처리될 수 없는 문제를 해결하는 데에 초점을 둔 교육이다.

4) 4단계 : 성과를 측정하여 피드백을 주고 필요한 조치를 취함

품질 관련 문제는 그 원인이 알려져 해결책이 제시되기 전에 발견해야만 의미가 있다. 이렇게 하기 위해서는 제품 및 서비스를 생산하는 단계마다 품질 관련 정보를 알 수 있도록 피드백 시스템이 설치되어야 한다.

또한, TQM을 시행하는 제조업체는 재공품의 품질을 관리하기 위해 생산공정의 각 단계마다 품질의 적합성에 대한 검사를 한다.

5) 5단계 : 지속적인 개선에 주력

이 단계는 TQM의 시행에서 오는 어려움 때문에 또는 더 이상의 변화가 필요 없다고 나름대로 판단해서 TQM의 시행을 중단해서는 진정한 시행 효과를 거둘 수 없다는 것을 말해준다.

이상에서 언급한 TQM 시행전략의 다섯 단계는 조직(기업)들이 TQM 프로그램을 단계적으로 시행하는 데 필요하다.

3. 관리도

1) 관리도의 개념

같은 작업자, 같은 설비를 이용하여, 같은 공정에서 표준화된 제조방법으로 생산된 제품이라 하더라도 완전히 같은 품질의 제품을 생산한다는 것은 실질적으로 거의 불가능하며, 제조된 제품의 품질에는 어느 정도 산포가 생기기 마련이다. 이러한 산포는 일반적으로 사람, 설비, 원자재, 공정 방법, 측정방법, 환경 등 각 요소의 영향으로 인해 발생한 것이다. 이와 같은 품질의 변동원인은 다음의 두 가지로 구분된다.

(1) 우연 원인(Chance cause)

우연 원인이란 생산 공정에서 발생하는 어쩔 수 없이 받아들여야만 하는 피할 수 없는 원인을 말한다. 제품 품질에 항상 작용하는 원인이며 제거하기가 어려운 원인으로 주로 사소한 원인이 동시에 작용하여 발생한다. 작업환경에서 사소한 변화(예, 온도, 습도 등의 변화 등), 원재료의 성분과 품질상의 사소한 차이, 설비의 사소한 진동, 도구의 정상적 마모, 작업자의 사소한 동작상 불일치 등을 우연 원인으로 들 수 있다. 일반적으로 이러한 사소한 원인은 기술적으로 측정하기 힘들고 또 제거하기도 어렵다. 우연 원인으로 인한 품질 변동은 정상적인 변동으로 받아들일 수밖에 없고, 통제할 필요성은 없다.

일반적으로 이와 같은 우연 원인에 의한 품질 변동은 정규분포를 따른다고 알려져 있으며, 공정 평균값을 중심으로 표준편차의 3배 정도를 허용오차 범위로 잡아주고 있다.

(2) 규명 가능 원인(Assignable cause)

규명 가능 원인(이상원인)은 우연 원인과 다르게 산발적으로 큰 변동을 일으키는 원인을 말하며, 주로 생산에 투입된 작업자, 원재료, 설비의 변동이 정상상태를 벗어나면 발생한다. 이와 같은 원인에 의한 변동은 상대적으로 큰 변동을 일으키기 때문에 원인의 추적이 가능하며 공정의 안정 상태를 위하여 제거되어야 한다. 따라서 이상 원인으로 인한 품질 변동은 비정상적인 변동이며 엄격히 통제하여야 한다.

2) 관리 한계선의 결정과 3σ 법

관리도는 하나의 중심선(Central line : CL)과 그 선의 상하에 두 개의 관리 한계선인 관리 상한선(Upper control limit : UCL) 및 관리 하한선(Lower control limit : LCL)으로 구성되어 있으며, 각 표본으로부터 얻어진 품질 특성치가 기재된다. 보통 중심선과 관리 한계선의 거리는 앞에서 설명된 우연원인에 의한 변동의 허용오차 범위인 $\pm 3\sigma$ (3σ 법)로 설정된다. 따라서 그림의 (a)와 같이 표본으로부터 얻어진 모든 품질 특성치가 관리 한계의 안쪽에 위치하고, 특성치 간에 어떠한 규칙성도 존재하지 않으면 제조공정은 관리 상태에 있음을 알 수 있다. 만일 품질 특성치가 관리 한계선 밖으로 벗어나면 제조공정에 이상 원인이 존재하는 것으로 해석할 수 있다.

[그림 16-2] 관리도

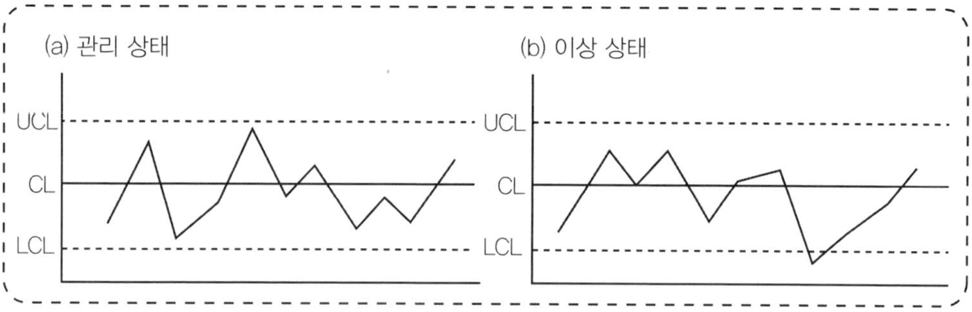

3σ 법은 품질 변동원인을 우연 원인과 이상 원인으로 구분한다. 또 이상 원인으로 인한 품질 변동은 이상 상태로 판정하고, 우연 원인으로 인해 발생한 품질 변동은 정상상태로 판정한다. 그러나 이러한 원인으로 공정의 상태를 판정할 때, 판정 상에서 두 가지 오류를 범할 수 있다. 즉 정상적 상태를 이상상태로 판정하거나, 이상 상태를 정상상태로 판정하는 것이다. 과거에는 우연 원인과 이상 원인으로 인해 발생한 품질 변동에 대해 일반적으로 직접 경험으로 판정하고 구분하였지만, 현재는 관리도를 이용하여 객관적이고 또 과학적으로 품질 변동을 판정하고 관리할 수 있다. 여기에 이용되는 객관적인 기준은 바로 관리도의 관리 한계선이다. 따라서 관리도의 핵심문제는 바로 합리적이고 또 경제적인 관리 한계선을 찾는데 있다.

관리도의 한계선 폭에 대해 많은 국가와 학자들은 모두 3σ 법을 이용하여 결정한다. 그 이유는 슈하트의 관리도가 바로 정규분포 이론에 근거를 두었기 때문이다. 3σ 법을 이용하면 가장 경제적인 조건하에서 공정관리를 실현하여 제품 품질을 보증할 수 있다.

4. 다구찌 기법

품질에 대한 서양과 일본의 접근법은 전통적으로 매우 다른 모습을 보여 왔다. 서구의 제조업자들은 정해진 규격 한계 내에서 제품을 생산하는 것을 목표로 한다. 따라서 그들은 공정관리를 통하여 생산을 감시·조정한다. 즉, 관리도 및 다른 통계적 공정관리 기법을 사용한 온라인 품질관리(On-line QC)를 통하여 현재 진행 중인 제조공정으로부터 자료를 수집하고, 분석하여 공정에 어떤 변화를 가하려고 한다.

그러나 1950년대 이후로 일본에서는 다구찌(Taguchi)에 의해 개발된 품질 공학을 이용해 왔다. 이 방법은 품질을 디자인 단계부터 설계하는 것으로 설계 생산이나 고객의 상황에서 제품 성능에 관한 정보를 제공하기 위하여 특별히 고안된 실험을 수행한다. 즉, 개발, 설계 단계의 기술인 오프라인 품질관리(Off-line QC)인 이 방법을 통해 파라미터(Parameter)[9]를 최적으로 결정하고자 한다. 이렇게 제품 및 공정을 설계단계에서 고려함으로써 제조공정에서 발생할 수 있는 나쁜 영향을 최소화시키고 비용을 줄임으로써 품질을 향상한다.

이 방법으로 인해 제품과 공정의 설계에서 제품 품질의 획기적 향상을 이룰 수 있다. 서양식과 일본식 접근법의 차이점은 현저히 적은 검사비용, 소량의 불합격품, 클레임(Claim)의 감소, 고객만족에서 명확히 나타난다. 결국, 이 방법을 통해 시장에서 더 높은 시장점유율, 더 많은 이익, 그리고 제품의 세계적인 명성을 얻을 수 있다.

1) 품질과 손실의 개념

(1) 전통적 사고방식

전통적 사고방식에서 품질관리는 서구에서 오랫동안 적용되어 온 것으로 설계 규격의 일치, 즉, 제품이 규격 한계 내에 충족되는 것을 목표로 한다. 부품이 설계단계에서 결정한 제품의 규격을 준수하면 우수한 품질의 제품으로 판정되

9) 두 개 이상의 변수를 연관시켜 주는 변수로 즉, 매개변수를 뜻한다. 기계의 경우 조작 가능한 부분을 말하는데, 컴퓨터에서 화면과 음량을 조절하는 키보드 버튼이나 마우스 클릭 버튼도 파라미터의 예가 될 수 있다.

고 이러한 제품은 고객의 요구에 부응한다고 보며, 규격 한계 밖에 있으면 불량품으로 판정한다. 이러한 전통적 사고방식을 비용의 골포스트 방식(Goal-post method)이라고 한다.

이 방식은 규격 한계 내에만 속하면 우수한 품질로 간주하는 문제점이 있으며, 고객만족도도 떨어지게 된다. 즉, [그림 16-3]을 보면, A, B는 모두 우수한 품질로 판정을 받지만, 품질 변동이 심하다고 할 수 있다. 또한, A와 C를 비교하여 보면 제품 품질의 차이는 아주 미세하다. 하지만 A는 합격으로 C는 불합격으로 판정되어진다.

[그림 16-3] 전통적 방식의 품질 관리

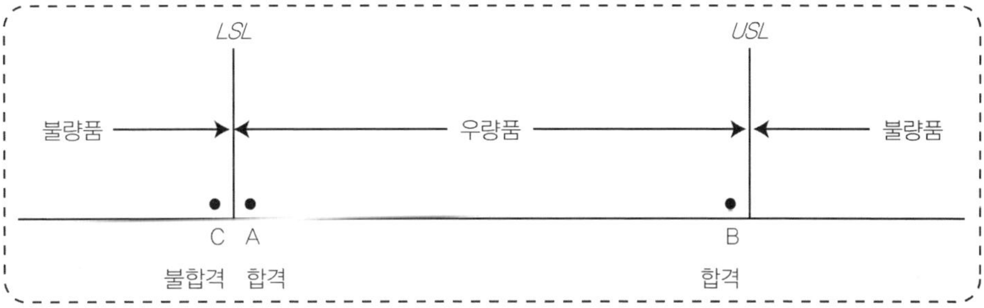

이러한 전통적인 골포스트 방식에서는 재작업과 제품 폐기 시에 드는 비용에는 적용될 수 있지만, 그렇지 않으면 적용할 수 없다. 목표치에 정확히 일치하는 부품과 규격 한계 내에 겨우 들어오는 제품은 같은 성능을 발휘할 수 없으며, 또한, 부품의 품질특성이 규격 한계를 겨우 벗어난다고 해서 비용이 급격히 증가하는 것도 아니다. 또한, 규격 한계를 벗어나기만 하면 모두 같은 비용을 발생시킨다는 것도 정당화될 수 없다. 결국, 제품 품질에 영향을 미치는 것은 규격 한계 내에 제품이 포함되도록 하는 것이 아니라 목표치에 접근하는 노력이라고 본다. 이러한 노력을 통해 품질 변동을 줄일 수 있고 고객만족도도 높일 수 있다.

2) 다구찌의 품질 이념

오늘날 다구치(Genichi Taguchi)는 그의 독특한 품질 이념(Quality philosophy)으로 유명하다. 그는 품질향상을 위해 제품이나 공정의 성능을 저하하는 영향요인(노이즈 : Noise)을 감소시키는 강력한 도구를 창안하였다.

다구찌는 전통적인 서구식 품질 접근법과 전혀 다른 새로운 품질 개념을 도입하였다. 다구찌는 품질을 '제품으로 인해 야기된 사회적 손실'(The societal loss caused by the product)로 정의하였다. 이 정의의 핵심은 제품이 고객에게 전달된 시점으로부터 그 제품에 의해 생성된 사회적 손실이 그의 바람직스러움(Desirability)을 결정한다는 것이다. 즉, 손실이 적을수록 제품은 더욱 바람직스러운 것이 된다.

사회적 손실이란 고객의 손실, 기업의 손실, 그리고 일반 사회의 손실 등을 모두 포함한 개념이다. 고객의 손실로는 짧은 제품 수명, 고객 요구에 합당하지 못함, 제품 사용에 따른 해로운 부작용 등에 따른 손실을 들 수 있다. 기업의 손실로는 불량품 생산에 소비된 원자재, 에너지 및 인력의 낭비, 재가공 및 보증비용, 기업 명예 손상, 시장점유율 하락 등이 있다. 사회적으로도 생산과정 중에 산출된 해로운 화학물질, 각종 공해요소 등이 문제이다. 한 제품의 열악한 성능 때문에 나타난 모든 사회적 손실은 그 제품의 품질에 귀속되어야만 한다.

품질의 사회적 관점은 매우 심오한 것이다. 이 개념에 따르면 품질관리의 목적은 사회적 손실을 줄이는 것이고, 품질관리의 기능은 사회에 순 절약을 낳는 혁신적 기법을 발견하고 실행하는 것이다. 사회적 손실의 개념은 품질개선 프로젝트 투자에 대한 새로운 사고방식을 제시해준다. 품질개선 프로젝트 투자는 결과적으로 나타난 사회적 절약이 개선비용보다 크다면 정당화된다. 만일 한 생산자가 제품을 운송하여 고객에게 1,000원의 손실이 발생하고, 반면에 고객 손실을 예방하기 위한 생산자의 추가적인 비용은 200원이라고 하자. 만일 생산자가 200원의 예방비용을 지급하지 않으면, 전체 사회는 800원(1000-200)을 잃게 된다. 그리고 그 생산자는 고객의 신뢰와 명예를 잃게 되는 비용을 낳으며, 이는 시장점유율의 상실을 가져올 것이다. 품질개선 프로젝트 투자는 장기적 관점에서 볼 때 매우 매력적인 것이다.

다구치의 품질 이념은 다음과 같은 일곱 가지의 기본 요소로 요약될 수 있다.

다구치(Taguchi) 품질 이념의 기본 요소
1. 제품 품질의 중요한 차원은 제품으로 인해 생성된 사회적 손실이다. 2. 지속적 품질개선과 원가절감은 기업이 경쟁사회에서 존속하기 위한 필수요건이다. 3. 지속적 품질개선 프로그램은 제품성능 특성의 목표치와의 편차를 끊임없이 감소시켜 나가는 것을 포함한다. 4. 제품성능 변동에 따른 고객의 손실은 성능 목표치와의 편차의 제곱에 비례한다. 5. 제품의 최종 품질원가는 대부분 그의 공학적 설계 및 제조과정에서 결정된다. 6. 제품(공정)의 성능 차이는 그 제품(공정) 매개변수(Parameter)가 성능특성에 미치는 비선형적 효과를 이용함으로써 감소시킬 수 있다. 7. 통계적 실험계획은 성능 차이를 줄이는 제품(공정) 파라미터의 설정을 파악하는 데 이용될 수 있다.

3) 품질손실 함수

다구찌는 품질 변동에 따르는 손실로 품질을 계량화하기 위하여 품질손실 함수(Quality Loss Function : QLF)를 사용한다. 품질손실 함수는 “목표치에 벗어나는 품질 변동이 클수록 손실은 더욱 커진다”는 개념을 도입하여 품질개선이나 관리방법을 정량화한 것이다. 품질손실 함수를 사용함으로써 품질이 목표치를 벗어나는 경우의 손실뿐만 아니라 개선으로 얻어지는 이득을 금액으로 나타낼 수 있으므로 제품 개발이나 공정에서 발생하는 품질손실을 경영자나 기술자들이 쉽게 평가할 수 있다.

[그림 16-4] 다구찌의 품질손실 함수(Quality Loss Function)

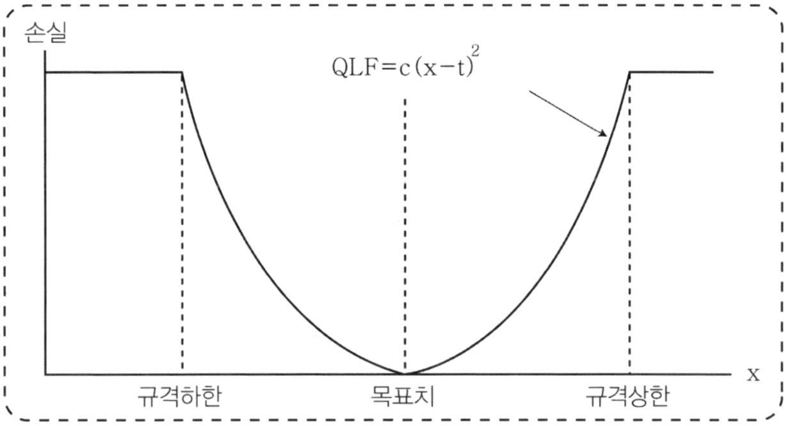

다구찌의 품질 손실함수(Quality Loss Function):

$$L(x) = c\ (x-t)^2$$

여기서, $L(x)$ = 품질손실 함수
c = 비용상수
x = 성능특성 파라미터의 실제 평균값
t = 성능특성 파라미터의 목표치(Target value)

제4절 샘플링(Sampling) 검사

1. 샘플링 검사의 분류

1) 샘플링 검사의 의의

한국공업규격(KS)에 따르면 검사란 물품을 어떤 방법으로 측정한 결과를, 판정 기준과 비교하여, 개개의 물품에 양호, 불량 또는 로트(Lot) 합격, 불합격 판정을 내리는 것으로 정의되어 있다. 이와 같은 검사는 개개의 제품을 대상으로 그 전수를 검사하는 전수검사와 로트별로 시료를 샘플링하고, 샘플링한 제품을 검사하여 전체 로트의 합격, 불합격을 결정하는 샘플링 검사로 구분된다.

일반적으로 다음과 같은 경우에는 샘플링 검사 방식이 전수검사보다 유리하게 적용되고 있다.

① 파괴 검사의 경우
② 연속체나 대량품의 경우
③ 어느 정도의 불량품이 허용되는 경우
④ 검사항목이 많은 경우
⑤ 생산자에게 품질향상의 자극을 주고 싶을 경우

2) 품질특성의 기준 분류

(1) 계수형 샘플링 검사

계수형 샘플링 검사는 제품의 특성을 규정된 요구조건과 비교하여 단순히 불량품이나 양품으로 분류하고, 불량품의 수(또는 결점의 수)에 따라 전체 로트의 합격, 불합격을 판정하는 샘플링 검사이다.

(2) 계량형 샘플링 검사

제품의 특성을 연속적인 수치 척도로 평가하여 규정된 요구조건에 적합한지를 판정한 후, 전체 로트의 합격, 불합격을 판정하는 샘플링 검사이다.

3) 검사 형태에 따른 분류

(1) 규준형 샘플링 검사

규준형 샘플링 검사는 샘플링 검사방안에 따라 검사하려고 하는 한 로트에 대해서만 합격과 불합격을 판단하는 샘플링 검사방안이다. 규준형 샘플링 검사는 구매하려는 로트 그 자체의 판정을 목적으로 구매자에 대한 보호와 공급자에 대한 보호의 정도를 규정하여 양쪽으로 요구를 모두 만족하도록 하는 샘플링 검사로서 불합격 처리된 로트 전체가 생산자에게 반환된다.

규준형 샘플링 검사방안은 제품의 품질에 대한 과거 자료가 불충분한 때 많이 사용한다. 샘플의 크기 n과 합격 판정 개수 c가 적당하게 결정되면 즉, 적당한 샘플링 검사방안이 결정된 것이다. 이 샘플링 검사방안은 생산자와 소비자의 이익을 모두 만족할 수 있어 샘플링 검사로 인한 모험을 일정한 통제 범위 내에서 관리할 수 있다.

(2) 조정형 샘플링 검사

조정형 샘플링 검사는 수월한 검사, 정상적 검사, 까다로운 검사 등 미리 여러 샘플링 검사방안을 작성한 후, 제품의 자료에 따라 3개 방안 중 조정을 한다. 조정형 샘플링 검사를 진행할 때는 제품 품질에 관한 과거의 자료가 필요하거나 검사하려고 하는 특정 로트의 품질에 대해 예측을 하여야 한다. 즉, 품질이 좋은 로트에 대해서는 수월한 검사방안을 실시하고, 품질이 나쁜 로트에 대해서는 까다로운 검사방안을 실시한다. 즉, 제품 품질의 변화에 따라 검사는 수월, 정상, 까다로운 사이에서 전환된다. 그러나 이러한 방법을 취할 때는 반드시 미리 전환 조건에 대해 명확한 규정을 하여야 한다.

제품을 계속 구매할 경우 공급사가 과거에 납품한 로트의 품질 이력에 따라 샘플링 방식을 까다롭게 하거나 수월하게 하는 샘플링 검사로서 일반적으로 합격 처리하고 싶은 최저한의 로트 품질(합격 품질 수준 : AQL)을 정하고, 이 수준보다 좋은 품질의 로트는 거의 다 합격시킬 것을 보증한다.

연속적으로 구매하는 같은 종류의 제품 혹은 자유자재로 공급처를 선택할 수 있는 제품 혹은 장기적인 공급처에 대해서는 조정형 샘플링 검사방법을 실시하는 것이 바람직하다고 할 수 있다.

(3) 선별형 샘플링 검사

선별형 샘플링 검사는 샘플링 검사방안에 따라 한 로트에 대해 검사를 진행한 후 불합격으로 판정된 로트에 대해서만 다시 전수검사를 한다. 또 검사에서 불합격으로 판정된 제품의 수량을 합격품으로 보충하여 다시 검사를 하는 샘플링 검사방법이다. 합격된 로트는 그대로 받아들이고 불합격된 로트는 전수 선별하여 받아들이는 샘플링 검사방식으로 전수검사가 불가능한 파괴 검사의 경우에는 적용할 수 없는 검사방식이다.

선별형 샘플링 검사는 일반적으로 공급자의 구매 검사를 선택할 수 없거나 기업 내 생산 공정에서 완제품 및 가공품에 대한 검사, 그리고 제품의 입고 및 출고 검사에서 많이 사용된다. 샘플링 검사를 통해 불합격으로 판정된 로트는 반품 혹은 가격 인하를 하여 접수한 제품에 대해서는 선별형 샘플링 검사가 적절하지 못하다. 특히 검사에서 파손이 우려되는 제품에 대해서는 더욱 안 된다.

(4) 연속생산형 샘플링 검사

연속생산형 샘플링 검사는 자동생산라인에서 전송되고 있는 제품을 중도에서 검사하는 방법이다. 연속생산형 샘플링 검사는 미리 각 제품에 대해 연속 검사를 하여 합격품 수량이 규정 수량에 누적되어 도달하였거나 불합격 수량이 규정 내 규정 수량 이하로 되어 있을 때 일정한 수량 간격으로 한 번 검사방식으로 전환한다. 그러나 불합격품이 발견되면 다시 전수검사로 되돌아간다.

연속생산공정에서 만들어져 나오는 제품을 검사하여 각 제품의 검사 결과에 따라 일정한 비율로 샘플링 검사를 실시하고, 불량품이 나오면, 다시 전수검사를 하는 검사방식이다.

연속생산형 샘플링 검사는 제품이 로트로 구성되는 검사에 대해서는 적절하지 못하다.

4) 검사 회수에 따른 분류

샘플링 검사방식은 검사하려고 하는 로트에서 무작위 방식으로 몇 번 시료를 뽑아서 합격 혹은 불합격 판정을 할 것인가에 따라 1회 샘플링 검사, 2회 샘플링 검사, 다회 샘플링 검사 및 축차 샘플링 검사로 분류할 수 있다.

(1) 1회 샘플링 검사

시료를 1회 발췌, 시험하여 검사 로트의 합격, 불합격 판정을 하는 샘플링 검사이다.

(2) 2회 샘플링 검사

첫 번째 시료의 검사 결과로부터 합격, 불합격 또는 재검사 여부를 판정하며 재검사로 판정된 로트에 대해서는 두 번째 시료를 추출하고, 두 번째 시료의 검사 결과와 첫 번째 검사 결과를 합하여 합격, 불합격 판정을 내리는 샘플링 검사이다.

(3) 다회 샘플링 검사

다회 샘플링 검사는 2회 샘플링 검사의 계속이다, 다만 샘플링 횟수가 증가할 뿐이다. 매회 정해진 크기의 시료를 실험하여 합격, 불합격 또는 검사 속행 여부를 결정하며 일정 횟수 이후에 합격, 불합격 판정을 내리도록 하는 샘플링 검사.

일반적으로 다회 샘플링 검사는 검시 로트에시 무작위 방식으로 3~10개 표본을 추출한다.

〈표 16-7〉 샘플링 검사의 분류

품질의 판정방법별	검사의 심시방식별	검사회수별
① 계수샘플링 검사 : 불량개수, 결점 수로써 판정하는 샘플링 검사 ② 계량샘플링 검사 : 계량치로 판정하는 샘플링 검사	① 규준형 샘플링 검사 ② 선별형 샘플링 검사 ③ 조정형 샘플링 검사 ④ 연속생산형 샘플링 검사	① 1회 샘플링 검사 ② 2회 샘플링 검사 ③ 다회 샘플링 검사 ④ 축차 샘플링 검사

2. 샘플링 검사 방식과 OC곡선

1) 샘플링 검사방식

샘플링 검사 방식(Sampling Plan)은 합격, 불합격을 판정하는 기준을 말한다. 예를 들면 계수 규준형 1회 샘플링 검사의 경우 100개의 제품($N=100$)에서 무작위로 50개의 샘플($n=50$)을 뽑아서 합격 판정 개수 1($c=1$), 불합격 판정 개수 2($r=2$)로 결정하는 것을 샘플링 검사 방식의 결정이라 한다.

샘플링 검사방식이 결정되면 샘플링 검사의 특성이 결정된다. 이 특성을 그래프로 그린 것이 검사 특성 곡선 즉, OC 곡선(Operating Characteristics Curve)이라 한다. 즉,

N과 n, c가 결정된 후 불량률에 따라 주어진 샘플링 검사 방식에서의 합격 확률을 그래프로 그린 것을 의미한다.

로트의 크기 N, 로트의 불량률 p인 제품에 대해 샘플링 검사방안(n, c)을 이용하여 검사를 한다면, 로트의 불량률 $p=0$이라면 반드시 합격으로 판정될 것이다. 즉, 합격확률 $Pa(p=0)=1$이다. 반대로 불량률 $p=1$이라면 반드시 불합격으로 판정되어 거부될 것이다. 즉, 합격 확률 $Pa(p=1)=0$이다. 이것은 샘플링의 무작위성 때문이다. 여기서 우리는 합격 확률 $Pa(P)$의 크기는 로트의 불량률 p와 아주 밀접한 관계를 가진 것을 알 수 있다. 즉, p가 0에 근접할수록 $Pa(P)$는 더 커지고, p가 1에 근접할수록 $Pa(P)$는 더 작아진다. $Pa(P)$는 체감 함수라고 할 수 있다. 따라서 우리는 $L(P)$와 p의 이러한 관계를 그래프로 그릴 수 있다.

2) 샘플링 검사방식과 이해자의 보호

전수검사는 불량률에 따라 합격, 불합격이 결정되지만 샘플링 검사는 샘플링 오차에 의해서 실제 품질과는 다른 결과를 초래하고 이로 인해서 생산자와 소비자 또는 판매자와 구매자 간의 거래에 있어 불공평한 위험부담을 줄 수 있다. 이러면 이를 이해관계자가 원하는 수준이나 위험부담을 줄일 수 있는 수준에서 보증품질을 정하고 경제적인 샘플링 검사방식을 설계할 필요가 있다.

3) 소비자와 생산자의 관계

샘플링 검사에서는 샘플링의 오차로 인해 어느 정도의 불량 로트가 합격하고, 좋은 로트가 불합격되는 것이 불가피하여 생산자와 소비자 간의 이해가 대립하는 경우가 많이 발생한다. 즉, 생산자는 좋은 로트가 합격되기를 원하며, 소비자는 불량 로트가 모두 불합격되기를 원한다. 이 경우 생산자와 소비자를 모두 만족할 수 있는 것은 이상적 경우인데 이런 이상적인 OC곡선은 직선으로 나타나며 전수검사에 의해서만 가능하게 된다.

그러므로 샘플링 검사방식은 좋은 로트를 불합격시킬 위험과 불량 로트를 합격시킬 위험을 수반하고 있어, 이러한 위험에 대한 여러 가지 조건이 개발되어 표준화되고 있다.

학습목표 요약

1. 품질관리의 목표는 무엇인가?

목표 품질은 자사의 기술 수준과 공정 능력상 실현 가능하다고 인정하여 제품의 설계에 반영된 품질 특성을 실현하기 위하여 기획하고, 사양으로 정리하여 체계화한 품질기준이다. 설계품질, 제조 품질, 시장 품질, 서비스 품질 등으로 구분할 수 있다.

2. TQM단계별 시행전략은 무엇인가?

1단계 : 품질이 무엇인가를 결정한다.
2단계 : 조직이 TQM을 받아들일 수 있도록 준비한다.
3단계 : 종업원을 교육하고 권한을 부여한다.
4단계 : 성과를 측정하여 피드백을 주고 필요한 조처를 한다.
5단계 : 지속적인 개선에 주력한다.

3. 계량형과 계수형 데이터 정리 방법은 무엇인가?

계량형 데이터 정리 : 도수분포표(Frequency distribution table), 히스토그램
계수형 데이터 정리 : 파레토 그램(Pareto), 특성 요인도(Cause & effect diagram)

4. 관리도란 무엇을 의미하는가?

같은 작업자, 같은 설비를 이용하여, 같은 공정에서 표준화된 제조방법으로부터 생산된 제품이라 하더라도 완전히 동일한 품질의 제품을 생산한다는 것은 실질적으로 거의 불가능하며, 제조된 제품의 품질에는 어느 정도의 산포가 생기기 마련이다. 이러한 산포는 일반적으로 사람, 설비, 원자재, 공정 방법, 측정방법, 환경 등 각 요소의 영향으로 인해 발생한 것이나.

관리도는 하나의 중심선(Central line : CL)과 그 선의 상하에 두 개의 관리 한계선인 관리 상한선(Upper control limit : UCL) 및 관리 하한선(Lower control limit : LCL)으로 구성되어 있으며, 각 표본으로부터 얻어진 품질 특성치가 기재된다. 보통 중심선과 관리 한계선의 거리는 우연 원인에 의한 변동의 허용오차 범위인 $\pm 3\sigma$ (3σ 법)로 설정된다.

5. 샘플링 검사 방법에는 어떤 것들이 있는가?

품질특성의 기준 분류 : 계수형 샘플링 검사, 계량형 샘플링 검사,
검사 형태에 따른 분류 : 규준형 샘플링 검사, 조정형 샘플링 검사, 선별형

샘플링 검사, 연속생산형 샘플링 검사,
검사 회수에 따른 분류 : 1회 샘플링 검사, 2회 샘플링 검사, 다회 샘플링 검사

용어해설

- 예방비용은(Prevention cost)은?
  P-cost라고도 하며, 기업이 고객에게 제공하는 제품과 서비스에서 불량품이 발생하지 않도록 예방하는 일체의 비용
- 평가비용(Appraisal cost)은?
  제품의 품질특성이 미리 정한 기술적인 품질규격에 적합한지를 측정 및 평가하는 비용
- 품질 실패비용(Failure cost)은?
  일명 F-cost라고도 하며, 제품의 품질이 표준규격에 미달되어 발생하는 비용
- 숨겨진 실패비용(Hidden quality costs)?
  좋지 않은 품질은 기업의 경영성과와 이미지에 나쁜 영향을 끼치며, 기업의 실패비용을 증가시키는 비용
- 우연 원인이란?
  생산 공정에서 발생하는 어쩔 수 없이 받아들여야만 하는 피할 수 없는 원인
- 규명 가능 원인(이상 원인)은?
  우연 원인과 다르게 산발적으로 큰 변동을 일으키는 원인
- 골포스트 방식(Goal-post method)?
  설계단계에서 결정한 제품의 규격을 준수하면 우수한 품질의 제품으로 판정되고 이러한 제품은 고객의 요구에 부응한다고 보며, 규격 한계 밖에 있으며 불량품으로 판정
- 품질손실 함수는?
  목표치에 벗어나는 품질 변동이 클수록 손실은 더욱 커진다는 개념이다.

부록

QC 14가지 도구

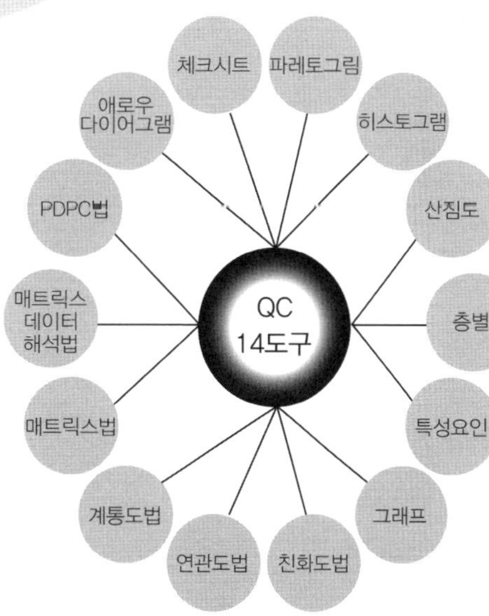
QC
14도구
체크시트
파레토그림
히스토그램
산점도
층별
특성요인
그래프
친화도법
연관도법
계통도법
매트릭스법
매트릭스
데이터
해석법
PDPC법
애로우
다이어그램

1. 체크 시트(check sheet)

체크 시트는 결점이나 가치 있는 사건들의 수가 중요할 때 데이터를 수집하기 위해서 사용한다. 체크 시트는 공정으로부터 필요한 자료를 수집하는 데 사용되는 도구로서 불량개수, 결점 수 등 셀 수 있는 데이터를 기록하는 것으로서 체계적인 자료를 수집할 수 있으며 히스토그램, 파레토, 관리도 등을 작성하는 데 사용된다.

체크 시트의 적용 범위로 문제를 정의하는 동안 어떤 일이 일어났는지 알아보려고 데이터를 수집할 때나, 해결책을 수행하고 새로운 상태를 monitor (감시, 조정) 하기 위해서 데이터를 수집하고 있을 때 사용한다.

– 작성 방법

1. 취급할 데이터와 분류항목을 결정한다.
2. 체크 시트를 디자인한다.
3. 디자인에 참여하지 않은 사람을 이용해 체크 시트를 시험해보고, 필요하다면 체크 시트를 수정하여 최종 체크 시트를 디자인한다.
4. 데이터를 마킹하거나 체크한다.
5. 데이터의 기간, 기록자, 목적 등의 이력을 확실하게 기재한다.

– 효과

실패의 빈도에 대한 요소를 확인시킴으로써 실패의 원인을 확인할 수 있고, 그것들을 제거하는 방법을 찾을 수 있다. 품질개선의 시작점에서 데이터 수집을 위해 체크 시트는 이해하기 쉽고 넓은 범위에 적용될 수 있는 장점이 있다.

◆ 체크 시트(check sheet)의 예

– 기록용(각 공정에서 발생하는 결점수를 결점별, 공정별로 기록)

구분	밀 실	코핑	카렌다	슬리팅	개수	점유율	우선순위
결점1	///	//	/	/	8	22.2	2
결점2	//	/		/	4	11.1	4
결점3	//// ~~////~~	////	//	///	18	50.0	1
결점4	//	/	/	//	6	16.7	3
계	17	8	4	7	36	100.0	–

–점검용(화장실 관리상태 확인용)

점검내용	휴지 없음	비누 없음	청소 불결	전등불량	환풍기 불량	수도꼭지불량	기타
체크							

2. 파레토 그림(pareto diagram)

많은 사소한 요인으로부터 문제의 가장 주목할 만한 원인을 구분하기 위해 또한 팀의 업무 수행에 있어서 가장 긴요한 문제점을 확인하기 위해서 작성된다. 또한, 현장에서 발생한 불량품, 결점, 클레임 등과 같은 현상을 원인별로 데이터를 분류하여 그 크기를 그래프로 나타낸다.

파레토 그림의 적용 범위로 일반 사회학 분야에서도 많이 사용하지만, 품질과 관련해서는 어떤 불량 항목이 원인에 이바지하는 것이 많은가, 그 비율은 어느 정도인가, 어떤 문제부터 개선해 가면 좋은가 등을 밝혀내는데 적용된다.

– 작성 방법

파레토 분석은 때때로 80/20 규칙이라고 불린다. 이것은 문제의 80%가 20%의 활동에 기인한다는 뜻이며, 그것이 바로 주의 집중되어야 할 중요한 20%임을 뜻한다. 다음의 간단한 여섯 단계를 포함한다.

1. 표에 활동이나 원인을 적고 각각의 발생 횟수를 기록한다.
2. 이것들을 크기가 큰 순서로 표에 위치시킨다.
3. 전체 항목의 합계를 계산한다.
4. 각각의 활동이나 원인이 나타내는 합계의 백분율을 계산한다.
5. 퍼센트를 보여주는 수직축과 활동이나 원인을 나타내는 수평축으로 파레토 그림에 그린다.
6. 결과를 해석한다.

– 효과

각기 다른 주장을 가진 사람들이 각각 다른 활동의 순서를 따르기를 원할 때 하나의 합의에 이르기는 어려운 일이 될 수 있다. 파레토 그림은 현상의 사실을 보여줌으로써 의사결정을 돕는다.

◆ 파레토 그림의 예

– 고객 불편 접수건(병원에서 실시한 고객 불편 접수 건수가 다음과 같다)

항목	도수	상대도수	누적도수	상대누적도수
간호사 불친절	33	0.423	33	0.423
의사 불친절	15	0.192	48	0.615
주차 불친절	12	0.154	60	0.769
기타	10	0.128	70	0.897
직원 불친절	8	0.103	78	1.00
계	78	1.00	78	

Pareto Chart 항목

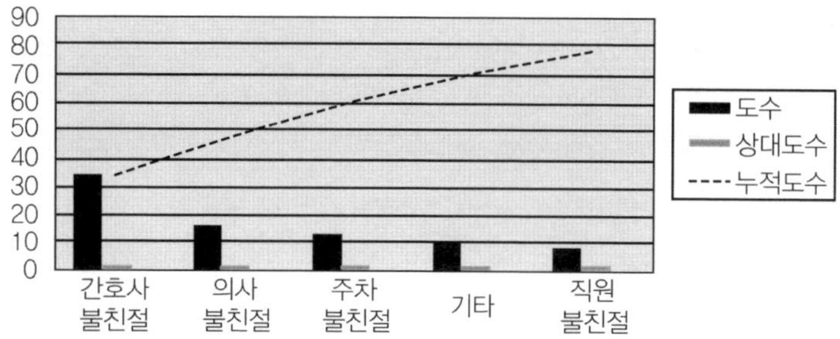

	간호사 불친절	의사 불친절	주차 불친절	기타	직원 불친절
도수	33	15	12	10	8
상대도수	0.423	0.192	0.154	0.128	0.103
상대누적도수	0.423	0.615	0.769	0.897	1
누적도수	33	48	60	70	78

3. 히스토그램(histogram)

히스토그램은 계량치 데이터가 어떤 분포를 하고 있는가를 알아보기 위해 사용하는 것으로 데이터를 구간으로 나누어 구간에서 발생한 빈도를 체크하여 그래프로 나타낸 것이다. 히스토그램의 적용 범위로 계량치 데이터를 얻을 수 있는 프로세스라면 다 적용된다. 품질과 관련해서는 생산현장에서 얻어지는 데이터를 가지고 히스토그램을 그린다.

– 작성 방법

1. 기간을 정해 데이터를 모은다. 100개 이상의 데이터가 좋다
2. 범위와 계급의 폭, 최소치를 포함하는 계급의 경계치, 계급의 중심치 등을 정하거나 계산한다.
3. 데이터를 체크하고 도수를 구한다. 그러면 도수분포표가 완성된다.
4. 도수분포표를 히스토그램으로 그린다.
5. 결과를 해석한다.

– 효과

히스토그램을 통해 데이터의 대표 값인 평균이나 산포의 크기, 데이터가 얻어진 프로세스의 안정성 등을 파악할 수 있다. 또한, 히스토그램은 개선 효과를 파악하고 현재와 과거의 상태를 비교하는 데도 사용된다.

◆ 히스토그램(Histogram)의 예

– 승용차용 배터리의 수명 데이터

2.2 4.1 3.5 4.5 3.2 3.7 3.0 2.6 3.4 1.6 3.1 3.3 3.8 3.1 4.7 3.7 2.5 4.3 3.4 3.6 2.9
3.3 3.9 3.1 3.3 3.1 3.7 4.4 3.2 4.1 1.9 3.4 4.7 3.8 3.2 2.6 3.9 3.0 4.2 3.5

계급구간	계급 중앙값	도수	상대도수
1.5이상 - 2.0미만	1.75	2	0.05
2.0 - 2.5	2.25	1	0.025
2.5 - 3.0	2.75	4	0.1
3.0 - 3.5	3.25	15	0.375
3.5 - 4.0	3.75	10	0.25
4.0 - 4.5	4.25	5	0.125
4.5 - 5.0	4.75	3	0.075
계		40	1

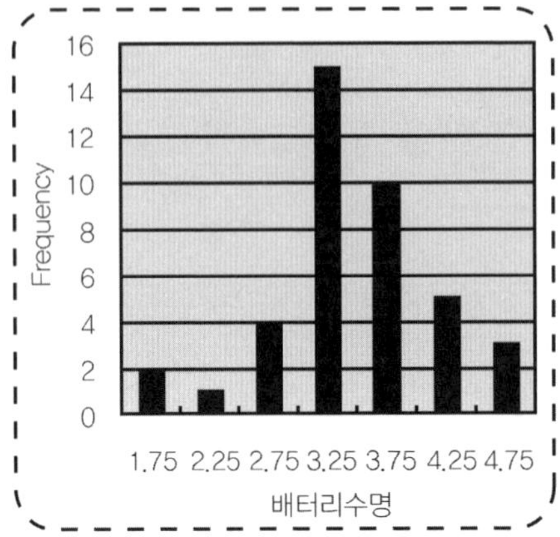

4. 산점도(Scatter plot)

두 개 특성 간의 관계를 파악하기 위한 도구로서 결과와 원인 사이의 관계가 어느 정도인가를 파악하기 위해서 산점도가 필요하다.

산점도는 그룹에서 두 항목 사이(종종 원인과 결과)에 어떤 관계가 있는지 없는지 테스트를 할 때 사용한다.

– 작성 방법

1. 원인과 결과에 대한 데이터를 수집한다.
2. 원인과 수평선을 그린다.
3. 결과를 수직선에 그린다.
4. 산점도를 그린다.

– 효과

산점도는 영향을 미치는 요인과 영향을 받는 특성 간의 관계를 파악하게 한다. 주의할 것은 산점도가 비록 관계가 있다고 나타나도 그것은 하나의 원인이라고 할 수 없으며 그 관계는 우연적이거나 우리가 모르는 다른 변수에 의한 것일 수도 있다는 것이다. 만약 관계가 있다고 나타나면 증명을 하는 게 타당하다.

◆ 산점도(Scatter plot)의 예

– 자동차 무게와 에너지 소모량

자동차무게 (x)	0.9	1.3	2.1	2.5	2.4	1.7	0.7	1.2	1.6
에너지소모량(y)	2.0	2.6	4.3	5.8	5.1	3.2	1.8	2.3	3.0

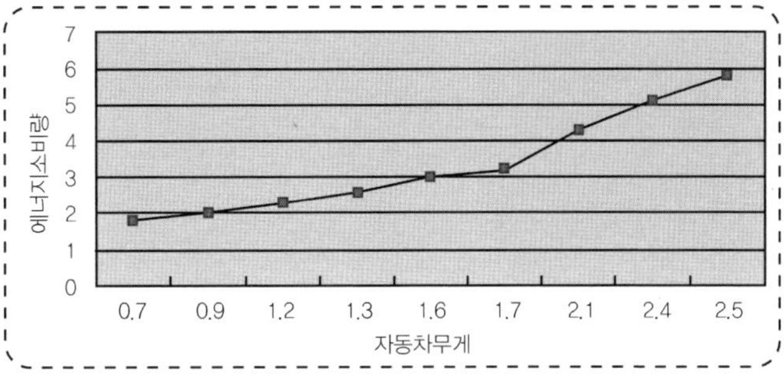

5. 층별(Classification)

층별(stratification)이란 데이터를 몇 개의 관련 있는 부분 군(subgroup)으로 구분해서 문제의 원인을 파악하려는 기법이다. 이는 데이터가 갖는 산포의 원인을 층별 화함으로써 산포를 줄이거나 공정 평균을 좋은 방향으로 개선하는 데 도움을 준다.

층별은 어떤 문제를 확인하고 문제 해결의 첫 번째 단계로써 그것을 세밀하게 정의하려고 할 때 사용한다.

– 작성 방법

층별은 데이터가 기준 집합을 만족하게 하는가? 또는 그렇지 못하는가에 따라서 그것을 쪼개는 방법이다. 이 기법의 가치는 데이터의 패턴을 보여주는 것이다. 이것은 자료를 수집하는 방법에 대해 설계하기 전에 사용되며, 자료수집 후에는 분석에 초점을 맞추는 방법으로써 이용된다. 그 과정은 매우 간단하다.

1. 데이터에서 시스템적인 차이점을 발생하는 기준 또는 특성의 모든 가능한 목록을 찾아낸다. 이것들은 반드시 차이점을 발생시키는 것이 아니라 발생시킬 수도 있다는 것이다.
2. 이러한 항목들을 포함하는 자료수집 형식을 설계한다.
3. 자료를 수집하고 어떤 패턴이나 경향에 대해 그것들을 조사한다.

– 효과

자료를 수집하기 전에 데이터에 초점을 맞춤으로써 한 번에 모든 가능한 자료를 수집할 수 있으며, 쓸데없는 노력을 하지 않아도 된다.

◆ 층별의 예(Stratification)

– 일반적으로 생산현장에서 많이 쓰이는 층별의 구분 방법

- 시간 : 같은 시기에 만든 것끼리 작은 그룹으로 모은다.
  시간별, 오전 오후 별, 월별, 계절별
- 작업 방법 : 온도, 압력, 속도 등의 작업조건, 작업방법별 등
- 원료, 재료 : 공급자, 성분, 로트별 등
- 기계, 장치 : 기계별, 형식별, 구조별 등
- 측정, 검사 : 시험기, 계측기, 측정자, 검사원 별 등
- 작업자 : 조별, 숙련도별, 남녀별, 나이별 등

6. 특성요인(Cause and Effect diagram)

특성요인도는 가능한 원인을 밝혀내고 데이터가 수집된 가능한 영역을 지적하기 위하여 결과 또는 문제점을 시험한다. 특성 요인도 또는 원인 결과도(cause-and -effect diagram)란 문제 해결에 있어 제품의 특성인 결과에 요인인 원인이 어떤 관계가 있으며 그리고 어떻게 영향을 주고 있는가를 알 수 있도록 작성한 시각적 그림이다. 이것은 이시카와가 고안하여 일본의 가와사키제철에서 처음으로 품질관리에 적용한 것으로 이를 생선뼈 도표(fishbone diagram)라고도 한다.

특성 요인도의 작성 시에는 결과에 영향을 미치는 모든 가능한 원인을 열거할 수 있게 하려고 일차적으로 브레인스토밍(brainstorming)과 같은 기법을 도입하여 품질관리 분임조원들이 개진한 의견을 특성요인으로 묶고, 다음으로는 개선의 실마리를 발견, 문제점을 긴급하고도 중요한 항목 순으로 제거하기 위해 파레토도 등을 활용할 수가 있다. 이때 물론 개선하고자 하는 품질특성 결과의 성격에 따른 원인의 분류는 대체로 4M과 주어진 여건(environment)을 주요 원인으로 취급한다.

특성요인도는 클레임이나 불량품의 원인을 파악할 수가 있다. 클레임이나 불량품이 발생하였을 때 그 원인에 대해서 브레인스토밍 방법 등을 통해 서로 많은 의견을 내어, 이것을 특성요인도에 정리할 수가 있을 뿐만 아니라 특성요인도를 작성한 다음에는 그 원인에 대한 중요도를 결정하여 어디서부

터 대책을 취할 것인가를 결정할 수가 있다.

또한, 개선의 수단을 찾아낼 수가 있다. 품질향상, 능률 향상, 원가절감 방안으로 어떤 문제점을 발견하기만 하면 특성요인도를 가지고 개선을 위한 수단을 중요도에 따라 찾아낼 수가 있다.

– 작성 방법

1. 분석을 위해 선정된 모든 가능한 문제의 원인 또는 결과를 찾아낸다.
2. 원료, 방법, 기계, 사람이라는 주제 아래 주된 원인을 분류한다.
3. 뼈대를 그린다.
4. 선택된 분류 항목에 따라 결과를 적는다.

– 효과

행동의 방향이 정해지고, 새로운 발상이 촉진되며, 기술의 축적이 도모된다. 또한, 작성 과정을 통해서 부문 간, 인간 간의 교류가 원활하게 된다.

◆ 특성 요인도(Cause and Effect diagram)의 예

– 볼트 지름의 산포에 대한 특성 요인도

기계	방법	재료	측정	사람	환경
절단기 노화	잘못된 제조순서	불량 자재	측정기 마모	사기 저하	작업장 온도
절단 속도			측정기 불량	태도 불량	작업장 조명
기어의 마모					

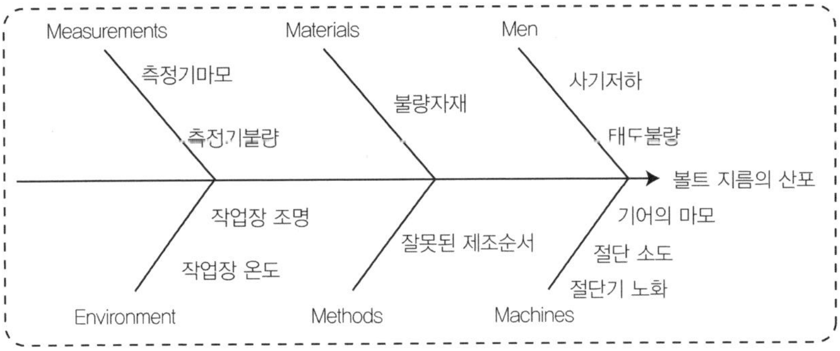

7. 그래프(Graph)

데이터를 도형으로 나타내어 수량의 크기를 비교한다든가 수량이 변화하는 상태를 쉽게 알아볼 수 있도록 하는 데 있다.

– 작성 방법

종류와 특징에 맞게 그린다.

1. 데이터를 수집한다.
2. 수집한 데이터에 대해서 분석을 하고자 하는 목적에 맞는 그래프를 엑셀 S/W에서 찾는다.
3. S/W가 그려준다
4. 그려진 그래프를 해석한다.

– 효과

인간의 시각에 호소하여 더욱 많은 것을 요약하여 빠르게 전달한다. 그래프를 통해 정보를 더욱 빠르게 읽게 되며, 아울러 필요한 조치를 빠짐없이 취할 수 있게 된다.

◆ 그래프의 예

– 각종 그래프의 종류와 특징

NO.	종류	목적	장점
1	막대 그래프	수량의 크기를 비교한다.	일정한 폭의 막대를 늘어놓아, 그 막대의 장·단에 의해서 수량의 대소를 비교할 수 있다.
2	꺾은 선 그래프	수량의 비로 변화 상태를 본다.	선의 고저에 의해서 수치의 대소를 비교할 수 있고 동시에 시간의 경과에 따른 변화를 알 수 있다.
3	원 그래프	명세의 비율을 본다.	전체를 원으로 나타내고 명세의 비를 부채꼴로 구분하여 전체와 부분, 부분과 부분의 비를 알 수 있다.
4	띠 그래프	명세의 비율을 본다.	전체를 길쭉한 정방향의 띠로 나타내고, 그것을 명세에 해당하는 비로 구분하여 전체와 부분, 부분과 부분의 비를 알 수 있다는 점은 원그래프와 같지만 분도기가 없더라도 작성 가능하다.
5	점 그래프	2개의 변화하는 수량간의 관계 유·무를 비교한다.	제품의 어떤 위치에 불량 결점이 발생하는지 조사하는 그래프, 체크 시트, 산점도 등
6	삼각 그래프	정삼각형 내의 점의 위치로 여러 경우를 비교한다.	3요소로 구성된 전체에 대해 각각 어떻게 구성된 가를 나타낼 수 있다.
7	그림 그래프	외부 사람들이 알기 쉽고 흥미 있게 확인하도록 한다.	통계도표의 일종으로서, 정확하고, 면적으로 나타낼 때는 원형과 비슷하게 그릴 수 있다

8. 친화도법(Affinity diagram)

자연 친화의 몇 가지 형태에 따라 그룹 안의 많은 양의 데이터를 조직화하기 위함이다. 친화도법은 확실하지 않고 서로 복잡하게 관련된 문제를 서로 관련이 있는 것끼리 묶어서 구별하는 방법으로 고객의 요구 상황을 디자인에 반영하고자 할 때, 미래의 경험하지 못한 문제들이나 분명치 않은 문제에 대해서 사실이나 의견 발상 등을 언어 데이터로 파악하고자 할 때 사용한다.

– 작성 방법

먼저 친화성이 있는 요인 및 과제를 대분류로 분류한 후, 다시 이것을 중분류로 분류하고 다시 소규모의 그룹인 소분류로 분류해 가면서 친화성이 강한 것끼리 묶어나간다.

1. 과제 결정
2. 언어 데이터의 수집 : 브래인 스토밍법이 활용된다.
3. 언어 데이터의 카드화 : 언어 데이터를 독립된 최소 의미의 문장으로 간결하게 압축하여 카드에 적는다.
4. 카드 짝짓기 : 카드 가운데 비슷해서 친화감이 드는 카드를 끼리끼리 모은다.
5. 팻말 카드 만들기 : 끼리끼리 모은 카드에서 본질을 꿰뚫는 간단한 표현을 찾아 그것을 팻말로 삼는다.
6. 그리기 : 카드 다발을 통한 그룹 편성을 끝내고 전체를 구조적으로 알기 쉽도록 그림으로 풀이한다.

– 효과

데이터를 자연 친화 형태로 조직화하는 것은 문제의 요인 및 과제 간의 매우 논리적인 연결을 형성하는 방법이라고 하기보다는 그들 간의 연관 관계를 구성하는 것이라고 할 수 있다. 따라서 해결해야 할 문제의 소재 및 형태를 쉽사리 파악해 나갈 수 있게 된다.

◆ 친화도법의 예

어떤 회사에서 품질향상이라는 문제에 얽혀 요인을 크게 분류한 결과 품질과 생산 원가로 대분류 하였다. 그리고 품질은 제조 품질과 서비스 품질로 중분류 하였다. 이렇게 여러 원인을 친화 관계에 의해 친화도를 작성한다.

(품질향상에 대한 친화도)

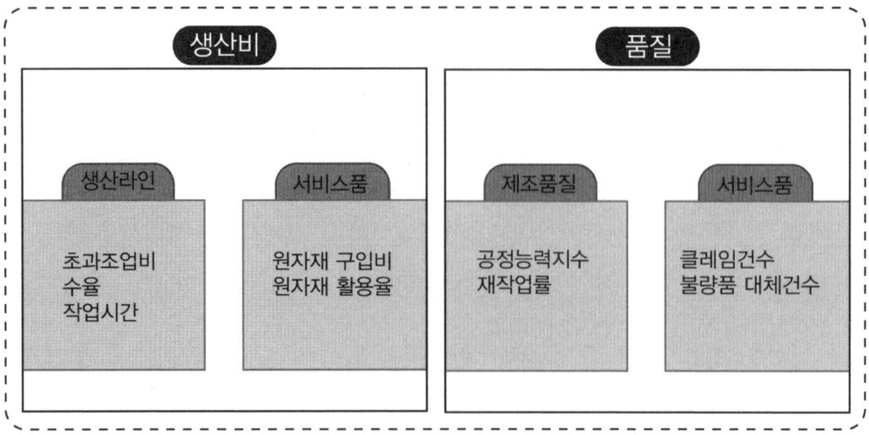

9. 연관도법(Relationship diagram)

연과도법은 친화도법 등에 의해 문제와 요인들이 체계화된 이후, 인과관계를 밝히고자 하는 것으로 문제의 원인이 서로 복잡하게 얽혀 있는 경우 이를 풀어나가는 방법이다. 연관도법은 각각의 아이디어 간에 관계가 복잡하여 정형화된 의미를 확립할 수 없을 때와 질문의 문제가 더욱 근원적인 문제에만 국한될 징후가 있을 때 사용한다.

– 작성 방법

연관도를 작성하는 방법은 문제점을 파악하여 정의하고, 문제점에 대한 중요한 원인을 나열한 후 영향을 미치는 관계를 화살표로 나타낸다.

1. 목적에 맞는 팀 편성
2. 미팅에서 요인 추출 : 브레인스토밍법이 활용된다. 카드를 이용한다.
3. 연관도 작성 : 의견이 모두 나온 단계에서 각 항목 사이의 인과관계를 화살표로 잇는다. 화살표의 방향은 원칙적으로 원인 결과형에서는 원인에서 결과로 뻗는다. 또 목적 수단형에서는 수단에서 목적으로 뻗는다.
4. 그림의 추가 수정
5. 중요 항목의 압축
6. 결론을 내리고 대책으로 옮겨간다.

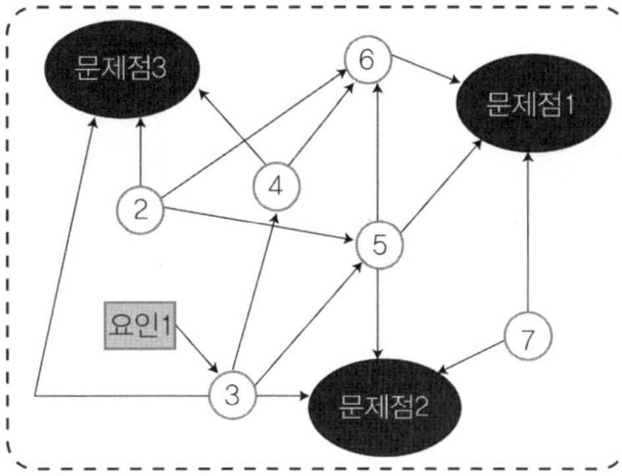

- 효과

복잡한 상태의 아이디어와 문제 간에 관계를 확인할 수 있다. 몇 사람의 회원이 여러 차례 다시 그리는 과정에서 문제를 명확히 인식시켜 회원 사이의 합의를 얻고 발상의 전환을 촉진할 수 있다.

◆ 연관도법의 예

- 열 가지 큰 문제가 뒤섞인 조직의 품질계획을 결정하는 데에 브레인스토밍 회의 결과를 보여주고 있다.

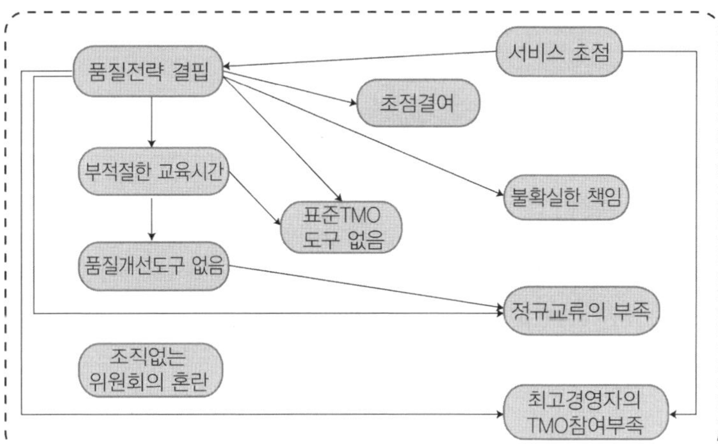

10. 계통도법(Tree diagram)

계통도는 설정한 목적이나 목표를 달성하기 위한 수단이나 방법을 체계적으로 전개해 놓은 그림으로 문제를 해결하는 데 필요한 작업과 수단을 확인하고 목표에 도달하는 데 목적이 있다.

계통도는 문제 해결을 위한 아이디어를 각색하거나 각 프로세스의 기능이나 역할을 명확하게 하여 해결방법을 모색할 때 사용된다. 예를 들어 신제품 개발 단계에서 설계품질을 전개할 때나 품질 수준을 달성하기 위한 여러 가지 품질관리 활동의 기능과 역할을 단계별로 결정하는 데 사용될 수 있다.

– 작성 방법

먼저 목표를 달성하기 위한 1차 수단을 기재한다, 그리고 1차 수단이라는 목적을 달성하려는 방법이 2차 수단이 된다. 이렇게 계통도에서는 단계별로 전 단계의 수단은 그다음 단계의 목적이다.

1. 목적과 목표 구성
2. 수단 방책의 추출 : 설정한 목적과 목표를 달성하는데 필요한 수단 방책을 적는다.
3. 수단 방책의 평가 : 추출된 수단 방책이 적절한 것인지를 평가하고 취사선택한다.
4. 수단 방책 카드 작성
5. 수단 방책 계통화
6. 목적의 확인 : 수단으로써 그 높은 수단(목적)이 타당한 것인지를 확인한다,

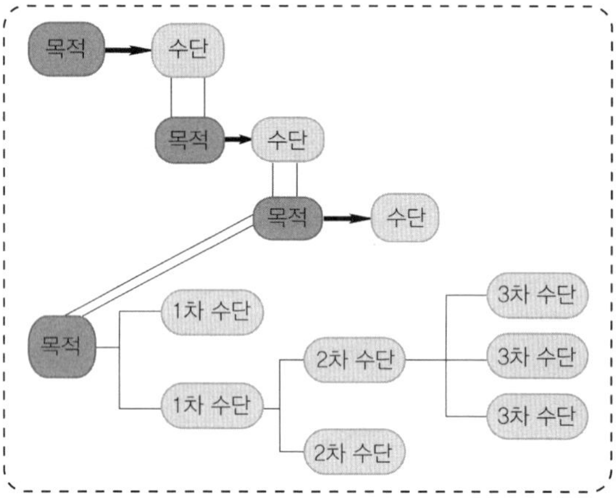

– 효과

복잡한 문제를 해결하고 체계적인 방법으로 원하는 목표를 이루어 낼 수 있다.

◆ 계통도법의 예

통제하기 쉬운 설비를 고안하는 사인에 대한 큰 흐름을 계통도법으로 표현하고 있다.

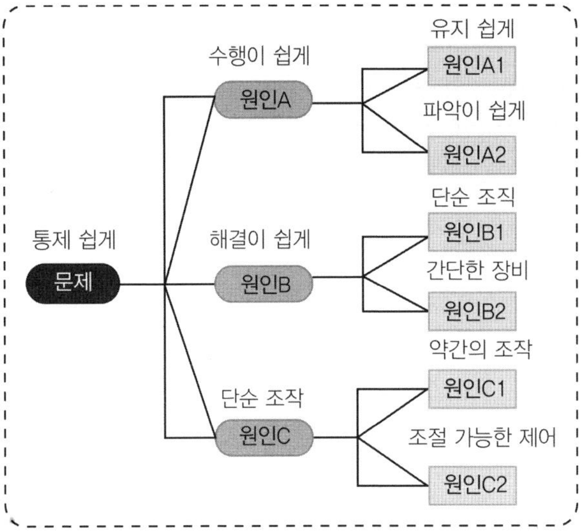

11. 매트릭스도법(Matrix diagram)

매트릭스도법은 문제가 되는 항목 요소, 방법과 대응되는 업무의 중요성 간의 관계에 대해 정보를 제공하기 위한 도구로서 활동, 책임 등에 존재하는 논리적 연관성을 그래프로 표현하는 도구이다.

매트릭스도법은 상호 간의 많은 중요성이 있는 다양한 요소(elements) 간의 논리적인 관계를 갖는 많은 양의 데이터를 도식적(graphic) 기호를 사용함으로써 도식적(graphically)으로 체계화하고 설명할 때 사용한다. 특히 QFD에서 많이 사용된다.

– 작성 방법

목적 또는 문제가 되는 사항은 가로줄(행)에다 적고 문제에 대한 해결방법 및 수단은 세로줄(열) 기재하여 가로와 세로의 교차점에 관련 유무 정도를 기호로 표시하여 작성한다.

1. 짜 모으기 사안의 설정 : 요구 품질과 내용 특성의 관련짓기, 내용 특성과 공정관리 항목의 관련짓기, 불량 현상과 그 원인의 관련짓기 2. 다른 사안에 대응하는 요소 전개: 계통도와 짜 모아서 요소 전개를 한다.

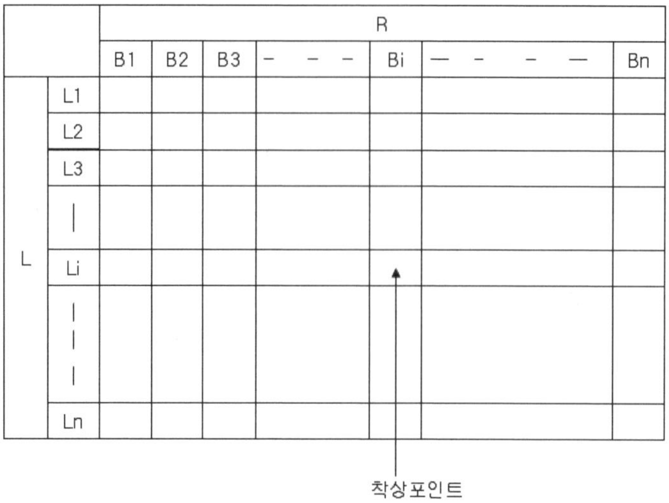

– 효과

문제가 되는 항목과 대응되는 업무 간의 관계를 보여주는 간단한 방법

◆ 매트릭스도법의 예

예를 들어 A, B, C, D, E라는 5가지 목적(혹은 문제점)을 이루기(개선하기) 위해 갑, 을, 병, 정이라는 4가지 수단이 있다고 하자. 매트릭스도 아래와 같다.

목적 B는 갑, 을, 병, 정이라는 4가지 수단과 관계가 모두 약한 관계이므로, 이러한 수단에 의해서는 달성하기 어렵게 된다. 그리고 갑이라는 수단이 3개의 목적과 강한 관계를 맺고 있으므로 가장 중요한 수단이라고 판단할 수 있다.

목적　　수단	갑	을	병	정
A	◎	○	X	◎
B	X	X	X	X
C	◎	○	◎	○
D	○	○	○	○
E	◎	◎	X	○

12. 매트릭스 데이터 해석법(Matrix data analysis)

매트릭스 데이터 해석법은 통계학의 다변량 분석법의 주성분 분석방법의 한 가지 수법으로 매트릭스 도에 배열된 수치 데이터를 알아보기 좋게 그림으로 나타내기 위한 도구이다.

이 기법은 두 가지 요인 간에 관련 정도를 수량화하여 분석하고자 할 때, 복잡하게 원인이 얽혀 있는 공정 분석 시, 대량의 데이터로 된 불량 원인의 분석 시, 복잡한 품질 평가 시, 곡선 응답 데이터의 분석 시, 다변량 데이터를 분석할 때 사용되며, 예로 서로 다른 제품과 시장 특성에 대한 그림을 얻고자 할 때 사용될 수 있다.

– 작성 방법

다변량 통계적 분석의 한 수법인 주성분 분석법을 사용한다.

– 효과

다변량 데이터를 분석하는 데 효과적이며, 모든 키 데이터를 보여주고, 서로 다른 제품과 시장 특성 등의 개요를 제공한다.

◆ 매트릭스 데이터 해석법의 예

예를 들어 컬러 TV의 품질을 나타내는 변수가 5가지 있다고 하자 그리고 여러 회사에서 생산하는 컬러 TV 10가지 브랜드에 대하여 5가지 요인을 여러 번 측정하여 데이터를 수집한 후 주성분 분석을 실시했다.

13. PDPC법(Process decision program chart)

PDPC법은 어떤 업무를 수행할 때, 사태의 진전에 따라 여러 가지 결과가 예상되는 때도 있으며 발생할 수 있는 모든 상황을 선정하여 그림으로 도식화할 수 있는데 그게 바로 PDPC로 바람직한 결론과 사전 대책을 끌어내기 위해 가능성 있는 결론에 초점을 맞추기 위한 것이다. 바람직한 결론을 얻고 바람직하지 못한 결과를 피하고자 참신한 계획을 작성하고자 할 때 사용한다.

– 작성 방법

아래의 그림과 같이 불량률이 높은 현재의 상태 A0에서 불량률이 줄어든 바람직한 상태 Z에 이르려고 한다. 계획 초기 단계에서는 A0에서 Z에 이르는 수단으로 A1, A2, A3, —Ap의 계열을 생각할 수 있다. 그러나 여기에서 A3가 기술적으로 실현이 어려우면 A2에서 B1, B2, B3—Bq의 계열로 가서 바람직한 상태 Z에 이를 수 있다. 그러나 위의 2 계열로도 안 될 때는 C 계열이나 D 계열도 수단으로 생각하는 등, 목표 달성을 향한 온갖 방안을 내놓는다.

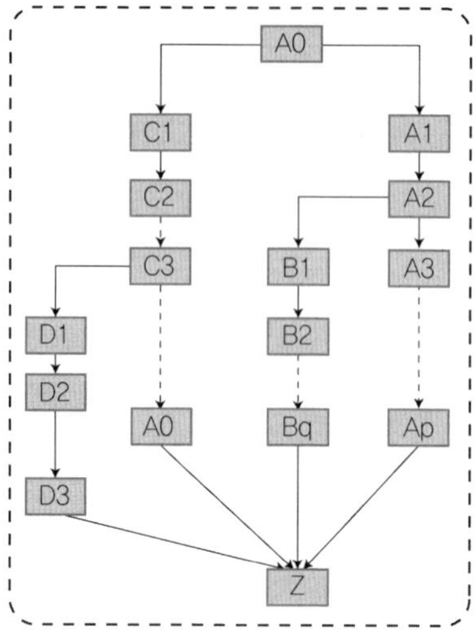

– 효과

PDPC는 계획을 실행하는 동안 직면하게 되는 문제점을 다루고, 원하는 목적을 달성하기 위한 계획을 작성하는 데 이용되며, 계획을 향상하는 정확한 의사결정을 통해 목적을 달성하는데 이용된다. 또한, 모의실험을 통해 원하지 않은 결과를 끌어내는 사건의 과정을 파악하여 못 가는 것을 피할 수 있고 적절한 대응책을 생각해 낼 수 있다. 즉 바람직한 결과를 얻기 위한 계획의 작성에 도움을 준다.

◆ PDPC법의 예

A 회사가 B 대학으로부터 주문을 확정할 때까지 계약의 확인을 도울 수 있는 과정을 보여주는 PDPC다.

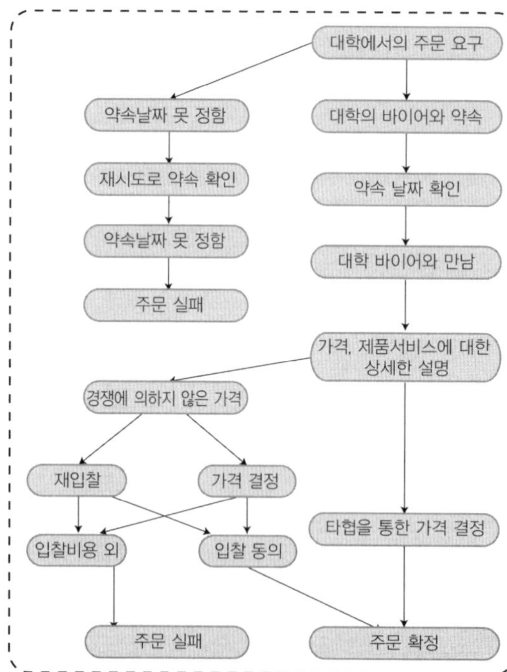

14. 애로우 다이어그램(Arrow diagram)

애로우 다이어그램은 목표를 설정하여 달성할 때까지의 수단을 주로 시간의 흐름에 따라 진척 상황을 정리한 그림으로, 문제를 해결하는데 걸리는 시간과 어떤 것을 할 것인가를 동시에 보여주는 게 목적이다. 적합한 일정계획을 수립하여 효율적으로 진척상황을 관리하고자 할 때, 매일매일의 프로젝트 생산 계획 그리고 어떤 일에 대해 가장 적당한 시간을 할당하기 위해 사용한다.

– 작성 방법

애로우 다이어그램은 프로젝트를 실행하거나 그 과정을 확인하기 위해서 최적의 일정을 보여주는 중요 경로(critical patch) 계획 방법을 간략하게 한다.

1. 주제를 정한다. : 애로우 다이어그램을 만드는 목적을 명확히 한다.
2. 필요한 작업의 이름을 모두 적는다.
3. 각 작업의 소요시간, 조건을 리스트에 적어 놓는다.
4. 작업 순서를 순서대로 나타낸다. 작업을 구 순서에 따라, 때때로 병행해서 배치하고 시간상으로는 합리적인 설정을 하여 소요시간을 기재한다.

– 효과

어떤 일에 대한 가장 알맞은 시간 계획을 보증할 수 있다.

◆ 애로우 다이어그램의 예

집의 건축 계획과 협력에 사용된 애로우 다이어그램을 보여 준다.

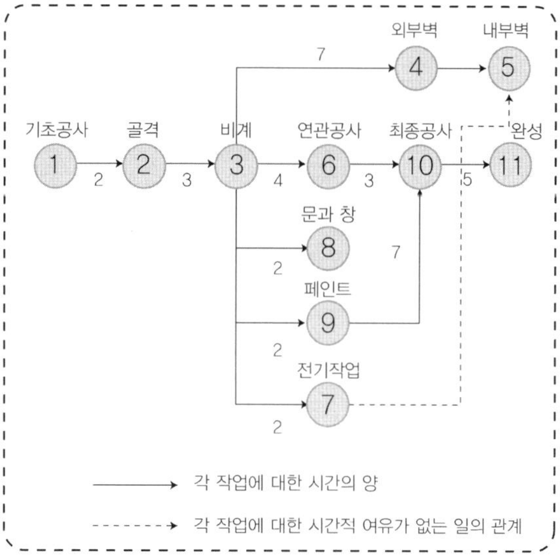

참고문헌

- 김계수(2003), 「경영과학」, 법문사.
- 김병욱(2000), 「독점틈새 블루오션 실천전략」, 삼각형비즈.
- 김정원·서재현·권종욱 역(2006), 「변화관리실행지침」, 한경사.
- 김주한, 「철강업계 고부가가치화·시장 개척이 해답」, Break news, 2015.5.8.
- 김영인(2007), 「TPM」, 돋을새김.
- 김위찬·르네 마보안, 강혜구 역(2005), 「블루오션 전략」, 교보문고.
- 김호종(2007), 「실용트리즈의 창의성 과학」, 두양사.
- 네이버 지식백과(2014), 「경영 전략으로서 융합, 창조경제와 융합」, 커뮤니케이션북스.
- 마이클 해리·리처드 슈뢰더, 안영진 역(1999), 「식스시그마 기업혁명」, 김영사.
- 문근찬(2006), 「혁신과 변화관리」, 한티미디어.
- 문혜란·정상우(2004), 「6시그마 정도관리」, 펴냄 홍.
- 박영배·김계수(2004), 「기업과 경영」, 범한.
- 박휘섭·김준철·박희경(2005), 「고객감동 만들기」, 한국표준협회컨설팅.
- 방규식·김택균·이용훈(2005), 「장수기업의 조건」, 해토.
- 송재근(2006), 「Q-COST & COPQ 관리시스템 구축 매뉴얼」, 한국표준협회컨설팅.
- 안일준·유희경(2004), 「관리회계원론」, 형설출판사.
- 윤광준, 「드론 핵심 기술 및 향후 과제」, 한국광학기기협회. 2015.
- 이정학(2006), 「서비스 경영」, 기문사.
- 이학종(2003), 「경영혁신과 조직개발」, 법문사.
- 이순룡(1998), 「품질경영론」, 법문사.
- 임종만·윤천성·임은진·정미영(2003). 「서비스 경영론」, 무역경영사.
- 오상락(1990), 「마케팅관리론」 , 박영사.
- 원중호·김병태·최성룡(2004), 「현대품질경영」, 대경.
- 원융희·김상회(2003), 「서비스 경영철학」, 두남.
- 유동근 역(1987), 「최신마케팅론」, 도서출판 석정.
- 장위상·유한열·박명준(2001), 「기업진단과 경영혁신기법」, 새로운 제안.
- 장윤종·사공목·이상현·김상훈·정은미, 「4차 산업혁명의 글로벌 동향과 한국산업의 대응전략」, KIET 산업연구원, 2017.
- 전웅수·나가사끼·손병규·왕영호·안영진·이건영(2000). 「경영혁신 기법과 사례」, 경문사.
- 정철화·고상락(2006). 「도요다 파워」, 무한.
- 제프리 라이커, 김기찬 역(2004). 「도요다 방식」, 가산.
- 존W. 존스(1999), 「하이스피드 경영」, 21세기북스.

- 크리스토퍼 하워드, 김원호 옮김(2004), 「비저닝」, 생각의 나무.
- 칸다 노리아키, 한국능률협회컨설팅 역(2005), 「세븐툴」, 교보문고.
- 톰 피터스·로버트 워터만, 이동현 옮김(2005), 「초우량 기업의 조건」, 더난출판.
- 피터 팬드·로버트 노이만·롤랜드 카바나, 신완선·고기전 역(2001), 「식스시그마로 가는 길」, 물푸레.
- 최계영, 「4차 산업혁명 시대의 변화상과 정책 시사점」, KISDI Premium Report, 2016.
- 홍석보·송병선·김창원·이내풍(1998), 「전략적 경영혁신기법」, 학문사.
- 헨리 알트슐러, 조형희 옮김(1999), 「트리즈」, 현실과 미래.
- 현대경제연구원(2007), 「변화관리」, 21세기북스.
- 한국기술거래소(2006), 「M&A 이론과 실제」, 사회평론.
- 홍석보·송병선·김창원·이내풍(1998), 「전략적 경영혁신 기법」, 학문사.
- Gregory H. Watson, 신홍철·변지석·이경주 역(1993), 「전략적 벤치마킹」, 사계절.
- Feigenbaum, A. V(1983), "*Total Quality Control*," 3rd ed., McGraw-Hill.
- Harrington, H. J.(1981), "*Painting a Total Quality Cost Picture*," *Proceeding of 25th EOQC Conference*, Vol. 2, June.
- Hellriegel, Don and Slocum, Jr., John W.(1974), "*Organization Climate : Measures Research and Contingencies*," Academy of Management Journal 17(June) : 255-280.
- James A. Fitzsimmons, Mona L. Fitzsimmons, 서비스 경영 연구회 편역(2002),「서비스 경영」, 한경사.
- Jay B. Barney, 신형덕 역(2007), 「전략 경영과 경쟁우위」, 시그마프레스.
- Joseph L, Badaracco, Jr., 한영한 역(1994), 「전략적 제휴」, 한국경제신문사.
- Jon W. Jones(1999), 「서비스 경영」, 한경사.
- Juran, J. M.(1974), "*Quality Control Handbook*," 3rd ed., McGraw-Hill.
- Kotler, P.(1986), "*Principles of Marketing*," 3rd ed., Englewood Cliffs, N.J : Prentice-Hall, inc.
- McAfee, A. P.(2006), "*Principles of Marketing*" MIT Sloan Management Review.
- O'Reilly, T.(2005), "*What is Web 2.0 Design Patterns and Business Models for the Next Generation of Software.*"
- Porter, M, E.(1980), Competitive Strategy : *Technique for Analyzing Industries and Competitors*, New York : Free Press.
- 공정거래위원회
- 금융감독위원회
- 엘지경제연구소
- 휴넷경영아카데미(hunet.co.kr)
- 코리아스탠다드앤컨설팅유나이티드(ksac.co.kr)
- 트리즈학회(triz.or.kr)

색인

영문색인

국문색인

프로세스 중심의 **경영혁신**

2019년 02월 07일 초판 1쇄 인쇄
2019년 02월 15일 초판 1쇄 발행

저자 / 김용철, 김현중, 우태우, 이한규
발행인 / 고우용
발행처 / 도서출판 시훈
출판등록 / 제 2018-000062호
주소 / 서울특별시 은평구 갈현로 47가길 22
전화번호 / 02)324-6577
팩시밀리 / 02)324-6177

정가 / 25,000원

ISBN / 978-89-6249-099-2 93320